20世紀
どんな時代だったのか

戦争編
大戦後の日本と世界

読売新聞社編

読売新聞社

20世紀の戦争とは一体何だったのかを考える一助として、日米両国の公文書館保管写真から、「日本の戦争」の明暗二つの顔をグラビアで構成した。

国立公文書館（東京都千代田区北の丸）の写真は、主に戦前から戦中、終戦時にかけて内閣情報部によって発行された政府広報誌「写真週報」用に撮影されたもので、ネガフィルムで数万点に及ぶ。撮影・制作を担当したのは、内閣情報部（のち情報局）の外郭組織である写真協会で、国内一流のカメラマンで構成されていた。日本写真公社と改称したのち、戦後、日本交通公社に吸収合併された。今回掲載した写真は1977年に交通公社から公文書館に寄贈された。

一方米国公文書館（メリーランド州カレッジパーク）は、ヨウ化銀の感光板を使った1839年の写真誕生以来、現在のデジタル写真に至る800万枚の写真を保存している。うち第二次世界大戦の写真は250万枚。陸海軍、海兵隊が解禁したもので、大戦末期にはカラー写真も含まれる。日本の写真は大半が国家総動員態勢の下で、戦意高揚を目的としているのに対し、米国のものは、写真も武器として日本の戦意を挫こうという意図も秘めて、戦争の悲惨さをリアルに活写している。とくに日本の敗戦色が一段と鮮明になる大戦末期のものにこの傾向が強く打ち出されている。

（写真説明中、「国」とあるのは国立公文書館所蔵写真、「米」とあるのは米国立公文書館所蔵写真）

愛馬「白雪」に乗る昭和天皇。戦前からの天皇の写真も米軍は収集していた（米）

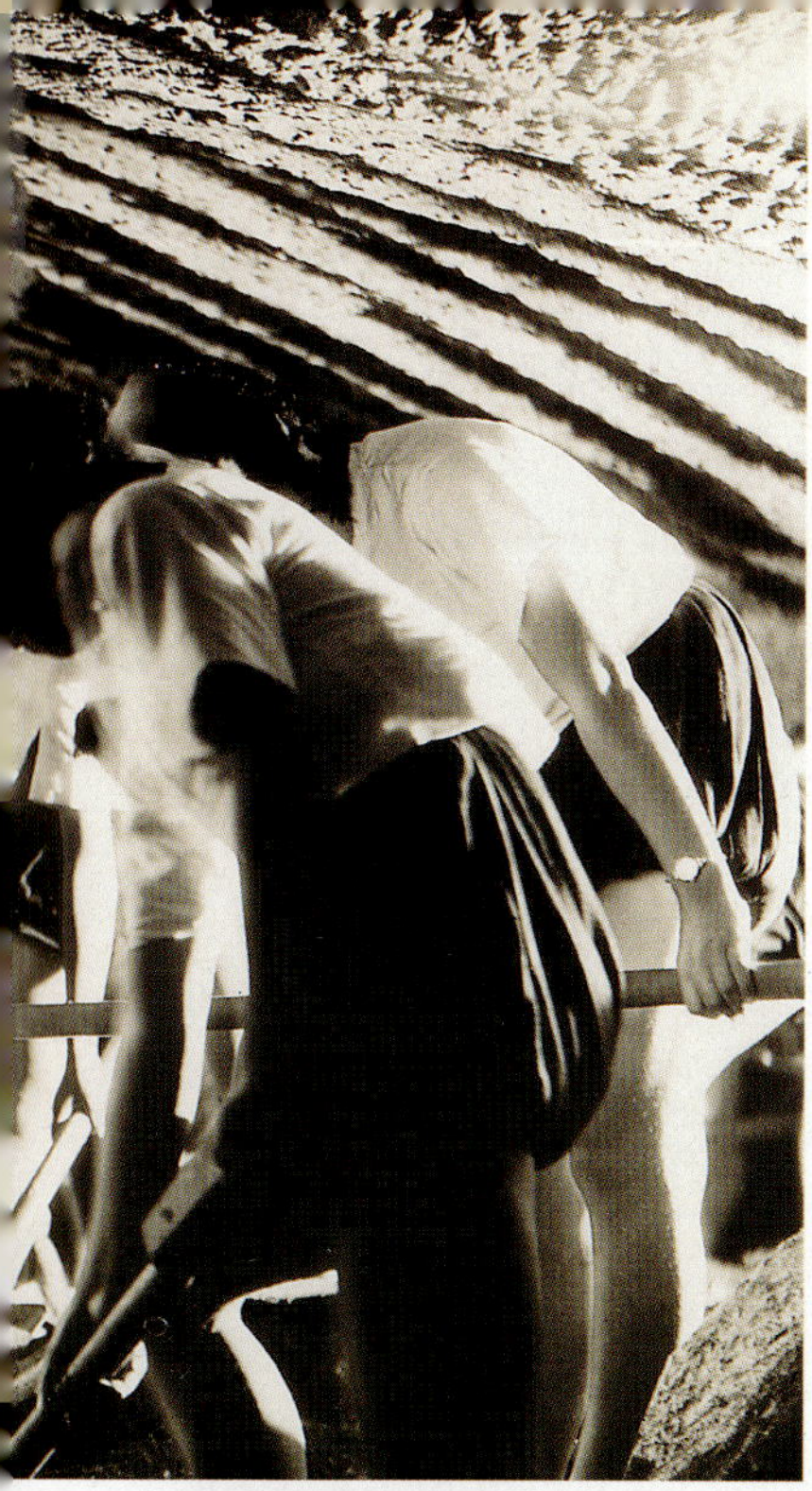

開戦直後に東京市麻布区霞町の町内会に登場した東条英機首相の操り人形。まだ、東条首相は「アイドル」だった（国）

満蒙開拓青少年義勇軍の出発式。国立公文書館には出発式を撮影したファイルが４本もあり、皇居周辺をパレードする盛大な式典だったことがわかる。東京駅の屋根は空襲で焼失する前で、現在と形状が異なっている（国）

静岡県の下田高等女学校（現下田南高校）の防空壕掘り。関野美津代さん（67）によると、学校の寄宿舎近くの壕で、２人１組でもっこで石運びをさせられた。「終戦近くは正午ごろになると決まって空襲があって、授業をした記憶はあまりない」という。「３年生以上は学徒動員で沼津の海軍工廠で働いていた」＝２年先輩の岩間英子さん（68）＝ので、どちらにしても、授業どころではなかった（国）

日本の肝いりで設立されたインド国民軍（国）

大阪の工業地帯に降り注ぐ爆弾の雨。「大阪は日本第二の大都市で、工業の中心地帯」との写真説明がなされている（1945年6月、米）

戦後間もない1945年9月に空撮された大阪。一面が焼け野原にあちこちに残る大型爆弾の跡が生々しい（米）

「昭和20年３月10日行進」と説明のある写真。後方にはうっすらと国会議事堂が見える。陸軍記念日を祝ってのものだが、東京大空襲の直後ということもあり、心なしか元気がないように見える（国）

ガダルカナル島の海岸で米海兵隊によって破壊された日本軍戦車の銃口部に雨ざらしにされた日本兵の頭（米）

硫黄島で砂に埋めようとした日本兵がまだ息をしているのに気づき、たばこを吸わせようとする米海兵隊員（米）

沖縄の基地で捕獲されたカモフラージュ用の偽装機で戯れる米海兵隊員（米）

ニューギニアで押収された日章旗などを広げる米兵（米）

米軍が投下したチラシを手に沖縄で投降した住民（米）

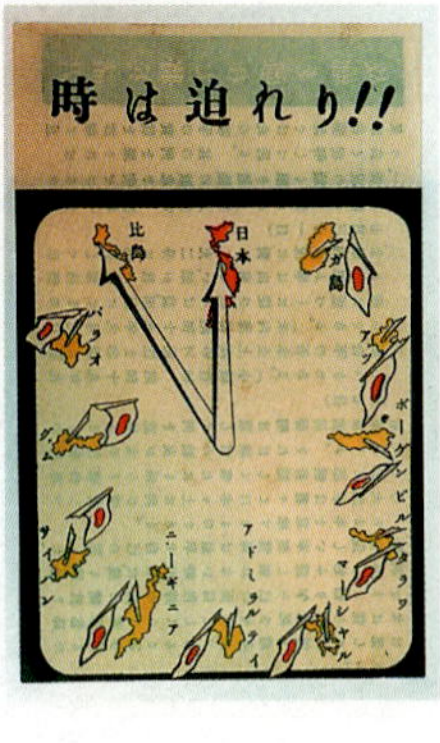

本土陥落まであと五分として日本兵に投降を呼びかけるチラシ（裏には「故郷を離れた将兵諸君へ」として戦況の実態に触れている、米）

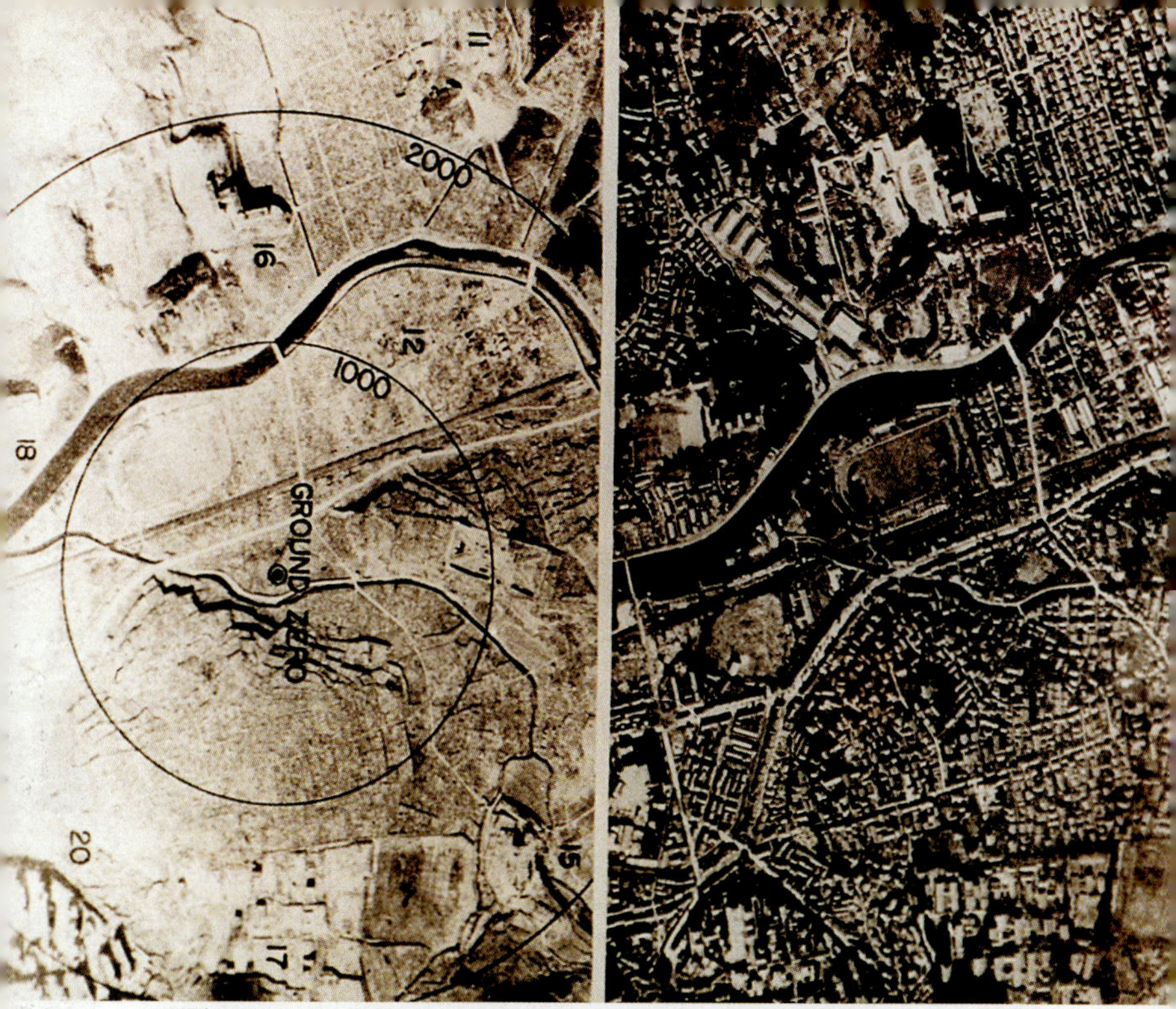

原爆投下前と後の長崎の空中写真（投下後の写真には爆心地が表示されている、米）

日本の情報収集の一環として米当局が集めた日本人指導者の写真（米）

戦艦ミズーリ艦上での降伏調印式。サインをしているのは陸軍の梅津美治郎大将（1945年９月２日、米）

星条旗を振って米軍を迎える日本の子どもたち（1945年9月、横浜近くの村で、米）

71・11・25 三島由紀夫、自衛隊に乱入し割腹自殺
6・17 沖縄返還協定調印
8・28 円が変動相場制へ
72・2・19 連合赤軍あさま山荘事件
5・15 沖縄返還
7・7 田中内閣発足
9・25—29 田中首相が訪中して日中国交回復、台湾とは断交
74・11・26 田中首相辞任表明
12・9 三木内閣発足
75・9・30 天皇初訪米
76・7・27 ロッキード事件で田中前首相逮捕
12・24 福田内閣発足
78・8・12 日中平和友好条約調印
12・7 大平内閣発足
79・1・9 東京地検がグラマン・ダグラス航空機購入疑惑の捜査開始
80・5・16 大平内閣不信任案可決、総選挙へ
7・17 鈴木内閣発足
81・5・17 ライシャワー元駐日大使が日米間に核持ち込みの口頭了解あったと発言
82・11・27 中曽根内閣発足
83・10・12 ロッキード事件で田中元首相に実刑判決
12・18 総選挙で自民党過半数割る
12・27 第2次中曽根内閣が新自由クラブと保守合同以降初の連立
84・9・6 全斗煥韓国大統領が初訪日
85・8・15 中曽根首相、初の靖国神社公式参拝
86・5・4 東京で第12回先進国首脳会議開幕
7・6 衆参同日選挙、自民300議席突破
8・15 新自由クラブ解散
87・4・1 国鉄分割、民営化
7・29 ロッキード裁判控訴審で田中元首相の控訴棄却
88・3・13 青函トンネル開業
89・1・7 昭和天皇崩御。新天皇に皇太子明仁親王が即位
4・1 消費税導入
6・2 竹下内閣がリクルート事件で総辞職、宇野前外相が首相に就任
7・23 参院選で自民党が大敗し保革逆転
7・24 宇野首相が退陣表明
8・9 海部内閣発足
11・21 総評解散、日本労働組合総連合と全国労働組合総連合が発足
91・1・24 湾岸戦争で多国籍軍に対し90億ドルの追加支援合意
11・5 宮沢政権発足
92・6・15 PKO協力法案が成立
93・6・18 宮沢内閣不信任案可決、衆院解散
6・23 羽田派が自民党離党、新生党結成
7・18 衆院選投票、自民過半数割る
8・9 細川・非自民連立政権発足
94・1・29 政治改革法案が成立
4・25 細川内閣総辞職、羽田新首相が指名される
6・25 羽田内閣が総辞職
6・29 村山社会党委員長が首相に指名され、翌30日自民、社会、さきがけ連立政権発足
12・10 新進党発足
95・1・17 阪神・淡路大震災
3・20 地下鉄サリン事件
5・16 オウム真理教教祖麻原彰晃を逮捕
9・4 沖縄で米兵による少女暴行事件
96・1・11 橋本自民党総裁が首相に指名される
4・12 沖縄の普天間飛行場返還などで日米合意
4・17 日米首脳会談で防衛協力強化の宣言

71・7・9—11 キッシンジャー極秘に訪中
8・15 米ドルと金の交換停止(ニクソン・ショック)
10・25 中国国連加盟
12・18 10か国蔵相会議、スミソニアン体制成る
72・2・21 ニクソン米大統領が訪中。米中和解へ
5・26 第1次戦略兵器制限条約(SALT1)調印
73・9・11 チリでクーデター、アジェンデ大統領死亡
10・6 第4次中東戦争
10・17 OAPEC会議が石油価格引き上げ宣言、オイル・ショック始まる
75・4・30 サイゴン陥落、ベトナム戦争終結
7・30 全欧安保首脳会議、ヘルシンキ宣言を採択
11・15 第一回先進国サミットが仏・ランブイエで開催
76・4・5 第1次天安門事件
9・9 毛沢東主席死去
10・6 江青ら4人組逮捕、翌日華国鋒・首相が主席就任
77・6・16 ブレジネフ書記長、ソ連国家元首に
11・19 サダト・エジプト大統領がイスラエル訪問
78・9・17 米・エジプト・イスラエル中東和平(キャンプ・デービッド)合意
79・1・1 米中国交樹立
1・7 ベトナム軍がカンボジア首都を制圧、ポル・ポト政権崩壊
2・11 イラン革命政権樹立
2・17 中国軍のベトナム侵攻開始
3・26 エジプト・イスラエル和平条約調印
6・18 第2次戦略兵器制限条約(SALT2)調印
11・4 イラン人学生がテヘランの米大使館占拠
12・27 ソ連軍、アフガニスタン介入
80・5・18 韓国・光州暴動事件
81・10・6 サダト・エジプト大統領暗殺
11・30 米ソ中距離核戦力(INF)削減交渉開始
12・13 ポーランドに戒厳令、自主独立労組「連帯」の弾圧
82・6・29 米ソ戦略兵器削減交渉(START)開始
83・11・23 INF交渉中断
12・8 START無期休会
84・10・31 インディラ・ガンジー・インド首相暗殺
86・2・25 アキノ比大統領就任、マルコス亡命
4・26 ソ連チェルノブイリ原子力発電所で大規模事故
10・11 米ソ・レイキャビク首脳会談
87・3・3 ソ連、アフガニスタンからの撤退表明
12・8 ワシントンで米ソ首脳会談、INF全廃条約に調印
89・6・4 中国人民解放軍部隊が天安門広場に突入(第2次天安門事件)
11・9 東独が国境開放、ベルリンの壁撤廃
12・2 マルタで米ソ首脳会談、冷戦終結を宣言
12・25 ルーマニア特別軍事法廷、チャウシェスク大統領夫妻を処刑
90・8・2 イラクがクエートを侵略
9・5 南北朝鮮首相会談
10・3 東西ドイツ統一
91・1・17 米主導の多国籍軍がイラク空爆開始、湾岸戦争始まる
6・12 ソ連ロシア共和国大統領選でエリツィン当選
6・17 南アフリカがアパルトヘイト終結宣言
7・1 ワルシャワ条約機構完全解体
7・31 米ソ大統領が第1次戦略兵器削減条約(START1)に調印
8・19 ソ連で保守派によるクーデターが発生
12・21 ソ連の11共和国が独立国家共同体(CIS)創設
12・25 ゴルバチョフ大統領辞任、ソ連消滅
92・2・7 EC12か国がマーストリヒト条約に調印
6・3 国連環境開発会議(地球会議)リオで開幕
93・9・13 イスラエルとPLOがパレスチナ暫定自治宣言に調印
10・4 モスクワで正規軍が最高会議ビルを砲撃、制圧
11・20 APEC非公式首脳会議(米シアトル)
95・5・11 核拡散防止条約(NPT)の無期限延長決まる
11・4 ラビン・イスラエル首相暗殺
12・14 ボスニア・ヘルツェゴビナ紛争のデイトン和平協定調印
96・7・3 ロシア大統領決選投票、エリツィン大統領が再選
9・10 国連総会特別本会議が核実験全面禁止条約(CTBT)最終案を採択
97・2・19 鄧小平死去
7・1 香港が中国へ返還される
7・8 NATO首脳会議がポーランドなど3か国との加盟交渉入り決定

「大戦後の日本と世界」関係年表 （日時は現地時間）

日本の戦後

年	月・日	事項
1945	3・10	東京大空襲
	4・7	鈴木内閣発足
	6・23	沖縄守備軍全滅
	8・6	米国が広島に原爆投下
	8・8	ソ連が日本に宣戦布告
	8・9	長崎に原爆投下
	8・15	日本無条件降伏、太平洋戦争終結
	9・2	降伏調印
	10・4	連合国軍総司令部（GHQ）が政治犯釈放など民主化指令
	10・9	幣原内閣発足
	11・2―16	社会、自由、進歩各党結成
46	1・1	天皇人間宣言
	1・4	公職追放令
	3・3	物価統制令公布施行
	5・3	極東国際軍事裁判所開廷（東京裁判）
	5・22	第1次吉田内閣発足
	6・18	東京裁判のキーナン検事、天皇不起訴を言明
	11・3	新憲法公布
	12・27	閣議、鉄鋼と石炭の傾斜生産方式を決定
47	1・31	GHQが2・1スト禁止命令
	6・1	片山社会党首班内閣発足
	12・18	過度経済力集中排除法公布
48	1・6	米ロイヤル陸軍長官が「日本を全体主義の防壁に」と演説
	1・16	日本からの戦争賠償品搬出開始
	1・26	帝銀事件
	3・10	芦田内閣発足
	10・19	第2次吉田内閣発足
	11・12	東京裁判判決、25被告有罪、東条ら7人絞首刑判決
49	4・25	1ドル360円に固定（ドッジ・ラインによる経済安定化策）
	7・5	下山事件
	8・26	シャウプ使節団、税制改革勧告を発表
50	6・6	日共幹部追放令
	7・8	警察予備隊創設
	7・11	日本労働組合総評議会結成
51	9・8	サンフランシスコ対日講和会議で平和条約調印、日米安保条約調印
	10・24	社会党分裂
52	5・1	血のメーデー事件
54	7・1	自衛隊発足
	12・10	鳩山内閣発足
55	8・6	第1回原水禁世界大会
	10・13	社会党統一
	11・15	民主党と自由党の合同による自由民主党の結成（保守合同）
56	10・12	砂川事件
	10・19	日ソ国交回復
	12・18	国連加盟実現
	12・23	石橋内閣発足
57	2・25	岸内閣発足
60	1・19	日米新安保条約調印
	1・24	民社党結成
	1・25	三池争議、無期限スト
	5・19	安保強行採決
	7・19	池田内閣発足
	10・12	浅沼社会党委員長刺殺
62	8・6	原水禁世界大会分裂
	11・9	日中貿易覚書調印
64	10・1	東海道新幹線開業
	10・10	東京オリンピック開催
	11・9	佐藤内閣発足
	11・17	公明党結成
65	6・22	日韓条約調印
68	6・26	小笠原返還
69	1・19	東大紛争で機動隊が安田講堂占拠学生を排除
70	3・14	大阪で万国博覧会開幕
	6・22	日米安保条約自動延長

世界の戦後

年	月・日	事項
1943	11・22	カイロ会談（米英中）
	11・28	テヘラン会談（米英ソ）
44	6・6	連合軍、ノルマンディー上陸
	7・1	ブレトンウッズ会議。第二次大戦後の国際経済体制協議
	8・21	ダンバートン・オークス会議。国際連合憲章草案を協議
45	2・4	ヤルタ会談
	5・7	ドイツ無条件降伏
	6・25	サンフランシスコ国際会議で国連憲章採択
	7・17	ポツダム会談
	11・20	ニュルンベルク国際軍事裁判所開廷
46	1・10	国際連合第1回総会開く
	3・5	チャーチルが米ミズーリ州で「鉄のカーテン」演説
	7・29	パリ講和会議
	10・1	ニュルンベルク国際軍事裁判判決
47	3・12	トルーマン・ドクトリン発表
	6・5	マーシャル・プラン発表
	8・14―15	パキスタンとインド分離独立
	9・22	欧州主要共産党会議開催（ポーランド）、コミンフォルム結成
	10・30	関税と貿易に関する一般協定（GATT）調印
48	2・25	チェコスロバキア共産党が政権を掌握（セミ・クーデター）
	4・1	ソ連によるベルリン封鎖始まる
	5・14	イスラエル建国宣言
	8・15	大韓民国樹立
	9・9	朝鮮民主主義人民共和国樹立
49	4・4	西側12か国が、北大西洋条約に調印。8月24日、NATO発足
	5・23	西ドイツ基本法公布
	9・23	トルーマン大統領、ソ連の原爆実験を公表
	10・1	中華人民共和国成立
	10・7	ドイツ民主共和国成立
50	2・14	中ソ友好同盟相互援助条約調印
	6・25	朝鮮戦争始まる
52	11・1	米、初の水爆実験
53	3・5	スターリン・ソ連首相死去
	7・27	朝鮮戦争休戦協定調印
54	7・21	インドシナ休戦協定調印（ジュネーブ）、ベトナムは南北に分裂
55	4・18	アジア・アフリカ会議（バンドン）開催、平和10原則発表
	5・14	ソ連と東欧8か国、友好協力相互援助条約（ワルシャワ条約）調印
56	2・14―25	第20回ソ連共産党大会。フルシチョフ秘密報告でスターリン批判
	7・26	エジプト、スエズ運河を国有化
	10・29	第2次中東戦争勃発
	10・31	英仏イスラエル軍、エジプト攻撃
	11・4	ソ連軍、ハンガリー首都占領（ハンガリー事件）
57	3・25	欧州経済共同体（EEC）条約調印
	7・11	科学と国際問題に関する会議（パグウォッシュ会議）が声明発表
	10・4	ソ連、人類初の人工衛星（スプートニク1号）打ち上げ成功
59	1・1	キューバ革命成功
	9・30―10・3	フルシチョフ訪中、中ソ対立激化
60	5・5	ソ連、米U2機の撃墜を発表
	7・16	ソ連が中国派遣の技術協力専門家引き揚げを通告、中ソ論争公然化
61	4・17	キューバに反政府軍上陸（ピッグズ湾事件）
	8・13	東独が東西ベルリンの境界に壁を建設
	9・1	第一回非同盟諸国首脳会議開催
62	10・20	中印国境で戦闘
	10・22	キューバ危機勃発
63	8・5	部分的核実験停止条約調印
	11・22	ケネディ米大統領、ダラスで暗殺される
64	8・2	米政府がトンキン湾事件発表
65	2・7	米軍機が北ベトナム爆撃開始
	6・19	アルジェリアでクーデター
67	3・12	インドネシアでスカルノ大統領の全権剥奪。スハルトが大統領代行に
	6・5	第3次中東戦争
	8・8	東南アジア諸国連合（ASEAN）設立宣言
68	1・9	アラブ石油輸出国機構（OAPEC）発足
	1・30	南ベトナムでテト攻勢開始
	3・31	ジョンソン米大統領、北爆停止、大統領選不出馬発表
	5・3	パリで学生と警官隊衝突、5月革命
	6・18	国連総会が核拡散防止条約採択
69	3・2	珍宝島で中ソ両軍が衝突
	7・20	米国のアポロ11号月面着陸
70	5・1	米軍、カンボジア侵攻

序文

~『20世紀 どんな時代だったのか』第4巻の刊行に寄せて~

東京大学教授（国際法）　大沼保昭

ときおり自問することがある。「戦後」とはいつまで続くものなのだろう、と。

第一次大戦の「戦後」は、今日からみれば「戦間期」だが、ひどく短かった。最も伝統的な――ということはヨーロッパ中心的な――第二次大戦観をとっても、一九三九年までの二十年間、一九三一年の「満州事変」を第二次大戦の端緒とみればわずか十二年にすぎない。これに対し、第二次大戦の「戦後」はすでに半世紀を超え、二十一世紀に入ろうとしている。

これに対しては、そうした「戦後」観は、第三次大戦が起こらない限り「戦後」が永遠に続くことになり、ナンセンスだ、との批判があるだろう。その批判は正しい。しかし、それでは私たちは「もはや戦後ではない」、あるいはポスト戦後期に生きているのだろうか。たとえば、冷戦の終焉を象徴するベルリンの壁の崩壊は、同時に戦後の終焉でもあったのだろうか。

「戦後体制」を、米ソ首脳のヤルタ会談で基本構図が創られたヤルタ体制と同視すれば、そうかもしれない。いや、今日戦後生まれが過半数を占め、単に背伸びしたマニフェストとしてでなく、生活実感として「もはや戦後ではない」ことが明らかだという意味では、確かにその通りだろう。

現代の日本の若者には、日米が、ましてや日中が、戦ったという事実さえ、知らないものが少なくない。

くないのである。

しかし、それでは二十一世紀に解決が持ち越される日露間の「北方領土」問題はどうなのだろう。一九九八年に中国初の国家元首として日本を訪れた江沢民が、日本の対中侵略に関する「歴史認識」の重要性をあれほど繰り返し主張し、二十一世紀の日中関係に少なからぬ悲観論を巻き起こしたことを、われわれはどのように考えるべきなのだろうか。

ことは日本にとどまらない。日本に比べて「戦後処理」をはるかに巧みに行ったといわれるドイツにしても、二十一世紀を目前にして諸々の企業の戦争責任が問題とされ、その「解決」のための巨額の基金案が提起されている。しかも、そうした基金でドイツの「戦後」がすべて片づくのか。だれにも明確な答えはない。

そして、核実験を強行して対立を続けるインドとパキスタン。これは、英国の植民地支配が第二次大戦で決定的な打撃を受け、それを踏まえて創出されたインドとパキスタンの分離独立という戦後体制の、今日における表現そのものではないのか。また、将来いつになれば解決されるのか、絶望的な想いに囚われるイスラエルとアラブ諸国との対立。それよりもさらに絶望的に見えるアフリカ大陸の「独立」諸国の政治・経済・社会状況。こうした問題は、まさに戦後体制の問題そのものではないのか。

一九九七年、米国の議会図書館とホロコースト博物館がニュルンベルク判決五十周年を記念して開催したシンポジウムで、私は「ジンギス・ハンの戦争責任?」と題する報告を行った。今日からみれば、ジンギス・ハンの大征服とは巨大な侵略戦争にほかならないだろう。しかし、その責任を現在のモンゴル人に問うことは誰も考えない。他方、日独の戦争責任については多くの人がそれを自明視する。では英国のアヘン戦争はどうなのか。スペイン、ポルトガルの中南米征服はどうなのか。ヨーロッパから北米に大挙して押し寄せた植民者たちが、アメリカインディアンという先住民を駆逐した責任はどうなのか。そうした侵略や征服の対象とされた側がそれを記憶として次世代に伝え、それが政治問題化することがなくなるのはいつなのか。

現在は過去の積み重ねからなっている。私たちが生きている世界は、諸々の地域に栄えた文明の堆積物であり、十五世紀末以来の「ヨーロッパの世界化」の産物であり、第二次大戦の戦後体制の持続と綻びの世界であり、二十世紀のアメリカニズムの世界でもある。

ひとつ確かなことは、われわれはそれらの重層的な積み重ねから自分の都合のいい部分だけを摘み食いすることはできない、ということである。それは、われわれが生きている世界が「われわれ」だけから成るものではなく、常にわれわれと他者から成るものであり、われわれに都合のよいことは往々にして他者には都合の悪いことであり、われわれが忘れてしまいたいことはしばしば他者が忘れようとしないものだからである。

戦後体制とは、そうした現在を構成する多様な堆積物の、生々しい一部なのである。

20世紀　どんな時代だったのか　**戦争編　大戦後の日本と世界**——**目次**

第2章　変容する世界の枠組み

第Ⅱ部　戦後の混迷を生きる――インサイド・ストーリー 267

装丁　重原　隆
図版作成協力　渡辺将史

20世紀 どんな時代だったのか 戦争編 大戦後の日本と世界

第Ｉ部

新たなる地殻変動の時代へ

～史実の裏側に迫る検証リポート～

第Ⅰ部では、歴史の流れをテーマ別に追いながら、忠実の背景や今日的意義などを多角的に検証する（年令は新聞掲載日現在）。

序章　「戦後体制」の幕開け

黒海に突き出したクリミア半島の避暑地ヤルタ――青く澄んだ海を見晴らす丘のリバディア宮殿は今、ヤルタ会談記念館として公開されている。ルーズベルト、チャーチル、スターリンら米英ソ首脳が第二次大戦後の新秩序を話し合った宮殿は、明るい晩秋の日を浴びて立っていた。

会議場が記念館として一般に開放されたのは、ソ連解体後の一九九四年。今では年間約二十万人の観光客が訪れるという。会議場ホールの丸テーブルには、今は消滅したソ連の「赤い」国旗が米国の星条旗、英国のユニオン・ジャックと共に飾ってある。

だが、死力を尽くして大戦を戦った「同盟国」の間では、すでに戦後秩序への思惑をめぐって亀裂が走っていた。

戦後史はこのテーブルから始まったのである。

ヤルタ会談 ——冷戦へのプロローグ——

ヤルタ会談は、ナチス・ドイツの敗色が深まった四五年二月、八日間にわたって開かれた。わずか三人の指導者が戦後世界を裁断したこの会談の歴史的意義は英米ソ三国が大国支配を固めたことである。それは会談初日、「(戦後世界の)平和は小国ではなく、大国によって実現される」と述べたスターリンの発言に、ルーズベルトが「即座に」合意を与えたことにも象徴されている。

この大国支配の結果、戦後欧州は東西二陣営に分割され、ソ連の東欧支配に礎石が敷かれて、その後の半世紀を支配する「ヤルタ体制」が確立した。

ヤルタ会談は、主要連合国の指導者による〝味方同士〟の話し合いだった。しかし、そこは、互いの国益をめぐる熾烈《しれつ》な戦いの場でもあり、その後、半世紀にわたって続いた新たな戦争——冷戦の序章でもあった。特に、スターリンは、自国領土での開催という〝地の利〟を最大限に利用した。

大国同士の猜疑と敵意

ロシア科学アカデミー歴史研究所が最近出版した論文集『スターリンと冷戦』によると、スターリンはヤルタ会談で大々的な盗聴作戦を展開し、盗聴した米英代表団の会話記録のすべてを毎朝、届けさせていたという。

同盟国に対するスターリンの疑心暗鬼と猜疑《さいぎ》心。ヤルタ会談は「味方を欺く」ための会談でもあった。

ソ連側は、英米代表団が一般のロシア人と接触することも嫌った。

会談を控えてヤルタから百三十キロ離れたクリミア半島北西海岸サキのソ連軍基地には米英軍の先遣隊が早くから駐屯し、基地の特別兵舎で会談の準備に当たっていた。

サキのソ連軍基地で先遣隊の世話をしたロシア人たちは、当時を回想してこう語る。

「われわれは理由を告げられずに基地に来た。見たもの聞いたものは絶対に口外しないと宣誓書を書かされて署名した。外国人と口をきいてはいけないとの注意も受けた。首脳会談があるとわかったのは、会談の前日だった」

現地で看護婦を務めたベーラ・クリサンさん（75）も、「米兵の中にはロシア語を話す者もいた。接触してはいけないと注意されたが、兵舎の外へ出てひそかに片言で話し合った。友軍兵士となぜ話をしていけな

ヤルタ会談に臨む（左から）チャーチル、ルーズベルト、スターリンの３首脳

いのか。そんな時代だったのです」と往時を述懐する。

ヤルタでも、英米代表団に対する隔離は徹底していた。

リバディア宮殿に集まった代表団は、英米各三百五十人、ソ連四百人。会議場には二千五百人の警備員が配備され、一般市民が米英兵士と触れる機会はなく、スターリンの「秘密」警察が会議場を二重、三重に取り巻いていた。また、チャーチル、スターリンの宿舎からルーズベルトが泊まっていた会議場まで約二十キロの沿道を百メートル間隔でソ連兵が警護した。

第二次世界大戦は、この会談の後、五月のドイツ降伏から七月のポツダム会談、八月の原爆投下と日本降伏を経て急テンポで終息した。その後にあらわになる冷戦は四六年三月、チャーチルが行った「鉄のカーテン」演説をもって始まるとされる。

しかし、すでに平和な戦後世界を語り合ったヤルタを舞台に、大国同士の目に見えない敵意が渦巻いていた。これは、「戦闘なき戦争」と呼ばれた冷戦の姿を、この時点で十分に暗示していたといえる。

スターリンの悲願、欧州分割支配

スターリンにとって、ヤルタ会談の大きな成果は、ソ連が「戦後世界の大国」という認知を米英両国から受けたことだった。

ヤルタ会談の会場となったリバディア宮殿

ソ連が進駐した東欧諸国は後にソ連の「衛星」国家群へと変貌《へんぼう》したが、スターリンは、そのソ連の東欧支配についても、ヤルタで英米に異論をはさませなかった。

チャーチルは、後にヤルタ会談を振り返り、「ワシは小鳥のさえずりを許すが、小鳥が何を歌うかはまったく気に掛けない」との警句を残している。会談での「小鳥のさえずり」の一例が、ポーランド亡命政府

の要求だった。

ロンドンのポーランド亡命政府は、米英を通じて戦後新政権への参加を求めていたが、スターリンはそんな希望には目もくれず、占領下のルブリン（ポーランド南東部都市）に「親ソ」政権を設置して、その主導権を主張、最後には米英を「欺いて」までポーランドを掌中にする。大国が小国を黙殺する体制は、その後も五十余年にわたって崩れなかった。

ヤルタ会談で決まったソ連の東欧支配について、ロシア科学アカデミー世界史研究所のユリ・ジューコフ上級研究員（60）は「欧州の分割支配はスターリンの念願だった。対独戦が始まって間もない四一年末ごろ、スターリンはすでに戦後体制の在り方を描いていた」と言う。

ソ連解体後に発見された記録文書「スターリン・イーデン英外相会談報告」（四一年十二月）には、スターリンがポーランド国境の変更やチェコスロバキアの領土拡張などを詳述した部分がある。

ジューコフ氏は「スターリンは当時から、戦後のスウェーデン、ドイツ、スイスを中立国として、欧州を二分する構想を持っていた」と指摘する。

さらに、スターリンがポーランドなどを自国防衛の緩衝地帯として「西側からの侵略」に備えようとしたと同氏は推測している。

一方、米英もヤルタ会談では、それぞれ自国の思惑を実現する成果をあげた。

チャーチルは英国を脅かすドイツ潜水艦への対応として、ソ連にポーランドのドイツ軍港ダンチヒ（現グダニスク）攻撃を要請して合意を得た。同時に、ソ連の戦後西欧侵出を阻止する意図を秘め、フランスの「ドイツ戦後処理」参加を提案してスターリンの了解を取り付けた。

ルーズベルトも、チャーチルの不安をよそに、米国内の「内向き」姿勢を配慮して戦後の米軍欧州駐留を「二年に限る」とすることに成功。また、ソ連には対日参戦を確約させ、戦後の国際社会の基礎となる国際連合創設問題では、議席数でスターリンの譲歩を得て安堵《あんど》した。

冷戦はそれから半世紀にもわたって続いていく。

この五十余年をソ連の側に限って眺めると、第二次大戦で「大国の地位」に就いたソ連が軍事超大国へと向かい、さまざまな対米挑戦を試みながら米ソ二極構造の一極を担う頂点にたどり着く時代でもあった。しかし、そのソ連は民生を無視しながらも、巨大な軍事負担に耐えきれず、八〇年代後半には対米核軍縮を許容して、一気にしぼんでしまう。その解体は、実に瞬く間の出来事だった。

◇

ヤルタ会談でスターリンらが宿舎に使ったユスポフ宮殿は今、ホテルに改造され、一般の宿泊客を募っている。スターリンが泊まった四室のスイートは「スターリンの間」と名付けられ、三食付き一泊四百四ドル。スターリンに付き添った従者「モロトフ（外相）の間」も、隣にある。客は富裕な「新興」ロシア人家族が多いという。会談場のリバディア宮殿も一部は貸会議場。訪ねたとき、米国の大手投資会社が社員教育の会場に使う話も進んでいた。

冷戦がその鼓動を開始したこのヤルタでも、冷戦はもはや過去の一コマになっていた。

notes

ヤルタ会談と対日問題

スターリンは、秘密協定の中で、ドイツ降伏後三か月以内に対日参戦することを約束、その見返りとして、サハリン（樺太）、千島列島の領土化や、旅順租借権回復、満州鉄道中ソ共同運営など中国東北部での権益が約された。

notes

第1章　生まれ変わる日本

吉田茂の選択 ——「経済専念」成功で神話化——

〝霧の都〟サンフランシスコは、その日、早朝から雲ひとつない快晴だった。

一九五一年九月八日、オペラ・ハウスで開かれたサンフランシスコ講和会議の調印式。吉田茂首相、池田勇人蔵相ら六人の日本全権は、緊張した面持ちで日本の独立回復を定めた対日講和条約に署名した。一人ずつサインが終わるごとに場内は拍手に包まれ、調印の模様はテレビで全米に放映された。

一方、同じ日の夕刻、サンフランシスコの米軍第六司令部では、ひっそりと日米安全保障条約の調印式が行われた。米側はディーン・アチソン国務長官、ジョン・ダレス国務省顧問ら、日本全権団は吉田一人だけが署名した。この日、吉田は一か月半断っていた葉巻に火をつけた。葉巻は講和会議で議長を務めたアチソンから贈られたものだった。

「吉田神話」に見直しの動き

対日講和条約と日米安全保障条約。吉田が締結に深く関与した両条約で、日本は、西側陣営の盟主・米国の同盟国として冷戦構造下の国際社会に復帰した。その結果、「日米安保により軽武装での国防を可能にしたうえで、経済立国に専念する」とする戦後日本の基本路線が成立した。この路線のおかげで日本は世界的経済大国になったといわれ、吉田を戦後日本の功労者とする「吉田神話」が生まれた。

しかし、そうした「吉田神話」を見直す動きが出ている。

きっかけは、九六年に相次いで出版された『安保条約の成立』（豊下楢彦・立命館大教授著、岩波書店）、『吉田茂とサンフランシスコ講和』（三浦陽一・中部大教授著、大月書店）の二つの著作だ。

両条約の骨格が固まったのは五一年一月末—二月の吉田とダレス（米大統領特使）との一連の会談だが、両書は、その際の交渉を「拙劣だった」と批判する。

会談では、ダレスが執拗《しつよう》に再軍備を迫ったのに対し、経済的理由などを盾に吉田は激しく抵抗したとされ、吉田も回想記で、「（再軍備反対を）重ねて強く希望したところ、ダレス特使は『アメリカは日本に再軍備を強制する意志はない』旨を確言してくれた」（『回想十年』）と得意気に記している。

しかし、豊下、三浦教授らは、日米両国の外交機密文書などを詳細に分析した結果、「吉田は、

対日講和条約に署名する吉田首相

米国の最大の狙いが日本再軍備ではなく、米軍の日本駐留であったことを見抜けず、本来なら、もっと〝高く売れた〟はずの米軍駐留のカードを安売りしてしまった」（三浦氏）と切り捨てる。

吉田の「安売り」のため、米国ペースで交渉は進み、安保条約は結局、米国が駐留権を持つが日本防衛の義務は負わない米国有利の内容となった、というわけだ。その具体的規則を定めた行政協定でも米国は、日本国内のどこでも基地を設置する権利を確保したほか、刑事裁判でも米軍関係者の犯罪には日本の裁判権が及ばないなど、「名誉ある独立国家とは言えない」（豊下氏）ものとなった。

裁判権問題はその後、一部改善されたが、最近では九五年の沖縄駐留米兵による少女暴行事件で再び問題化した。

吉田路線をめぐっては冷戦終結前の八〇年代に中曽根康弘・元首相（80）が「戦後政治の総決算」を提唱、「吉田政治の是正」を訴えた。

中曽根氏は「吉田政治は英国流の功利主義、政策も重商主義的で、当時の選択としてありうるものだった。しかし便宜主義的でもあり、安保面では、自分の国は自分で守るという点を軽蔑《けいべつ》し、一国平和主義が長引いた」と指摘する。

吉田―ダレス会談から半世紀。吉田路線が前提とした冷戦は終結、最重視した経済も低成長時代に入った。その時期に、吉田路線を見直す動きが出てきたことは偶然ではなさそうだ。

極秘裏に再軍備約束

「吉田・ダレス会談　再軍備密約文書を入手　五万人の保安部隊」――。

八二年九月二十日、読売新聞は五一年一―二月の日米交渉の際、日本が、米国に提出した外交機密文書を特報した。スクープは、「吉田神話」の見直しの起点となるもので、吉田が「最後までダレスの求める再軍備を拒否した」のではなく、米国側の要求に折れる形でひそかに再軍備を行う意思を伝えていたことを明らかにするものだった。

この文書は、交渉最中の二月三日午前、吉田が作成を指示、大磯（神奈川県）の吉田邸で急きょまとめられ、同日夕、米国側に提出された。

日本側は文書の中で「平和条約及び、日米安保協力協定の発効と同時に、日本が再軍備計画に乗り出すことが、必要となろう」と確言。さらに、前年発足した警察予備隊などとは別に、総数五万人の「保安部隊」の創設を表明していた。「再軍備に徹底抗戦した吉田」という戦後史の定説を大きく修正するものだった。

この文書の存在は、日本側の申し入れで秘密にされ、これ以降の日米交渉でも取り上げられていない。吉田はその後も国会答弁などで「再軍備の否定」を繰り返していた。

ダレス特使と会談する吉田首相（1951年１月31日）

これに対し、ダレスとしては、最大の焦点だった基地駐留権を確保し、同時に再軍備についても日本から約束を取り付けた格好になる。吉田との最終会談（二月七日）を終えた日の翌朝、ダレスは随員との会議で、「すべてうまくいっている。あとは行政協定にもっと日本が犠牲を払うものを盛り込むだけだ」と満足そうに語っている。

「合理的な選択」との擁護論も

こうした批判に対して、吉田擁護論もある。

渡辺昭夫・青山学院大教授は、「再軍備の問題で吉田が、いろいろ詭弁《きべん》を使ったことは事実だ。しかし、当時の情勢からすれば、米軍基地の継続使用を前提に講和後の安全保障体制を構想することは合理的な選択だった。基地提供を交渉カードにすることは、最初から吉田さんの眼中になかったのではないか」と指摘する。

吉田批判の研究者が指摘する「拙劣さ」については、渡辺教授は「細かい交渉の事実の話にすぎず、それをもって吉田の役割を軽視すべきではない。吉田の選択がなかったら、今日のような抑制された軍備ではすまなかったはず」と反論する。さらに「戦前の反省を踏まえた『経済力の範囲内での軽武装を持つ』という吉田路線の大原則は、時代を超えて、いまも正しい」と強調する。

吉田路線は戦後体制に大きな功績を残したのは間違いないだろう。しかし、一方で、吉田擁護、批判派の双方から「吉田路線は金科玉条のドクトリンとして固定化し、とくに安保面で、まじめに考えることを放棄した」(渡辺氏)、「吉田の結んだ安保条約は独立国家にふさわしいものではなかったのに、吉田の後継者は、そこを見据えず、ただひたすら、経済第一主義で走ってきた」(豊下楢彦・立命館大教授)と、吉田の後を託された政治家たちの責任を問う声も聞こえてくる。

では、吉田自身は、講和・安保体制の将来をどう考えていたのだろうか。

これをめぐって、吉田の秘書を務めたことのある松野頼三・元防衛庁長官(81)には、忘れられない思い出がある。

吉田がサンフランシスコの調印から帰って三か月後の五一年の暮れ、松野氏は、首相官邸の執務室で吉田が講和・安保条約について、こう漏らすのを聞いている。

「俺《おれ》の力ではこれぐらいのことしかできない。もっとしたいが、米国の言うことを聞くしかないんだ。この後は若い人たちが、これを直していくんだろうよ」

notes

サンフランシスコ講和会議

会議は五一年九月四―八日、日本と連合国との間で講和条約締結を目指し開催された。北京の共産党と、台湾の国民党政権は会議の紛糾を避けて招請されず、インド、ビルマは参加を拒否した。一方、五十二か国の参加国のうち、ソ連、チェコスロバキア、ポーランドは調印式を欠席、日本は英米など四十八か国の西側陣営との「単独講和」を選択した。

吉田の再軍備論

海原治・元内閣国防会議事務局長（当時、国家地方警察本部企画課長）（81）は講和交渉時から吉田は再軍備が必要だと考えていたという。海原氏によると、五〇年末ごろ、吉田と会食した際、海原氏が、「日本が独立したら、軍備はどうなるのですか」と尋ねた。これに対し、吉田は「独立国である以上、軍隊が必要なのは当然だ。ただ、（政敵の）芦田君（均・元首相）が再軍備論を言っているので私からは言わない」と答えたという。

notes

日米安保の源流　――講和工作に取り組んだ芦田均の役割――

一九四七年六月一日、社会、民主、国民協同党の三派連立による片山哲社会党首班内閣が成立した。外相には外務官僚出身の民主党総裁・芦田均が就任した。

「いろいろ候補者を考えて、どうしても適任者がない。私（の外相就任）は必ずしも最上の代物とは思わないが――」

芦田は内閣発足の日、日記にそう記している。当時は、二月にイタリアが連合国との講和条約に調印したほか、三月にはダグラス・マッカーサー連合国軍最高司令官が記者会見で「早期講和論」を提唱、これを受け、米国務省は七月に「対日講和予備会議」を提案するなど講和に向けた動きが表面化していた。芦田の謙そんは、古巣への復帰に対する、彼一流の「自負と意欲」の反語法と見ていい。

吉田茂の功績に隠れ

就任早々、芦田は極秘に講和準備に取り組む。

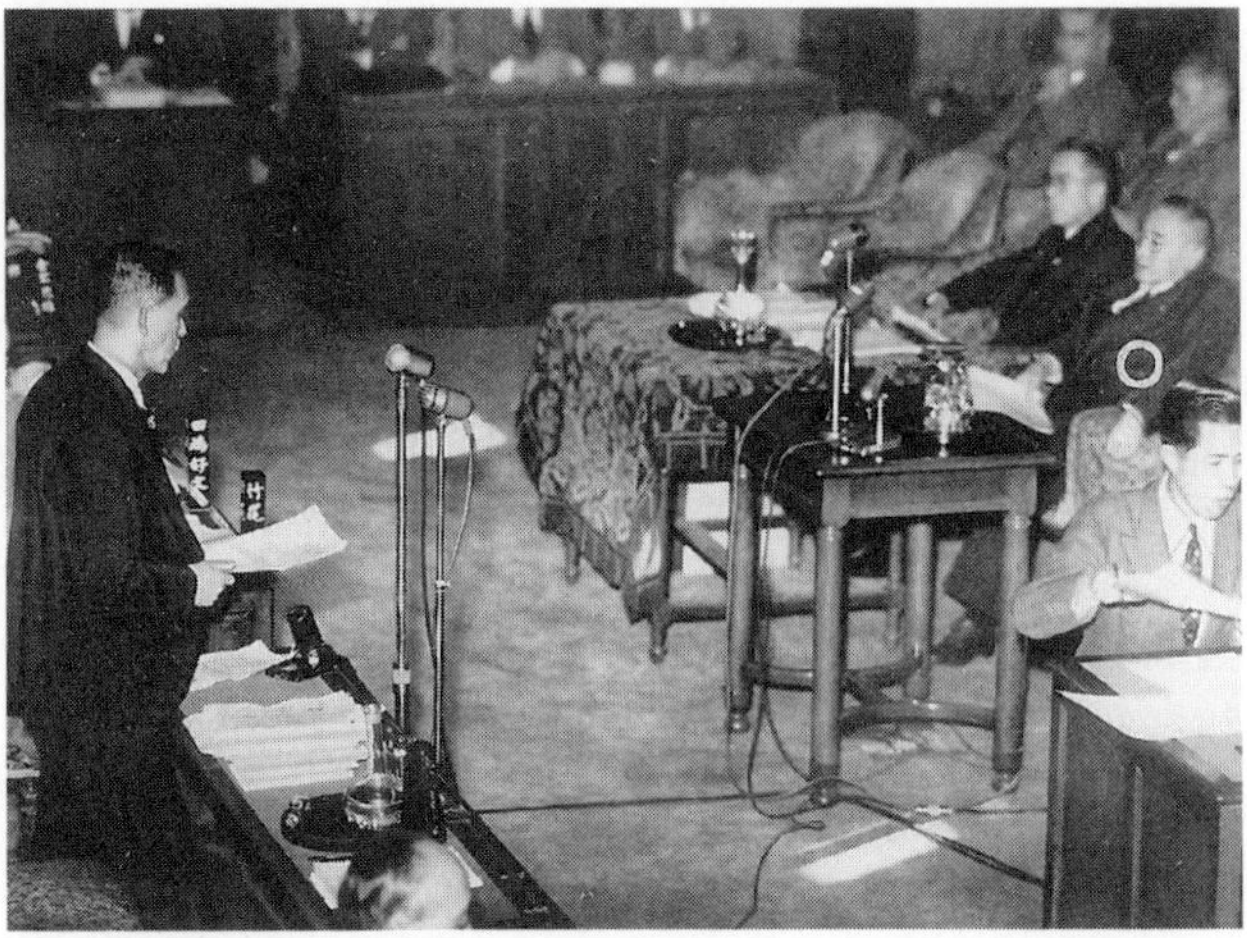

国会で吉田首相（〇印）に質問する芦田均（1951年10月18日）

まず、同年七月、講和条約への要望事項をまとめ、連合国軍総司令部（ＧＨＱ）のジョージ・アチソン外交顧問、コートニー・ホイットニー民政局長に手渡し、九月にはロバート・アイケルバーガー第八軍司令官に、日本の安全保障についての意見書を預けた。

このうち、講和への要望書は「（ソ連など）他国を刺激し、日本に不利になる」（ホイットニー）として、後で返却されたが、独立後の安全保障に対する見解を示した第八軍司令官への意見書については、仲介役の鈴木九萬・横浜終戦連絡事務局長（故人、元駐伊大使）が後に「司令官は陸軍省や国務省関係者にきちんと説明した、ということだった」と証言している。

同司令官への意見書は「芦田メモ」と呼ばれ、この中で、「米ソ関係が悪化し、世界平和に不安が生じた場合」を想定し、①平和条約の実行監視のための米軍駐留②日米間に特別協定を結び日本の防衛を米国にゆだね、米軍は日本の近接要地に駐留、有事に進駐する――と提案した。

その構想は、後の日米安全保障条約の源流となるものだが、「安保反対」を党是とした社会党首班政権によって作られたのは歴史の皮肉だ。

芦田の講和工作は、米ソ冷戦の激化から「早期講和論」が下火になって「瀬踏み」で終わってしまう。しかし、構想の内容は、芦田のことを「丹波の山猿」と嫌った政敵・吉田茂に受け継がれ、四年後に結実する。

芦田は憲法九条をめぐっても「芦田修正」を行っている。芦田の存在は、講和条約、安保条約をまとめた吉田茂の功績に隠れた格好だが、「戦後の日本の安全保障体制にとって重要な役割を果たした」（増田弘・東洋英和女学院大教授）といえる。

その後、芦田は、片山内閣総辞職を受けて四八年三月、組閣する。しかし、政権は昭和電工事件で、わずか七か月で終止符を打つ。自身も収賄容疑で逮捕され、議員活動の傍ら五八年に無罪を勝ち取るまで裁判闘争の日々を送ることになる。

芦田は、朝鮮戦争の勃発《ぼっぱつ》（五〇年六月）を機に「再軍備の論客」として再び脚光を浴びた。五一年十月の臨時国会では、吉田首相と再軍備論争で対決した。

芦田の孫で芦田の日記を編さんした下河辺元春氏（58）は「再軍備論は吉田へのアンチテーゼの面もあった。昭和電工事件を政治的陰謀ではめられたと思っていたし、その面目を保つため、吉田の『再軍備否定論』を論破しようと考えたんだろう」とみる。政治家の主義・主張と人間関係を考えると興味ある分析だ。

芦田は晩年、「戦争という間違いを二度と起こさないよう、どこで足を踏み外したのか、正しい認識を持ってもらおう」と「第二次世界大戦外交史」の執筆に精力を注いだ。

本当は、芦田自身が主人公となる「戦後外交史」を書きたかったに違いない。

notes

芦田修正

四六年の衆院憲法改正特別委で芦田委員長の発案で憲法九条二項の冒頭に「前項の目的を達するため」の字句が加えられた。この結果、「自衛のための軍備保持」を合憲とする解釈が可能になった。芦田の著作「新憲法解釈」では「自衛のための戦争と武力行使はこの条項によって放棄されたのではない。また侵略に対して制裁を加える場合の戦争もこの条文の適用以外である」と明記している。

notes

青年よ銃を取るな

——両刃の剣となった社会党のスローガン——

一九五一年一月二十一日、東京・新宿区の早大大隈講堂。社会党の第七回党大会が最終日を迎えていた。

「青年諸君は断じて銃を持ってはならない。断じて背嚢《はいのう》をしょってはならない」

委員長に就任したばかりの鈴木茂三郎が声を張り上げた。「青年よ再び銃をとるな」——社会党史に残るスローガンが誕生した瞬間である。

会場では感極まっておいおいと泣く若い書記もいた。竹内猛・前衆院議員（76）もその一人だった。

「当時、朝鮮戦争が激化し、戦争に巻き込まれる雰囲気があった。学徒動員組だっただけに胸にストンと響いた」

「青年よ」は、同大会で決定した「平和四原則」（全面講和、中立堅持、軍事基地反対、再軍備反対）とともに社会党の旗印となった。

大会では「単独講和容認」の右派と「全面講和・再軍備反対」の左派が激しく対立したが、左派の鈴木の委員長就任、「再軍備反対決議」採択で左派が勝利した。

鈴木茂三郎の知られざるエピソード

「全面講和」論の顔となった鈴木だが、九か月後の第八回臨時党大会（五一年十月二十三、二十四日、浅草公会堂）で苦渋の決断をしていたことは知られていない。

第７回社会党党大会に出席した鈴木茂三郎（手前）（1951年１月）

八回大会では、対日講和条約と日米安全保障条約の国会批准問題をめぐり、再び左右が大激突した。右派が「講和条約賛成、安保条約反対」、全面講和の左派は「両条約ともに反対」で、党大会で大乱闘も起きた。

当時、鈴木の秘書を務めていた広沢賢一・元衆院議員（79）が証言する。

「鈴木さんは党の分裂回避のため、右派の案でもやむを得ないと決断、私と、側近の故大柴滋夫（後、衆院議員）に『（左派の代議員を）回って説得して来い』と指示した。ヌマさん（右派の浅沼稲次郎書記長）にも伝えていた」

しかし、鈴木の〝妥協案〟は「みんなカッカしていて説得に回れる状況じゃなかった」（広沢氏）ため、日の目を見ることはなかった。大会は混乱の末に散会、同党は分裂した。分裂状態は五五年まで続いた。

鈴木と講和をめぐる秘話をもう一つ。

鈴木は、五一年一月ごろ、故武見太郎（後、日本医師会長）を通じ、吉田茂首相とひそかに再軍備問題で接触していた。武見は鈴木の主治医で吉田の縁戚《えんせき》にあたる。当時の後援会報に鈴木は「吉田さんと協力し、米国の再軍備要求に反対している」などと書いているが、鈴木の三男、徹三氏（75）は「吉田さんは米国の再軍備圧力を弱めるため、おやじに相談し、社会党に反対運動の側面支援を求めたのではないか」という。

一方の吉田は米国のダレス大統領特使との間で「単独講和・日米安保体制」の骨格を固める詰めの交渉を目前にしていた。二人の接触時期がスローガン誕生と重なるのが興味深い。

二つの秘話は、講和をめぐる複雑な政治に鈴木が柔軟に対応したエピソードといえる。しかし、スローガン「青年よ」の方は、逆に党の安保議論を硬直化させ、政権政党としての可能性を摘み、その結果、自民党の長期政権を許した。社会党が自衛隊合憲を認めたのは九四年七月、村山富市首相の国会演説でのことだ。社会党の綱領的文書「新宣言」（八六年）を起草した曽我祐次・元副書記長（72）が言う。

「スローガンは絶対平和論と結びつき一つの原理になってしまった。六〇年安保以降、国民の間には『自民党の軽武装、経済大国』路線が浸透していたが、党内では自衛隊の存在、防衛論争に踏み込むことすらいけないことになった。鈴木さんだったら柔軟な対応を求めたのではないか」

notes

吉田茂と鈴木茂三郎連携

鈴木は吉田の要請を受け、五一年二月一日、ダレスと会談、再軍備反対を強く申し入れた。広沢氏によると、鈴木は吉田から、再軍備反対でがんばってくれ、と激励され「ダレスは話の分からない男だが、吉田ってのはたいした男だ」と語っていたという。しかし吉田は、二日後の二月三日、米国側の要求に折れる形で再軍備構想を提示している。

曲学阿世論争 ――時の首相と東大総長、「講和」めぐり対立――

「永世中立とか、全面講和などということは、いうべくして到底行われない。南原東大総長などが政治家の領域に立ち入って、あれこれいうことは、曲学阿世《あせい》の徒にほかならない。学者の空論だ」

一九五〇年五月三日、東京・永田町の自由党本部で開かれた同党両院議員総会。講和問題の情勢報告を行った吉田茂首相は、秘密会という気安さも手伝ってか、南原繁・東大総長の名前を挙げて、その全面講和論を厳しく批判した。

理想主義か現実路線か

吉田の発言は翌日の新聞で報道され、大きな波紋を呼ぶ。

三日後の六日、南原が記者会見で応戦した。

「(吉田発言は) 学問の冒瀆《ぼうとく》、学者に対する権力的強圧以外のものではない。全面講和や永世中立論を封じ去ろうとするところに、日本の民主政治の危機の問題がある」

耳の後ろにできたコブの切除手術の直後で頭部を包帯で巻いた痛々しい姿だったが、南原は、吉田発言に戦前の「学問の自由への弾圧」を想起し、過剰反応ともいえる激しい言葉で切り返した。

二人の応酬は、その後も繰り返された。時の首相とアカデミズムのトップ、東大総長の一騎打ちという前代未聞の組み合わせだっただけに「曲学阿世論争」として新聞に取り上げられた。

東大安田講堂で講演する南原繁（1950年11月17日）

吉田は、四九年四月、南原に手紙を送っている。封書には「東京帝国《ママ》大学南原総長閣下」とあり、「閣下」という表現に学者・南原への尊敬の念がうかがわれる。

それが一年後に「曲学阿世の徒」に変わった背景には、その間に「単独講和か全面講和か」の議論で国論が二分し、中でも同年十二月、渡米先のワシントンで「永世中立、全面講和論」を展開した南原が全面講和論のオピニオンリーダーになっていたという経緯があった。

二人の対立について、南原の孫弟子、加藤節・成蹊大教授は「敗戦という挫折から、独立回復と国際社会復帰を目指す点で、二人は同じスタート台に立っていた」と指摘する。しかし、激化する東西冷戦への対応が二人の分岐点となった。

吉田は「現実をみれば、西側とのきずなを強めることで独立復帰を早め、経済再建を急ぐしかない」という現実路線に向かった。一方の南原は「冷戦の片側にくみすることは、真の独立とは言えない。すべての連合国との講和による普遍的な平和を求めるべきだ」とする理想主義にこだわったといえる。

論争の翌年、南原は「真理こそ最後の勝利者である」との言葉を残し総長を辞任し、書斎に戻った。総長在職中を含め、政党の総裁や文相、最高裁長官就任への誘いを受けたが、「男子一生の仕事として政治は学問以上のものではない」として固辞した。

五一年のサンフランシスコ講和会議で、日本は英米など西側四十八か国との単独講和を選択。日本は日米安保体制の下で「軽武装、経済優先」の吉田路線を進み、経済大国となった。論争について、歴史の審判は、「現実路線」の吉田に軍配を上げた。

ただ、南原が提起した「高く掲げた理想を現実化することこそ政治の役割」（加藤教授）とする考えは、むしろ今日的な課題である。なぜなら、現在の政党・政治家は、少子高齢化と未曽有《みぞう》の不況で閉塞《へいそく》感が増す中にあって、新たな理念、理想を示す構想力を失っているからだ。それは戦後、政治がひたすら現実路線を走り続けた弊害とも言える。

「世間から遠ざかっている間に日本は豊かになった。しかし、何か大事なことを忘れていたのじやないですか」

晩年（七〇年）、南原はインタビューでこう語っている。

notes

曲学阿世

史記にある言葉で、「真理を曲げた不正の学問により、世俗や権力におもねり、人気を得ようとする」の意。真理を追究する学徒にとって、きつい侮辱表現といえる。福田歓一・東大名誉教授によると、南原は吉田のことを後年「吉田さんは礼儀正しい人でした。その吉田さんが、あんなことを言うとは。あの時はどうかしていたのではないか」と話している。

notes

再軍備 ――「警察予備隊」緊急設立の背景――

一九五〇年六月二十五日、朝鮮戦争が勃発《ぼっぱつ》した。朝鮮民主主義人民共和国（北朝鮮）軍は韓国領内に南進、日本駐留の米陸軍四個師団のほとんどが朝鮮半島に出動、日本は軍事的に空白地域となった。

これを受けマッカーサー連合国軍最高司令官は七月八日、吉田首相に書簡を送った。便せんよりやや大きめの用紙二枚にタイプされた書簡には、こう記してあった。

「私は日本政府に対し、人員七万五千人からなる『ナショナル・ポリス・リザーブ』を設立し、海上保安庁の現有要員を八千人増強することを許可する」

「許可」は実際、「命令」を意味していた。七万五千人は、日本駐留の米陸軍四個師団の人員に相当した。ナショナル・ポリス・リザーブ＝警察予備隊はその後、保安隊を経て、五四年、自衛隊となる。

さらに、七月十二日、ＧＨＱは、「日本の安全保障諸機関の増強」と題する文書をまとめた。その中心は「警察予備隊創設案」で、いわば予備隊の「設計図」とも言えるものだ。規模や組織、

警察予備隊の行進訓練（1951年８月、東京・越中島で）

管理方法など詳細にわたっているが、興味深いのは、それがマッカーサー書簡から四日、朝鮮戦争が起きてから十七日という短期間で決定されたということだ。

以前から用意されていた計画

警察予備隊本部の警備課長兼調査課長として、部隊編成に携わった後藤田正晴・元副総理(84)が当時を振り返る。

「受け渡された編成表を見て、前々から米国は再軍備のための案を用意していたのではないか、と感じた」

後藤田氏の直感は当たっていた。

米国側の公開文書を詳細に分析した増田弘・東洋英和女学院大教授は「ワシントンでは四八年二月ごろから、陸軍省、国防省、統合参謀本部を中心に、日本の再軍備計画の検討が始まっていた」と指摘する。

増田教授によると、四八年一月のケネス・ロイヤル陸軍長官の演説をきっかけに、翌月二十四日、ジェイムズ・フォレスタル国防長官がロイヤルに、日本の再軍備を研究するよう指示、ロイヤルは、五月に報告書をまとめた。報告書は、将来の占領軍撤退に合わせ「限定的な再軍備計画」を用意するべきだ、との内容で、「限定的」とは米軍指導の下で編成・監督された小規模で軽武装の軍隊という意味だった。マッカーサー書簡の出発点は、この「ロイヤル報告」にあった。

もっともロイヤルの再軍備構想には、当初、マッカーサーという大きな「障害物」が控えていた。マッカーサーは「再軍備は、日本経済を弱体化させ、日本人は、もはや軍隊の保持を歓迎しない」などを理由に同構想に強硬に反対したからだ。その背景には、自ら主導して日本国憲法に盛り込んだ第九条の戦争放棄規定の存在があった。一方、国務省も近隣諸国への配慮などから再軍備に慎重だった。

しかし、マッカーサーはその後の冷戦激化を受け、「憲法九条は自衛権を否定しない」(五〇年一月、年頭声明)と非武装路線から転じ、結局、ロイヤルの構想は、本格的な軍ではなく、国内治安維持を目的にした「警察軍」の創設案に落ち着く。そして朝鮮戦争勃発を契機に、日本の軍事的空白を埋めるべく名前を「警察予備隊」に変え、マッカーサーがゴーサインを出したというわけだ。

マッカーサー書簡は、当時の日本政府にとって「寝耳に水」で、ナショナル・ポリス・リザーブの意味さえつかめず、混乱した。

日本の戦後体制の枠組みは、憲法ばかりでなく、安全保障の基本となる軍備まで、米国主導で作られた。

notes

ロイヤル演説

四八年一月六日に、米国のロイヤル陸軍長官がサンフランシスコで行った重要演説。この中でロイヤルは、東西の冷戦激化を踏まえ、日本を「新たな全体主義戦争の脅威に対する防壁に」と強調、日本の政治的安定を維持し「健全な自立経済が必要」と明言した。それは従来の「非軍事化、民主化」という対日占領方針の転換を示唆するものだった。

東京裁判 ——勝者の裁きか、文明の裁きか——

一九四六年五月三日、東京・市ヶ谷の旧陸軍省。高台に建つ白亜の三階建てビルは、朝から内外の報道陣でごった返していた。

午前十一時十五分、二階大ホールを埋めた数百人の傍聴人の目が、右奥の出入り口に集中した。軍服姿の佐藤賢了・元陸軍省軍務局長を先頭に入廷する戦争の「最高指導者」二十六人は、やせこけていた。十一か国の国旗が掲げられた向かいの席には、黒い法衣をまとった九人の裁判官。静寂が支配する大法廷に米国人法廷執行官の声が響いた。「ここに極東国際軍事裁判所を開廷します」

国際軍事裁判の法的根拠は「戦争違法観」

第二次大戦後、ドイツと日本の主要戦犯を裁く国際軍事裁判が開かれた。「ニュルンベルク裁判」と「東京裁判」である。「戦争を遂行した罪で……」。歴史に例のないこうした軍事裁判の背景には、第一次大戦を境にした戦争観の劇的な変化があった。

東京裁判は1946年５月３日から1948年11月12日まで行われた（手前が判事席、右奥が被告席）

二十世紀初頭まで、国際社会で戦争が犯罪と見なされることはなかった。捕虜の虐待禁止などの交戦法規さえ守っていれば「他の手段をもってする政治の継続」（クラウゼヴィッツ『戦争論』）と考えられていたのである。

そうした戦争観を一変させたのが第一次大戦だった。国民生活のすべてが戦争に動員される「総力戦」が展開され、兵器として新たに爆撃機や戦車なども登場した。都市への無差別攻撃が通常になり、死者数は世界で「軍人一千万人、市民五十万人」（B・ゲプハルト『ドイツ史のハンドブック』）に上った。

「ここには村があった、森があった、工場があったという処《ところ》が、大砲、爆弾、地雷火のために荒らされて、ほとんど樹一本もない、家一軒もない、まるで砂漠のようであった」。パリ講和会議に全権委員として出た牧野伸顕は、『回顧録』にフランス北部の惨状をそう記している。

第一次大戦が終わると、国際社会は戦争の違法化に向けて急速に動き出した。国際連盟は「侵略戦争は国際犯罪である」と宣言し、二八年八月には拘束力を持った不戦条約として結実した。条約は第一条で「締約国は、国際紛争の解決のために戦争に訴えることを非とし、国家の政策の手段としての戦争を放棄する」と規定した。戦争を「犯罪」とはしなかったが「不当な行為」とし、米、仏、英、独、日、伊など十五か国が即座に調印した。

日本も、時の首相の田中義一が「戦争の全廃を企図する崇高仁慈なる目的に衷心同感の意を表し、最も誠実なる協力を致すを欣快《きんかい》とする」と表明した。ただ、自衛のための戦争を例外とすることは関係国の了解事項となっており、日本はその後、満州事変などを「自衛戦争」と主張することになる。

二つの国際軍事裁判は、こうした「戦争違法観」を法的な根拠にしていた。一方、戦争指導者を裁判にかけるという、これまた歴史に類例のないやり方について、連合国の間で合意が成立したのは、ドイツの敗北が決定的となった四五年五月の米英仏ソ外相会議でのことだった。

ドイツの戦争責任者の処遇について、英国は当初、「裁判は手続きが煩雑なうえ、指導者処遇は司法問題ではなく政治問題である」として、軍事法廷での即決処刑方式を主張した。

これに対し、ソ連のスターリンが四四年十月の英ソ首脳会談で反対を表明し、米国でもスティムソン陸軍長官がルーズベルト大統領に裁判方式を進言した。結局、英国が譲歩して決着した。

「即決処刑は正義の原則に反し、犯罪人を殉教者にまつりあげてしまう」（ヤルタ覚書）。米国の主張には、裁判という人道的な形を採ることで、枢軸国の「悪」を歴史的に確定させようとする意図が潜んでいた。

宿命づけられた政治性

国際法を専攻する大沼保昭・東大教授（52）は、あの当時の衝撃を忘れられない。研究者になって間もない一九七一年春、東京・本郷の研究室で「ジャクソン報告書」を読み進んでいた時のことだ。そこには、ニュルンベルク裁判と東京裁判の宿命的とも言える政治的な性格が、生々しく記録されていた。

二つの裁判については、それを開く法的根拠となった国際軍事裁判所憲章（条例）の当否をめぐって大きな論争が繰り広げられた。東京裁判では公判四日目、弁護側が憲章を不当とする動議を提出し、ニュルンベルク裁判でも弁護側から提起された。

これに対し、四六年十月一日のニュルンベルク判決は「憲章は戦勝国が権力を恣意《しい》的に行使したものではなく、当時の国際法を表示したものである」「不戦条約以降、戦争は国際法上不法とされ、それを遂行する者は犯罪を行うことになる」と述べ、東京裁判の判決も「憲章は本裁判所を拘束する」と表明した。

両裁判の法的性格に関しては、ドイツと日本の学会でも当時から「勝者の裁き」などとする熱

東京裁判の裁判長を務めたオーストラリアのウェッブ判事

い議論が展開されてきた。「ジャクソン報告書」は、二つの判決の見解にくさびを打ち込むものだった。

報告書は、四五年六月に米英仏ソの法曹界を代表するメンバーを集めて開かれたロンドン会議の議事内容を伝えている。米代表だったジャクソン最高裁判事が政府の内部文書として作成した。

それによると、会議では「侵略戦争を犯罪とするかどうか」をめぐり、積極派の米国と慎重派の英仏ソの対立が深刻化。七月十九日の会合で、フランスの代理委員だったグロ教授が「侵略戦争の開始は犯罪となるべき違反行為ではない」と主張し、ソ連も自らのポーランド侵入などが問題化することを恐れて同じ立場についた。

これに対し、米国のジャクソン判事は当初、第一次大戦以降の戦争観の変化などを挙げて三国を説得したが溝は深まるばかり。最終的に米国の主張に沿う形で決着したのは、同二十五日、判事が米国の政治的な立場を吐露し、その主張が通らない限り交渉継続には応じられないとの強硬姿勢を示したためだった。

「侵略戦争を犯罪としない限り、米国が中立を表明していた時代に（戦争の一方の当事者の）英仏を援助したことの正当性が失われてしまう。私は『米国がこの戦争を違法なものとみなしたことは間違っていた』と告白するためにここにいる訳ではない」

ジャクソン報告書をもとに、大沼教授は、米英仏ソは国際軍事法廷を開くにあたり①連合国側の過去の行動を問題とさせない②枢軸国側の正当性の主張を封じる③四大国の将来の軍事行動などを拘束することを避ける――などの点で一致していたと述べる。

ロンドン会議から五十三年を経過した今年七月、ローマで開かれていた国連外交会議は国際刑事裁判所（ＩＣＣ）の設立条約案を賛成多数で採択した。ＩＣＣは、国際社会に対する重大犯罪にかかわった個人の責任を問う常設国際機関で、条約案では「大量虐殺」「戦争犯罪」「人道に対する罪」「侵略」の四つの行為を犯罪と規定した。

しかし、米国が批准に消極的な姿勢を示しているほか、「侵略」の定義について合意が得られず、侵略戦争の犯罪化には早くも赤ランプがともっている。

「東京裁判は国際政治そのものであり、司法的な取り組みと言えるものではない」。四八年三月、米国務省政策企画室長だったジョージ・ケナンは対日政策を再検討する中で東京裁判をそう論評した。日暮吉延・鹿児島大助教授はその言葉を引いて、「戦争原因をめぐって司法手続きをとることの難しさを鋭く示唆している」と指摘している。

証拠文書　国を挙げて焼却

東京・霞が関の内務省庁舎に、各省の官房のトップたちが慌ただしく駆け付けてきた。四五年八月十日。ポツダム宣言の受諾に聖断が下って数時間しかたっていない。招集は「戦争終結後の処理方針の検討」のためで、その場で公文書の焼却が決定された。

東京裁判の訴追機関として設置された国際検察局（ＩＰＳ）は、記録の少なさに悩まされた。千百トンもの公文書類が押収され、「文書裁判」とも称されたニュルンベルク裁判とは対照的で、原因の一つが、各省庁の公文書の一斉焼却にあったことは間違いない。ＩＰＳは焼却の実態について調査したが、命令系統の解明にまでは至らなかった。

では、焼却はどのように行われたのか。「そりゃ、官房首脳会議で考えたんだ。みなさんの意見を私が集約した」。内務省地方局戦時業務課の事務官（現在の課長補佐クラス）だった奥野誠亮・衆院議員（85）はこう断言する。

奥野氏によると、ことの発端は、迫水久常・内閣書記官長が「総理（鈴木貫太郎首相）は戦争終結を強く決意しておられる。ついては、内務省で終戦処理方針をまとめてもらえないか」と言ってきたことだった。

この指示を受けて、奥野氏は軍関係を除く各省の官房首脳らを招集した。主な議題は「軍の物資の処理方法」だったが、終戦後の戦犯問題にも話が及び、「証拠にされるような公文書は全部焼かせてしまおう」という方針も決めた。その際、奥野氏との配慮から、「文書に残すと問題になる」との配慮から、ら数人が出向いた。各地の地方総監へは口頭で伝えることとし、奥野氏ら数人が出向いた。

奥野証言が明かすこうした官房サイドの文書焼却の指示系統は、これまでの戦後史研究でも「ほとんど知られていなかった内容」（吉田裕・一橋大教授）と言う。吉田教授は、公文書焼却をめぐる動きとしてさらに、終戦当時の閣議を指摘する。

東京裁判を４か月後にひかえた旧陸軍省の建物。終戦前後、ここの裏庭でも文書が焼却された

「資料は焼いてしまえという方針に従って焼きました。われわれが閣議で決めたことです」「軍あるいは各省関係の書類についても、できるだけ早く焼いてしまえと通達した」。大蔵省が七八年に編集した『聞書戦時財政金融史』で、終戦時の広瀬豊作蔵相はそう語っている。

また、第一復員局（旧陸軍省）の美山要蔵・文書課長は、東京裁判に提出した文書の中で「八月十四日、陸軍大臣の命令により高級副官の名をもって全陸軍部隊に『機密書類は速やかに焼却』すべき旨を指令された」と証言した。

東京都東村山市の「ふるさと歴史館」に「武警兵第号外」「昭和二十年八月十八日」と書かれたB5判の公文書が眠っている。茶色く変色したその文書には「召集、徴兵、点呼関係書類は一切速やかに焼却す」とした東京連隊区司令官（陸軍の地方組織）からの指示が記されている。閣議の焼却命令が、形に表れたものだろう。

一方、外務省も独自に極秘記録の焼却を決めていた。外交史料館に保管されている当時の決裁書類によると、四五年八月七日、松本俊一次官らが決裁した。「外務省記録文書は内容の如何《いかん》を問わずいかなる事態に於《お》いても之《これ》を第三者の利用に委《い》するが如《ごと》きことあるべからず」としたうえで、速やかに全部焼却するよう求めていた。

「官房首脳会議ルート」「閣議ルート」「外務省単独ルート」——それぞれに行われた文書焼却。そのため、東京裁判は証拠の多くを宣誓供述書や法廷証言に頼ることになり、一年以内で終わったニュルンベルク裁判に対し、二年半かかった。四八年十月、米国の国家安全保障会議は「東京裁判は早く終了すべきだ」と決議。当初考えられていた二次、三次の裁判は立ち消えとなり、巣鴨のA級戦犯たちは徐々に釈放されていった。

GHQの目逃れ文書隠匿

東京裁判で弁護側の反証が行われていた四七年暮れ。自転車の荷台に山のように書類を積み上げ、汗だくになって東京・大塚と本郷の間を何度も往復する男がいた。何時間か前に米国秘密警察の詰問を受け、全神経をすり減らしていた。それでも力を振り絞ってペダルを踏む男が運んでいたのは、GHQが血眼になって探していた日本陸軍の機密文書だった。

戦争中の記録は焼却されたものもあるが、隠匿された文書もあった。焼却が各省で半ば公然と行われたのに対し、隠匿は一部の軍関係者によって進められた。その当事者の一人が東京にいた。調布市に住む合気道師範、大谷一枝氏（78）。

東京裁判で審理された記録の束

戦時中は中国広西省で歩兵第六十五連隊の曹長だったが、そこで服部卓四郎・元陸軍大佐と出会い、戦後、文書隠匿に関係することになった。

大谷氏がかかわったのは①「上奏書類」「機密作戦日誌」の複写②両文書の隠匿③「大本営陸軍命令」（大陸命）「大本営陸軍指示」（大陸指）の隠匿で、いずれも陸軍の最重要機密文書に関するものだった。服部元大佐の指示で主に大谷氏が動いたという。

同氏によると、「上奏書類」「機密作戦日誌」の複写は、四七年一月から十月まで、東京裁判で東条英機・元首相の主任弁護人を務めていた清瀬一郎弁護士の事務所（紀尾井町）で行った。

両文書は当時、旧陸軍省の第一復員局史実調査部（市ヶ谷）に保管されていたが、同年二月ごろ、「GHQが調べ始めた」との情報が入ったため、ロッカーごとリヤカーに積み、清瀬事務所近くの地下壕《ごう》に移送。その後、大谷氏の実兄宅（鷺宮）とその引っ越し先（大塚）を経て、同年暮れには服部元大佐の知人宅（本郷）に運び込まれた。大塚に置いていた時、米国の秘密警察の詰問を受け、「大慌てで本郷へ移した」という。

一方、「大陸命」「大陸指」は、史実調査部長の宮崎周一・元陸軍中将が千葉・松戸の自宅に隠していたが、四七年四月に服部元大佐がそれを知り、大谷氏らに命じて右翼指導者の自宅（久我山）に搬送。その後、四九年五月に元大佐の借家（世田谷）に移していた。

裁判当時、隠されていた陸軍の資料には、ほかにも「御前会議議事録」などの重要機密文書があるが、『杉山メモ』（参謀本部編）の「資料解説」（稲葉正夫・元中佐）によると、いずれにも服部元大佐が関係していた。

隠匿を指示した服部元大佐はなぜ、機密文書を焼いてしまわなかったのか。

服部元大佐は戦時中、大本営陸軍部の作戦課長を務め、戦後は宮崎元中将の後任として史実調査部長についた。文書隠匿について、大谷氏に「占領されてこういう書類がなくなると、日本の歴史がとだえてしまう」と話していた。五三年にはこれらを駆使して『大東亜戦争全史』を書き上げている。服部元大佐の意図は裁判の証拠隠しよりも、自らの手による歴史の記述にあったと考えられよう。

だが、東京裁判の判決はこう述べた。「書類が裁判所に提出されないように抑えられていることがわかったならば、国際正義にとって、著しい害が加えられたことになる」

実際、ＩＰＳの尋問調書によると、木戸幸一・元内大臣や東条元首相は当初、「四一年十一月五日の御前会議」の存在を隠していた。日米交渉の一方、この会議で開戦が事実上決意されており、会議の内容が知れると、日本側の「追い詰められた戦争」の論理が崩れるためだったとの見方がある。

ＩＰＳは、その後の調べで会議の存在を把握したが、機密文書類の欠如は「被告の選定や判決の行方にかなりの影響を及ぼした」（吉田裕・一橋大教授）と言えるだろう。

「天皇擁護」検事が密命

四八年の元日未明、寝静まった東京・代々木西原町（現・渋谷区西原）の屋敷町。一台の車が滑り込んで来て、当時、宮内省式部頭だった松平康昌元侯爵邸の近くに停車した。降りてきた男は門へ回るのももどかしかったのか、塀を乗り越えて慌ただしく邸内に入った。男は元陸軍省兵務局長の田中隆吉・元少将。東京裁判のキーナン首席検事（米国代表）の密命を受けて、松平元侯爵を連れ出すためにやって来たのだった。

東京裁判では、マッカーサーが占領政策上の配慮などから、早い段階で昭和天皇の不訴追を決

東条元首相（左）を尋問するキーナン検事

定した。しかし、ＩＰＳの被告選定会議でオーストラリアが天皇訴追を提案したほか、その後もソ連や中国の検事が天皇の証人喚問実現に向けて動いていた。
　天皇を切り離すことが重要任務のキーナン検事にとって、公判は綱渡りの日々だった。そんな検事が顔色を失ったのは、東条元首相の個人立証が行われていた四七年十二月三十一日の法廷。木戸元内相の弁護士の質問に対し、東条は「日本国の臣民が、陛下のご意思に反してかれこれするというのはあり得ぬことであります」と言い切った。
　重大発言だった。東条は宣誓供述書の中で「太平洋戦争は絶対に陛下のご責任ではありません」と述べていたが、証言は「戦争は天皇の意思に従ったものだ」と語ったに等しかった。慌てたキーナン検事は審理が終わると、ＩＰＳ

の協力者だった田中元少将を山中湖から呼び出して策を練り、松平元侯爵を担ぎ出すことになった。

松平の妻の綾子夫人は生前、日債銀総合研究所の多田井喜生社長のインタビューに「田中隆吉さんて方が元日の朝、二時だか三時ごろに塀を乗り越えて訪ねて来られて、なんでも来てくれとかって……。それで暗いうちに出ていったことを覚えているんざんすよ」と語っている。

キーナン検事の秘書だった山崎晴一・元東洋大教授の『天皇戦犯とキーナン工作の秘密』によると、松平を交えた話し合いで、キーナンは、東条に法廷で前言を訂正させることを決め、松平が巣鴨拘置所の木戸を通じて極秘裏に働きかけることになった。

「あれ（田中元少将）は、松平さんの所にも行ったし、僕の所にも来た」。木戸の二男で補佐弁護人を務めた孝彦氏（75）は、当時のことをそう述懐する。

同氏によると、田中は「キーナンから頼まれたから何とかしてほしい」と泣き付いてきた。孝彦氏は東条の米国人弁護士に話す一方、東京裁判所の面会所で東条と会ったが、「なかなか、うんと言わなかった」。そのため、木戸元内大臣のほか松平も面会し、ようやく了承させたのだという。

東条は四八年一月六日の法廷で「（前の証言は）私の国民としての感情を申し上げた。天皇のご責任とは別の問題です」と述べた。

天皇擁護は、米国政府だけでなく、東京裁判の被告たちにも共通の課題だった。そのために、宮中の側近や重臣たちはＩＰＳの尋問に積極的に協力し、松平元侯爵らはＧＨＱ幹部らに「接待攻勢」を展開した。ただ、検察側にとっては、「侵略戦争を行った犯罪者」の存在は不可欠であり、そこに位置づけられたのが、陸軍を中心とした軍人グループだったといえる。

「穏健派の天皇や重臣が軍国主義派の一部軍人らに押し切られた」。検察側はこうした構図で十五年戦争の全体像を描いた。しかし、「国家意思決定メカニズムの段階的変動」（安田浩・埼玉大教授）の考え方にたつ最近の一部歴史研究は、軍人グループだけでなく、天皇を輔弼《ほひつ》した各勢力の役割にも注目している。

「共同謀議」巡り被告対立

東京裁判で木戸元内大臣が毎日のように証言台に立っていた四七年十月下旬。被告らを乗せて巣鴨拘置所へ戻るバスの中は険悪な空気に満ちていた。武藤章、佐藤賢了の二人の元陸軍中将が、木戸を指さして「この大ばか野郎め」とどなり上げた。橋本欣五郎・元陸軍大佐も「本来なら、こんな奴は絞め上げてくれるのだが」と続いた。Ａ級戦犯だった児玉誉士夫氏は、拘置所で側聞した話として、『芝草はふまれても』にそう記した。

裁判で、被告・弁護側は戦争自体を正当化する「国家弁護」と、個人の関与を否定する「個人弁護」のいずれの方針を採るかで足並みが乱れ、四七年二月から反証が始まると、軍人被告と文官被告の対立がはっきりしてきた。

弁護側の冒頭陳述は、東条の弁護人だった清瀬一郎弁護士が弁護団を代表して朗読したが、重光葵・元外相は「戦争を正当化する陳述には加われない」と不参加を表明した。

さらに同年十月十四日に朗読された木戸の宣誓供述書。「私の生涯は軍国主義者と戦うことにささげられてきました」。木戸は「内大臣が無罪なら天皇も無罪」との考えに立って徹底した無罪主張を展開し、後に世に知られる『木戸幸一日記』を検察側に提供した。二男の木戸孝彦弁護士（75）は「天皇の平和主義のお気持ちを証明するのに必要と判断して」と振り返るが、日記は軍人被告を追い詰める重要証拠にもなった。

被告席で審理を聞く木戸元内大臣

被告間の対立は、同年十二月十七日から始まった東郷茂徳・元外相の反証でより激化した。真珠湾攻撃が事前通告なしに行われた問題をめぐり、岡敬純・元海軍中将が外務省に責任転嫁していたのに対し、東郷は「（四一年十二月初めの）連絡会議で、永野修身・元軍令部総長が『戦争は奇襲でやるのだ』と発言した。余は通告は絶対必要と主張したが、賛成する者はなかった」と述べたのである。

こうした対立の根底には、検察側が訴追にあたって用いた「共同謀議」の概念があった。共同謀議は「違法な目的のために行われた二人以上の合意形成」そのものを犯罪とする英米法特有の法律概念で、その「合意」は必ずしも明示されていなくても、状況証拠で立証すればよいとされる。このため米国では、マフィアなどの犯罪集団や違法な労働運動の取り締まりといった、共通の意思をもって行動する組織の規制に大きな威力を発揮している。

ニュルンベルク裁判では「ゲルマン民族による世界支配」を目的に組織づくりをしたナチス・ドイツの犯罪を裁くための「有力な武器になる」として導入され、そのまま日本にも適用された。

東京裁判で検察側は「被告たちには、東アジア地域などの支配という一貫した目的があった」とし、日中戦争や太平洋戦争の遂行に直接かかわっていなくても、それに至る過程で開かれた一部の会合や政策決定の場に出席しただけで「侵略戦争の共同謀議に加わった」と判断した。

「起訴状を読んだ時、これではいくら何を言っても駄目だと思った」。平沼騏一郎・元首相の補佐弁護人を務めた沢邦夫氏（86）は、そう回想している。

しかし、被告ら全員が戦時中、検察側の描いたような目的を共有して行動したという見方は、その後の歴史研究の中で否定されている。共同謀議の概念はまさに、「証拠不足や人員不足の中で速やかな訴追作業を迫られた検察側にとっては共通の認識道具として絶大な威力を発揮したが、日本の歴史を見るうえではいかにも無理のある枠組み」（日暮吉延・鹿児島大助教授）だったと言えるだろう。

超えられるか「一国史観」

漫画家小林よしのり氏の『戦争論』が今、売れている。太平洋戦争や日中戦争を描いた歴史漫画で、「戦争は『政策』である」「日本の戦争に正義はあった」といった見方が強調されている。発行元の幻冬舎では「すでに五十万部を突破した」という。

東京裁判の判決が言い渡されてから五十年がたつ。この間、日独両国で国際軍事裁判はどう受けとめられてきたのか。

「東京裁判は復しゅうのための裁判だ」。四八年十一月、インド代表のパル判事は、「共同謀議」の概念などをめぐって多数判決に異議を唱え、全被告の無罪を主張する個別意見を提出した。同様の見方は当時、わが国の学界にもあり、「勝者の裁きか、文明の裁きか」といった議論を引き起こした。だが、五〇年代以降主流となったマルクス主義的な歴史研究は裁判には触れず、どちらかと言えば、その処罰に追随する姿勢を採ったと言える。

ところが、七〇年代には「判決は東アジア地域などの支配目的という、誤った見方で日本の歴史をとらえている」との主張が現れ、「東京裁判史観」という言葉も登場した。裁判が示した歴史構図へのこうした反論が、一部では「大東亜戦争は侵略戦争ではなく、アジア解放のための東亜百年戦争だった」（林房雄『大東亜戦争肯定論』）などの主張と結び付いた。小林氏の『戦争論』

判決の日、読売新聞社のニュースカーに聞き入る人たち（1948年11月）

はその延長線上にあり、こうした立場で展開されている「東京裁判批判」が教科書の歴史記述問題などにも及んでいる。

一方、ドイツでは今も戦犯捜査が続いており、「ナチス犯罪追跡センター」が国内だけでなく海外逃亡中の容疑者も追跡し、西ドイツは戦後三十年間で約六千四百人を有罪にした。その過程で時効の壁が問題となったが、西ドイツは八〇年にナチス追及の根拠としていた「謀殺罪」の時効を外した。ナチを正当化したり、ニュルンベルク裁判を非難する声は出ていない。

ただ、「永遠に我々は悪者扱いされなければならないのか」との反発が世論の一部にあることも事実だ。「過去に目を閉ざすものは現在にも盲目になる」と述べた八五年のワイツゼッカー西独大統領の演説に対し、当時のシュトラウス・バイエルン州首相は「ドイツ人が相変わらず世界史の悪者として非難されることにうんざりしている」と反発。八〇年代後半にはベルリン自由大学のノルテ教授が独有力紙で、ナチスの行為はドイツ特有のものではなく、世界の全体主義の流れの中でとらえるべきとの主張を展開した。

これに対し、左派を代表してフランクフルト大学のハーバーマス教授は「ナチスの罪を相対化する危険な意見」と反論した。現在でも論争の火種は消えていない。

東京裁判研究は七〇年代後半以降、連合国内部文書の発掘などで飛躍的に進み、裁判の政治性や一方的な歴史のとらえ方が浮き彫りになってきた。だが、それは、日本の戦争を肯定、擁護する立場とは一線を画すものだ。

「日本人が戦争に行った際の自己意識の中の『正義』は、今から見れば『泥棒にも三分の理』を多く出るものではなかった」「だからといって、東京裁判が一面的な決め付けを多く含んでいることを否定しうるものではない。『共同謀議』論も『指導者責任』論も、日本政府における意思決定の実際に照らして空虚さを免れない」

五百旗頭《いおきべ》真・神戸大教授は最近、『開戦と終戦』の中でそう表現した。戦後から半世紀たった今日、求められているのは「『一国史観』を超えて、広い国際的相互関係の中で、日本のあの時代を浮かび上がらせること」（五百旗頭教授）だと言えるだろう。

notes

国際軍事裁判

ドイツと日本の「主要な戦争指導者」を裁いたもので、ニュルンベルク裁判ではナチス党幹部ら二十四人、東京裁判では元首相ら二十八人が起訴された。戦争の計画、開始の罪が問われたことから、日本では「A級戦犯」と呼ばれ、捕虜虐待などが問題とされた「BC級戦犯」と区別されている。

国際軍事裁判所憲章

東京裁判では先頭に「極東」の文字が付き、全五章一七条で構成。第五条で対象犯罪として、侵略戦争遂行の罪に当たる「平和に対する罪」のほか「通例の戦争犯罪」「人道に対する罪」を掲げている。ニュルンベルク裁判の憲章にも同様の規定があるが、「欧州枢軸国側の行為」に限定している。

宣誓供述書

東京裁判では文書記録が少なかったため、検察側は証人尋問を多用した。しかし、翻訳に膨大な時間がかかるため、検察側は証言内容を前もって文書化した宣誓供述書の採用を提案。弁護側は、法廷証言に代えるには不十分として異議を申し立てたが、裁判所はこれを直接証拠とする裁定を下した。

陸軍機密文書

「上奏書類」は作戦計画などに関し天皇の了承を仰いだ文書、「機密作戦日誌」は参謀本部と地方部隊などとの電報つづりで、「大陸命」には天皇の命令が記された。「機密戦争日誌」「大本営政府連絡会議審議録」「重要国策決定綴」などもあり、いずれも服部元大佐が隠匿を指示していた。

各被告の量刑

東京裁判では、判決を受けた二十五被告のうち、東条元首相ら七人に絞首刑、木戸元内大臣ら十六人に終身禁固刑、東郷茂徳・元外相に二十年、重光葵・元外相に七年の有期禁固刑が言い渡された。絞首刑の七人のうち、広田弘毅・元首相以外はすべて、陸軍関係者（元大将五人、元中将一人）だった。

審理状況

四六年五月三日に開廷した東京裁判は冒頭手続きのあと、検察側が同六月三日翌年一月二十四日まで立証を展開。弁護側の反証は同二月二十四日から四八年一月十二日まで。刑の宣告は同十一月十二日。計四千三百三十六通の証拠が受理され、四百十九人が証言に立ち、七百七十九人の供述書が朗読された。

個別意見

東京裁判の判決は、十一か国中七か国の多数派判事が起草した。これに対し、豪代表のウェッブ裁判長は死刑に疑義を示した個別意見を提出。オランダ、フランスの判事は、判決内容に反対する意見書を出した。インドのパル判事は最も強硬な反対論者で、唯一、多数判決に署名すらしなかった。

notes

財閥解体 ――米国内でも大議論呼んだＧＨＱの政策――

一九四五年八月三十日午後二時五分、夏の日がさす神奈川県の厚木飛行場に、ＧＨＱのマッカーサー最高司令官がコーンパイプをくわえて降り立った。講和条約が発効する五二年四月まで六年八か月にわたる占領時代の始まりだった。

ＧＨＱは四五年九月に「初期の対日方針」を発表すると、十月には「人権確保の五大改革」を指令した。占領政策の第一段階は、非軍事化、民主化といった懲罰的な政策に眼目が置かれていた。

「民主化」の一環として産業支配を分散

民主化は「日本の産業」も対象にしたが、そこでＧＨＱが進めた一つが財閥の解体だった。「財閥は、過去に戦争の手段として利用されたのであって、これを解体し、産業支配の分散を図ることは平和目的に寄与する」。財閥の調査団長として四六年一月に来日したノースウェスタン大のコーウィン・エドワーズ教授の言葉は、米国が財閥をいかにみていたかを示す。

東京・日本橋の三井本社から運び出される株券（1946年10月８日）

三井、三菱、住友、安田の四大財閥は、終戦時には計七十九億円と全企業の資本金の四分の一を占める力をもっていた。財閥は一族の出資する持ち株会社を頂点に、子会社、孫会社とピラミッド形に支配する企業集団。解体はトップの持ち株会社が持っている傘下企業の株を放出させ、一般に分散させるものだった。

しかし、敗戦直後の財閥に危機感は薄かった。「平和産業は三井が得手とするところだ。米英のほうの風当たりも悪いことはあるまい」。三井の大番頭と言われた江戸英雄は、『昭和経済史への証言』でそう回顧している。

ところが、GHQの財閥解体方針が伝わり、衝撃が走った。三菱では、当主の岩崎小弥太が「戦争遂行に全力をあげて協力したが、これは国民としてなすべき当然の義務に全力を尽くしたのであって、省みて何ら恥ずるところはない」と解散を拒んだ。

『三井本社史』によると、三井では住井辰男筆頭常務理事がGHQ経済科学局長のレイモンド・クレーマー大佐と九月二十七日、十月一日、十六日と立て続けに会談した。三回目は東京・三田の「綱町三井倶楽部」で行われたが、クレーマーは「何らの手を打たぬならば、命令をだすだろう」と言い切った。

結局、四大財閥は解散をのんだが、GHQは「解体が不十分」として、さらに四七年七月に「商事会社の解体に関する覚書」を出す。三井物産は約二百社に、三菱商事は百三十九社に分割された。

カウフマン論文機に政策転換

占領も二年たつと、政策に変化があらわれた。そのきっかけとなったのが、四七年十二月のニューズウィーク誌に載ったジェームズ・カウフマン博士の論文だった。GHQの政策を「現在、わが国で認められているいかなるものよりもはるかに左寄りの経済理論を押しつけるものだ」と批判した。米ソ冷戦の始まりを強く意識したもので、この結果、米国議会でGHQの経済民主化政策をめぐって大議論が展開された。

そして四八年一月、ケネス・ロイヤル陸軍長官がサンフランシスコで演説する。「今後、極東に脅威をもたらす全体主義の防波堤を築かねばならない」。占領政策は「非軍事化・民主化」から、冷戦を背景とした「経済自立・反共の砦《とりで》」への転換を明確にした。

そうした変化のためだろう、四七年十二月の「過度経済力集中排除法」では三百二十五社が指定されたが、分割されたのは日本製鉄、王子製紙など十一社にとどまった。金融界は手つかずだった。

「温存された銀行を軸に新たな企業集団が形成され、戦後の日本の高度成長を支えた」（柴垣和夫・武蔵大教授）が、いま護送船団方式や横並び体質など「戦後体制」のひずみが噴出している。金融業界などの合併再編劇は、その清算なのかもしれない。

notes

対日占領

ポツダム宣言を受諾した日本は、四五年九月二日に降伏文書に調印した。占領政策は十一か国（四九年以降十三か国）で組織された極東委員会で決め、その意を受けたGHQが、東京に置かれた米英中ソの対日理事会に諮問した上で日本政府に指令を出す間接統治の仕組みだった。だが、実態は米国単独占領だった。

notes

ドッジ・ライン ――バンカーが提唱した「安定政策論」――

「日本の経済は竹馬に乗っているようなものだ。一方の脚は米国の援助、他方は国内の補助金でできている。竹馬の脚が長くなれば降りる時に大けがをする。いまこそ脚を短くする時だ」

後年まで語られる「日本経済竹馬論」は一九四九年三月七日、東京・内幸町の放送会館で、GHQの経済顧問ジョセフ・ドッジの記者会見で展開された。

戦争が終わり東京は焼け野原。国民は配給だけでは生活できず、食料品や日用品などを扱うヤミ市はごったがえしていた。生産機能の回復が急務だった。政府は四六年十二月、鉄鋼と石炭の生産を重点においた「傾斜生産方式」を打ち出すとともに、復興金融金庫からの融資で産業復興を後押しした。

しかし、一方でインフレが進行した。産業復興資金などがどっと出回ったからだった。東京小売物価指数でみると、三四年から三六年の平均を一とした場合、終戦の四五年には三・一、四九年には二百四十三・四に上昇した。

インフレ抑制への荒療治

業を煮やしたGHQは四八年十二月、第二次吉田内閣に対し、インフレ収束と経済安定をねらいとする「経済安定九原則」を指令する。そこで登場したのが、デトロイト銀行頭取、全米銀行協会長のドッジだった。

彼は、国家はなるべく介入しない「自由経済論者」だった。戦後日本の経済運営の主導権はGHQの経済科学局が握っており、そこには三〇年代の大恐慌の対策として登場した「ニューディール政策」の信奉者が多かった。言わば「投資優先論」の一団に、戦後の西ドイツ通貨改革を行った「安定政策論」のドッジが飛び込んできた格好だった。

ドッジの視線は、補助金に頼らず、自力で立てる経済体制への編成替えを見据えていた。大恐慌で失業を体験し、銀行の使い走りから頭取となった苦労人で、「節約」「耐乏」をモットーとしていた。ドッジは、ニューディーラーたちに「今の日本政府や占領軍に一番必要なのは、国民に耐乏生活を押しつける勇気だ」と言い切った。

宮沢喜一蔵相は、そのころ大蔵省の事務官だったが、記者会見の数日後にドッジに会うと、「新聞を通じて日本国民にメンタル・マッサージをやったつもりだ」と語っていたと、『東京―ワシントンの密談』で紹介している。耐乏生活を強いるので、国民に心の準備をさせたというのだ。

その言葉通り、ドッジはインフレを抑えるための荒療治を行う。実質赤字だった予算を均衡させるよう政府に指示した。大蔵省の査定室は黒いカーテンが張られ、昼夜なくドッジの査定が続けられた。できた予算は一般、特別会計合わせても赤字を出さず、逆に黒字を生んでそれを復金債などの償還に充当した。また、一ドル＝三百六十円の為替レートも設定した。

これら一連の政策、いわゆる「ドッジ・ライン」によってインフレは鎮静化していった。しかし、資金が市中に回らなくなり、中小企業が倒産し失業者が増大することとなった。ドッジ不況だ。

4度目の訪日を終え、アメリカに帰国するジョセフ・ドッジ（1951年11月29日）

さなかの五〇年六月、朝鮮戦争が起きた。補給基地として日本は「特需」にわき、経済復興の足がかりとした。大蔵省主計局長としてドッジ予算を編成した河野一之氏（91）（さくら銀行名誉顧問）は「ドッジ・ラインを非難する声もあったが、占領下でなければできないような政策を強行したからこそ経済も安定したし、特需にも対応できたんだ」と振り返る。

ドッジ自身の評価はどうだったのか。五一年十一月末の離日の際、「日本は誤れる伝説のペストにかかっている」と批判した。右肩上がりの経済が続くと思い込んでいる危険性を言いたかったのだろう。いま、日本は戦後最悪の不況に苦しんでいる。

notes

一ドル＝三百六十円の為替レート設定

ドッジの行った経済安定化策の一つで、四九年四月二十五日に実施された。日本の企業はコスト削減を図るなど国際競争力をつける必要に迫られた。七一年八月の「ニクソン・ショック」で主要国は変動相場に移行し、同年十二月のスミソニアン協定で、基準相場は一ドル＝三百八円に変更された。

シャウプ勧告 ——後の消費税へつながる税制革命——

戦後日本の税制の基礎となった「シャウプ税制勧告」。その報告書をつくったカール・シャウプ博士はいま九十六歳。米ニューヨークから四百キロほど離れたニューハンプシャー州にある湖畔の町で静かな余生を過ごしていた。

「私は税制勧告が有益になればと望んだし、有益だと証明されたと思っている。実際、四、五十年たった今でもかなりの部分が有効に機能している。日本の発展に、少しでも寄与できたことに満足している」。足は少し不自由だが記憶は鮮明で、自らの仕事を振り返った。

コロンビア大学の教授だったシャウプ博士がきたのは一九四九年五月十日。「ドッジ・ライン」による経済安定策が効果を上げるためには歳入面の整備が必要だ。彼の使命は日本に適した税制を勧告することだった。

農村や炭坑へ、精力的な実態調査

「より公平な税制を設けるよう進言したい」。シャウプ税制使節団はそう声明を出すと、すぐに

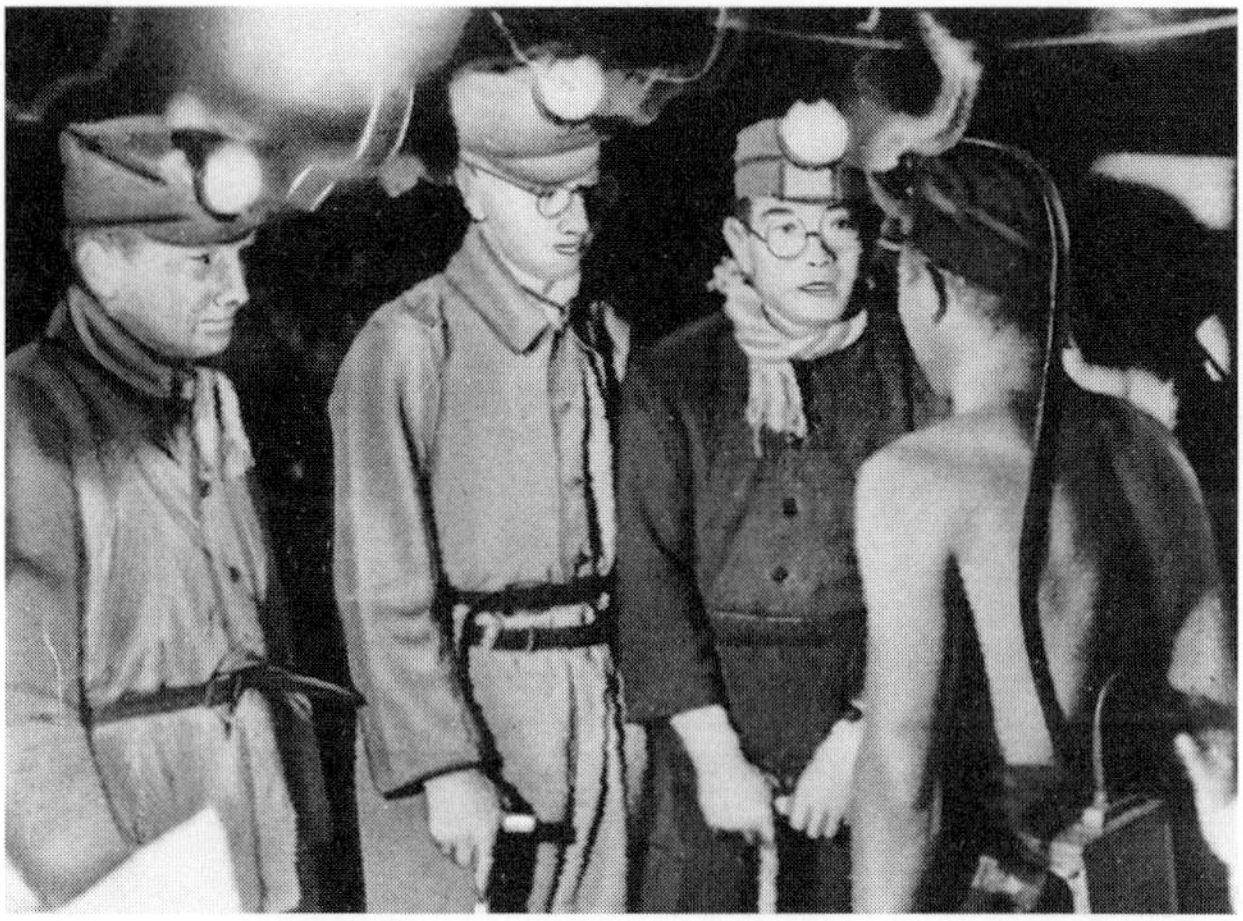

炭坑に入って作業員と話すシャウプ博士（左から２人目）（1949年６月）

各地を回り始めた。日本の実態に合った税制が何かを知るためだ。大蔵省が用意した税務署での説明会には出ずに、銀座の喫茶店に入ったり、農村に出かけたり、炭坑に潜ったりした。

その年六月十二日午後三時、一行は千葉県本埜村の農民歌人吉植庄亮宅にフォード車で乗り付け、村内を回って農民に尋ねた。

「税は適当と思うか」「いいえ」。「異議申し立てはしたか」「いいえ」。「なぜしないのか」「税務署は独善で聞いてくれないから」。「支出は記帳しているか」「いいえ」。一行を案内した吉植氏は、自ら主宰する短歌誌に博士と農民のやりとりを載せている。シャウプ博士が日本で見たものは、混乱した納税環境だった。

当時の税制は、四〇年の大幅改正で間接税中心から直接税の所得税中心になっていた。直接税と間接税の比率は、三四年から三六年までの平均は三五対五七だったが、四一年には六四対三一。戦費調達のため課税最低限が引き下げられ、三九年には百八十八万人だった納税者は、四四年に千二百四十三万人に。国民所得に対する租税負担の割合は、四一年は一八％だったのに対し、四四年は二五％に達していた。

戦後、政府は歳入不足から徴税を強化したが、ヤミ経済の横行で成果はあがらなかった。また、浦和税務署事件など、税務署員に金を渡して税を減額してもらう事件が多発していた。大蔵省主税局長だった平田敬一郎氏が「狂乱怒濤《どとう》の時代」（『昭和財政史』）と表現したように、公平な課税にはほど遠い現状だった。

精力的な実態調査をへて、わずか四か月後の九月十五日、シャウプ税制勧告の全文が発表された。A5判ほどの大きさ、四巻あわせて約四百ページにもおよび、日本語と英語が併記された。

所得税の最高税率を八五％から五五％に下げる一方、資産への富裕税を創設する。取引高税（税率一％）を廃止する。国民の勤労意欲を高め、経済活動を活発にしよう――そんな意味が込められていた。また、四〇年の改正まで戦前は間接税中心だったのが、この勧告で直接税中心が確定されたと言えよう。

さらに、徴税の仕組みだけでなく、青色申告制度を提案して納税意識の向上も図ろうとしていたのが、勧告の大きな特徴だった。金子宏・学習院大教授は「税痛感をもちながら納付すると、国民が建設的な意見を政府に対して持つ。だから、単に税制というよりも、納税環境や納税者の意識向上まで広く勧告した。シャウプ博士はこれが民主主義につながると考えていた」と指摘する。

シャウプ勧告の意義は戦後改革にとどまらない。そこには、今日の消費税の萌芽《ほうが》となる概念も展開されていた。

進取の理論「付加価値税」

「税を負担することは国を造る、という報告書の意味をもう一度問いたかった」。東京都立川市で税理士事務所を開く井上一郎さん（71）は、八五年にシャウプ博士の「税制勧告」の復刻、出版作業にかかわった際の動機をこう語る。四九年九月に発表された報告書は一万部印刷され、国税庁勤務だった井上さんは一セットを入手し、「座右の書」にしてきた。

復刻した当時、政府の税制調査会では、売上税の導入が焦点になっていた。直接税が主体のシャウプ税体系の見直しで、研究者の間でも直接税と間接税の比率の適否などが熱っぽく論議されていた。

その売上税だが、実は源流はシャウプ勧告の付加価値税にあった。シャウプ博士は戦後の地方自治のため、都道府県の独自財源の確保を目的に、勧告にこの税を盛り込んだのだった。

製造—卸—小売りの各段階で、それぞれの企業活動によって生じた付加価値（売上高と原材料費などとの差額）に課税するという仕組み。付加価値をつけた場所で課税するので、税が都道府県に分散するという特徴があった。

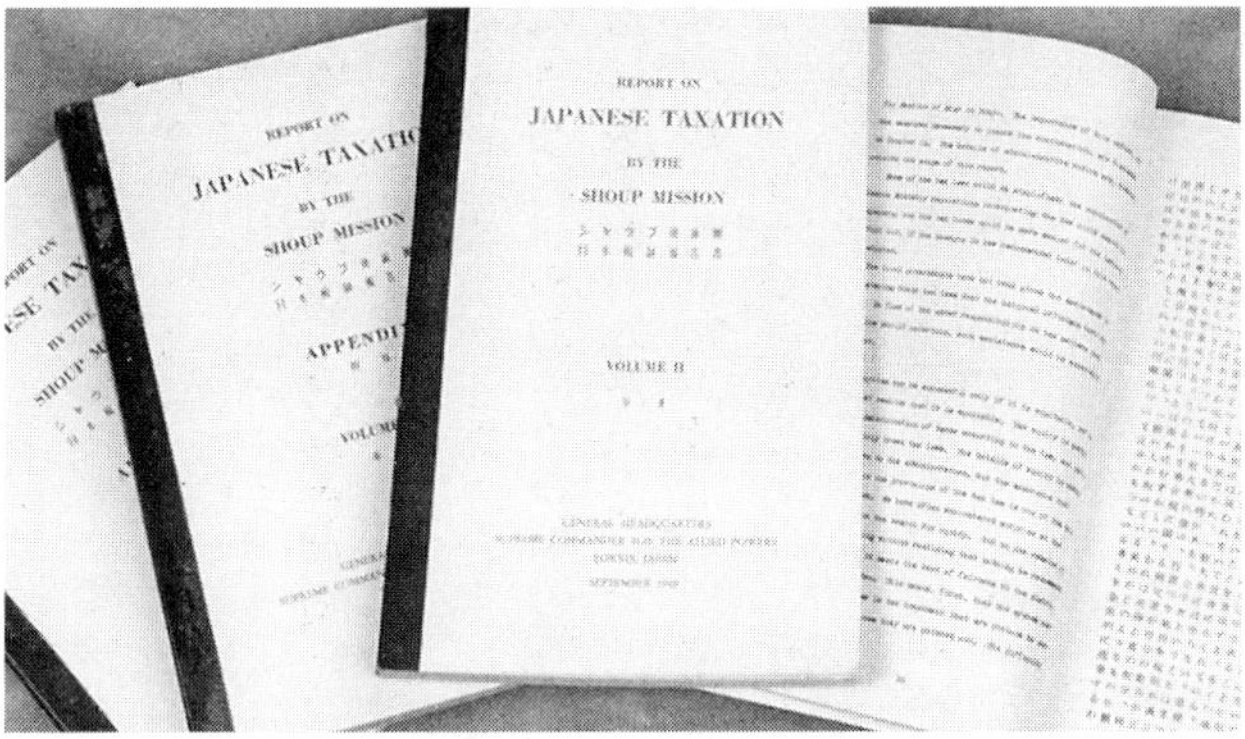

シャウプ税制勧告は、こんな報告書になった

「一国の税制として付加価値税という名称で提唱したのはシャウプ博士が最初だった」（柴田弘文・立命館大教授）というように、まさに進取の理論だった。

付加価値税は、五〇年七月に成立した「地方税法」の二三条に盛り込まれた。しかし、企業から反対の声があがった。「赤字でも払わなければならないのか」――実施は延びのびとなり、五四年には廃止となってしまった。

そのころ大蔵省主税局長だった平田敬一郎氏は、後の六五年に開かれた大蔵省広報誌『ファイナンス』の座談会で、「（法案を提出した自治省が）『どういう性格の税ですか。わけがわかりませんが』と相談に来た」「付加価値税を一国の税制でやるということは、当時としては相当勇気がいった。悪口をいえば学者の議論だった」と回顧している。この税の理念、仕組みが、理解されなかったということだろう。

しかし、シャウプ博士の提唱した付加価値税は世界に広がっていった。欧州を見ると、まず五四年にフランスが導入し、六七年には欧州共同体（ＥＣ）の共通税へと発展していった。

フランスはそれまで取引高税を取り入れていたが、それだと製造―卸―小売りの各段階でそれぞれの業者が売上高に応じて税金を支払うため、重複して課税されてしまう。「付加価値」という概念を導入することで、重複課税を避けられるという利点が着目されたのだ。

日本にこの付加価値税が導入されたのは、八九年四月の竹下登内閣のときの「消費税」だった。それまで二度試みられたが挫折していた。

最初は七九年の大平正芳内閣時代で、赤字国債解消を目的に「一般消費税」導入を公約にして総選挙が繰り広げられたが、自民党は大敗し、特別国会で消費税を導入しないという内容の決議がされた。八七年には中曽根康弘首相が売上税導入を提案したが、廃案に追い込まれた。

大型間接税導入をめぐる「十年戦争」に消費税導入でピリオドが打たれたとき、竹下首相は異例の談話を発表した。「豊かな長寿社会をつくる礎が築かれたことは、まことに意義深い」

シャウプ博士は、消費税論議が繰り広げられていた八八年十月に来日した際、マスコミから感想を求められても「ノーコメント」を通した。「発言の影響力を心配したから」（柴田教授）という。

いま、博士は米ニューハンプシャー州の自宅でこう語る。「過去五十年間で、付加価値税が世界の大部分で導入され、効果的だと証明された。だから、あの税制勧告は歴史的に見て正しかったと思う」

notes

青色申告

所得税や法人税を正しく課税するため、シャウプ勧告によって五〇年に創設された。個人事業者や法人が対象で、取引内容を正確に記録することが求められている。その代わり、白色申告ともいわれる通常の申告と違い、特別控除など税制上のさまざまな特典が受けられる。

シャウプ税制使節団

ＧＨＱ内国歳入課のハロルド・モス課長が四八年秋にシャウプ博士に来日を要請。シャウプ博士は四九年五月に来て、コロンビア大学のウィリアム・ビクリー教授（ノーベル経済学賞受賞）ら六人と日本で調査した。四九年八月に報告書をまとめて帰国。五〇年七月には実施状況の確認にも来た。

農地改革 ——明治期以来の増産政策が原点に——

農地改革がほぼ終わった一九四九年十一月三十日、東京・永田町の旧参議院議員会館に七人の官僚が集まった。農相を経験した和田博雄氏、農政局長だった山添利作氏、農政課長だった東畑四郎氏……。目的は、極秘の座談会をやるためだった。まだGHQの占領下にあったので、速記録は「相当の期間」、公表しないという約束をしていた。

『農地改革資料集成』に収められている速記録の冒頭を見ると、座談会の趣旨について、旧農林省の外郭団体、農政調査会副会長の田辺勝正氏が記している。「あの敗戦の混乱時に、政府がいち早く第一次農地改革を立案実施しようとした真の意図は何であるか。これを明らかならしめるため開催した」

自作農創設急いだ政府

田辺氏が「第一次」の言葉を使ったように、戦後の農地改革は二段階で進んだ。二次はGHQの指令によるものだったが、一次は日本の独自政策だった。農地改革は明治期から模索されてい

埼玉県美笹村（現在は戸田市）の農地委員会

たのだ。

戦前の農業生産は、不在地主や在村地主のもと、小作制度のうえに成り立っていた。小作料は物納がほとんどで、『農地改革顛末概要』によると、三五年ごろ、小作料は四六―五〇％に及んでいた。農業生産量を上げるため、自作農創設などが求められていた。

そのための第一次農地改革に至る過程について、東畑氏は座談会で、秘話を明かしている。四五年四月に米軍が沖縄に上陸した際、「アメリカが日本へ来れば、農地改革というような筋は出てこない」と感じたという。米国が資本主義を支える地主の利益に反することはしないという理屈だった。

東畑氏は敗戦を覚悟しただけに、農地改革の早期実現を焦っていた。内務省などに働きかけ、小作農家の負担を減らす小作料の金納制などが政府の次官会議で了承されるところまでこぎつけた。だが閣議で却下された。「終戦処理で閣僚の頭がいっぱいで、他をかえりみる余裕がなかった」と東畑氏は推測している。

戦争が終わり、四五年十月に幣原喜重郎内閣ができると、松村謙三農相はただちに自作農創設を打ち出した。東畑氏は、松村農相から「戦争が終わり思想的に混乱する。この際、農村が赤化しては一大事じゃないか」と聞いたという。そのころ、小作農家が「民主化」闘争を展開させていた。とりわけ、自作農創設政策を聞いた地主が、小作地の取り上げにかかったのが反発を大きくした。全国の争議は一か月に二千件以上起きた。

自作農創設は同十二月、「改正農地調整法」で具体化した。不在地主の田畑所有は認められず、在村地主も五町歩（約五ヘクタール）に制限され、それを超えた土地の自作地化、小作料の金納化が骨子だ。いわゆる第一次改革である。

しかし、GHQの農業担当顧問だったウォルフ・ラデジンスキーは四六年三月十一日の記者会見で、「（第一次は）農地改革の第一歩であり、決して完全なものとはいえない」と見直しを迫った。

その結果が同十月の第二次農地改革だった。ここで在村地主の保有が、さらに一町歩（約一ヘクタール）に限定された。農地の売買などの実務は農地委員会が間に入って進められ、四五年に自作地九割以上の自作農は百七十二万九千戸と全農家の三一％だったのが、改革後の五〇年には三百八十二万二千戸と六二％になった。

戦後の農地改革は、韓国、フィリピン、インド、バングラデシュなどでも試みられた。しかし、韓国は比較的成功したといわれているが、そのほかは、農地価格が高くてはかばかしく進ちょくしなかった。田中学・東大教授は「社会主義国を除けば、日本は早期でしかも短期に土地を分配できた。というのも、戦前から自作農創設への準備ができていたことと、GHQの後押しがあったからだ」と分析している。

大地主解体で平等実現

「本間さまには及びもないが、せめてなりたや殿さまに」――民謡の酒田節の一節は、山形県酒田市の地主だった「本間家」が江戸時代の大名より財力があったことを示している。本間家は最も多いころで三千町歩（二千九百七十五ヘクタール）を所有し、小作五千人がいたとも言われる。それだけに、GHQの民主化政策の標的になった。戦時体制を支えたのが、財閥とともに、本間家のような大地主だと見られていたからだ。

シカゴ・サン紙の特派員だったマーク・ゲイン氏は四五年十二月二十五日、米駐屯軍の将校と本間家を訪問した。後に出版した『ニッポン日記』で、日本の農村について「米を基礎にして築かれ、人間の価値はその家系や知能によってではなく、所有する土地の大小によってはかられる」と書いている。

こうしたGHQの視点が四六年の農地改革となり、地主は土地を売却させられていった。本間家は戦前から所有地を小作農家に払い下げていたが、この機会にさらに千六百十五町歩（千六百二ヘクタール）を手放した。残った田地は、本間農場の四町歩（四ヘクタール）という。

農地の解放は五〇年までにほぼ終わるが、この間、不在、在村地主あわせて百八十万人から、全農地のほぼ三分の一にあたる二百万町歩（百九十八万ヘクタール）が四百三十万世帯に売り渡された。

売渡通知書

G No.40050　　昭和23年9月1日発行

池田豊太殿　　山形縣知事

賣渡の時期	昭和22年12月2日
對價及びその支拂方法	合計 4,288.80 / 一時拂 1,288.80 / 年賦拂 3,000.00
償還期間	自 昭和22年12月2日 / 至 昭和46年12月1日

池田さんが保管している農地の売り渡し通知書

農地の譲渡は、いったん国が地主から買い上げ、それを小作農家に売り渡す形がとられた。旧農林省の資料によると、売り渡し価格は収穫量などによって異なるが、田地一町歩（約一ヘクタール）あたり平均七千六百円で、小作農家は国に対し、低利息での二十四年の年賦払いが認められた。

山形県余目町の農業、池田利吉さん（75）は、その時に自分たちの農地を手に入れた。今も売り渡し書を大事に持っている。

池田さんは二十五歳で農家の養子になった。聞けば、祖父は小作地さえなかった状態から、やっと一・五町歩（約一・五ヘクタール）を借りるまでに汗水流して働いたという。「田んぼを買い、家を建て、土蔵を造るのが夢だった。小作地が自分の家の土地になり、とにかくどの農家より収入を増やそうと頑張った」。池田さんは往時をこう振り返る。

農地改革によって、農村経済は戦前と比べよくなった。一世帯あたりの年間所得でみると、五〇年が二十一万円だったのが、六五年には八十三万円に上がった。小作料の負担がなくなり、農機具への投資も増えた。生産性も旧農林省の統計によると、五〇年―五二年を一〇〇とすると、六五年には一六〇に上昇した。

機械化が進むにつれ、農村人口は減少した。総務庁の産業別就業人口統計で五〇年と六五年を比較すると、農業人口は全体の四五％だったのが二三％に低下し、対照的に製造業人口は一六％から六五年には二四％に増加した。農村から流出した労働力が工業地帯を支えた。大内力・東大名誉教授は「高度経済成長は、農地改革がプラスに作用したからといっていい」と総括する。

池田さんは農地を買い求め、現在、三町歩（約三ヘクタール）に広げた。長男の隆さん（48）は後を継ぎながら、八七年から町会議員を務めている。

一方、日本一の地主とうたわれた「本間家」はその後、どうなったのだろうか。農機具の売買などの会社を興し、一時は「本間さまが戻った」と言われるまでになった。しかし、事業が行き詰まり、中核会社の一つだった「本間物産」は九〇年に事実上倒産してしまった。

農地改革の意義を問われて、池田さんは「農地改革がなければ、うちの息子が町議になることもなかった。これが平等になったということだと思う」と語った。

notes

農地委員会

自作農創設を目指し、三八年に公布された農地調整法でできた組織。農地改革は、市町村農地委員会が農地の買収、売り渡し計画などを定め、都道府県農地委員会が承認して実施された。市町村委員会の委員は公選で、地主三、自作二、小作五の割合だった。その機能は五一年に農業委員会に引き継がれた。

不在地主

地主には不在と在村がいた。不在地主について、第二次改革は、住所のある市町村区域外の小作地の所有者とした。農地改革で、不在地主の小作地すべてと、在村地主の一町歩（約一ヘクタール）を超す小作地が買収された。終戦時、不在地主の所有する小作地は七十二万町歩（七十一万四千ヘクタール）で全農地の一四%、在村地主の小作地は百四十八万町歩（百四十七万ヘクタール）で二九%を占めていた。

notes

日本の賠償　――米の政策転換で免れた「生産基盤」破壊――

一九四八年一月十六日、神奈川県・横須賀港から中国船の海康《ハイカン》号が上海に向けて出港した。賠償品搬出の第一陣。旧日本軍工廠《こうしょう》から取り外した小型工作機械四百五十三台を積み込み、ふ頭ではGHQ係官ら立ち会いのもと、引き渡し調印式も行われた。それ以来、五〇年五月まで、機械類約五万台（約一億六千五百万円相当）が中国、フィリピンなどに送られた。

ポツダム宣言には、現金賠償を避けた「公正なる実物賠償」の規定が盛り込まれていた。第一次世界大戦後、過酷な現金賠償をドイツに科し、暴走させたという歴史の教訓が背景にあった。それは「両大戦で犠牲になった幾千万人の死者たちからの厳粛な贈り物」（原朗・東大経済学部教授）でもあった。

厳しい内容だった対日賠償要求

しかし、実際の対日賠償要求は当初、かなり厳しい内容だった。ポーレー米大統領特使は四五年十二月の「対日賠償中間報告」で、陸海軍工廠、航空機・軽金属・ベアリング工場のすべて、造船所、火力発電所、鉄鋼・工作機械・硫酸・ソーダ工場のほぼ半数を、賠償としてアジア諸国に搬出する方針を表明した。

報告は「日本の工業設備は、戦争向けに大拡張された。戦災を受けた今日でも、実際には平和時の民間消費を満たす以上の余剰生産力がある」とし、「賠償は、日本の生活水準を下げるものではない」と強調していた。

四六年、この報告を基礎にした極東委員会（連合国の対日占領最高機関）の中間賠償計画に基づき、約千の施設が「賠償工場」に指定された。最新設備を誇る鶴見（神奈川）、尼崎第一（兵庫）など二十の民間火力発電所、日本製鉄（現・新日本製鉄）広畑製鉄所、火力発電所など基幹産業の拠点が含まれ、火力発電所など一部例外を除き、稼働停止・保全管理が命ぜられた。

中国船「海康号」に積み込まれる賠償用の工作機械（1948年１月、横須賀港）

撤去が実施されれば、三〇年当時の生活水準の確保も困難と見られた。特に火力依存度が相対的に高い四国・中国地方の電力不足が懸念され、造船生産能力は数十年前のレベルへの後退が予測された。

政府は再考を懇願したが、米国は四七年四月、前渡し分として賠償指定施設の三〇%即時取り立てを決め、翌年には工廠の機械類のアジア地域搬出が始まったのだった。

ただし、これと並行し、米政府は賠償政策の見直しにも着手した。「ポーレーの賠償方針は日本経済の現実を無視した空論で、受領国側の経済効果の面でも疑問が多かった。懲罰の意図もあったと思うが、新憲法公布（四六年）で日本が『無害化』されると、その意味もなくなった」（北岡伸一・東大法学部教授）。

その後の米ソ対立の深刻化、また日本経済の停滞が、米国の負担（戦後五年間で約二十億ドルの援助）としてはね返っていたことも、政策見直しの大きな要因となった。

GHQ最高司令官マッカーサーは四八年三月、来日した米国務省政策企画室長ジョージ・ケナンに「中国やヨーロッパ復興計画に援助する際には、それら諸国に対日賠償請求権を放棄させたらよかろう」（大蔵省財政史室編『昭和財政史』第一巻）と提案した。

四九年五月、極東委員会のマッコイ米代表は、搬出は賠償指定施設の三〇%で打ち切ると発表、接収はほぼ軍工廠関係だけでおわった。

アメリカは、さらに対日無賠償方針を打ち出したが、フィリピンなど東南アジア諸国に拒否され、解決はサンフランシスコ講和会議後に持ち越された。しかし、占領を脱し、また「朝鮮特需」を契機に復興軌道に乗った日本経済にとって、「賠償」はもはや身をえぐられるような痛みを伴う問題ではなくなっていた。

「道義的問題」なお消えず

五二年十月、フィリピンに日本政府在外事務所が開設された。戦争中のフィリピン人犠牲者は百十一万人。マニラ湾には、太平洋戦争中に撃沈された百二十四隻の艦船が放置され、マストが不気味に海面から突き出ていた。日米の激戦で破壊されたマニラの復興は遅れ、フィリピン政府は日本に当初、八十億ドルの賠償を求めた。

初代事務所長の中川融さん（87）（後に外務省アジア局長）が振り返る。「損害規模を考えれば、決してフィリピンの要求は誇大ではなかった。しかし、支払いは到底不可能な額だった」

五一年のサンフランシスコ講和条約の調印国（四十八か国）のうち、米国など四十五か国は米ソ冷戦を背景に対日賠償請求権を放棄したが、フィリピンはインドネシアなどと共に拒否した。そしてフィリピンは現実的な額として十億ドルを提示したが、日本の二億五千万ドルとの隔たりは大きかった。

こう着状態を打開したのは、賠償を通じ日本の技術と東南アジアの資源を結びつける日本側の発想だった。ここで特使としてフィリピン要人と折衝したのが、元衆議院議員の永野護氏（後の日本鉄鋼連盟会長・永野重雄氏の兄）だった。帝国人造絹糸などの取締役を経験していて、吉田茂首相の信頼も厚かった。

日比賠償協定の批准書交換を行う重光外相（左から２人目）とイムペリアル公使（右から２人目）＝1956年７月23日、日本の外務省で

永野氏らは、賠償として機械類などの資本財を提供し、一方で経済開発借款を進めることが、経済進出の呼び水になると考えた。日本の先進技術を駆使した鉄、木材などの資源開発も、安価な原材料確保の道と見据えていた。中川さんは「賠償は負の面だけではない。そう思うと、交渉にも張り合いが出た」と回顧する。

続く鳩山一郎内閣は五六年、大蔵省の反対を抑え、賠償額五億五千万ドルの日比賠償協定を締結した。同時に決まった二億五千万ドルの経済開発借款を含め八億ドルを計上することで、フィリピン側のメンツも立てた。

永野氏は「実に有利な話である。五億五〇〇〇万ドルの物資を引き渡すかわりに、二億五〇〇〇万ドルの仕事を日本人に委ねる約束ができたと考えても差支えない」（『アジア問題』五六年七月号）と胸を張った。

フィリピン側の事情は複雑だった。厳しい反日世論を説得し、サンフランシスコ講和会議に代表団を送ったキリノ大統領は、日本軍の銃撃で妻子を失っていた。「フィリピンが経済的要請から協定を受諾したのは事実であったが、総額には不満であり、受諾は苦渋と無念の思いで決断された」（吉川洋子・京都産業大教授『日比賠償外交交渉の研究』）。九〇年代以降、外国人の旧日本軍軍属、元従軍慰安婦らが個人として日本に補償、賠償を求める訴訟が相次いでいる。「日本は償っていない」との意識が底流に見られる。「賠償は国家に支払った。個人の請求権は認めない」とする日本政府の「筋論」は、不幸にも「冷たい大国」の印象を増幅した。

大沼保昭・東大教授（国際法）は「個人の戦争被害を一つ一つ算定し、個別に賠償を支払うのは一般的には難しい。そのため相手国に一括して賠償を支払う方法が、第二次大戦後に定着した」と、国の主張する法律論を原則支持した上で、次のように強調する。

「せめて経済大国となった七〇年代の段階で、法的問題とは別に、道義的問題として償いを考えるべきだった。今日でもなおこの点で反対が見られるのは理解に苦しむ」

日本は賠償問題の現実的解決にベストを尽くし、協定を誠実に実行した。しかし、高齢に達したアジアの戦争被害者たちが日本を見つめる目は依然厳しい。

notes

中間賠償

　賠償が講和条約などで正式に決まるまでの間、とりあえず実施される賠償の中間的措置。極東委員会の中間賠償計画では、取り立て後の配分をめぐり米ソの対立が続いた。こう着状態打開のため、米国は、極東委員会の決定を待たずに中間指令権を発動し、賠償施設の三〇%即時取り立ての手続きをとった。

賠償の変遷

　二十世紀初頭まで、賠償は戦争の敗者が勝者に一方的に支払う償いであった。しかし、第一次大戦後、賠償は違法な戦争に対する償い、さらには戦争法規違反（捕虜虐待、占領地での住民殺傷など）に対する補償の意味あいを含むようになり、勝者、敗者が相互に賠償請求権を放棄する事例も増えた。

notes

米統治下の沖縄 ——共産勢力への戦略拠点化狙う——

一九五二年四月二十八日は、沖縄が日本から切り離された日である。この日、サンフランシスコ講和条約が発効し、日本本土は連合国の占領から主権を回復したが、沖縄は引き続き米国の占領下に置かれた。

沖縄は終戦直後の四五年から五年間は米軍、五〇年から七二年の復帰までは米民政府（USCAR）によって統治された。この時期は、朝鮮戦争、ベトナム戦争など、アジアでも東西冷戦が深刻化した時代だった。米国は沖縄を西側陣営の最前線と位置づけ、住民から土地を強制収用して次々と基地を建設していった。

五八年五月、米統合参謀本部のナサン・トワイニング議長が、ニール・マッケロイ国防長官に送った「沖縄の戦略的重要性」と題されたメモは、沖縄に基地を持つ意味を、露骨かつ明確に記している。

「ソ連、中国、その他極東の共産勢力に対し、原爆も含む攻撃が必要となる世界戦争などが起きた場合、（沖縄の）基地から作戦を支障なく遂行できることが不可欠である」

沖縄県恩納村で建設中のメースBミサイル発射基地。発射口跡は宗教団体が研修施設に改修、使用している（1962年４月撮影、聖教新聞社提供）

こうした考え方は、そのまま基地建設に反映された。六二年前半に沖縄に配備された核搭載の中距離弾道ミサイル（ＩＲＢＭ）の「メースＢ」はその象徴の一つだ。

メースＢは、射程約二千二百キロ。中国本土と朝鮮半島全域をカバーし、爆発力は広島原爆級の二十キロ・トンとされた。当時、米国は核兵器開発でソ連に後れをとっていた。焦る米軍はわずか半年間で、八つの発射口を持つ巨大な発射基地を沖縄本島の四か所に建設し、核弾頭も持ち込んだ。

住民の反発招いた核問題

メースＢ配備に伴う沖縄への核持ち込み方針は、六一年一月のワシントン発の外電などで事前に漏れ、沖縄だけでなく日本国内でも反発が高まる。当時の小坂善太郎外相は国会答弁で「沖縄は日米安保条約の適用区域に入らず、メースＢ配備は日米間の事前協議の対象とならない」（三月二十二日）とかわしていた。

同年十一月四日朝、小坂は箱根で、来日したディーン・ラスク米国務長官にこう訴える。「事前公表がなければ、日本政府にとって問題は減ります。（核兵器）持ち込みの後の公表なら、それは既成事実となります」

この問題でラスクはその後、東京の米大使館にこう連絡した。「日本政府には秘密裏に事前通報するが、一方的な通報は政府をかえって窮地に追い込み、有害な場合もある。通報しないことも賢いオプションかもしれない」

これらの事実を分析した琉球大の我部政明教授は、「メースB問題は、それ以降の核持ち込みをめぐる日米間の暗黙の手順のパターンを作った。通報がないことが、事実がないこととは言い切れない」と指摘する。

沖縄住民は、こうした核問題に強く反発し、米軍の強制土地収用にも多くが〝島ぐるみ闘争〟で抵抗した。さらに、Ｂ52戦略爆撃機の墜落（六八年）、サリンなど猛毒神経ガス一万三千トンが本島の基地内に貯蔵されていることが発覚（六九年）するなど、反米運動は激化した。

一方、この時代の沖縄は、経済復興の面でも、本土とは別の運命をたどった。

米政府は基地建設でばく大な資金を投下、経済は活性化したが、建設を急いだために、物資の供給が間に合わず、物資の大半を日本本土から輸入した。日本経済が大量生産の輸出型で高度成長を遂げたのとは正反対だった。琉球銀行前常任監査役・牧野浩隆氏（現副知事）は、「沖縄経済は宿命的に基地収入に依存したうえ、資材調達を輸入に頼ったため、製造業も育たなかった」

と、今日に至る依存型経済の影響を指摘する。

多くの沖縄住民にとって、本土と沖縄との戦後の運命をわけた四月二十八日は、米統治期間中、「日本復帰を願う象徴的な日」（我部教授）であった。

notes

米統治下の「日の丸」

沖縄の米軍、米民政府は、政府の建物や公の広場などでの日の丸掲揚を原則的に禁止、代わりに「琉球の旗」を制定しようとした。しかし、住民は復帰運動と反米のシンボルとして日の丸掲揚運動を展開した。教員出身の屋良朝苗《やらちょうびょう》（後に初代知事）は、本土の日教組教研集会に出席、「日の丸掲揚運動は、異民族支配下に置かれ、そこからの脱却を願うものの叫びだ」と訴えた。

notes

沖縄本土復帰 ——「民族的願望」成就の舞台裏——

一九六五年八月十九日、佐藤栄作は日本の首相として戦後初めて米統治下の沖縄を訪問した。快晴の那覇空港に降り立った佐藤は、帽子を大きく振ってあいさつ、空港で一語一語をかみしめるように演説を始めた。

「私は沖縄の祖国復帰が実現しない限り、わが国にとって『戦後』が終わっていないことをよく承知しております」

米統治下で〝動かない島〟と見られていた沖縄の早期返還を目指す突然の声明は、日本中を驚かせた。外務当局ですら青天のへきれきだった。沖縄では、待ち焦がれた本土復帰を喜ぶ人々が沿道を埋め尽くし、万歳を連呼して佐藤を迎えた。

しかし、米国はその一か月前、ベトナム戦争への本格介入を始めたばかりだった。このため、日米間で返還交渉が具体化するまでに、声明から二年以上の歳月がかかった。

「有事核持ち込み」というまやかし

沖縄では、六八年十一月、琉球政府初の主席公選が行われ、教員出身で革新系の屋良《やら》朝苗《ちょうびょう》（当時六十五歳）が当選した。返還交渉の断片を、日本政府から折々伝えられた屋良は「本土復帰＝基地撤去にはならない。交渉はむしろ県民意思と逆に向かっている」ことを感じ取る。実直で酒が飲めず、思い悩むタイプの屋良は、眉間《みけん》の縦じわが次第に深まり、それがトレードマークとなった。

六九年十一月二十一日、佐藤・ニクソン両首脳会談後の日米共同宣言で、沖縄の「七二年返還、核抜き、本土並み」の三本柱がうたわれ、最大の焦点だった沖縄からの核撤去の合意が発表された。

しかし、その舞台裏は、二十五年後の九四年五月、佐藤の密使としてヘンリー・キッシンジャー大統領補佐官と極秘に交渉を続けた若泉敬・元京都産業大教授（故人）によって暴露される。若泉の著書『他策ナカリシヲ信ゼムト欲ス』によれば、日米間には「核抜き・本土並み」返還の実現と引き換えに、米軍部が主張していた緊急時の沖縄への核兵器再持ち込みと、繊維輸出問題に関する日本側の譲歩を約束する密約があった。

著者はその意味について「自国の生き残りを米国の核の傘に求めている敗戦国・日本としては、緊急不可避の非常危機事態が生起した場合、自国の生存と安全のためにもこの文書が必要となる

沖縄返還を決めた佐藤・ニクソン会談（1969年11月、ホワイトハウスで）

かもしれない。それがそもそも日米安保条約の存在理由ではないか」と記している。

当時の屋良は無論、密約など知る由もないが、記者会見では、佐藤への感謝の気持ちと葛藤《かっとう》しながら、「共同宣言に完全に核無しが明記されなかったのは、有事核持ち込みというまやかしだ。新たな苦難の出発点だ」と述べ、沖縄側の不満を表明した。

国会でも、野党が沖縄返還協定の批准に強く反発した。七一年十一月十七日、自民党は衆院沖縄特別委で強行採決を断行、国会は大混乱に陥った。

その日の午後、佐藤は、当時沖縄復帰担当だった山中貞則総務長官（77）と、二人きりで首相官邸の執務室にいた。佐藤と向かい合っていた山中氏は、突然佐藤のほおを一粒の涙がこぼれ落ちるのを見る。

「僕は、沖縄県民のために良いことをしていると思っているんだが……悪いことをしているんだろうか」

敗戦国・日本に対し、米国は、自分のペースで沖縄返還交渉を進め、最終的に何も失わなかった。一方、佐藤、屋良ら日本側関係者は、思うに任せないギリギリの展開にそれぞれの立場で煩悶《はんもん》し、「戦後」と戦った。

沖縄は七二年五月十五日に日本に復帰した。同年、沖縄では「核も基地もない全面返還」を求める大衆運動が高まったが、復帰の日、屋良は万感こめて「民族的願望がついに達成した」と記した。

notes

核抜き・本土並み

米政府は核撤去の象徴として、時代遅れになった中距離弾道ミサイル「メースB」を復帰前の六九年までに撤去、その作業の模様を大々的にマスコミに公開した。本土並みとは、日米安保条約の本土並みの適用をさす。沖縄には本土にない戦略飛行連隊などの特殊部隊があり、その処遇が問題となったが、結局は返還後の活動を事前協議で規制すれば本土並みになるとして、個々の存続を判断しなかった。

notes

第2章　変容する世界の枠組み

非ナチ化　――ドイツ占領政策の柱、数々の悲喜劇も――

第二次大戦の敗戦国ドイツも日本と同様に、占領で戦後体制が始まった。

「朝早く呼び鈴が鳴り、玄関にナチ秘密警察が立っている。もうこんな恐怖を感じなくてすむのね」。妻が就寝前にこう言った。翌朝、実際に呼び鈴が鳴った。入り口に立っていたのは、ナチではなく、米兵だった。米兵は私に言った。「ナチの大物だったあなたを逮捕します」

ドイツの作家エルンスト・フォン・ザロモンが一九五一年に出版した自伝的小説『アンケート用紙』には、作者自身が「非ナチ化」に巻き込まれていく様子が描かれている。

連合国側はヤルタ会談などで、ナチの影響力を一掃するため非ナチ化措置をドイツ占領政策の柱に定めた。ドイツ敗戦直後の六月から、法的手続きなしのナチ指導者逮捕が始まり、七月にはアンケート調査方式による非ナチ化政策の本格的実施が始まる。

調査項目は、党員歴、職歴、学歴、海外滞在歴、財産状態など百三十二項目にわたった。調査用紙は行政機関を通じ、食料の配給券などと引き換えに配られた。占領軍がナチの名簿を押収しており、党員歴の虚偽の回答はすぐにばれた。四六年三月には、十八歳以上のすべてのドイツ国民に回答が義務づけられた。

米国占領地で千三百万人が回答し、そのうち三百五十万件が審理の対象となった。非ナチ化裁判所が各町単位に設置され、最盛期には五百四十五か所にものぼった。

米国のイニシアチブで

「非ナチ化の立案、組織は米国が行った。英、仏の二国は米国を見習ったに過ぎない」と、非ナチ化や戦後賠償の専門家ルッツ・ニーターマー・イエナ大学教授は言う。「ユダヤ人強制収容所の惨状は、米国人に大きなショックを与えた。そのことが、米国人をおおいに道徳的にした」（ニーターマー教授）。連合軍の占領政策を扱った代表的研究書であるクリストフ・クレスマンの「二様の建国」は、「宣教師的情熱、厳格さが当初の米国の施策を支配していた」と表現している。

米占領地域でナチ組織に何らかのかたちでかかわっていたのは成人の三分の一にのぼった。「ナチの組織員だった、という理由で自動的に罪になる組織犯罪の考え方は、米国の対マフィア法から来ており、欧州の法にはなかった」（ニーターマー教授）。専門家が不足し、重要なものほど審理が後回しになるなどの支障も出た。

非ナチ化は、公職追放の側面も持っていた。旧東独ドレスデンにあるハンナ・アーレント研究

非ナチ化の審査を受ける指揮者のフルトベングラー（ドイツ歴史博物館提供）

所のクレメンス・フォルンハルス研究員は「バイエルン州ウュルツブルクの市役所では、役人の三分の一が追放になった。非ナチ化措置は自治体の行政組織の崩壊につながった」と指摘する。

非ナチ化裁判所の検事がその後被告として有罪判決を受けたり、「非ナチ化証明書」を入手するために買収事件が起きるなど数々の悲喜劇が発生した。ナチの大衆性を嫌い非ナチ党員だったザロモンも小説で「非ナチ化はおめでたく、ばかげている」と嘆いている。

処分は最も重い重要犯罪者（西側占領地域全体で千六百六十七人）を含め五段階に分けられ、段階に応じ、強制労働、公職追放、罰金などが科された。しかし、ドイツ人の反発と冷戦激化により、非ナチ化政策は四八年に中断される。処分を受けた人々も次第に恩赦などによって復職した。

米国占領軍が実施した世論調査によると、「ナチは悪い思想」と答えたドイツ国民は四五年から四八年にかけて四一％から三〇％に減少している。「非ナチ化はナチへのドイツ国民の態度に深い影響を与えなかった」と、クレスマンは著書のなかで結論づけている。

notes

ソ連占領地域の非ナチ化

社会主義化の重要な手段として行われ、ナチへの関与よりも、資本家、大土地所有者を追放する措置として進められた。戦争終了直後だけで、十二万人から十九万人が逮捕された。逮捕者は、ナチがそれまで使用していた強制収容所に入れられ、三分の一が病気などで死亡したといわれる。

notes

ドイツ戦後憲法 ――改正46回、高まった正当性――

ドイツ・バイエルン州にあるキーム湖のヘレンキームゼー島にバイエルン国王ルートウィヒ二世がベルサイユ宮殿を模して建設した「古城」と呼ばれる建物がある。ここに、一九四八年八月十日、当時のドイツ州首相、法律専門家ら約四十人が集まった。

この島は、今でこそ夏の観光地として有名だが、当時は電話線が二回線しかない〝孤島〟だった。しかし、この環境は集中を要する重要会議にとっては好条件だった。議論は会議室、テラスと場所を変えながら続けられ、わずか二週間の集中討議で戦後ドイツの新憲法草案がまとまった。

第二次大戦終了後、すでに四六年初頭から憲法改正の動きが始まった日本に比して、ドイツは新憲法制定が日程に上るまで、終戦から三年以上もかかった。冷戦を決定づけたトルーマン・ドクトリン発表が四七年三月。四八年二月―六月と長期にわたったソ連抜きのロンドン会議では、西ドイツ国家をつくる方針が確認され、七月一日に連邦制的国家、民主主義など憲法の基本原則を定めた「フランクフルト文書」がドイツ側に手交される。

「憲法制定が遅れたのは、ドイツが米英仏ソの四か国に分割占領されていたからだ」。ミュンヘ

憲法制定へ開かれた議会評議会（最前列がアデナウアー議長、ドイツ歴史博物館所蔵）

ンにある現代史研究所のウド・ウェングスト副所長は指摘する。大戦直後からの米ソの対立に加え、ドイツを小国に分割し弱体化を目指すフランスも強硬な立場をとったため、占領軍の最高決定機関「管理委員会」が一致した意思決定を行うことは、事実上不可能だった。

同副所長によれば、ソ連によるベルリン封鎖（四八年六月―四九年五月）が制定への大きな転換点となった。封鎖に対し、米国を中心とした西側連合国は生活物資などをベルリン市民に空輸する「空の架け橋」作戦を実施した。「この封鎖をきっかけに、ドイツ国民にとって、西側連合国は、占領者から共産主義の脅威に対する防衛者に変化した。冷戦の急速な深化により、ドイツの指導者も、西側陣営を安定させる必要を認めたのだった」

（ウェングスト氏）。

将来の統一へ布石、暫定的な基本法

しかしそれでもドイツ側は憲法制定には難色を示した。憲法制定による西ドイツ発足が、分断国家の容認であることは明らかだったからだ。四八年七月、当時のドイツを代表していた州首相会議で、憲法を「基本法」という名称とし、国民投票ではなく、州議会代表からなる「議会評議会」で憲法を制定することが決定された。憲法を暫定的な性格のものとし、将来の新憲法制定への余地を残したいとのドイツ側の抵抗の表れだった。

州首相会議の場では、占領軍側とドイツ側の激しいやり取りが交わされたが、ドイツ側は占領軍の反対を押し切り、「議会評議会」での「基本法」制定の方針を確認する。

古城での検討後、発表されたヘレンキームゼー草案をもとに、四八年九月一日、ボンに議会評議会が招集された。出席者は各州議会から選出の六十五人の代議員。議長は初代首相コンラート・アデナウアーだった。

米仏がさらに分権的体制を求める一幕もあったが、民主主義、自由主義などの基本原則については草案のままで、「基本法」は四九年五月二十三日に公布された。「当時の支配層は民主主義的憲法に賛成であり、ワイマール民主主義の伝統と同じ考え方をしていた」（同）。将来の統一ドイツの余地が残される限り、ドイツの政治家たちの理念に、米英仏との距離はほとんどなかったのである。
　再軍備に道を開いた五六年の改正など、基本法は九九年三月現在に至るまで四十六回の改正を行っている。改正を繰り返す中で、憲法の正当性はむしろ高まったといってよく、「『押し付け憲法』という議論は、五〇年代まであったがその後はない」（同）。そして、ドイツ統一が基本法の旧東独地域への拡大というかたちで成立したことも、基本法の定着を物語っている。

notes

西独基本法
　基本法は国民投票の規定を持たず、また「民主的基本秩序を侵害する政党の存在を許さない」とする、いわゆる「戦う民主主義」の原則が明示されている。背景には「（大衆民主主義を背景に生まれた）ナチの体験に基づく大衆への不信」（ウェングスト副所長）と、冷戦の深化に伴い強まる共産主義の脅威があった。

notes

マーシャル・プラン ——欧州東西分断の契機に——

ソ連の独裁者スターリン（共産党書記長）には、重要な会談を真夜中に行う癖があった。「大国」の力を背景に夜中に突如会談を設定、相手の疲れを誘い、会談の流れを有利に運ぶことが狙いだった。

一九四七年七月十日、モスクワ・クレムリンで行われたチェコスロバキア代表団との会談もまた、真夜中の午前零時半から開始された。だが、スターリンにとってこの会談は、駆け引きを気にしなくてもよかった。会談の結論がすでに見えていたからだ。

会談の出席者は、チェコ側がゴットワルト首相、マサリク外相、ドルティナ内相、一方のソ連側がスターリンと、その腹心のモロトフ外相という顔ぶれだった。

チェコ押さえつけたソ連

会談では、米国のマーシャル国務長官が一か月前にハーバード大学での演説で発表した「欧州経済復興計画」（マーシャル・プラン）が最大の焦点となった。チェコは七月七日の閣議で、「計画は東西欧州の統合に寄与する」（マサリク外相）としてこの計画の受諾を決定、英仏が呼びかけたパリでの第一回欧州経済復興会議（七月十二日）に参加することも決めていた。この会談でも、非共産党閣僚のマサリク外相が参加の意向を再度、表明した。

しかし、会談が進展するにつれ、チェコ側の態度が否定的になっていった。実は、スターリンは会談に先立ち、チェコ共産党員であるゴットワルト首相と極秘に会談、チェコがマーシャル・プランに参加しないとの言質を取り付けていたのだった。スターリンは、チェコ代表団との会談の前に、会談で手渡されるはずのチェコ大統領からの親書のロシア語訳まで持っていた。

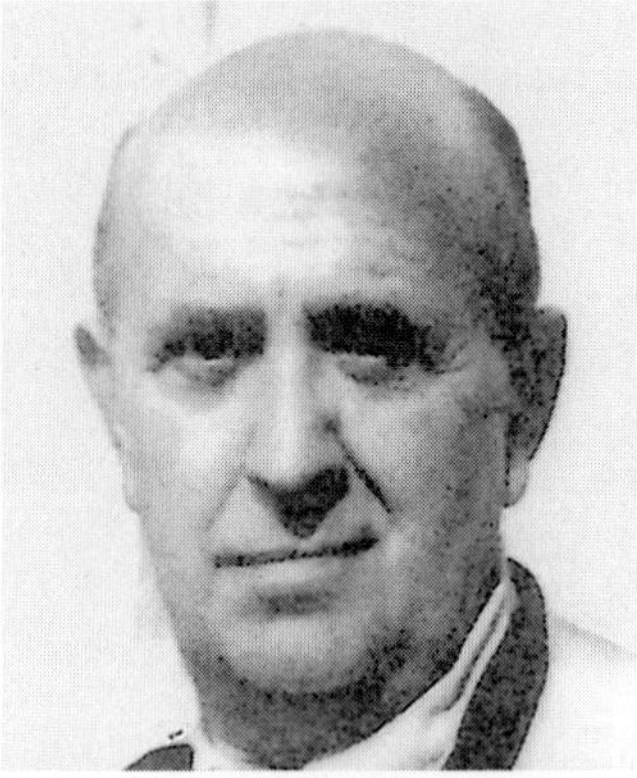

マーシャル・プラン推進派で後にナゾの死をとげたマサリク・チェコ外相

「党の決定が国家の意思に優越する構図がこの時、でき上がってしまった」と、プラハ大学のクラティケ教授は、近年の歴史研究で明らかになってきた両国共産党の極秘会談の重要性を指摘する。チェコの議会制民主主義が大きく揺らぎ出した瞬間だった。

ソ連は当初、マーシャル・プランに関心を示したが、その後、「ソ連・東欧の経済主権を侵害、内政干渉にあたる」として拒否する方針に転じていた。このプランが、東欧をソ連から離脱させるのではないかと恐れたからだ。

だが、共産党主導の強引な方針変更は、本国に混乱をもたらす。

マーシャル・プラン不参加、パリ会議欠席との会談結果を受け、プラハでは、シロキ副首相を中心に緊急閣議が十日午後一時から開かれたが、審議は紛糾した。

非共産党系政党も含む連立内閣では、国民党などがパリ会議参加を強硬に叫んだ。ゴットワルト首相は三回モスクワから電話を入れ、早急に「会議不参加」を政府決定するよう促した。不参加の決定が下ったのは午後八時。スターリンが設定した最終期限の午後四時からは大幅に遅れる結果となった。

外務省への連絡も遅れたため、チェコ交渉団は十一日、パリ入りした。「パリ空港に到着した途端、帰国命令が来た。飛行機でプラハ―パリ間を往復しただけでした」と随行員の一人、元外務省職員のベストリツキーさん（90）は当時を回想する。

マサリク外相はモスクワから帰国した際、「ソ連へは独立した国家の外相として向かったが、今はスターリンの召し使いとして帰ってきた。チェコに未来はない」と失望感を語った。マサリク氏は翌四八年三月、外相官邸の庭で死体で発見される。自殺とされるが、共産党関係者による暗殺説もある。

チェコは当時、国際連合の援助を受けていた。国民はこの援助にマーシャル・プランが取って代わり、生活水準が向上すると期待していたが、結局、無駄に終わった。

チェコ共産党は〝セミ・クーデター〟（四八年二月）などで実権を掌握、マーシャル・プランを契機に欧州は明確に東西に分断された。

西欧、小国主導で結束

「欧州（西欧）建設の立役者は、スターリン（ソ連共産党書記長）だ」

欧州議会議員のアントワーネット・スパークさん(70)は、父親の一言が今も心に残っている。父親は、第二次世界大戦前後、欧州政界で活躍したベルギーの故ポールアンリ・スパーク元首相（兼外相）。もちろん、この言葉は逆説だ。スターリンが、欧州経済復興計画（マーシャル・プラン）の受け入れを拒否したことで、欧州は東西に分断された。この分断が、西の結束を促すことになったことを指している。

「父は、スターリンの下で主権を制限された東欧と、西欧が対峙《たいじ》して、第三次世界大戦が起こるのではないかと懸念していました」とアントワーネットさん。この危機感とマーシャル・プランが原動力となり、欧州経済は復興に向けて進みはじめた。

経済復興、さらに欧州の戦後体制の大きな柱である欧州統合に、大きな役割を果たしたのが、小国ベルギーだった。

戦後のベルギーの状況は、他の欧州諸国とは大きく異なっていた。重工業など基幹産業への被害が小さく、工業生産では、三八年を一〇〇とすると、終戦直後の四六年には八〇に落ちたものの翌年には一〇二に回復した。

1948年、パリでラトゥルネル仏国連全権公使と話し合うベルギーのスパーク首相兼外相（左）＝（AP/WWP）

ベルギーはこの経済回復を背景にまず、欧州域内の自由貿易の発展を目指した。すでに戦前から、ルクセンブルクやオランダと通貨協定、関税協定を結んでおり、これが基盤となった。

「ベルギーは、自由貿易こそが、自国の利益になると考えていました。また、マーシャル・プランによって、欧州の大国が小国をのみ込むような形で、欧州の復興がなされることに懸念を抱いていた」とベルギー・ルーバン大学（フランス語系）のグロボア教授（33）は指摘する。ベルギーは、この経済安定によって、援助の主体である米国の信頼も得ていた。

ベルギーは、スパーク首相と、経済官僚だったスノウ卿の〝二人三脚〟で、西欧の協力体制確立に大きく貢献した。ルクセンブルク、オランダとの通貨協定、関税協定を発展させて、四八年にはベネルクス関税同盟を発足させ、地域経済の核を築いた。また同年四月、スパーク首相は、マーシャル・プランの実施計画策定にあたる欧州経済協力機構（OEEC、経済協力開発機構の前身）の理事会議長に就任、スノウ卿が実務面でこれを支え、米国による西欧十六か国への援助計画の具体化に尽力した。

スパーク首相は理事会議長に就任した際、「欧州の恐怖」と題する演説を行っている。ソ連を信頼できない理由を、ソ連の強圧体制下に置かれた東欧諸国を例に挙げながら、「民主主義欠如の危険性」を指摘、民主主義に基づいた「欧州建設」の必要性を訴えた。

演説が終わった時、聴衆は十数秒間、沈黙。その後、一斉に拍手がわき起こり、マーシャル米国務長官が立ち上がって、握手を求めた。

マーシャル・プランによって、西欧は、急速な経済復興を果たした。戦争終結直後（四六年）の工業生産は、その十年前に比べると、各種工業で五〇―八〇％のレベルだったが、五一年に戦前の生産水準に回復、貿易総額はこの間、七〇％もの伸びを示した。

その後、欧州は、OEECで芽生えた欧州の広域経済統合の理念をもとに、欧州経済共同体（EEC）の前身となる欧州石炭鉄鋼共同体（ECSC）へと発展する。

マーシャル・プランは、東西分断をもたらしたが、同時に、小国ベルギーの奮闘によって、長期的には「欧州統合」への道を開くことになった。

notes

マーシャル・プラン

米国は四八年六月から約四年間で、総額約百三十五億ドル（現在の八百八十億ドルに相当）を西欧諸国に援助した。借款、供与などの資金援助のほか、食料、肥料、工業原材料などの米国製品が西欧に流入した。プラン成立の要因は、「共産主義封じ込め」のトルーマン・ドクトリンに見られるように、欧州での共産勢力伸長の抑止だった。

ベネルクス三国の役割

マーシャル・プランでの援助受取額は英、仏、西独、伊の順。オランダを除くと、ベネルクス三国の受取額は小国ゆえに多くなかった。しかし、共同復興計画の策定と援助物資分配の監視を二本柱とするOEECに対し、①貿易障壁削減による域内貿易の促進②関税同盟、自由貿易圏の創設――などの導入を働きかけ、欧州経済統合に貢献した。

notes

ＮＡＴＯ発足——西欧、ソ連の脅威に対抗——

ベルギー、オランダ、ルクセンブルク三国は一九四八年一月、渓谷と城塞《じょうさい》に囲まれたルクセンブルク旧市街の国際会議場で、一通の外交協定文書に調印した。文書の名は「ベネルクス共通防衛協定」。小国同士の協定ゆえに当時は国際社会でほとんど注目を浴びなかったが、半世紀を経た今、その「重み」が次第に認識されてきた。

「この協定は、ソ連を仮想敵国に、欧州安保への米国関与の必要性を初めて、うたい上げた。北大西洋条約機構（ＮＡＴＯ）の原型がこの時、でき上がった」と、ベルギー王立軍事学校のスタｌキノリエス教授（42）は指摘する。

この前年の三月、英仏が、欧州では戦後初の二国間軍事協定「ダンケルク協定」を締結していたが、「ドイツの再侵攻」を想定しただけで、「仮想敵国・ソ連」を明文化していなかった。ベネルクス防衛協定は、戦後顕著となったソ連—米国・欧州の対立構図をいち早く、とらえ、多国間による欧州安保体制の構築を訴えるものとなった。

西欧諸国が戦後、米国を加えた軍事ブロックへと向かったのは、なぜか。

ワシントンでのＮＡＴＯ署名式典（署名しているのはアチソン米国務長官、1949年４月）

各国がパワーダウンを自覚

まず、「力の空白」が欧州に生まれたことがあげられる。欧州各国は第二次世界大戦で疲弊、一国だけでは十分な軍事力がなかった。四八年からは、マーシャル・プランが本格化したが、国民生活向上が優先で、兵器購入など軍事整備の余力はなかった。

さらに、「大国」である英仏は、インド、ベトナムなどアジア各地で植民地解放運動に直面した。両国にとっては、石油やゴムなど旧植民地の天然資源は戦後危機からの脱却に不可欠だったが、民族自決の高まりの中で、結局、独立を阻止できなかった。

「西欧諸国はアジアでも地位の低下を悟った。そこに、ソ連の脅威が襲いかかった」とベルギー・リエージュ大学のバラース教授（50）は語る。

ソ連は、ポーランドなどの東欧諸国を影響下に置き、さらに急伸長する仏伊などの共産党にも水面下で支援していた。後にNATO初代事務総長に就任する英国人のイズメイ卿は「不安と恐怖が、西欧結束の基盤となった。論議の余地はなくなった」と述懐している。ソ連は西欧共通の敵となっていた。

米国の立場も変化する。

米国は終戦直後、欧州各地に駐留する米軍の兵力削減を検討していた。トルーマン米大統領は四六年、「米国の関与」を求めたベビン英外相に「時期尚早」と答えている。

しかし、英国が四七年二月、自国の経済困難を理由に西側の同盟国ギリシャ、トルコへの軍事援助の停止を米国に通告したことから、共産勢力の浸透に危機感を強め、米国の認識が変わった。以後、欧州で英国の発言力は大幅に低下、米国が関与しての欧州安保体制の模索が始まった。米国は三月、「共産主義封じ込め」のトルーマン・ドクトリンを発表、ソ連の脅威に対抗する構図が固まった。

この構図が、チェコスロバキアのセミ・クーデター、ベルリン封鎖という四八年に相次いで発生した二つの事件でNATO設立へとつながる。

セミ・クーデターは、チェコで共産党が政権を奪取、東欧すべてが共産化、西欧に衝撃を与えた。ベルリン封鎖は、西側が西独をマーシャル・プランに組み入れたことにソ連が反発し、西ベルリンへの陸路を遮断したもので、西側は空輸による物資輸送で対抗した。こうした情勢下、西欧諸国は四九年四月、米国などとともに十二か国でＮＡＴＯを設立した。五月、ベルリン封鎖が解除された際、東西の両陣営は、「自らの勝利」をたたえた。しかし、その「勝利」は、冷戦構造の深まりを宣言するものでもあった。

notes

冷戦後のＮＡＴＯ

冷戦終結を受け、九一年十一月、ＮＡＴＯはローマ宣言で、ソ連（同年十二月に解体）、東欧を戦略目標からはずした。また、東欧各国から加盟申請が相次ぎ、第一陣としてポーランド、チェコ、ハンガリーの三国の加盟が決定、創設五〇周年にあたる九九年四月に拡大ＮＡＴＯが発足する予定。

notes

冷戦思想 ――「善」と「悪」に二分された世界――

一九九八年六月、元米国務次官補のマーシャル・グリーン氏が心臓発作で八十二歳で亡くなった。

そのニュースを聞いた時、非常に驚いた。発作で倒れる二時間前、自宅でインタビューしたばかりだったからだ。当時、国務省で日本課にいたグリーン氏が一九四八年、冷戦政策の立案者、ジョージ・ケナン国務省政策企画室長（94）に同行して、訪日した時の話を聞いていた。グリーン氏の最後のインタビューとなったテープは今も筆者の手元にある。

「ケナンの訪日目的は、マッカーサーの占領政策を、冷戦政策にあわせて根本から変えることだった。今の日米関係の基礎は、ケナンが築いたと言ってもいいぐらいだ」とグリーン氏は話していた。

ケナン氏は、在モスクワ大使館の無名の外交官だった四六年二月、国務省にあてて有名な「長文電報」をしたため、「対ソ封じ込め政策」の必要性を主張した米冷戦政策の生みの親。長文電報は、ワシントンに大きなインパクトを与え、大戦後も依然として米ソ協調の路線を続ける米国が、対決路線へと大きな舵を取る理論的根拠となったものだ。

翌年四月、マーシャル国務長官は、冷戦の司令塔とするために国務省に政策企画室を創設、ケナン氏を初代室長に迎える。

ケナン室長の仕事は、世界地図に冷戦の〝設計図〟を描くことである。最優先課題は欧州の防衛だった。ケナン氏は冷戦政策の第一弾となる「マーシャル・プラン」の作成に、あわただしく取り組む。それが一段落した四七年夏、「どうやら一息つくことができるようになり、周囲を見回し」(ジョージ・F・ケナン回顧録)て見た時、「われわれの最大の危険、最大の責任」(同)は西ドイツと日本であることが明らかになってくる。

特に、日本が問題だった。マッカーサーは、「国務省の助言には耳を傾けず、まるで天皇のように振る舞っていた」(グリーン氏)からである。グリーン氏が同行したケナン室長の訪日は、マッカーサーに冷戦の現実を説得するのが目的だった。

「当然、マッカーサーは、国務省から横やりが入るのが気に食わない。我々はワシントンからの客というよりも、まるで敵のスパイのように扱われた」と、グリーン氏は当時を思い出していた。

元帥とケナンの会談は平行線をたどった。だが、すでにトルーマン・ドクトリンが公表され、冷戦は国家の基本戦略となっている。ワシントンに戻ったケナン室長は、元帥の反対を無視し、日本での公職追放を緩和、停止して、警察力を増強することなどを盛り込んだ包括的な占領政策転換の提言を行う。それは「改革」を中心にした対日占領政策を「経済復興」中心に変えることだった。

　グリーン氏によれば、ケナン室長の提言は、ほぼ完全な形で国家安全保障会議（ＮＳＣ）に提出され、大統領の承認を受けて新対日政策であるＮＳＣ文書一三／二がまとまった。いわゆる「逆コース」の始まりである。

「ソ連封じ込め」の根拠と目的

　だが、「ケナンとマッカーサーの二人は奇妙なところで意見が一致した」とグリーン氏は語った。

ソ連封じ込め戦略の考案者ジョージ・ケナン

　日本の「中立化」である。
　総司令官は日本を「東洋のスイス」にしたいと思っていた。ケナン室長も、ソ連と交渉して米軍が日本を撤退し、ソ連軍が朝鮮半島から相互撤退した上で、「日本を非武装中立国とすることも可能」と考えていた。
　逆コースを推し進める「タカ派」の側面と、日本の中立化を構想する「ハト派」の側面。この一見、矛盾するような主張にケナン室長の冷戦戦略の特徴がある。

冷戦の目的は、当然、ソ連の脅威から西側同盟国を防衛することにあったが、ケナン氏は、「ソ連の脅威」の本質は軍事力でなく、政治的、心理的なものと考えていたからである。

彼の「ソ連封じ込め戦略」は四六年の「長文電報」や「X論文」、そしてさまざまな講演などで展開された。「X論文」とは、有名な外交誌『フォーリン・アフェアーズ』に、名前を隠すためにXという著者名で書いた冷戦政策の基本論文である。

当時、ワシントンのソ連観は揺れていた。政権内部では「ソ連は制限のない勢力拡大に乗り出した」とのソ連警戒論が台頭する一方で、「米国が対日占領にソ連の参加を拒むような姿勢を続けるから、ソ連が米国の姿勢を警戒しているのだ」と見て、対ソ宥和《ゆうわ》を説く議論まで、混乱していた。

連合国の指導者として、ともに戦ったスターリンに対する幻想も消えていなかった。トルーマン大統領は、ソ連政権内部に穏健派と強硬派の対立があると想像し、「(スターリンは) 穏健派としての影響力を保っている。もし、彼が今死んでしまったら、大変なことになる」と側近にもらしている。米国はまだ、スターリンがソ連政権内の穏健派勢力と見ていたのだ。

だが、ケナン氏によれば、ロシア支配層は伝統的に、彼らの支配が古くさく心理的基盤の脆弱なものであるという不安感を持っている。だから、国民が自由な西方世界と接触して彼らの支配に疑問を覚えることを常に恐れてきた。こうした伝統的なロシアの行動規範が、レーニンの解釈によって一層偏狭なものとなったマルクス主義の教義と結びつき、今のソ連のドグマが生まれている。それは、全体主義的独裁体制を正当化するため、外の世界を邪悪で敵対的なものに描く必要から生まれた内在的なものだ。

そうであれば、米国がいくら善意を示してもソ連の拡張主義と敵対姿勢を変えることはできない。だから、いたずらに協調路線を求めるよりも「長期間、忍耐強く確固とした立場でソ連を〝封じ込める〟」(X論文)ことで、ソ連体制が内部崩壊するのを待つしか選択肢はない――というのが封じ込め戦略の根拠である。

だが、ケナン氏は、ソ連が西側と敵対姿勢を続けるからといって、戦争によって極度に疲弊した国家が、世界征服に乗り出すというような軍事的冒険を企てているとは考えなかった。

そうでなく、ソ連拡張主義の先兵は、ソ連共産党の影響下にある各国内の共産主義者であり、彼らが内側から起こす政権転覆である。そして、戦争の荒廃で自信を失い、経済混乱に陥った欧州と日本は、共産主義の浸透に脆弱となっており、それこそがソ連の脅威の本質だ、と考えた。

ならば、必要なことは軍事対決でなく、欧州と日本の復興を急ぎ、共産主義という〝病気〟にかからない健康体にすること――とケナン氏は言う。だから、マーシャル・プランによって欧州に巨大な経済援助を開始し、欧州の復興を急ぐことがソ連との対決の中心課題であった。さらに、貴重な資源を軍事力拡大にあてることは、経済再建を遅らせることにもなる。日本の中立化という発想も、ここから生まれてくる。

しかも、ケナン氏が主張したソ連封じ込めは、極めて限定的なものだった。米国といえども国力には限界があるから、ソ連の膨大な国境線すべてに軍事力を配置して、ソ連を物理的に封じ込めることなどできるものではない。

だが、彼にとって世界の「力の均衡」に影響を与えるような工業力と軍事力を備えた国は「米、英、ドイツ・中欧地域、ソ連、そして日本の五つ」しかなく、これらのパワー・センターさえ、自由主義陣営に確保されていれば、米国にとって死活的な脅威は生まれてこない。したがって、封じ込めの目的とは、「これらの五つの地域が、これ以上ソ連の支配下に入らないようにすること」であり、米国の死活的な利害の絡まない地域に介入すべきではない。事実、彼は、中国の共産化をことさらに脅威と考える意見をたしなめている。

だが、ケナン氏自身が回顧録の中で認めているように、長文電報やX論文では、ソ連の脅威が「政治的、心理的」なものであることや、封じ込めを五つの地域に限定すべきだとする議論は明確に展開されていない。次第に、封じ込め戦略は、核戦力を基軸にした膨大な軍事力による対ソ軍事対決へと拡大していく。

ケナン氏は、それは封じ込め戦略の誤解だと主張するが、いったん出来上がった歴史の流れを押しとどめる力は、彼にはなかったのである。

米、議会対立収拾し軍拡

ルシアス・バトル元駐エジプト米大使（80）は、冷戦が激化した四九年、弱冠三十歳でアチソン国務長官の特別顧問に抜擢《ばってき》された。ケナン氏とは、その時からの友人だ。

「アカデミックなジョージ（ケナン）は、国務省の中ではいつもどこか孤独だったし、浮世離れしたところもあったね」とバトル氏は振り返る。

冷戦を決定づける演説を行ったトルーマン米大統領（1948年７月撮影）

ソ連との協調政策はあきらめ、米国は粘り強くソ連の拡張主義を封じ込めるべきだ、というケナン氏の主張は誰にも理解できた。大戦後、ソ連にどのように対応するべきか迷っていたワシントンは、急速にソ連との対決路線に走り出す。

だが、ケナン氏は、「ソ連の脅威は軍事力でなく、政治的、心理的なもの」と主張した。確かにソ連は、第二次大戦時からの強大な軍事力を東欧に残し、西欧諸国に重苦しい恐怖感を与えていたが、ケナン氏は、それは見て見ぬ振りをすべきだと訴え、本当の脅威である共産党の活動を封じ込めるためには、経済再建にまい進して西欧が健康な体に立ち直ることが先決だ、と考える。そうした議論はなかなか政権内部には広がらなかった。

一方で、現実の政策を遂行するためには、議会を説得して予算を獲得しなくてはならない。「そのためには（ソ連の脅威を誇張するなど）議会を少しばかり脅かさなくてはならなかったが、ジョージ（ケナン）はそういうのは嫌いだった」とバトル氏は回想する。

ケナン氏はトルーマン・ドクトリン（四七年三月）の発表にも、苦々しい気持ちを抱いていた。ドクトリン発表の背景には、複雑な国内政治がからんでいる。

大戦中には政府の戦争遂行政策を支持し、戦費予算の拡大を受け入れた米国民だが、戦争終結とともに世論には再び孤立主義的な傾向が広がっていた。四六年の中間選挙では、二〇％減税と政府支出大幅削減を公約にした共和党が中間選挙で大勝し、十六年ぶりに上下両院を制覇した。国民は大戦中に膨張した政府の縮小を求め、平常への復帰を強く求めていたのである。

こうした中、四七年二月、共産党の活動が活発化しているギリシャとトルコの共産化阻止のため、イギリスが行ってきた軍事援助を、米国に肩代わりを求める緊急要請が、ロンドンからワシントンに舞い込んだ。イギリスはまだ戦争による経済崩壊から立ち直っておらず、欧州の問題も自分で解決する余力がなかったのである。

トルーマン政権はすでに、内部的にはソ連との協調政策に終止符を打ち始めていた。それだけに、援助肩代わりに異存はない。だが、予算の削減を求める共和党主導の議会に対して、援助予算の承認を受けるのは容易ではない。しかも、イギリスは翌月には援助を中止するという。議会説得の時間はそれほど残されていなかった。

政府は、あたふたと議会への根回しを始めた。

二月二十七日、トルーマン大統領は議会の重鎮たちをホワイトハウスに招いて、説得にかかった。出席したアチソン国務次官（当時）は、共産主義を武器にしたソ連の拡張主義の脅威を強調し、ギリシャ、トルコが共産化すれば、イランや中東の親西側諸国への共産主義の波及は免れず、ひいては西欧全体への脅威となるだろうと、後にドミノ理論と呼ばれる主張を展開した。

当時、米国の外交政策に巨大な発言力を持っていた上院国際関係委員会の長老、バンデンバーグ委員長（共和党）は、説得を受けて援助予算を基本的に了承した。しかし、彼はその条件として、「援助の必要性を国民が納得するような演説を大統領自身が行うこと」をあげた。

求められた演説は重大演説になるはずだった。草案作成にとりかかった国務省は内部討議で、この演説を国民に「電撃的衝撃」（国務省文書）を与えるものとする方針を決定。しかも、援助要請は今後も他の地域で生まれてくるのは必至だから、決してギリシャ、トルコの地域問題に限定せず「世界的規模の問題を論じる図式」にすることを決意する。

こうして、トルーマン・ドクトリンは生まれた。

それは、「近年、世界の多くの国民が、彼らの意思に反して全体主義支配を強制されようとしている」と主張し、「いまや、すべての国の国民が、二つの生活様式のいずれかを選択しなければならない」、その一つは民主的原理に基づく生活様式であり、もう一つは「少数者の意思を多数に押し付ける強制的原理を基礎にしたものである」と訴える。

そして、「われわれは自由な諸国民が、彼ら自身の運命を、彼ら自身の方法で築くのを援助しなければならないと信じている」と述べ、世界を自由主義（善）と全体主義（悪）に二分して、悪との戦いに挑むことを宣言していた。まさしく、冷戦開始の号砲だったのである。

だが、この政治性の強いトルーマン・ドクトリンに対し、ケナン氏は強い嫌悪を示している。特に、ケナン氏が問題としたのは、ドクトリンが世界のあらゆる地域で、米国は全体主義との戦いを援助するとしたことだった。今後、どのような独裁政権であっても、国内に共産主義者がいると主張しさえば、米国は援助に出向かなくてはならない。

しかも、「世界を単純に共産主義世界と自由世界に分けて」しまうトルーマン・ドクトリンは、国民や議会の受けは良くても、強いイデオロギー的な性格で今後の米国外交政策を著しく硬直化させてしまう危険が大きい。

だが、火ぶたが切られた冷戦は、瞬く間に世界に広がっていった。

ソ連はベルリンを封鎖し、核実験に成功した。中国では共産主義革命が起きた。冷戦の緒戦を東側諸国に奪われたような危機感がワシントンを包む中で、野党の共和党の一部は民主党政権への責任追及の声を強めてきた。

その一方では、共和党の中でも孤立主義的な保守派や、民主党ながら緊縮財政派だったルイス・ジョンソン国防長官も国防費の拡大に激しく抵抗していた。この結果、大戦終了時（四五年）に八百十六億ドルだった国防費は、二年後に百三十一億ドルと約六分の一に削られていた。ワシントンが混乱をきたす中で、トルーマン政権は、冷戦政策を立て直し、誰もが政策のよりどころとすべき基本文書の作成に乗り出すことになった。

文書は五〇年四月に完成、後に冷戦の基本哲学となる国家安全保障会議（NSC）文書六八としてまとまった。

NSC六八は、五四年を危機の年ととらえ、この年までに「ソ連が約二百発の核爆弾を生産する」ために、米ソ核戦争が勃発《ぼっぱつ》する危険性があると強い警鐘を鳴らしている。それに対応するため、米国は大軍拡に乗り出すことが必要だと訴え、核軍備競争の激化を懸念して開発が躊躇されていた水爆（政権内部では、〝スーパー〟と呼ばれていた）の開発、生産にもゴーサインを出した。

だが、アチソン国務長官は「（危機感をあおることで）大統領が（新しい戦略を）決断し、実行できる環境を作り出す」ことが、NSC六八の目的のひとつだと述べている。危機感に満ちた表現の背景には、国防費拡大を求める国内政治の力学が深く忍び込んでいたのである。

すでに、「ソ連の脅威は軍事力ではない」と主張したケナン氏の冷戦政策は、ワシントンで説得力を失っていた。彼は政策企画室長を去り、冷戦は全世界を舞台にして、膨大な核戦力と地上兵力が半世紀にわたってにらみあう、光と影の戦いとなっていったのである。

ソ連、西側の影響徹底排除

「戦争が終わり、ドイツで捕虜になっていた兵士たちが戻ってきた。汽車が駅に着くというので、町の人たちと迎えに行った。ところが、だれも降りて来なかった。汽車は少し止まっただけで、東へ向けて立ち去った。窓越しに見た兵隊たちは汚れて、疲れ切っていた……」

ゴルバチョフ元ソ連大統領顧問アレクサンドル・ヤコブレフ氏（75）は、半世紀前の故郷ヤロスラブリで見た光景を、こう述懐する。当時、多くのソ連兵捕虜がシベリアへ送られた。「正確な数はわからない。おそらく万の単位だろう」と同氏は語る。

なぜ、こんなことが起こったのか。

その背景を、ロシア史研究所のウラジーミル・ネベージン研究員（46）は、次のように説明する――

「スターリンは外来の考え方を極度に警戒した。社会主義を転覆させはしないかと恐れていた。捕虜になった兵士たちも外国を見た者たちだ。社会主義を捨てて反ソ活動をするのでは、との疑念を抱いた。捕虜の家族も厳重に調べられ、調べられた者の大半がシベリアの強制収容所へ送られた」

イデオロギーとは、世の中を「どう見るか」という世界観・思想のことだ。そしてソ連では、ただ一つ「社会主義の思想」しか許されなかった。イデオロギー闘争とは、その「社会主義を守

ドイツ降伏後、喜ぶソ連兵たち（1945年５月、ベルリンで）（ロイター・サン）

る闘い」だった。

ソ連は、もともとロシア革命で資本主義を転覆して誕生した国家。従って、資本主義との敵対関係は、ソ連体制にとって必然的に内在されており、その基礎ですらある。ところが、この大前提が第二次大戦で大きくゆがんだ。同じ同盟国として米英と軍事協力が成立したことで、ソ連国内にも「西側との協力は可能」との〝幻想〟が芽生えて来たからだ。

スターリンが最も恐れたのは、その幻想が「現実になること」だった。その「恐怖」を脱するには、外国からの思想流入を阻止することが必要だった。戦後の西側との協力はもはや、ソ連にとって有害になった。冷戦を進めねばならない理由もここにあったし、国民を冷戦に慣れさせる準備が、為政者に求められていた。

ネベージン氏によると、スターリンがイデオロギー闘争の準備に入るのは意外と早い。

戦争終結前の四四年十月には、党機関紙に西側への「文化攻勢開始を指示する」論文が発表され、四五年一月、ヤルタでの米英ソ三首脳会談を控えて、スターリンは「われわれは今、資本主義の民主派と組んではいるが、将来は彼らと戦うことになる」と、ディミトロフ「コミンテルン」（共産主義インターナショナル）元議長に語っている。

対独戦勝利が決まった四五年五月には、戦後ソ連の文化政策を仕切ったアンドレイ・ジダーノフ（共産党書記）が「ソ連思想の宣伝強化」を訴える論文を発表し、米英ソ三国の協調を象徴するポツダム会談（同年七月）を前にして、西側への「思想」対決姿勢をはっきりさせている。

東西冷戦が始まる前、こうしてソ連国内では、西側に対する警戒心がスターリンの指図で喧伝《けんでん》され、西側に触れた者たちの「社会主義への忠誠心を疑う」キャンペーンが始まった。捕虜になったソ連兵たちは、その格好の対象にされたのだ。

終戦直後にジダーノフの音頭で始まったイデオロギー闘争は、公式に「西側の影響を排除する闘争」と呼ばれている。

その思想闘争は、まず大衆の「思想引き締め」を行って国民を「社会主義思想で武装した」うえで、やがて始まる冷戦に対するスターリンの周到な準備でもあったのだ。

政権維持へ宗教、流言弾圧

モスクワの常駐特派員をしていた七〇年代初め、復活祭の時期に市内にあるロシア正教会の教

1990年11月、カザン聖堂再建を祝いモスクワの「赤の広場」を行進するロシア正教の司祭たち。同聖堂は1936年に共産党員に破壊された（ロイター・サン）

会を訪ねたことがある。

教会の周辺には赤い腕章を付けた若者たちが集まり、教会へ入ろうとする市民を呼び止めては乱暴な口調で、教会に来た理由を質《ただ》していた。その質問攻めを振り切り中に入ると、教会内は立錐《りっすい》の余地もない人込みだった。

教会を囲んでいた若者は、コムソモール（共産青年同盟）のメンバーたち。政府・共産党によるイデオロギー闘争の一環として、教会へ通う人々を「宗教から離反させる」のが、彼らに課された義務だった。

ソ連憲法は、信教の自由を保

障していたが、それはあくまで紙の上だけだった。スターリン時代には多数の宗教関係者が逮捕、国外追放された。非スターリン政策を進めたフルシチョフ時代でも、一万以上の教会が破壊されたという。

共産党幹部にとって、宗教は人心を惑わせる危険思想であり、冷戦時代のイデオロギー闘争でも〝主要敵〟であり続けた。

思想統制の対象は、体系だった思想や宗教だけではなかった。町のうわさも摘発の標的になった。それが顕著になったのは第二次大戦直後だった。

大戦直後の社会事情を調べているロシア史研究所のエレーナ・ズプコワ女史（39）は、最近の論文「スターリンと世論」の中で、戦後のイデオロギー闘争を「国民を操る心理作戦」と分析したうえで、大戦直後の状況をこう記している。

「対独戦争に勝利して、人々は社会の変化を求めた。こうした雰囲気を反映して、全国にさまざまなうわさが流れた。例えば、対独戦勝利後の四五年七月には、農村にコルホーズ（集団農場）解体説が流れ、都市では共産党の解散説までがささやかれた」

このため、一部の集団農場では、恒例の「収穫目標・超過達成の誓い」が署名を拒否された。また「政府にコルホーズ解体の委員会が設置された」とのうわさが伝わる一方、「スターリンがそんなことをするはずがない」との否定説も流れ、農民に動揺が広がった。また、チャーチル元英首相の「鉄のカーテン」演説（四六年三月）の際には、戦争が再び起きるとのうわさが広まって、物価が数倍跳ね上がるなどの事態となった。

ソ連政府にとって、これらの流言は、体制を動揺させる一種の〝危険思想〟だった。政府は、流言の土壌となる、国民各層の変化への期待を封じる必要があった。

第二次大戦直後のイデオロギー闘争は、こうした状況下で始まった。

「うわさを流した犯人は摘発されねばならない。流言飛語は外部の敵の仕業とされていたから、犯人はまず、外国あるいは外国人と接触のある者、外国を知る知識人らに求められ、次々と異端者が作り出された」とズプコワ女史は言う。

この仕組みこそ、まさにイデオロギー闘争を支える構造だった。加えて「由《よ》らしむべし、知らしむべからず」の情報操作、西側への警戒心を煽《あお》る「思想」宣伝、社会主義の「国定」思想を疑う「怪しい者」の取り締まり——その弾圧と強権発動が厳しければ厳しいほど、政権もまた安定した。

スターリン死後、西側との「平和共存」が声高に唱えられながら、イデオロギー闘争が密度を濃くして遂行されたのも、政権維持に有効だったためだ。

ソ連崩壊から七年。モスクワでは今、至るところで教会が修復されている。照明を受け夜空に映える教会群は、かつて若者たちが展開した反宗教闘争の「虚《むな》しさ」を、改めて象徴している。

notes

長文電報とX論文

ケナンは、四六年二月、合計八千単語に及ぶ異例の長文電報を国務省に送った。第二次大戦後も米ソ協調体制の維持に腐心する米国の対ソ政策を批判し、強硬策への転換を主張した内容で、大きな衝撃を与え、無名の外交官だったケナンを、一躍、冷戦理論の第一人者たらしめた。ケナンは同様の内容を、フォーリン・アフェアーズ誌に著者名Xで発表した。

国家安全保障会議（NSC）

米国でトルーマン・ドクトリンが発表された後の一九四七年七月に発足した大統領直属の組織。大統領が議長となり、副大統領、国務、国防長官らがメンバーとなり安全保障に関する国防、外交、内政問題を総合調整する。トルーマン時代にはNSC六八だけでなく、NSC一三（対日政策）など、連番の文書で冷戦政策のガイドラインをまとめた。

アンドレイ・ジダーノフ

ソ連共産党「イデオロギー」問題指導者（一八九六―一九四八）。哲学・文学・芸術などあらゆる文化・思想問題を担当、一時はスターリンの後継者と目された。「冷戦」初期のソ連思想界を支配し、その資本主義・社会主義「二極陣営」論は有名。米国を「反動勢力の牙城《がじょう》」、マーシャル・プランを「米帝国主義の拡張政策」と非難して、西側への思想闘争の必要を強調した。

平和共存と思想闘争

「平和共存」は、ロシア革命後に社会主義と資本主義が「共存可能」として、レーニンが使った言葉。フルシチョフ時代に再び唱えられ、「社会主義の優位を確信して資本主義を思想的に超える」ことが、思想闘争の目標とされた。しかし社会主義と資本主義はもともと両立し難い立場。西側社会との共存を唱える陰で、国内では厳しい反西側の「思想引き締め」が実行された。

notes

東独成立 ――ベルリンの壁はいかに築かれたか――

その時、ソ連軍はベルリンで、ナチス・ドイツ軍との最後の攻防戦を展開していた。一九四五年四月三十日午前七時。モスクワ郊外の飛行場から、後の東独国家評議会議長ヴァルター・ウルブリヒトをキャップに、ドイツ共産党の工作員十人を乗せた飛行機が、ドイツ・ポーランド国境を目指し飛び立った。途中でソ連軍の車両に乗り換え、五月一日にベルリン郊外の村ブルッフミューレに入る。

「二週間で計二十のベルリンの区すべての行政組織を再建しなければならない」。到着早々、ウルブリヒトは工作員たちにこう指令した。「区長は共産主義者である必要はないが、警察組織再建のため信頼できる党員を探せ」。そしてこうも付け加えた。「外見は民主的に、しかし我々がすべてを握らねばならない」

「民主」と偽装し共産主義工作

この「ウルブリヒト・グループ」の最年少工作員として、当時二十五歳のウォルフガング・レ

1946年４月、共産党と社民党との合同大会で握手するピーク共産党党首（左）とグロテウォール社民党中央委員（ドイツ歴史博物館）

オンハルト氏がいた。

ドイツ・ラインラントプファルツ州にある自宅書斎で、レオンハルト氏は苦難に満ちた若き日々の記憶を語った。壁一面の書棚には共産主義に関する膨大な文献が並ぶ。

同氏はドイツ共産党員だった母親に連れられ、十三歳の時モスクワに亡命した。母親がソ連の収容所に入れられたり、友人が粛清されるなどの体験をしたが、コミンテルン学校などに通い若き共産主義者として成長していく。

モスクワで「自由ドイツ」のアナウンサーとして対独宣伝工作に従事していた四五年四月中旬、編集局長のアントン・アッカーマン（社会主義統一党政治局員候補となったが、五三年失脚、後自殺）から「君はドイツに戻ることになった」と突然命令を受ける。

「何をするのか全くわからなかった。ウルブリヒトだけが我々の任務を知っていた」

工作員の奔走で、後に東独領土となるソ連占領地域で、ソ連軍司令部は着々と地ならしを進めて行った。ドイツ共産党は四五年六月十一日に正式に活動を再開する。

しかし、共産党は結成宣言で社会主義という言葉は一切使わず、「議会制民主主義共和国」を目標に掲げ私的企業活動の自由も認めていた。「プロレタリア独裁、マルクス……そうした言葉は当時一切演説に出てこなかった」とレオンハルト氏は回想する。

ウルリヒ・メーラート連邦政治教育センター研究員（東独史）は「スターリンはドイツ分断を望んでいなかった。ドイツの大半が西側に属してしまい、賠償も獲得できなくなることを恐れたからだ。五〇年代初めまでは自国の安全保障が確保できれば、東独は手放してもいいとすら考えていた」とその背景を説明する。

その一方で、共産党の権力独占は進む。四六年四月、ソ連占領軍の圧力下、共産党と社民党（SPD）が合同し社会主義統一党（SED）が発足。当初、指導部は両党同数とするなど対等合併の形を取ったが、その後二十万人もの社民党員が逮捕、追放となり、さらに四百人以上が殺害され、四九年までに事実上の一党独裁が完成する。

SEDのスターリン主義路線に次第に失望の念を深めていたレオンハルト氏は、四八年六月にコミンフォルムから除名されたユーゴ共産党の資料を持っていたため査問を受け、それをきっかけに四九年三月、西独に亡命した。

ソ連のドイツ中立化の試みは、五二年三月のスターリンによる統一ドイツ中立化案、いわゆる「スターリン・ノート」提案まで続く。しかしこの提案は、コンラート・アデナウアー西独首相によりはっきり拒否され挫折する。五五年、ソ連は東独の完全主権を認める条約に応じ、二国家論の立場に転換した。これで東独は暫定的性格を脱したが、それはまた、ドイツ分断の完成も意味した。

集団化政策で労働力流出

六〇年初夏。旧東独ブランデンブルク州の小村シュモルデの農民アルバート・コボウさんのもとに、ベルリンの人民軍スポーツ協会から、馬術教師として採用したいとの連絡が舞い込んだ。七月末のよく晴れた日、コボウさんは弟と二人で鉄道に乗り、約百二十キロ離れたベルリンに向かった。待ちに待っていたベルリン行きのチャンスだった。ベルリンの壁ができる一年前。東ベルリンに出られれば、西ベルリンへの脱出はまだ容易だった。ベルリンで両親と合流、コボウさんは十七世紀以来の先祖伝来の土地を捨て「他人の財産をかすめとるだけの共産主義者の国」からの脱出を果たした。

この脱出の背景には、社会主義建設の柱の一つとなった農業集団化があった。

第二次大戦終結当時、シュモルデは戸数三十三戸の小さな農村だった。戦後ソ連軍に占領された後は、収穫物の自由売買は許されなくなったが、まだ土地も家畜も私有だった。しかし、五二

出来上がったベルリンの壁越しに東独側を見る
西独市民(1961年８月、ドイツ歴史博物館提供)

年、農業集団化が開始される。「農業機械は取り上げられ、『機械・トラクターステーション（ＭＴＳ）』に集められた。農業生産協同組合（ＬＰＧ）に加わらない農家は機械の貸し出しを断られたり、子供に高等教育の機会が与えられないなど様々な嫌がらせを受けた」。現在六十四歳のコボウさんは、ドイツ統一後に取り戻したシュモルデの自宅で、述懐した。

「旧東独の農業集団化は二つの波があった」とポツダム現代史研究センターのアルント・バウアーケンパー研究員（東独史）は言う。

第一の波は、ソ連をモデルにした「社会主義の基礎建設」をうたった五二年七月の社会主義統一党（ＳＥＤ）第二回党協議会に基づく。しかしこの集団化は、五三年の労働者暴動「六月十七日事件」で挫折、当局は集団化を一時棚上げにした。その後、国民の生活水準も徐々に向上、五九年の逃亡者数は四九年以来最低の十四万三千九百十七人にとどまった。

しかし、一層徹底した集団化の第二の波はその年にやってきた。党内基盤を固め自信を持ったウルブリヒトＳＥＤ第一書記は、一挙に社会主義建設の完成を目指した。

「ソ連の人類初の人工衛星『スプートニク』打ち上げに象徴されるように、五〇年代後半の社会主義陣営には、社会主義的技術で何でもできるという大いなる楽観主義があった」。バウアーケンパー研究員は時代背景を説明する。「集団化の目標を達成するため、厳しい達成目標が課された専門の党員から成るアジテーショングループが組織されて村々を回った。抵抗する農民は逮捕され、名指しのビラを配られた」。五九年四八・二％だった農業集団化率は、六〇年九二・四％に跳ね上がる。

五二―五三年にシュモルデ村では四家族、六〇年には五家族が西側に逃亡した。その所有していた農地などはＬＰＧに吸収された。馬場も所有して乗馬に親しんでいたコボウさんにとって「愛馬を手放すことが一番つらかった」という。

集団化は手工業や小売業の分野でも進められた。この結果、六〇年の逃亡者数は十九万九千百八十八人だったのが、六一年七月一か月間だけで三万四百十五人、そして八月の最初の二週間だけで、四万七千四百三十三人と加速度的に上昇した。しかもその大半は青年壮年層だった。貴重な労働力の流出を放置することは、東独経済そのものを崩壊させかねなかった。

八月十三日日曜日未明、東独政府は東西ベルリン境界で交通遮断措置を取り、「壁」の建設を開始する。

壁構築により、労働力を囲い込むことに成功した東独当局は、社会主義建て直しの足がかりを得た。しかしそれは不満層や反体制派を体制内に取り込む必要が増したことも意味した。その後、東独社会は国家公安局（シュタジ）のスパイ網が張り巡らされた密告社会の様相を強めていった。

notes

スターリン・ノート

アデナウアーの拒否の理由は、中立ドイツでの共産党の影響力増大は必至と判断したこと、ソ連との関係強化は西側諸国に猜疑《さいぎ》心を呼び起こす懸念があったから――などとされている。メーラート研究員は、「スターリンの対独方針は、ドイツ統一といいながら、一方で、ドイツの非共産党系政党を弾圧するなど矛盾しており、結果的にドイツ分断を促進した」と指摘する。

ベルリンの壁

西ベルリンを、東ベルリンと周辺のブランデンブルク州から遮断するため全長百五十五キロにわたり建設された。逃亡者増大に危機感を抱くウルブリヒトが、消極的だったソ連当局を説得して、建設承認を取り付けた。建設の実質的責任者はホネッカー治安担当政治局員（後の国家評議会議長）。市民団体の調べでは、「壁」を越えようとして殺害された市民は八九年の壁崩壊までに二百三十九人に上った。

notes

東西分断 ――故郷喪失の悲しみと恨み――

奇妙な光景だった。

壮麗な大聖堂の周辺に、醜悪なコンクリートのアパート群が雑然と並び、中世の教会は雑居ビルに埋もれていた。アパートの設計者が過去の文化遺産に何の敬意も払わなかったことが一目でうかがい知れた。

「無理もない。ドイツ人の街を、ポーランド人が勝手に作り替えたのですから」。数少ないドイツ系住民のアルフォンス・ボベクさん（70）は、静かに語る。

ポーランド西端、オーデル川河口のシチェチン。バルト海に臨む旧ハンザ同盟都市は、第二次世界大戦まで北ドイツの港湾都市として栄えた。ロシア女帝エカテリーナも、この市のドイツ貴族の娘ゾフィーとして生まれた。

戦後の欧州新秩序構築の中で、最大の人的犠牲を出したのが、ドイツ、ポーランド、ソ連の国境画定だ。対独戦で二千万人の死者を出したソ連は、緩衝地帯を求め、大戦中の米英との話し合いで、対ポーランド国境をブク川まで西に移動させ、その代償として、ドイツ領のオーデル、ナイセ川以東及びシチェチンをポーランドに割譲することを提案した。

その結果、第二次大戦後にドイツは、東プロイセン（現ロシア、ポーランド領）やシレジア（現ポーランド領シロンスク）など、伝統的ドイツ領を失うことになった。またポーランドの国境も二百キロ以上、西に移動した。

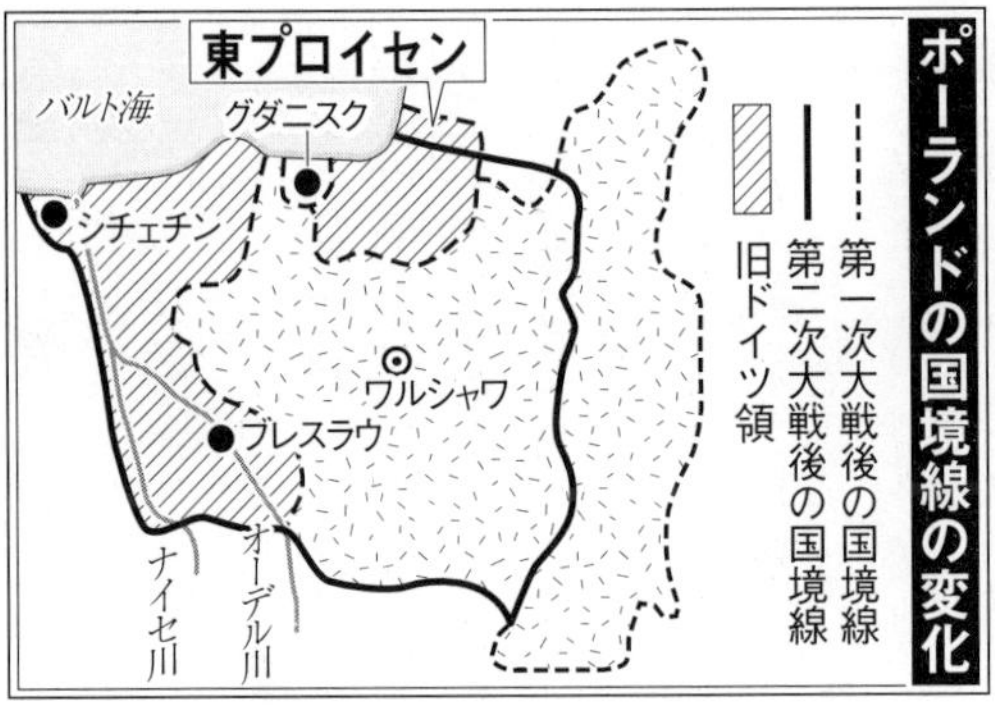

「平和」の名の下に行われた虐殺

この地図の塗り替えは、大規模な悲劇を伴った。

ドイツ政府の統計では、新国境以東の旧ドイツ領や東欧各国に住んでいたドイツ人は、終戦時一千六百五十五万人。このうち一千百七十三万人が追放され、現在のドイツ領内に逃げ込んだ。しかし、強制移住・追放の過程で、二百十万人が死亡、または行方不明となった。住み慣れた土地を追放されたドイツ人は、着のみ着のままほうり出され、移動中に、復しゅう心に燃える現地住民や赤軍兵士に、リンチ、レイプ、略奪を受けた。

英国の哲学者バートランド・ラッセルは、この事態に対し、「虐殺が平和の名のもとに起こっている」と警告したが、国際政治が東西冷戦に向かう中、「鉄のカーテン」の向こう側で進行した惨劇を国際社会は黙認した。

ドイツ名シュテッティンだった港町シチェチンからも、ドイツ人が逃げ出した。人口三十万人の九割以上が追放され、代わりに、ソ連領となった旧ポーランド領からポーランド人が大量に移り住んできた。再建を担うポーランドの新統治者たちは、なりふり構わず新住居を築き、ハンザ同盟の古都は、社会主義プロレタリアートの生活空間に変ぼうしていった。

戦後欧州では、中東欧八か国で共産政権が誕生した。これがどこまでスターリンのシナリオ通りだったかは議論が分かれるが、米国の駐ポーランド大使も務めた歴史家、トーマス・サイモン氏は「ソ連は安全保障上、ポーランドとルーマニアを共産化する意図があった」と指摘する。両国では早くからソ連人顧問が軍、治安当局を抑え、弱体だった地元共産主義者をもり立て、ドイツ人追放と反対派弾圧を同時進行させ、新国家の土台を作った。シチェチンで起こったエスニック・クレンジング（民族浄化）、新都市建設は、両国全土で繰り返され、やがて中東欧全域に浸透する。

戦後処理に伴う悲劇は日本人引き揚げ者にも起こった。だがドイツ人が失った東方領は、哲学者カント（ケーニヒスベルク）、ヒンデンブルク元独大統領（ポズナニ）らを生んだ歴史的ドイツ文化圏だっただけに、引き揚げ者の故郷喪失は深い恨みを残した。

ポーランドには八十万人のドイツ人が残ったと推計されるが、彼らが少数民族としての権利を主張し始めたのは、八九年の共産政権崩壊後だ。戦後の同化政策の中で、ドイツ語を話すボベクさんの世代は死滅しつつある。

戦後処理と東西冷戦は、一民族の遺産を乱暴に壊してしまった。

notes

ドイツの東方領

十三世紀のドイツ騎士団による東方植民以後、現在のロシアからルーマニアにかけての地域に、ドイツ人の入植が続き、今世紀まで、ドイツ語、ドイツ文化を守りつづけた。ドイツ少数民族の存在は、ナチスの東方進出の根拠となり、各国内ドイツ人もその先兵役となった。

notes

国際連合創設　――理想主義ではなく、現実政治に根ざす――

国際連合の創設（一九四五年）は、第二次大戦を通じ圧倒的な超大国にのし上がった米国の主導で進められた。その陣頭に立ったのはフランクリン・D・ルーズベルト大統領（在任三三―四五年）である。

孤立主義捨てた米が主導

四一年八月、ルーズベルトは大西洋上で英国のチャーチル首相と初会談を行い、侵略国の武装解除など戦後世界の指導原則を定めた「大西洋憲章」を発表した。これは、米国がハーディング、クーリッジ、フーバーと続いた孤立主義の政権から決別、ウッドロー・ウィルソン大統領（在任一三―二一年）以来の「国際主義」外交に再び乗り出す出発点となった。ルーズベルトはしかし、戦後世界の秩序形成のための「国際組織」にはいっさい言及しなかった。

ルーズベルトの頭にあったのは、第一次大戦後、ウィルソン大統領主唱の国際連盟が米上院の承認拒否で失敗に帰したことだ。「孤立主義の影がまだ濃い時期で、米国民の猛反発を食いかね

ホワイトハウスでの「連合国による宣言」の追加署名式に立ち会うルーズベルト大統領（着席左から２人目）（1942年６月）＝AP/WWP

ないとの懸念が大統領にあり、慎重にならざるを得なかった」と歴史家のスティーブン・シュレシンガー氏は語る。

しかし一方でルーズベルトは、後に国連憲章となる青写真作成を国務省にひそかに命じ、国務省は四一年末に立案に着手する。米国はこの年の十二月に日独と開戦、時は急を告げていた。四二年一月、枢軸国と戦う米英、ソ連、中国など二十六か国代表はワシントンで「連合国による宣言」を発表、結束維持を表明した。この時、「連合国」を表現するのに使用されたのが、現在、国際連合と訳されている「ユナイテッド・ネイションズ」だ。最初にこの言葉を思いついたのがルーズベルトだと言われる。

歴史家ロバート・ディバイン氏の著書『セカンドチャンス』によると、この言葉がひらめいたルーズベルトは同意を求めるため急いでホワイトハウスに泊まっていたチャーチル首相の部屋にかけこんだ。その時、チャーチルは風呂《ふろ》を浴びていた。四一年末のことだ。「チャーチルは素っ裸でごらんのように隠すものは何もありませんと大統領に言って同意を与えた」（シュレシンガー氏）という。

このころから、ルーズベルトには「同盟主要国である米国、英国、ソ連、中国の四大国で世界の平和を維持しようとする『四警察官構想』があった」と元国務省高官のジェームズ・サタライン氏（エール大国連研究所）は指摘する。後にフランスが加わり五大国は安全保障理事会で拒否権を持つことになるが、現在に至るまで国連が大国主導で動いてきた原型がここにあった。

拒否権構想について、シュレシンガー氏は「国際連盟は約五十か国の執行評議会（国連安保理に相当）メンバー国がすべて拒否権を持ち何事も決まらなかった。この教訓が、限られた大国だけに拒否権を付与しなければならないという米国の強い信念につながった。新しい国連は、強制力というキバを持つ必要があった」と分析する。

国務省の立案作業にあたり、ルーズベルトは二つの原則を厳守した。ひとつは立案作業に米上院の代表を入れること、いまひとつは大戦終了前に国際組織を創設することだった。「国際連盟が上院に葬られた経験があったため、特に共和党議員の取り込みが必要だった。また戦後では各国の平和創設の熱意が失われるのではと心配したため」（シュレシンガー氏）だった。

カイロ、テヘランで四三年十一月に行われた首脳会談で四大国の意見調整が行われたが、間もなく、安保理の拒否権などをめぐって米英とソ連の対立が表面化する。中東欧に対する影響力拡大を図るソ連と米英などの不信感は、同盟の衣をまといながらも次第に膨らんでいった。

最大のポイントは大国の拒否権

四四年八月から十月にかけ、ワシントン郊外ダンバートン・オークスで米英中ソの四大国代表による会議が開かれた。米国はこの席で総会、安保理、国際司法裁判所、事務局を柱とする現在の国連の枠組みを規定した提案を行った。しかし、安保理での拒否権や総会議席数をめぐりソ連と米英との対立が噴き出した。

拒否権については「拒否権保有国が紛争の当事者であった場合、その国は拒否権を行使できない」との米英提案に対しソ連が猛反発した。後に外相となるソ連首席代表、アンドレイ・グロムイコ駐米大使は「ソ連邦を構成する十五共和国すべてに総会議席を与えることを要求する」との爆弾発言を行った。ソ連邦全体の一議席を加えソ連は計十六議席を要求したことになる。

歴史家ロバート・ヒルダーブランド著『ダンバートン・オークス』は、ソ連は戦後世界での孤立化を懸念して多議席確保を狙ったと指摘する。ルーズベルトはこの要求に「マイ・ゴッド」と叫んで仰天、「外部に漏れたら国連構想自体が崩れる」と深刻な危機感を示したという。これは米外交団の間で「X事項」として極秘扱いされることになる。

会議終了後、ほぼ米国案に沿った形で新しい国際組織「国際連合」の形態が発表されたが、拒

国連発足を決めたサンフランシスコ会議（1945年４月）（AP/WWP）

否権と総会議席については首脳同士の政治決着に任されることになった。結局、ルーズベルト、チャーチル、スターリンの三首脳によるヤルタ会談（四五年二月）で①紛争当事国でも拒否権が行使できる②ソ連にはウクライナと白ロシアを加え計三議席を与える——との妥協が成立した。国連創設を決めたサンフランシスコ会議（四五年四月—六月）に米国代表団の記録係として同席したローレンス・フィンケルシュタイン氏（73）は「米ソとも大国として拒否権がどうしても必要だった。この点については基本的相違はなかった。だから妥協が成ったのだ」と言う。

もっとも、フランスを含めた五大国の拒否権については、サンフランシスコ会議で、オーストラリア、オランダ、中南米諸国などが強く反発した。ソ連も「投票だけでなく討議を行うかどうかについても拒否権が行使されるべし」と主張したが、結局、米国などの説得で譲歩することになる。元国務省高官のジェームズ・サタライン氏は「国連創設の最大ポイントは、五大国以外の加盟国が、安全保障問題で拒否権を持つ五大国の決定に従わざるを得ないことになり、自国の主権の一部を放棄することになったことだ」と指摘する。大国主導の体制がここにできあがった。

サンフランシスコ会議の雰囲気についてフィンケルシュタイン氏は「戦争終結が見えており、大いなる楽観主義に包まれていた」と述懐する。それは米国の圧倒的な力を背景にしていた。歴史家スティーブン・シュレシンガー氏によると、米国はほとんどの国の代表団と本国との電報のやりとりを盗聴しており、会議を自分のペースで運ぶことができたという。また、「米国はオーストラリアなど戦争で疲弊した多くの国にサンフランシスコ行きの軍用機まで提供した」と同氏は語る。

ルーズベルト大統領はこの会議が始まる二週間前に死去したが、大統領の理念を強く反映した国連憲章は六月二十五日に全会一致で採択された。

四四年末まで国務長官を務めたコーデル・ハルは「国連創設は真の文明社会に向け人類が築いた偉大なる一里塚」と絶賛した。しかしシュレシンガー氏は「国連は民主主義ではなく力そのものを体現した組織。だからこそ現在まで生き残れた」と言い切る。

理想主義ではなくリアルポリティック（現実政治）に根ざした国連の実態は、今もまったく変わっていない。

notes

五大国

米英ソは当初から確定していたが、ソ連は中国を加えることに難色を示した。しかし米国は、日本対策の意味合いと、白人支配に対する非白人諸国の懸念に配慮して中国の参加を主張、ソ連を説得した。国力が疲弊していたフランスは当初、「大国」とはみなされなかったが米英の後押しで四四年末に参加が確定した。

国連機構

安保理は当初、十一理事国（五大国を含む七か国の賛成で可決）で構成されたが、六五年に現在の十五理事国（可決必要数九）に改正された。サンフランシスコ会議では軍事行動には総会の同意を必要とすべきとの意見もあったが、大国に押され総会の権限は「勧告」にとどまった。国連発足時点の加盟国は五十一か国。一九九九年四月現在の加盟国数は百八十五か国。

notes

朝鮮戦争 ——冷戦の力学に飲み込まれて——

米国の朝鮮現代史研究家のブルース・カミングスは、著書『朝鮮戦争の起源』で、「五〇年六月の本格的戦争の開始は、以前から進んでいた闘争の別の手段による継続に過ぎなかった」と指摘する。「朝鮮は、（強大国による覇権争いという）朝鮮民族自身の力では動かし難い外力の渦中にあった」と、第二次大戦後の米ソ対決構図に戦争の遠因を求めている。日本の植民地から解放された朝鮮は、統一独立を願う国民の思いとは裏腹に国際社会の冷戦力学にのみ込まれていく。

一九四八年四月三日未明、韓国の最南端の島、済州島《チェジュド》で小銃と竹やりで武装した約二千人の若者たちが、山に上がったのろしを合図に、島内十一か所の警察支署を一斉に襲った。これが、一年以上にわたり警察・軍とゲリラ・島民が抗争を繰り広げ、島民三万人が虐殺されたとされる四・三済州島事件の幕開けだった。

導火線となった済州島の悲劇

韓国政府は、長年、「事件は北朝鮮の指令を受けた共産主義者らによる暴動」と規定し、軍・

朝鮮戦争勃発後に左翼シンパとして連行、銃殺された135人が合葬されている済州島サゲリの「百祖一孫墓」。4・3事件で逮捕、釈放された島民の多くが予備検束名目で連行され殺された

警察による住民虐殺の事実を闇に葬ってきた。

「発端に左派の扇動があったとしても、三十万の全島民を巻き込んだ事件の真相は、朝鮮半島を取り巻く当時の状況抜きには解明できない」。八九年以降、タブーとされた事件の真相発掘を続ける地元紙、『済民日報』の梁祚勲《ヤンジョフン》常務は語る。

四七年三月には米大統領のトルーマンが「トルーマン・ドクトリン」を発表し、対ソ連封じ込め政策を打ち出す。応じるようにソ連は九月、各国の共産党を組織し、コミンフォルムを発足させ冷戦の溝は深まっていった。十月、朝鮮独立への道筋を話し合う米ソ共同委員会は決裂。国連は四八年二月、「総選挙」を同年五月十日に設定したが、ソ連がこれに反対するや、米国は「国連監視による可能な範囲での選挙実施」をねらい、事実上三八度線以南だけでの単独選挙の準備を進めていた。

総選挙が南北分断の永久化につながるとの反発

が、住民のゲリラへの共感を高めていた。

解放後の南朝鮮地域（韓国）内での左派運動に詳しい金南植《キムナムシク》氏は、「朝鮮半島南部を反共の拠点とするための米軍政の焦りが、済州島での事態収拾を困難にした」と指摘する。

解放後の朝鮮では、全土で、自然発生的に臨時行政組織としての人民委員会が組織されたが、済州島では左派、南朝鮮労働党（南労党）が主導権を握った。そこへ、社会主義的な社会再編を嫌って北部地域から南に逃れた保守住民たちの「西北青年団」が、左翼対策として島に送り込まれ対立が激化していた。

四・三事件発生後、米軍政下にあった警察当局は、山間地に逃げ込んだ南労党のゲリラたちの討伐に乗り出すが、一般住民たちに対しても厳しい弾圧を開始する。夜間に村に下りて食料を調達するゲリラと住民を分断するため、山間地の住民を石垣で遮断した海岸部に強制移住させた。土地への執着から村にとどまる住民は「共産分子」として連行され、虐殺も行われた。十月には、済州島に派遣される軍部隊が島の対岸の麗水で反乱を起こし市内を占拠、反乱は隣の順天に飛び火する。

「総選挙を経て八月に発足した大韓民国の李承晩《イスンマン》政権が事態収拾を焦り軍を動員、山間部集落で虐殺に走るのはこのころから。政権を固めるため早急なゲリラ掃討の必要があった」と梁常務は分析する。

「四・三事件民間人犠牲者遺族会」の朴昌彧《パクチャンウク》会長（56）は、抗争が激化した同年十二月に父親を虐殺された。「山にはゲリラがいる。ふもとからは軍・警察が容赦なく攻撃する。島民たちは生きるために右往左往し、殺されていった」

済州島の悲劇は、二年後の朝鮮戦争勃発《ぼっぱつ》を予告していた。

「南の単独選挙」で大混乱

日本植民地からの解放後、北部朝鮮地域では、ソ連に後押しされた金日成《キムイルソン》を中心に、社会主義国家体制が着々と固められていったが、南部朝鮮地域では政治的混乱が続いた。米国から帰国した李承晩、中国・重慶の亡命臨時政府から帰った金九《キムグ》が右派を二分、さらに朝鮮共産党の流れをくむ南朝鮮労働党（南労党）など左派勢力も非合法活動に追い込まれながらも大衆を組織、国論は分裂していた。

国連が四八年二月に打ち出した南朝鮮単独総選挙実施の方針は、混乱に拍車をかけた。

李承晩は「南の単独政権樹立もやむなし」との立場から国連の方針を歓迎したが、同じ右派でも金九は、「南北分断を永久化する」として反対に回り、中道派の金奎植《キムギュシク》も金九に同調した。

金九らの要請に金日成が応じる形で、統一政府樹立のための南北の要人、団体代表による南北指導者連席会議が四月十九日から平壌で開かれた。

「このままでは南北は分断される。北朝鮮が統一問題をどう考えているのか。聞くだけでもと、統一独立への最後の望みをかけた」。三均主義学生同盟の一員として会議に参加した趙萬済《チョマンジェ》氏は

ソウルで行われた大韓民国の独立祝賀式典（1948年８月）

当時を振り返る。南朝鮮代表二百四十人は三八度線を越えた。

結局、会議は、南朝鮮単独選挙反対と米ソ両軍即時撤退などを決議したが、具体的な統一への道筋への合意は得られず同二十八日閉会した。

当時、平壌に駐在していたソ連軍民政司令官のニコライ・レベジェフ少将は、会議の経緯を詳細にメモに書き留めていた。メモによれば、ソ連の最大の関心事は南朝鮮の単独選挙の阻止にあった。

「金九が到着すれば問いたださねばならない。南で総選挙反対の署名運動をやっているというが事実なのか。だれが南の選挙を止められるのか。金九は南の人民たちの絶対的な信任を受けて

いるのか」（四月八日メモ）

同じく単独選挙反対とはいえ、金九らが「国連監視下で全土で選挙を実施し、三八度線を撤廃すべきだ」との主張に対し、北側は、「国連監視を排除して米ソ両軍を撤退させ、民族が自主的に全朝鮮政治委員会を組織した後の選挙実施」を譲らず、合意点を見つけることは困難だった。

趙萬済氏によれば、一行は、会議の合間に、製鉄所、大学など、北の社会視察に連れ回された。孤児院では丸々と太った子供たちを見せられ、社会主義優位の宣伝も。

金日成競技場では初めてベールを脱いだ人民軍を動員した「歓迎式」という名の査閲に立ち会った。ある部隊長は壇上の金日成に向かって叫んだ。「民族反逆者の李承晩、金九打倒」「南の右派を非難する従来のスローガンが思わず出たんでしょうが、金九を迎えていながら、これが歓迎の本質だった」（趙萬済氏）

一行は失意のうちに南に戻る。「平壌でわかったことは、北ではすでに人民委員会を中心に軍を含め社会主義国家体制ができあがっていることだった」と、趙萬済氏は当時感じた統一への絶望感を話す。

金九が率いる韓国独立党など連席会議に参加した諸政党は、残された道として五月十日の総選挙をボイコットする。選挙結果を受けて五月三十一日に発足した国会は、七月二十日、李承晩を大統領に選出。解放三周年の八月十五日、大韓民国は独立を宣言する。

一方、北朝鮮も八月二十五日に最高人民会議の総選挙を行い、九月八日に朝鮮民主主義人民共和国政府の成立を宣言。翌九日、金日成が首相に就任した。

「シカゴ・サン」の東京特派員だったマーク・ゲインは「南北の両地域にひとたび相対立する政権が樹立されれば、もはや内戦は避けがたい」（『ニッポン日記』）と四八年七月に予言している。

繰り広げられた死闘、残った憎しみ

五〇年六月二十五日未明、三八度線の全戦線で砲声が響き渡った。北朝鮮軍は、ソ連製のT34戦車部隊を先頭になだれ込み、三日で韓国の首都・ソウルを占領した。しかし、釜山を目前に、日本から急派された米第八軍主体の国連軍の抵抗に遭い、洛東江をはさんで戦線は膠着《こうちゃく》。九月十五日、米極東軍司令官マッカーサーの指揮による仁川《インチョン》上陸作戦で戦況は逆転、ソウルを奪還した国連軍は追撃戦に移った。

「尊敬するヨシフ・ビサリオノビッチ（スターリン）同志へ。敵は続けて北部朝鮮に対する攻撃を実施する模様」

九月二十九日、北朝鮮首相・金日成は、外相・朴憲永《パクホニョン》と連名で、モスクワのクレムリンに緊急の親書を送った。

「敵が三八度線以北に侵攻した場合、ソ連軍部隊の直接的出動が必要になる。もし不可能なら、中国その他の民主主義国家による国際義勇軍の組織、出動を援助願いたい」

九四年にロシア政府が韓国政府に伝達した朝鮮戦争関連の旧ソ連外交文書に、この親書も含ま

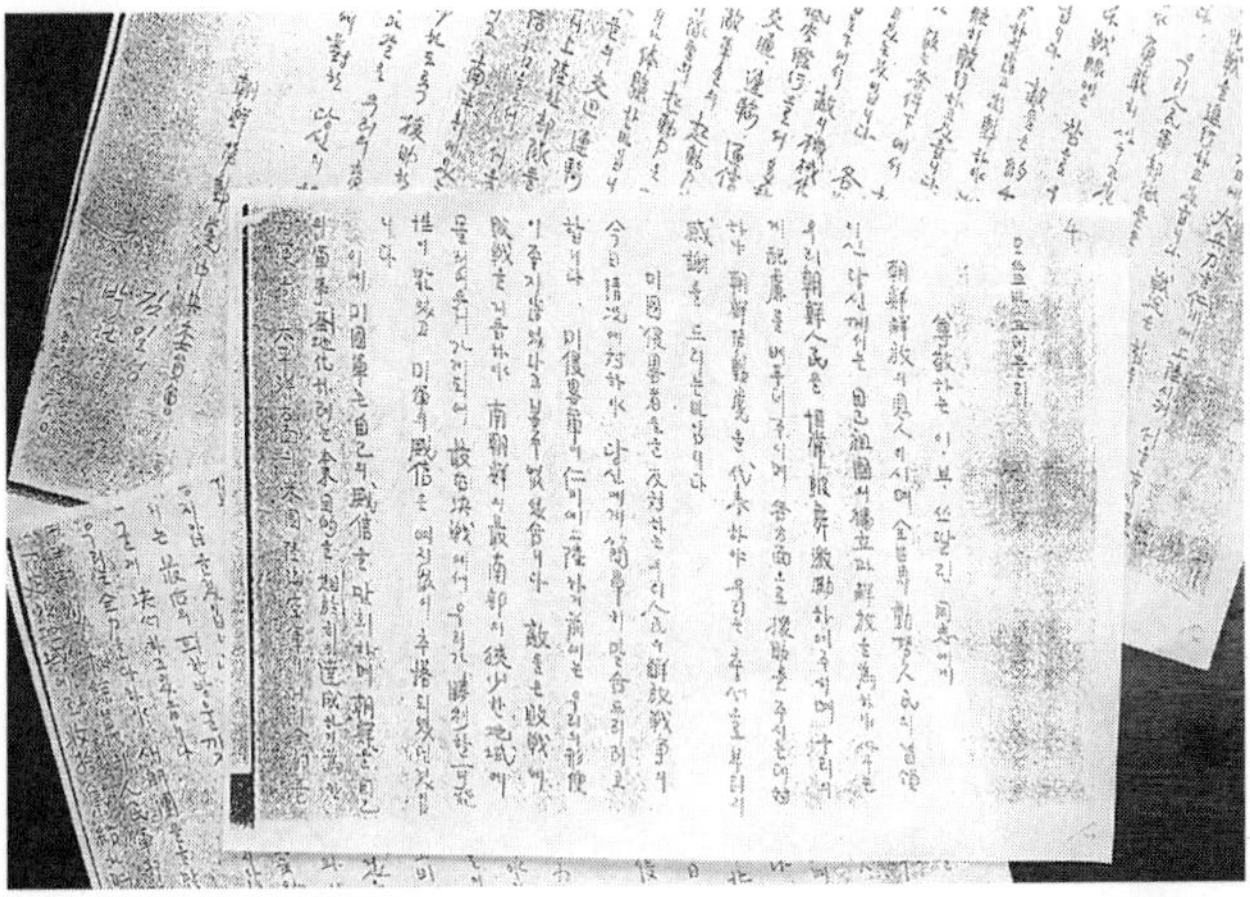

朝鮮戦争時、スターリンにあてた金日成・朴憲永連名の兵力派遣要請の親書コピー

れていた。一連の文書は、北朝鮮軍侵攻による朝鮮統一工作が四九年初頭から金日成、スターリン、毛沢東の綿密な協議の上で進められたことを物語っている。

韓国政府が公開した同文書の要約によると、金日成は、朴憲永とともに四九年三月五日、モスクワを秘密訪問、スターリンとの会談に臨んだ。「武力統一」を訴える金日成。スターリンは「攻撃は南の侵略を撃退する場合にのみ可能だ」とくぎを刺した。

韓国大統領の李承晩は当時、武力による北進統一論を唱え米国をてこずらせていた。スターリンは戦闘開始の口実を韓国軍の動きに求めていた。

同年五月、朝鮮人民軍政治局長・金一《キムイル》は北京で毛沢東と面談した（金日成から平壌駐在ソ連大使・スチコフへの報告、五月十四日）。毛沢東は「中国共産党が蒋介石の国民党を打ち破り、中国を完全支配するまで、決定的な動きを留保するように」と、北朝鮮軍の南進を「時期尚早」として思いとどまらせた。

九月には中国人民解放軍は国民党軍を台湾に追い落とし、十月一日、中華人民共和国の建国が宣言される。

「中国の統一が完了し、次は南朝鮮を解放する番だ」（五〇年一月十七日、金日成、在平壌ソ連大使館での発言）

一方、一月十二日、アチソン米国務長官は、ワシントンで「西太平洋における米国の防衛線はアリューシャン、日本、沖縄、フィリピンを結ぶ線である」と演説、台湾、韓国を防衛線からはずした。

朝鮮戦争を研究する作家の萩原遼氏は「こうした動きが中ソの決断に影響を与えた」と指摘する。

四月（日時不明）、モスクワで金日成と会談したスターリンは「国際環境は有利に変化している」として北朝鮮の武力統一路線に同意、「北朝鮮と中国が最終決定すべきだ」と、中国の決断にゆだねた。

五月十五日、毛沢東は、訪中した金日成に、軍事行動開始へのゴーサインを出す。そして付け加えた。「万一、米軍が参戦すれば、中国は兵力を派遣し北朝鮮を助けよう」

国連軍が中朝国境に迫った十月、彭徳懐を総司令官とする中国人民義勇軍十数万の大部隊が約束通り、鴨緑江をひそかに渡り北朝鮮に入る。「義勇軍」とはいえ、その主力は林彪指揮下で国共内戦を戦い抜いた中国人民解放軍の精鋭、第四野戦軍で組織された。戦争は国連軍と中国軍が激突する国際代理戦争に変容した。

「発端は、金日成の武力統一という短慮から始まった。そして冷戦構図の中で勢力図の変更を許さない米国と中ソの戦争となり、朝鮮半島の人々に国土の損傷と憎しみだけを残した」(萩原氏)

五三年七月二十七日、北朝鮮軍と中国軍、国連軍の間で休戦協定が結ばれた。膨大な犠牲を強いた戦いの末に画定された南北の分断ラインは、開戦前の北緯三八度線とほぼ変わらぬものだった。

notes

連合国の朝鮮戦後処理構想

米英中の三国は四三年のカイロ宣言で「朝鮮人民の奴隷状態に留意し、しかるべき順序を経て朝鮮を自由かつ独立のものにする決意をもつ」と確認した。四五年十二月、モスクワでの米英ソ外相会議は中国を含む四国による朝鮮の信託統治を五年間を期限に実施することを決めたが朝鮮内で賛否両論を巻き起こした。

米ソ両軍の朝鮮撤退

四七年九月、米が朝鮮問題を国連に付託し、総選挙提案を行うと、ソ連は「米ソ両軍は撤退し問題を朝鮮人民の手にゆだねるべきだ」と主張。ソ連軍は四八年末までに北朝鮮からの撤退を終えて米に圧力を加え、米軍も四九年六月、約五百人の軍事顧問団を残して韓国からの撤退を完了した。

朝鮮戦争の犠牲者数

韓国政府は、三年間の争乱による民間人を含む死者、負傷者を約三百万人と推計。このうち、韓国軍の被害だけでも、戦死十三万七千八百九十九人、米軍を中心とする国連軍は戦死五万七千九百三十三人。民間人と北朝鮮、中国軍の死者数は不明で、戦後、家族が南北に生き別れになった離散家族は一千万人に上るとされる。

notes

アフリカ独立 ――「完全なる自由」を求めて――

「私は、今もフランス人。当時もフランス人であることに誇りを持っていた。だから志願兵となった」

コンゴ共和国の首都ブラザビルの自宅で、退役軍人のジャンロベール・マタラさん（78）は、胸の勲章を見せながら力説した。フランスの地を踏んだことのないコンゴ人のマタラさんは、第二次大戦中の功績により、仏政府から三か月に一度支給される九千八百円相当の年金で暮らす。

一九四〇年六月、ドイツ軍にパリを占領された仏軍の将軍ドゴールは、植民地住民にフランス「解放」のための団結を呼びかけ、マタラさんはそれに応じて仏軍に入隊。軍の看護士として、リビア、レバノンなどを回り、仏軍兵士や植民地志願兵の手当てに奔走した。仏領アフリカからは約十万人が、フランスのために第二次大戦に参戦した。

独立後も続く仏の経済支配

こうしたアフリカ人の貢献を受けドゴールは四四年、戦後対策を話し合う会議をブラザビルで招集、植民地住民への参政権付与などが決まった。「ブラザビル会議」として知られるこの会議の決定に基づき、アフリカ各地の植民地は、戦後の選挙で仏本国の国会に議席を獲得した。人権が無視されてきた植民地住民に初めて権利が与えられ、独立への布石が打たれた。

コンゴでのドゴール人気は現在も根強い。植民地時代、「リエゾン」紙記者として活躍、独立後は文化・芸術相などを歴任したレテンベ・アンビリ氏（69）は「彼はアフリカ独立の父だ」と、ブラザビル会議でドゴールが果たした役割を称賛する。

「私はフランス人」と勲章をみせるコンゴのマタラさん

しかし、この会議は直接的には独立に結びつかなかったとする懐疑論が強い。アフリカ人への参政権、自治権付与などが決まった反面、植民地の「独立」は明確に否定された。会議はアフリカ人抜きで開催され、アンビリ氏自身「会議の内容は我々には見当も付かなかった」と振り返る。

ブラザビルにあるマリエン・ヌグアビ大学のコム・マンカサ教授

（62）は「ドゴールは、最後の最後まで、独立を許したくなかった。戦後、反植民地主義の旗手として台頭した米ソが、アフリカに影響力を及ぼすのを恐れ、米ソが手をのばす前に、植民地との関係を維持しながら独立を認めることで先手を打ったにすぎない」と強調する。

そして、仏政府の植民地政策を支えたのは、原住民にフランスへの帰属意識を植え付ける「同化政策」であり、マタラさんのような退役軍人の存在だった。アンビリ氏は「アフリカ人退役軍人は、第二次大戦を通じフランスを身近に感じ、即時独立より自分たちをフランス人として扱うことを仏政府に求めた」と語る。

事実、マタラさんは植民地時代、フランス人女性との交際が原因で仏当局に逮捕され、六か月間投獄された経験があるが、「軍では白人も黒人も同等に扱ってくれた」と、第二次大戦での植民地に対する仏政府の姿勢の変化を指摘する。戦後も年金支給など仏本国から一定の敬意が払われたため、多くの退役軍人は独立など考えなかったという。

植民地と国連信託統治領を含む仏領十四か国が、一斉に独立したのは六〇年。アフリカで計十七か国が独立し「アフリカの年」と呼ばれるこの年の独立ラッシュの背景には、仏政府に反旗を翻し、五四年に独立戦争に突入したアルジェリアの影響が大きい。アルジェリアに手を焼いた仏政府は、独立運動波及を恐れ、経済関係を保ちつつ他のアフリカ植民地に独立を与えた。その結果、フランスの経済支配が独立以後も続き、「今も独立を果たしていない」と受けとめる知識人が多い。そして、マタラさんは、繰り返すのだった。「フランスに行きたい。私はフランス国民なのだから」

豊かな隷属に「ノン」

「お母さん、『ノン』だよ。いいね」

現在、ギニア国会議員のティジャニ・シセ氏（57）は五八年九月二十八日、母アミナタさん（当時三十五歳）に何度も念を押した。この日、仏領アフリカ各地で、住民投票が行われた。争点は「フランス共同体」の一員として、仏領にとどまるか否か。この住民投票で、ギニアは仏領アフリカで唯一、「ノン」を突きつけ、独立を実現した。

当時、シセ氏を駆り立てたのは四五年、十八歳の若さで亡くなった異母兄、ナビさんの思い出だった。四歳だったシセ氏を抱き、よく散歩に出掛けたナビさんは、仏当局による強制労働で、道路建設用の採石中、山中で衰弱死した。「兄は食べ物も薬も与えられず、死んだ。その場で埋められ、何事もなかったかのように作業が続いたという」。それが植民地の実態だった。

まだ投票権のなかったシセ氏は、現在の首都コナクリの小学校に設けられた投票所前で「ノンだよ、ノンだよ」と大人たちに訴えた。晴天下、同じような子供たちが投票所に集まった。

第二次大戦後は、アフリカ人に対する仏本国への参政権付与、強制労働廃止などで、植民地の状況は改善された。だが、住民投票当日、投票所の責任者を務めたイブライマ・バー氏（61）は「ギニアは植民当初から、フランスの支配を拒否し続けてきた。ギニアには『記憶のない人々に

反仏ストで演説するトゥーレ
（1953年、ギニア写真資料館提供）

は、魂がない』という格言がある」と、植民地時代の苦い経験が、住民の心に深く刻まれていたことを強調する。

住民投票の約一か月前の八月二十五日、仏首相だったドゴールはコナクリを訪れ、「独立を選択するのは自由だが、もちろん、それ相応の結果を招くことになる」と脅した。経済的にフランスの庇護《ひご》下にあった仏領アフリカにとり、独立は死活問題。ドゴールは、アフリカが「フランス共同体」参加を拒否するとは思ってもみなかった。

しかし、ギニアでは、後に初代大統領となるセクー・トゥーレを指導者に、仏領アフリカの独立を目指すアフリカ民主連合の支部、ギニア民主党（ＰＤＧ）が設立され、独立機運が盛り上がっていた。トゥーレは、ドゴールの面前で「我々は、豊かさの中の隷属より、貧困の中の自由を選ぶ」と断言した。

住民投票は、九四％が「ノン」を投じ、ギニアは同年十月二日、独立を宣言した。シセ氏は

「町中が大騒ぎだった。太鼓を鳴らし、朝まで踊り狂った。あの日、すべてが変わった。だれも兄のような思いをしたくなかった」と振り返る。

九八年、ギニア独立に関する本を出版したコベレ・ケイタ氏（62）は、ギニアと他の仏領の違いについて「全国各地に支部を持っていたＰＤＧの啓発活動で、国民に独立意識が浸透していた。他の植民地には、全国に支部を持つ政党が存在しなかった」と指摘。元駐日大使のバンガリー・ダボ氏（64）も「ノン」を投じた一人で、「当時は、生まれる前の赤ん坊までＰＤＧ支持者といわれたほど。だれもが独立を信じた」と語る。

だが、仏政府は、ギニア独立とともに、軍事、通信施設から行政書類に至るまで、すべてを破壊し、総督府を撤退させた。独立後も、対仏関係維持を求めたトゥーレには、政権を軌道に乗せる遺産は何も残されず、政権は左傾化と独裁の道をたどる。

独立後、シセ氏は、フランス人のペンパルに「ぼくは自由になったよ。独立だ。対等になった」と、歓喜の手紙をしたためた。そして一言、返事が戻ってきた。「なぜ、こんなことを書くんだ。僕には理解できない」。そこには、ギニア人とフランス人の植民に対する越え難い価値観の差があった。以来、二人の関係は途絶えたままだ。

口火切った一発の銃声

六四年九月二十五日のモザンビークは、朝から暑かった。独立（七五年）後に国防相を務めることになる「モザンビーク解放戦線」の将軍アルベルト・シパンデ氏（59）はこの日午後九時、北部カボデルガド県のムエデ地区で、九人の「自由戦士」と共にポルトガル総督府の出張所を取り囲んだ。高い塀の向こうで、電灯に照らされた警備兵の姿が浮かび上がった。

急襲の予定時刻から二十一時間が過ぎていた。せきたてる自由戦士たちを制したシパンデ氏は、静かに腰のピストルを抜き、警備兵の頭部に弾丸を撃ち込んだ。崩れ落ちる警備兵。自由戦士が別の警備兵を射止め、手投げ弾の音が響いた。これが、十年に

モザンビーク独立戦争の口火を切ったシパンデ将軍（マプトで）

わたる独立戦争の始まりだった。

「オレは今、自由になった。もう、ポルトガル人なんかじゃない」。その時、シパンデ氏は叫んだ。この一発により、氏は「独立戦争の口火を切った男」として語り継がれ、九月二十五日は現在、祝日となっている。

アフリカ独立の歴史では、ポルトガル植民地のモザンビーク、アンゴラ、ギニアビサウで独立戦争が起こったのに対し、他の欧州植民地の多くは平和的に独立を達成した。

モザンビークの現代史家、アレクサンドリノ・ジョゼ氏（41）は、その違いの理由を「欧州の宗主国とはいえ、貧困国のポルトガルは、植民地での利権を手放したくなかった」と解説する。

当時、サラザール独裁政権下にあったポルトガルの植民地政策は、強制労働、教育権のはく奪など苛烈《かれつ》を極め、植民地住民は、ポルトガル政府が送り込んだ秘密警察の監視下で完全に支配されていた。このため、独立をめざしモザンビーク解放戦線が、六二年に隣国タンザニアで創設され、アフリカの独立を積極支援した同国のジュリアス・ニエレレ大統領の保護を受けて活動を展開した。独立闘争は、国外で端を発した。

シパンデ氏や、後にモザンビーク初代大統領となる故・サモラ・マシェルらモザンビーク解放戦線のメンバーは六三年、タンザニアの援助により、アルジェリアで軍事訓練を受ける。タンザニア帰国後も、アンゴラやナミビア、南アフリカ共和国のゲリラ部隊と共に訓練を続け、翌年九月の独立戦争勃発《ぼっぱつ》時には、わずか二十二人の自由戦士がモザンビーク内に侵入し、四隊に分かれて攻撃を決行した。

シパンデ氏は「ラジオで他のアフリカ諸国の独立のニュースを聞いたが、モザンビークでは独立の話は許されなかった。だが、私はポルトガル人ではなく、モザンビーク人。だから、タンザニアと連絡を取り合っていた長老たちと共に、秘密の行動に加わった」と闘争参加の動機を語る。

ジョゼ氏は「ポルトガル政府は、黒人に解放運動を組織する能力はないと信じていた。圧政で、住民の識字率が低く、（タンザニアを拠点とする）独立闘争が『外国人』によるものと思っていたからだ」と語る。だが、独立戦争時代、モザンビーク解放戦線は北部支配地で、現地住民の全面協力を受けていた。シパンデ氏によると、自由戦士に住居や食糧などを提供したのは、植民地政策に反対するモザンビーク人だった。

独立戦争が始まった六四年、三万五千人だったポルトガル軍の兵力は、三年後には七万人に膨れ上がった。そして、植民地に戦費をつぎ込んだ結果、ポルトガルでは政府への不満が噴出。七四年、若手将校によるクーデターでサラザール政権が崩壊すると、ポルトガルはついに植民地の放棄を決定した。

同年のギニアビサウ独立に続き、翌七五年にはモザンビーク、カボベルデ、サントメプリンシペ、アンゴラが、一斉にポルトガルからの独立を果たした。

「宗主国」も解放された

ポルトガルで七四年に起きたクーデターは、モザンビーク在住のポルトガル人に衝撃を与えた。彼らは、独立が決定的になると国外脱出を図り、七五年初頭までに十二万人のうち推定八万人がモザンビークを去った。大多数は白人政権下の南アフリカ、南ローデシア（現ジンバブエ）へ逃れた。ポルトガル本国へ帰国する者もいた。

この大脱出は、熟練技術者や知識人の「頭脳流出」を招き、モザンビークには医師は四十人しか残らなかったともいわれる。教育水準の低かった同国は、独立後の国家建設に大きな痛手を被ったが、残留して〃祝杯〃をあげたポルトガル人も少なくはなかった。
現在、首都マプトでレストランを経営するポルトガル人のジョアン・クルーシ氏（71）もその一人。ポルトガル政府から派遣された白人技師の子供として、アンゴラで生まれた同氏は「ポルトガル人でありながら、植民地で生まれたという理由だけで『二級市民』の扱いを受けた。『二級市民』は独立闘争を支持していた」と語る。「我々の活動は、地下活動だった。狩りをしては、独立戦争を戦っていたモザンビーク解放戦線の兵士に肉を与えた」

独立式典で初めて掲揚されるモザンビーク国旗（1975年６月25日、AP/WWP）

当時、「二級市民」がポルトガルを訪れ、モザンビークに戻る場合には、三、四人の保証人が必要で、本国の人間とは歴然と差別された。同氏によると、クーデター後に脱出したのは、植民地政策を支持したポルトガル人だけだという。独立は「二級市民」の独立と自由をも意味していた。

ポルトガル植民地の独立は、本国でのクーデターの結果とされる。だが、モザンビーク解放戦線の自由戦士として、北部で司令官を務めたジリオン・ミシラ氏（52）は「我々の闘争が、ポルトガルのクーデターを引き起こし、独立に結びついた」と断言する。

サラザール独裁政権下のポルトガルでは七四年までに、男性の四人に一人に相当する約百万人が植民地での独立戦争に送り込まれた。アフリカの劣悪な環境で戦闘を強いられた青年兵士の間に厭戦感《えんせん》が高まり、その結果、クーデターが起きたというのが、モザンビーク解放戦線側の歴史解釈である。ミシラ氏によると、捕虜となったポルトガル兵の大多数は、「（戦場に）来たくなかった。政府に強制された」と証言したという。

当時リスボン在住で、兵役を拒否した末、非合法だった共産党の地下組織に所属したポルトガル人のジョアキン・シルバ氏（48）もこう語る。「収入も低く、政権批判すれば逮捕されるなど、ポルトガル自体が植民地のようなものだった。このため国民の九〇%が、植民地を維持するための独立戦争には反対だった」

シルバ氏は、独立戦争で解放されたのは、むしろポルトガル人だったと主張、クルーシ氏やミシラ氏も同調する。

独立を達成したモザンビークはその後、社会主義路線をたどり、南ローデシア、南アから危険視される。両国の白人政権の支援を受けた反政府勢力「モザンビーク民族抵抗運動」（RENAMO）が、八〇年代初頭からゲリラ戦を展開。モザンビークは内戦に突入し、九二年の和平調印に続く九四年の総選挙まで、再び戦火に包まれた。

独立後もモザンビーク解放戦線の兵士として内戦を戦ったミシラ氏は「モザンビークを脱出したポルトガル人は、南ローデシア、南ア（白人政権）と組み、南部の鉱物資源の利権確保のため内戦を引き起こしたのだ。だから、我々も戦わざるを得なかった」と振り返る。社会主義路線をたどった旧ポルトガル植民地のアンゴラでも状況は同じで、内戦に突入し、東西冷戦の代理戦場となった。

独立戦争の末に手に入れた自由——しかし、アフリカ旧植民地は独立後も、外的要因に翻弄《ほんろう》され続けたのだった。

notes

同化政策

植民地のアフリカ人をフランス文化に同化させようとする植民地政策。フランス語の習得など、仏文化を理解した原住民を「同化民」と呼び、市民権などを与えて優遇する一方、同化できないアフリカ人には強制労働などを科した。「同化民」は植民地時代を通じ、わずか二千人といわれる。

フランス共同体

フランス本国と植民地の一体化、共栄圏設立のため、ドゴールが打ち出した構想だが、独立戦争に突入したアルジェリアを仏領の枠内に封じ込めるのが目的だった。第五共和制憲法の是非を問う五八年九月の住民投票で、アフリカに加盟の選択権が与えられ、ギニアのみが反対票を投じ、独立。

モザンビーク解放戦線（ＦＲＥＬＩＭＯ）

六二年六月、タンザニアのダルエスサラームで、反植民地主義を唱える三組織が統合し、国連職員のモザンビーク人、エドアルド・モンドラーネ議長を指導者に発足した。六四年、独立戦争開始時には、兵力は全体で二百五十人しかいなかった。モンドラーネ議長は六九年に暗殺された。

サラザール政権

軍事独裁下の三二年、アントニオ・サラザールが首相に就任。翌年、全体主義体制を確立した。六八年、サラザールが脳卒中で引退した後も、後継政権は植民地政策を維持。七四年の青年将校によるクーデターは、民衆が歓迎の花束をささげ、「カーネーション革命」と呼ばれる。

印パ独立　——確立した南アジアの対立構造——

南アジアで、英国は植民地支配を通じ三つの置き土産を残したといわれる。公用語としての英語、鉄道網と郵便制度だ。だが最大の〝遺産〟は英国の政策で増幅された宗教対立であることは間違いない。

英国があおった宗教対立

一九四七年八月十五日午前零時、インドは独立した。独立運動の指導者の一人であるインド国民会議派のジャワハルラル・ネール総裁（後に初代首相）は、ニューデリーの国会議事堂で「（インドは独立という）運命と出会った」と高らかに宣言し、英国のインド進出が本格化した一七五七年のプラッシーの戦いから二百年近くにわたった英国のインド支配は終焉《しゅうえん》した。

だがそれは、ヒンズー教が多数を占める独立インドと、これに対抗する形でイスラム教徒が建国した東西パキスタン（現在のパキスタンとバングラデシュ）の二つの国家の誕生を招き、現在にまで至る印パ対立の深刻な構図がここに出現した。

この種をまいたのが、ほかならぬ旧宗主国の英国だった。

一八五七年に起きた初の全インド規模の反英民族武装運動「セポイの反乱」を教訓に、英国は「分割統治」という手法を多用した。インド内の潜在的対立を扇動し、団結した反英行動を阻止するもので、中でも多数派ヒンズー教徒と少数派イスラム教徒との宗教的確執が最大限に利用された。例えば北部パンジャブ州などでは、英国総督の指導で、各宗教ごとに代表を選出する分離選挙制度が導入された。これは、各宗教集団の結束を促し、宗教間の摩擦や緊張の増大

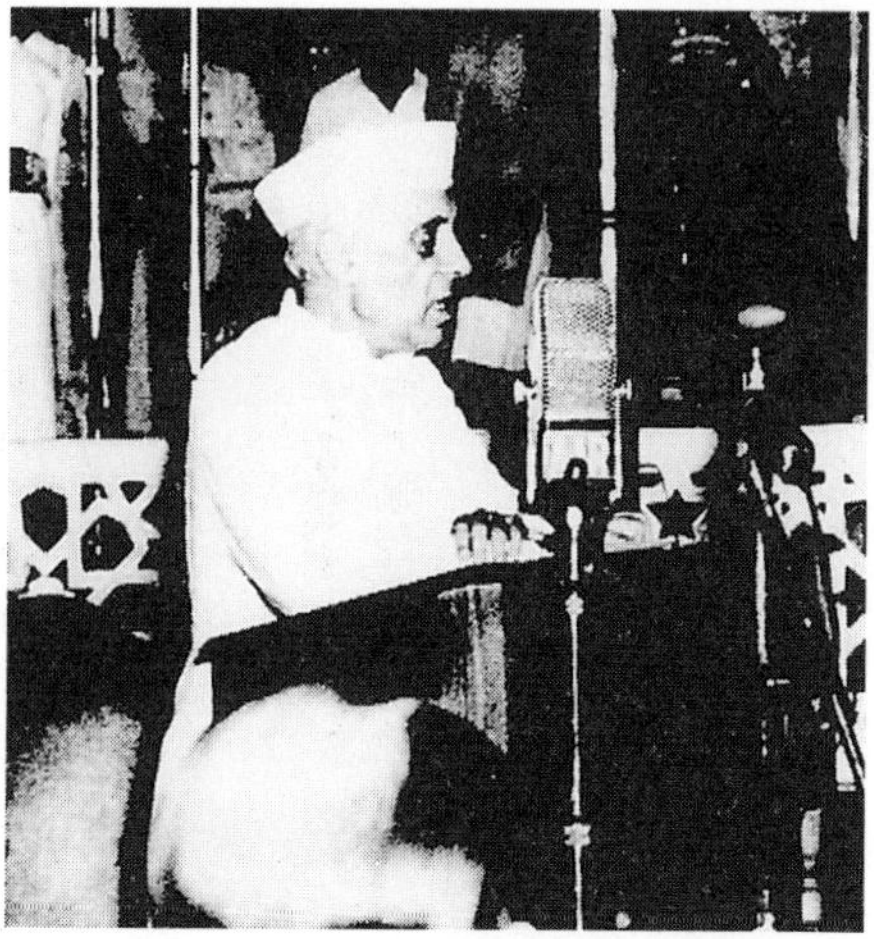
憲法制定会議で独立を宣言するネール
（1947年８月15日）（ロイター・サン）

を狙ったものだ。

一八八五年、インド国民会議派が設立され、反英民族運動の中心組織として求心力を高めると、英国は分割統治を一層強めてゆく。

国民会議派が一九〇五年のベンガル州分割反対運動で大衆的な反英運動の展開に成功すると、会議派内部で圧倒的多数を占めるヒンズー教徒が優位となることに危機感を抱いたイスラム勢力

は翌年、全印ムスリム連盟を結成。英国は会議派をけん制する目的から連盟を支援する。イスラム勢力の結集はやがて、独自のイスラム国家を建設する動きに発展。第二次大戦で会議派は英国への戦争協力を拒否したが、ムスリム連盟は英国が戦後にイスラム独立国家の建国を認めることを期待し英国支援に回った。

第二次大戦が終結し、英国が統治能力低下からインド独立を承認する姿勢を固めると、国民会議派とムスリム連盟の対立は決定的となった。インド独立の父、マハトマ・ガンジーは多様な宗教や民族を包容する単一国家の樹立を構想したが、会議派とムスリム連盟の溝は埋まらなかった。

分離独立の経緯は、現在も論争の的となっている。

四六年五月、英国は内閣使節団を送って、現在のインドとパキスタン、バングラデシュの三地方政府が統合した連邦国家の樹立を提案した。インドでは、ムスリム連盟指導者のアリ・ジンナーが「統一国家案はイスラム教徒が不利になる」との懸念から英国案を拒否、分離独立に至ったというのが定説となっていた。

だが、ネール初代首相から連なる〝ネール・ガンジー王朝〟が九一年のラジブ・ガンジー元首相の暗殺で終わりを告げると、国民会議派中心の従来の史観を見直す動きが目立ち始めた。分離独立問題も例外ではなく、最近では、強力な中央集権国家たる単一インドの建設にこだわった会議派こそが英国案を拒否し、分離独立の引き金を引いたという説が有力視され始めた。これが真相だとすると、当時ジンナーが抱いた疑念や恐怖は十分に説得力を持つ。

いずれにせよ南アジアの対立構造はここに確定した。最後までヒンズーとイスラムの融和を訴えたガンジーは、印パ独立からわずか五か月後、ヒンズー至上主義者の凶弾に倒れることになる。

血塗られた民族大移動

インドとパキスタンとの長い国境で唯一、通行が許可されている国境検問所があるインド側パンジャブ州のアタリ村。ある古老が苦しそうにうめいた。

「思い出したくないし、出来ればなかったことにしたい」

半世紀前の印パ分離独立は、宗教的対立感情に駆られたヒンズー教徒対イスラム教徒の大量殺りくという「血塗られた歴史」を抜きにしては語れない。当時を知る者には苦く暗い記憶で、今なお印パが相互不信を払拭《ふっしょく》できない遠因となっている。

最初の大規模な宗教暴動は、英領インドが印パに分離独立する前年の四六年八月十六日、東部カルカッタで起きた。口火を切ったのはイスラム教徒とされ、四日間で四千人が死亡し一万人が負傷。暴動の波は西部ボンベイや中部ビハール州など全土に飛び火し、各地で数千人規模の死者を出した。独立指導者のネールは「狂気が民衆を覆ってしまった」と嘆いたという。しかし英国は、こうした事態に軍隊派遣などの有効な治安維持策を何ら講じなかった。

だが、最大の悲劇の舞台は、印パ分離により国境線で東西に分断されたパンジャブ州だった。四七年八月に印パが独立すると、インドに住むイスラム教徒がパキスタンへ、パキスタンのヒンズー教徒はインド側へ、過去に類をみない大規模な民族大移動が行われた。事実上の強制移住で、四八年三月までに六百万人のイスラム教徒と四百五十万人のヒンズー教徒が着のみ着のままで立ち退いた。

その時、文字通りの地獄絵図が展開した。双方の難民を輸送するための貨物列車が四七年十一月までの三か月間で往復計六百七十三本運行され、二百八十万人が乗り込んだが、途中で対立宗派の難民や強盗による虐殺や略奪を受けた。アタリ駅には、死体を満載した列車が線路に血をまき散らしながら到着することもしばしばだった。牛車に家財道具を乗せ徒歩で国境を越えようとした人々も事情は同様だ。

また、理由があってインド側パンジャブ州に残ろうとしたイスラム教徒を、ヒンズー教徒が計画的に殺害・追放した。パンジャブ州アムリツァルに総本山があるヒンズー教の分派であるシーク教徒もヒンズー勢力に加わった。パキスタン側から来るヒンズー、シーク教徒の土地を確保するためだった。

一連の大移動の過程での死者数は五十万人とも百万人ともいわれるが、実態の解明は遅れている。特にインドでは、多宗教、多民族を包容する世俗国家を樹立するとの建前から、印パ独立史の〝恥部〟の直視は長らく躊躇《ちゅうちょ》されてきた。だが、宗教対立はその後も印パを苦しめてゆく。

とりわけインドでは分離独立期に多数のイスラム教徒が残留し、九二年のインド北部アヨディアでのヒンズー教徒によるイスラム教モスク（礼拝所）破壊事件など、摩擦を繰り返してきた。パンジャブ州でも八〇年代にシーク教徒による分離独立運動が活発化した。そして、印パの宗教対立の最たるものが、イスラム教徒多住地域であるカシミール地方の帰属権問題だ。印パは同地方の領有を巡り二度戦火を交えたが、解決の兆しは見えず、停戦ラインをはさみ小競り合いが続いている。

九八年三月にヒンズー至上主義のインド人民党政権が発足し、キリスト教徒襲撃など宗教を巡る緊張が再び顕在化する傾向を見せるインドでは、今日的視点から分離独立を問い直す思潮も出ている。だが、昨年五月の印パによる核実験の応酬とその後の両国の核・ミサイル開発からも明らかなように、分離独立を招いた両国の対立は、常に古くて新しい問題であり続けている。

notes

分離独立論争

印パの分離独立を巡る論議の再燃は、四六年まで国民会議派総裁を務め、インド初代文相にもなったモラナ・アザド（五八年死去）の回想録のうち、本人が公表を見合わせてきた部分が、八八年に解禁されたのが発端。国民会議派がイスラム勢力を分離独立に追いやった経緯が初めて公表され、大反響を呼んだ。

印パ国境線の画定

印パの分離独立は、四七年六月三日の英国総督提案を国民会議派とムスリム連盟が承認する形で進められ、国境線画定には英インド総督府が設置した委員会があたった。しかし現地の情勢や地理を無視した線引きが強引に進められ、イスラムまたはヒンズー教徒の多住地域が相手の領土に組み込まれる事態が多発し、独立後の混乱に拍車をかけた。

notes

イスラエル建国 ——人類最大の奇跡と悲劇——

「他民族の中で息を殺して生きてきた離散ユダヤ人が、二千年の時を超え、父祖の地にみずからの国、文化、言葉を再興したことは、歴史の範ちゅうを超えた奇跡である」。イスラエル前首相のシモン・ペレスはイスラエル建国（一九四八年五月）を、そう振り返る。だが、奇跡の前段には、人類史上最大の悲劇があった。

逃げた先も戦場だった

「66952▽（ダビデの星の一部）」。テルアビブ近郊のラマト・ガンで静かに余生を送るサラ・エーレンハルトさん（76）の左腕には、悲劇の青い刻印が今も鮮明に残る。アウシュビッツ絶滅収容所の囚人番号とユダヤ人であることを示す印。

「リンクス（左）！　レヒツ（右）！　むちを持った男に命じられるまま、私は左に、ほかの四人の少女は右へと進んだ。収容所でその四人の顔を見ることは二度となかった」。それがガス室へ送り込む「死の選別」であり、選別した男が「アウシュビッツの化け物」と呼ばれた残虐な医

“非合法移民” としてパレスチナに到着したユダヤ人たち（1947年10月、イスラエル新聞情報庁提供）。円内はエーレンハルトさん

師、ヨーゼフ・メンゲレだと知ったのは、後のことである。

サラの故国ポーランドは、三九年九月の第二次大戦勃発《ぼっぱつ》と同時に独ソ両国に分割占領され、生まれ育ったプシェミシュの町は、分断された。「私たちが住んでいたのはソ連側。快適とは言えなかったけど、死の恐怖はまだなかった」

それが四一年六月、ドイツ軍のソ連侵攻で一変する。ユダヤ人は駅裏に作られた閉鎖居住区ゲットーに押し込まれ、やがてベルゼッツ、アウシュビッツ強制収容所へと送られた。六百万近いユダヤ人の命を奪い、欧州に咲いたイディッシュ語（ドイツ語に似たユダヤ人の日常言語）文化を一瞬にして消滅させた「人種生物学による特定人間集団の抹殺」（歴史家エンツォ・トラベルソ）の始まりである。

サラは一年三か月間、収容所で軍需工場の〝歯車〟となり、生き抜いた。クラクフまで西進してきたソ連軍を前に、ドイツ軍が囚人を率いて退却を始めた四五年一月、その「死の行進」から必死で逃げ出した。だが、そのときすでに、両親、八人の兄弟姉妹、夫、そして、ゲットーの地下壕《ごう》で生んだ息子は、この世の人ではなかった。

ドイツ軍の敗走は、ユダヤ人に自由を与えたわけではなかった。ナチスに接収された故郷の家には今や、ポーランド人など戦争難民となった非ユダヤ人が住みついていた。サラは解放後、クラクフへ向かう途中、ポーランド人女性が吐き捨てた言葉を忘れない。「まあ、ヒトラーはユダヤ人を皆殺しにしなかったのね。雨の後のキノコのようにまた生えてきている」

後にユダヤ人国家建設を促す材料となる「ハリソン報告」（四五年八月、トルーマン米大統領の要請でハリソン・ピッツバーグ大学法学部長がまとめた欧州の戦争難民についての報告）も「ユダヤ人はかつての居住地へ戻ることを望んでいない。終戦以来、反ユダヤ主義が再び高まり、帰郷中のユダヤ人数百人が殺されている」と記している。

だが、パレスチナへの道は遠かった。英委任統治政府が、厳しい移民規制を続けていたからだ。「非合法」移民は、英政府がキプロス島に設けた収容施設に送られた。

サラも、終戦から一年余たった四六年六月、「非合法」で、ジェノバからパレスチナに向かった。幸運にも強制送還は免れたが、新天地で待っていたのは、パレスチナ・アラブ人のテロ、そして、アラブ諸国との全面戦争だった。

「独立戦争（第一次中東戦争・四八年五月―四九年四月）の間、私はまた軍需工場で働いた。気の毒だったのは、キプロスなどに抑留されていた人々が、建国による移民規制の完全撤廃と同時に、そのまま前線へ送られたこと。彼らの多くは身寄りもなく、名前さえ分からぬまま、戦場の露と消えた」

国連の分割決議が抗争の号砲に

「そう言えば、出撃準備中、『ラジオで、ベングリオンが独立を宣言したって言ってる』とだれかが叫んだようだった。でも、そんなことは、どうでもよかった。私たちは生きるか死ぬかの戦

国連パレスチナ分割決議の報を歓迎するテルアビブ住民（1947年11月、イスラエル新聞情報庁提供）

争の最中で喜ぶ余裕などなかった」

後にイスラエル国防軍となるユダヤ人武装組織ハガナーの突撃部隊パルマッハの女子戦闘員だったネティバ・ベンイェフダさん（70）は、ユダヤ機関議長ダビド・ベングリオンが四八年五月十四日夕、イスラエル建国を宣言した時、北部ガリラヤからシリア領内の橋を爆破する任務についていた。シリア軍の南進を防ぐためである。

欧州のキリスト教徒同士の戦争で民族絶滅の危機に瀕《ひん》したユダヤ人は、今度はパレスチナで、アラブ人の憎悪と敵意に囲まれた。建国宣言と同時に、アラブ五か国軍は、新生イスラエルに攻め込んだ。

十八歳のとき、砲丸投げで十六メートルを記録、五輪出場を夢見ていた力自慢の少女は、砲丸の代わりに二十キロのニトログリセリンを担ぎ、敵領内二十四キロ地点まで潜入しなければならなかった。

だが、ネティバは「本当の戦争は国連パレスチナ分割決議と共に始まっていた」と言う。

国連は四七年十一月二十九日、英委任統治領パレスチナを、ユダヤ人国家とアラブ人国家に分割する決議案を賛成三十三、反対十三で採択した。

欧州のユダヤ人の運命に同情的だったトルーマン大統領の米国、社会主義者が多いパレスチナのユダヤ人指導部に期待していたソ連、そして、ユダヤ人国家建設を大虐殺黙認の「償い」と考えた欧州諸国が賛成に回った（英国は棄権）。後のソ連外相アンドレイ・グロムイコはこの日、国連で「戦争（第二次大戦）でユダヤ人ほど苦しんだ民族はいない。だからこそ、彼らは自分たちの国を創《つく》ろうと努めるのであり、その権利を否定するのは不当だ」と演説した。

ユダヤ人を歓喜させたこの決議は、だが、血で血を洗う抗争の号砲になった。

パレスチナ・アラブ人による投石、刺殺、狙撃、放火が日常化し、ユダヤ人武装組織も爆弾テロで報復した。英委任統治政府の集計では、分割決議から六週間で、エルサレムだけでアラブ人千六十九人、ユダヤ人七百六十九人、英国人百二十三人が死んだ。

〝民族浄化〟も始まる。ハガナーは四八年四月、ベングリオンの指示で、テルアビブとエルサレムを結ぶ回廊沿いのアラブ人村を次々と破壊、村民多数が難民となった。これに虐殺事件が拍車をかけた。

ユダヤ人地下武装組織イルグンとシュテルン団は同月、エルサレム西部のアラブ人村デイル・ヤシンを襲い、住民を多数虐殺した。アラブ高等委員会がこれを、アラブ諸国の軍事介入を早めようと誇張して伝えたため、恐怖にかられたアラブ人が他の村々からも逃げ出した。

アラブ人とユダヤ人が混住していたエルサレムでも、脱出と住み分けが残酷に進行した。西部や南部はアラブ人集落が消えユダヤ人地区に、東部はアラブ人地区となった。

戦争は結局、生まれたばかりの弱小国イスラエルの勝利に終わった。兵力と装備における圧倒的劣勢を士気がはね返したのだと、イスラエル国民は言う。ソ連がチェコスロバキアを通じてイスラエルに武器を売却したことも、戦況を変える要因となった。

こうして「歴史の奇跡」（ペレス前首相）は完了した。だが、奇跡の犠牲となったパレスチナ・アラブ人には、半世紀たった今も「償い」はない。

イスラエルの作家アモス・オズは米誌上で、建国五十年をこう振り返っている。「ベングリオンは常々、イスラエルは最高の倫理基準に従って行動する模範国家にならなくてはいけない、と言っていた。彼自身もイスラエルも、それにはこたえられなかった」

notes

親英と反英

ユダヤ人は第二次大戦で、ソ連兵として二十万、英兵として二千五百人戦死、英委任統治下のパレスチナでも多数が英軍に志願し七百五十人以上が戦死した。一方、英政府の移民規制や二枚舌外交に反発するパレスチナのユダヤ人地下組織イルグンは対英テロを展開、さらに過激なシュテルン

団は一時、枢軸側と結ぼうとした。（数字は、マーティン・ギルバート著『イスラエル・一つの歴史』から）

キブツ

　ユダヤ人が二十世紀初頭から、ユートピア社会主義の実現を目指しパレスチナの辺境に建設した開拓村。かんがい設備や道路建設など将来の国家基盤の整備、移民の一時収容や教育に大きな役割を果たすと共に、独立戦争では最前線基地として玉砕覚悟でアラブ軍団と戦った。「イスラエル国家の最も献身的な奉仕者」（詩人ナタン・アルターマン）だった。

notes

スエズ動乱 ――不動の指導者得たエジプトの熱き闘い――

「世界銀行のブラック総裁と話しているうちに、私は目の前に座っているこの人物がフェルディナン・ド・レセップスではないかと思い始めた」

一九五六年七月二十六日夜、場所はエジプト第二の都市アレクサンドリアのマンシーア広場。ガマル・アブデル・ナセル大統領は、五万人の市民を前にした演説の途中、唐突に、スエズ運河を建設したフランス人レセップスの名前を口に出した。これが、英仏帝国主義の象徴であった「国際スエズ運河会社」の接収開始を命じる暗号だった。それは同時に、英仏イスラエル三国の軍事介入を含む約八か月にわたる長く熱いナセルの闘いの幕開けでもあった。

極秘準備、一夜で運河接収

ナセルは、この四年前に王制を打倒、エジプト革命を成功させた。「エジプト人が政治を自分の手に握り運命の主人になった」(自著『革命の哲学』)以上、スエズ運河国有化はナセルにとって当然の帰結だった。五一年にはイランのモサデク首相が石油国有化を断行、植民地支配の残滓《ざんし》

スエズ運河国有化宣言直後、アレクサンドリア市民の拍手にこたえるナセル（1956年７月）

一掃は、当時の第三世界指導者の崇高な使命でもあった。

国有化の直接的な契機は、一八六九年の運河完成時に定められた九十九年間の運営権延長問題だった。運河接収計画の立案者の一人である当時のエジプト石油公社幹部、ムハンマド・エッザト・アーデル氏（73）は言う。「会社は延長を求めたが、エジプト側にその意思がないとみるや、運河拡張も設備維持も一切しないと通告してきた。このため、我々は、運営期限切れの六八年に運河が返還されても、運河運営に困難が生じると実感した」

ナセルは五三年、商業省に運河担当局を設置、運河会社接収を念頭に極秘に調査を始めさせた。

そして、ナセルに国有化を最終決断させたのが、五六年七月二十日、米英両国が発表したアスワン・ハイダム建設資金援助撤回だ。この時期、対ソ接近を強めていたナセルへの報復措置だった。ナセルは、国有化宣言のなかで、国家建設の柱である同ダム計画に年間一億ドルの運河収入を投入するとぶちあげた。真っ向からの挑戦である。

しかし、イランで石油国有化を実施したモサデク政権が王制側の逆クーデターで崩壊したこともあり、ナセルは、慎重に事を運んだ。

「時間との戦いでした。接収総指揮を執った私の上司マハムード・ユーニス氏が大統領から計画を聞かされたのが七月二十三日。私ともう一人の同僚が上司から話を聞いたのが翌二十四日。それから不眠不休で計画を立案、接収要員計二十七人を選んだが、二十六日午前、彼らを石油公社に集めた時も『これから砂漠の極秘調査に出発する』と説明することしか許されなかった」（アーデル氏）

一行は二十六日夕、運河沿いの都市イスマイリアに到着して初めて接収計画を知らされた。ユーニス氏が「大統領は運河国有化を決定した。諸君らの手で接収を行う。もう後戻りはできない」と告げると一同は緊張で息をのんだ。

ナセル演説を合図に、イスマイリア、ポートサイド、スエズ三都市の運河会社施設が迅速に接収された。私服の英軍兵も一切抵抗できず、二十七日午前二時にすべてが終わった。「演説を聞いた国民が通りにあふれ歓喜の叫びをあげ、これが心の支えになった。理想的な無血接収だった」。アーデル氏は述懐する。

「今この瞬間にも、あなた方の兄弟、エジプトの息子たちがスエズ運河会社の接収にとりかかり、管理運営を始めている」——国有化演説をこう締めくくり、意気揚々と帰宅したナセルの笑顔を、当時十歳だった長女ホダさん（52）はいまだに忘れないという。「でも、父がすぐその場で、戦争も視野に入れ西側の出方について側近と協議していたことは後で知りました」。試練はこれからだった。

軍事介入招き5千人が犠牲に

「我々の財産と権利がわが手に戻った」——五六年七月二十七日付エジプト紙「アル・アハラム」の一面には、前夜、ナセル大統領が行ったスエズ運河国有化宣言の興奮が躍っている。運河国有化は、アジアと中東、アフリカの民族解放運動を結びつけた五五年のバンドン会議の精神を具現したものであり、ナセルは一躍アラブの英雄になった。

国有化措置には、「国際スエズ運河会社」の株主に補償金を支払う措置も盛り込まれた。しかし、英仏は石油供給の生命線スエズの突然の喪失に激怒した。それは、植民地支配を通じ築き上げた中東権益の牙城《がじょう》に刃向かうナセルへの憎悪でもあった。イーデン英首相はナセルをヒトラーになぞらえ、「エジプトには運河運営などできない。国際化が必要だ」と喧伝《けんでん》した。

運河運営への露骨な妨害工作も行われた。

「水先案内人の一部が休暇から戻らなかったので変だとは思っていたが、九月十四日、英仏は外

ポートサイドに上陸したフランス軍（1956年11月、AP/WWP）

国人の案内人百五十五人、職員三百二十六人を一斉に引き揚げさせ、さらに運河入り口のポートサイドに通常より多く船をわざと殺到させた。ハチの巣をつついたような騒ぎで、唯一残ったギリシャ人案内人と急造エジプト人スタッフが死にものぐるいで船を誘導した」（アーデル氏）

さらに妨害工作が奏功しないと判断した英仏はイスラエルを抱き込み、十月二十四日の秘密協議で対エジプト軍事作戦を計画。五日後、イスラエル軍がシナイ半島に進撃、第二次中東戦争が始まった。

イスラエル軍はエジプト軍を圧倒した。英仏は翌三十日、エジプト・イスラエル両軍に対し、運河から十六キロの距離まで撤退などの「停戦案」を出す。当然、ナセルは拒否。これを受け、英仏は同三十一日、運河航行確保を名目に対エジプト軍事行動を開始、十一月五日にはポートサイドに英軍空挺《くうてい》部隊が降下、市街戦に突入する。シナリオ通りの展開である。

だがエジプト軍は総崩れになりながらも懸命に抵抗した。「五日午後二時、ポートサイドの空はパラシュートで埋まった。塹壕《ざんごう》から機関銃を撃ちまくったが、英兵はみるみるうちに迫ってきた。塹壕を移動している時に頭を銃弾がかすり気を失った」。当時の義勇兵で、現在、ポートサイド軍事博物館ガイドを務める盲目のムハンマド・マハラーン氏（60）は、英雄伝を暗唱するかのように乱戦の模様を語る。英軍の捕虜になった際、義勇軍情報の提供を拒否したため両眼を「英兵への移植用」としてえぐりとられた。「ナセルは愛国心のシンボル。彼のためだから戦えた」

ナセルも運河に船を沈め、英仏への石油輸送ルートを遮断した。

こうしたエジプトの必死の抵抗が結果的には報われることになる。国際社会がこぞって三国を非難、エジプトを支援したのだ。中でも、大統領選を直前に控えた米国のアイゼンハワー政権が三国の軍事行動に激怒、経済制裁もちらつかせ強硬に停戦を主張したことが大きかった。米国は、冷戦下、ソ連に産油地帯中東への進出の余地を与えることは絶対に避けたかったのだ。

英仏は結局、米国の圧力の前に、同月六日、停戦に合意、十二月に撤退を余儀なくされる。撤退を渋ったイスラエルも五七年三月、シナイ半島を後にした。ナセルは勝ち、不動の指導者となった。中東では英仏の地位が失われ、米ソのせめぎ合いが本格化する。

動乱でエジプト人五千人が死んだ。動乱後、運河を迂回《うかい》するためのスーパータンカー建造も始まり、その戦略的意義は次第に薄まっていった。また、エジプトのノーベル文学賞受賞作家ナギブ・マフフーズ氏（88）は最近、「三国軍事介入を招くようなことはするべきではなかった」とナセルに批判的な発言もしている。

だが、多くのエジプト人は今も「ナセルの五六年」に胸を熱くする。「我々は自信を取り戻した」。第三代運河庁長官も務めたアーデル氏は言う。エジプトが最も輝いていた日々だった。

notes

国際スエズ運河会社

一八五八年、仏資本主導で設立され、その後、エジプト王家が財政難から所有する同社株四四%を英国に売却したことで、英仏がエジプト支配を具現する会社となった。エジプトは運河工事で十二万人の犠牲を払ったが、エジプトの利益は年間運河収入一億ドルのうちわずか三百万ドルだった。

ガマル・アブデル・ナセル

一九一八年、アレクサンドリア生まれ。青年期から反英闘争に目覚め、陸軍入りした後、自由将校団を結成。五二年革命で王制を打倒、スエズ動乱やアスワン・ハイダム建設を通じアラブ民族主義の旗手に。チトーらとともに非同盟運動の顔でもあった。ソ連の影響下、アラブ社会主義に基づく国家戦略を進めたが六七年の第三次中東戦争で惨敗。心臓発作で七〇年死去。

notes

ハンガリー動乱――砲火にねじ伏せられた市民革命――

ハンガリーの首都、ブダペストは今、好況にわいている。十年間の経済改革が結実しつつあるのだ。

市民でにぎわうコルビン映画館の入り口に、銃を持つ少年の銅像が建っている。

「この子は、十三歳で死んだ。ひどいもんだ」。銅像をなでたゲルゲイ・ポングラーツさん（67）は、涙をぼろぼろこぼした。「すまん。思い出すと我慢できなくて」。老人の感傷ではない。四十年以上前の記憶が今も鮮明なのだ。

ポングラーツさんは、一九五六年のハンガリー動乱の際、首都随一の映画館、コルビン映画館を拠点に、ソ連軍と戦ったブダペスト市民の民兵司令官だった。少年像は、動乱の記念碑だが、通行人は気に留める様子もない。

五六年は、戦後世界の枠組みに亀裂が走った年だ。アラブ民族主義が植民地宗主国を圧倒したスエズ動乱に続き、共産主義体制下のハンガリーではソ連圏離脱を求める市民革命が起こった。

ハンガリーは、戦後東欧の典型的な歩みをたどった。同国を「解放」したソ連軍は、そのまま居続け、共産化を後押しした。どの国にも誕生した「ミニ・スターリン」がここにも現れた。共産党（勤労者党）指導者、マチャーシュ・ラーコシは、秘密警察と軍を握って恐怖政治を敷いた。

だが誇り高いハンガリー人は、ソ連と共産党の支配に不満を抱き続けた。肝心のソ連で、五六年二月、フルシチョフがスターリン批判を行うと、動揺はハンガリーに

市民革命を記念する少年の銅像とポングラーツさん（伊熊幹雄撮影）

波及。七月、ラーコシが退陣、後継政権も国民の信任を得られず、情勢は急速に流動化した。

動乱の口火を切った学生デモ隊

動乱の狼煙《のろし》は学生からあがった。十月二十日、地方都市セゲドでの学生集会に触発され、二十二日、ブダペスト工科大学の学生は、ソ連軍撤退、複数政党制など十六項目の民主化要求を採択し、デモ行進を始めた。デモ隊はこの要求を放送しようとラジオ局に押し寄せ、治安警察と衝突。

警察の発砲でデモは暴動化、新たに労働者、学生が加わり市民革命に発展する。

当時ブダペストから八十キロ離れた農場で働いていたポングラーツさんは、学生と軍の衝突をラジオで聞き、抵抗参加を即決。ヒッチハイクで首都に着き、コルビン映画館の戦闘に加わった。「二十四日未明に着き、すぐ火炎瓶、銃を持った。無我夢中だった」。勇敢で機転のきくポングラーツさんは、即席市民軍の指導者に選ばれた。

群衆の怒りに圧倒された共産党は二十四日、改革派のイムレ・ナジを首相に起用した。この後は、ナジ首相の改革政治と武装ほう起が同時進行する。二十八日までにソ連軍は一時撤退を開始、ナジ首相は三十日、複数政党制復活を公約、民主化に踏み出した。

だが栄光と平穏は一瞬だった。十一月一日、再びソ連軍が来襲する。二日未明、コルビン映画館に大砲のごう音が響き猛烈な白兵戦が始まった。

結局市民の抵抗は十日まで続いたが、各地で相次いで力尽き、ポングラーツさんも「もはやこれまで」と覚悟、市民軍は崩壊した。

軍事介入の衝撃は強烈だった。西側はスエズ動乱に追われハンガリー事件に対処出来なかったが、共産圏盟主のソ連は、国益防衛のためには何でもやることを内外に示し、欧州の東西分断は固定化される。西側左翼には、ソ連への幻滅から、「反スターリン」のトロツキズムが急速に広がっていった。

当事国の犠牲は大きかった。公式統計の死者は三千人以上、その後の処刑者はナジ首相も含め二千人。国外脱出者は、事件後一か月間で十八万人に及んだ。ポングラーツさん一家もウィーン経由で米国にわたった。ポングラーツさんが再び祖国に戻るのは、共産党政権崩壊後の九〇年だった。

notes

カダールの政治

ナジと共に改革政治を担うと見られたカダールは、市民革命の最中、ソ連のアンドロポフ大使（後にソ連共産党書記長）と謀って首都を逃亡し、軍事介入後の受け皿政権を準備した。当初はソ連の手先として憎まれたが、カダール政権は八八年に退陣するまで漸進的改革を進めた。ソ連圏で最も自由度の高い経済体制は、地元特産料理にちなんで「グーラッシュ共産主義」と呼ばれた。

notes

プラハの春 ——30年後へ「改革」の種子残す——

「ぼくはロシア語が出来るから、ソ連軍参謀本部にでも雇ってもらうが、君はへただから失業するよ」

「そうですね、考えなくてはいけませんね」

一九六八年一月五日。チェコスロバキア共産党第一書記に改革派のアレクサンデル・ドプチェクが就任した日、後に党幹部となるズデニク・ムリナーシは、こんな電話をかけた。相手はプラハのカレル大学法学部助手、ペトル・ピトハルトさん。当時二十八歳。

「冗談めかしていたが、彼にはドプチェク就任で、国がどうなっていくか、ソ連がどう対応するかが、あの時点で分かっていたのだろう」。現在チェコ上院副議長であるピトハルトさんは、回想する。

「優等生」が味わった挫折

ハンガリーの市民革命がソ連軍に押しつぶされて十二年。東欧は再び危機の季節を迎えた。今

プラハに侵入したソ連軍戦車の前でチェコ国旗を持ち抗議をする青年（1968年８月、AP/WWP）。円内はピトハルト氏

回の震源地は、東独と並びソ連圏の「優等生」であるチェコスロバキアだった。危機の原因は、「優等生からの脱落」だった。

東独とチェコは、戦前からの産業基盤や労働力のおかげで、ソ連圏随一の工業力を誇っていた。だが戦後二十年以上経て、日米や西欧で進んだ技術革新から全く取り残され〝貯金〟も底をつく。チェコ国内では、まず経済学者が危機に目覚め、後に副首相になるオタ・シクらが、統制経済緩和を唱えた。東西緊張緩和で西側を旅行した知識人たちは、西欧の進歩に接し、自らの停滞ぶりにがく然とした。

改革機運の中で誕生したドプチェク政権は、鬱積《うっせき》した知識人、国民に押されて経済改革に着手する。

ほどなくチェコ知識人たちは、後にゴルバチョフ・ソ連共産党書記長が達したのと同じ結論に到達する。「政治改革（自由化）なくして、経済改革は進まない」。六月末、ピトハルトさんら改革派知識人は、自由と民主主義導入を求めた「二千語宣言」を発表。チェコの改革は「人間の顔をした社会主義」「プラハの春」として国際的に知られた。

しかしプラハの熱狂をよそに、ソ連では着々と自由化圧殺が計画されていた。

今日のチェコ研究者は、すでに六八年春の時点で侵攻計画があったとしている。そうなるとソ連とチェコ指導部との一連の交渉は、ソ連がチェコに改心を求め威嚇しつづけた過程と見ることが出来る。まず六月末から国境周辺でワルシャワ条約機構軍の演習が断続的に行われ、七月にチェコを除く同機構首脳会談、七月二十九日からチェコ・ソ連両国首脳会談、さらに八月三日の同機構首脳会談と続く。

八月二十日のソ連侵攻まで、サスペンス映画のようにクライマックスに近付いていった。だがピトハルトさんは、「自分を含め、最後まで国民は（ソ連侵攻に）半信半疑だった」と言う。

終幕はあっけなかった。二十日夜、ワルシャワ条約五か国軍六十二万が各方面からチェコに侵入、一夜で全土を制圧した。ハンガリー事件と異なり、市民の抵抗は少なかった。市内にいた米人記者、アラン・レビさんはプラハ占拠の一報を、米国の知人からの電話で知ったと後に記した。それほど静かな軍事介入だった。戦車とともに改革も終わる。改革政治は崩壊し、ドプチェクは「敗戦処理」の後、六九年四月、フサークに交代させられる。ムリナーシは後に亡命した。

だが「プラハの春」の精神は、約三十年後にソ連で生き返る。ムリナーシとモスクワ大学時代に親友だったミハイル・ゴルバチョフが、「ペレストロイカ」を始めるのだ。「自由化圧殺」を命じられたフサークは、今度は改革の東風を一身に浴びることになる。

それまでチェコスロバキアは、暗く長い冬を送る。ピトハルトさんは、数多くの知識人同様、大学の職を失い、三十年近く社会の局外者として過ごした。

notes

ビロード革命

八九年、中東欧全域で共産党政権が相次いで崩壊するなか、チェコスロバキアでも、市民の大規模デモで共産党政権が退陣、劇作家の反体制知識人、バツラフ・ハベル氏率いる新政権が誕生した。平和で無血の革命は、肌触りのよいビロードに例えられたが、市民が、近隣諸国の革命成功を見届けた上で行動したことも、慎重な国民性を物語っている。

notes

キューバ危機 ——核戦争に最も近づいた日——

一九六二年十月二十七日午前十時、米国のU2偵察機がキューバ東部バネスで、ソ連の地対空ミサイルによって撃墜、パイロットは死亡した。

ソ連核ミサイルのキューバ配備を米国が察知した同月十六日から始まる「世界を震撼《しんかん》させた十三日間」のなかでも、核戦争の危機が一気に高まった一瞬である。寝耳に水のソ連最高指導者、フルシチョフ共産党第一書記兼首相は激怒した。ミサイル発射が現地派遣軍の独断だったからだ。

全面戦争の危機、瀬戸際で回避

ミサイル発射の状況を、キューバ軍術科学校の元歴史教官、トマス・ディエス氏らの研究から再現してみる。

キューバのフィデル・カストロ首相は二十六日朝、高射砲部隊に、「二十七日以降、低空飛行する米偵察機を攻撃せよ」と命じた。米偵察機の領空侵犯が急増、キューバ側は米軍の攻撃の前兆とみていた。カストロ首相は「米帝国主義者の攻撃が二十四時間から七十二時間の間に起こりうる。占領のため侵略してきた場合、ソ連は、帝国主義者に核戦争の第一撃を許してはならない」との緊急電報を二十六日、モスクワに送った。フルシチョフ第一書記は、これを「先制核攻撃」要求と解釈し、青ざめた。

カストロ首相は同日午後、ソ連のキューバ派遣軍司令部を訪れ、雄弁をふるった。司令官が各部隊指揮官を一人ずつ呼ぶと、それぞれ直立不動で戦闘準備完了を言明、ソ連軍将兵も覚悟を決めた。

中距離核ミサイルのサイロ残がい（キューバ・ピナールデルリオ州、手前はディエス氏。藤原善晴撮影）

派遣軍司令官は深夜、「これ以上米国の偵察を許せば、戦いが不利になるので攻撃する」とモスクワに打電。翌朝、キューバ軍高射砲部隊は砲撃を開始、モスクワからの反応を待たず、派遣軍の対空ミサイルも火を噴いた。「緊張の中、両国将兵に一体感が生じ、キューバ軍の砲撃開始にソ連軍も自然に加わった」とディエス氏はみる。

偵察機撃墜の報に、米国のケネディ大統領の側近らは「クレムリンの指示」とみて、キューバのソ連地対空ミサイル基地への報復攻撃を迫った。ケネディ大統領は「明日も偵察機が攻撃されたら爆撃しよう」と踏みとどまった。

秘密接触で米国は、トルコに配備する核ミサイル撤去を交換条件に提示。フルシチョフ第一書記はワシントン時間二十八日朝、「攻撃兵器撤去」を発表、危機は瀬戸際で回避された。

情報不足による疑心暗鬼や海外派遣軍独走などで全面核戦争の危機に陥った二つの超大国は、以後、共存の道を探り始める。翌六三年、首脳間のホットラインを設置、部分的核実験停止条約を結んだ。

他方、危機の舞台キューバは、米ソによる頭越しの解決に深く傷ついた。米国とキューバにホットラインなどはできず不信感だけが深まった。

当時、東部の共産党・軍の指導にあたっていたホルへ・リスケ共産党中央委員（国防相顧問）は「米偵察機撃墜で大喜びした」が、翌日、「納得できない解決方法に愕然《がくぜん》とした」と回想する。

カストロ首相は、危機解決のため、米国に、グアンタナモ基地返還、経済制裁や破壊工作、領空侵犯の停止など五項目を提示したが無視された。

リスケ氏は、「キューバがソ連の核ミサイルを受け入れたのは、米国から追い詰められ、侵略を確信していたからだ」と言う。ケネディ大統領は六一年十一月、カストロ政権転覆のための「マングース作戦」を承認した。作戦は六二年十月に内乱を誘発、米正規軍も投入する計画だったが、キューバ危機後、秘密裏に実行中止が決まった。

ケネディ大統領がキューバ危機対処のため側近と行った会議「エクスコム」の録音内容が最近、機密指定解除になった。しかし、七分間分は解除対象から除外されている。リスケ氏は「そこでは、米国の対キューバ工作の最も深い闇《やみ》、カストロ首相の暗殺が語られているとしか考えられない」とさえ言う。

大国に翻弄され続けた歴史

「我々は、好んでミサイル（配備）を受け入れたわけではなかった。ミサイル自体が引き起こす危険ではなく、キューバがソ連の軍事基地化したと（他の中南米諸国に）映るのを恐れたからだ。政治的代価は高くついた」

キューバのカストロ国家評議会議長は九二年一月、キューバ危機三十周年を記念したハバナでの国際会議の席上、こう振り返った。

ケネディ大統領は六二年十月二十二日、「ソ連がキューバに中距離核ミサイルを配備しようとしている」として、対キューバ海上封鎖を発表。支持取り付けのため、中南米諸国も加盟する米州機構の特別理事会を要請した。

翌朝の理事会では、ミサイル撤去のため必要な措置を求める米国提出の決議案が、ウルグアイ（棄権）を除き、ほぼ全会一致で支持された。キューバはその前月、同機構から追放されており、

カバニャス要塞近くに野外展示されているキューバ危機当時と同型のミサイル

この決議で中南米の一員を自負するカストロ首相(当時)は再び挫折感を味わった。

カストロ首相はミサイル配備を事前予告したいと考えていたが、フルシチョフ第一書記の「米国の妨害を避けるため配備後の十一月に発表する」との案に押し切られた。これもキューバのイメージを落とした。

当時、ソ連は米国に比べ核戦力で劣勢だった。ミサイル配備は、キューバ防衛だけでなく、米本土近くに核兵器を配備することにより核戦略で優位に立つ狙いもあった。カストロ首相は、「ソ連の手先」とみなされる危険を承知で配備を受け入れたが、ソ連は結局、キューバに相談もなく米国と撤収に合意した。

ハバナ港入り口に、スペイン植民地時代の要衝、モロ、カバニャス両要塞《ようさい》がある。そのわきの軍施設に、危機当時、配備されたものと同型の中距離核ミサイル、戦術核ミサイルなどが野外展示されている。

一八九五年のキューバ独立反乱では、三年後に米国が介入してスペイン軍を撃破、独立軍の頭越しにスペインと条約を結び、キューバ独立が決まった。米国はキューバ東部にグアンタナモ海軍基地を租借、島を半植民地化した。ミサイル見学に同行した歴史家、トマス・ディエス氏は「ここには大国間の勝手な取引に翻弄《ほんろう》されたキューバの歴史がある」と指摘する。

当時、キューバ国連大使としてニューヨークにいたカルロス・レチューガ氏は「米国の強硬な反対で、(危機回避の)米ソ交渉に一切参加を許されなかった」と憤慨する。が、「米国のキューバ無視の姿勢を変える可能性を含んだ秘密接触が、危機翌年の九月にあった」と話しはじめた。

接触相手は、キューバ通の元ジャーナリストでアフリカ駐在の米大使。米中央情報局(CIA)主導の対キューバ強硬政策に疑問を持ったケネディ大統領側近の意を受けていた。十一月には、この大使の友人の仏ジャーナリストが、ケネディからの関係改善に向けた口頭メッセージを託されてキューバ入りした。しかし、保養地バラデロでカストロ首相に伝達中、ラジオがケネディ暗殺を伝えた。関係正常化の希望が消えた瞬間だ。米国の対キューバ政策はその後、反カストロ派亡命キューバ人のロビー活動強化などで硬直していく。

◇

ソ連崩壊三か月前の九一年九月、ゴルバチョフ大統領はベーカー米国務長官と記者会見、キューバ駐留ソ連軍一万一千人の撤退方針を発表した。キューバは「事前協議がなかった」と抗議、交換に米軍グアンタナモ基地返還を求めたが無駄だった。駐留ソ連軍は、キューバ危機当時の派遣軍の一部で、対米抑止目的で残留していた。キューバはまたもカヤの外で苦杯をなめねばならなかった。

notes

キューバ派遣軍

六二年七月から、十月二十二日のケネディ大統領の対キューバ海上封鎖宣言までに、ソ連兵は四万千九百二人（米国側推定約一万人）が派遣された。中距離ミサイル用核弾頭や侵攻軍に応戦する戦術核もソ連からキューバに届いていた。約十万人の上陸部隊を用意していた米軍が侵攻していれば、ほぼ確実に核戦争に発展していた。

ケネディと侵攻政策

ケネディ政権下の六一年四月、ＣＩＡが組織した亡命キューバ人部隊千五百人がキューバ侵攻したが大敗。さらに同政権は、カストロ政権転覆を狙ったマングース作戦を立案したがキューバ危機直後に中止した。キューバでは作戦の不首尾に加え、ケネディ政権の対キューバ秘密接触などに反発したＣＩＡ関係者や亡命キューバ人がケネディ暗殺に関与したとの見方さえある。

notes

ベトナム戦争　――死者300万人、20世紀最長の戦争――

ベトナム戦争は二十世紀で最も長い戦争だったといわれる。ベトナム政府によれば、二十一年間の戦争での死者約三百万人、負傷者二百六十万人。米軍機が投下した枯れ葉剤で現在も約二百万人が後遺症に苦しむという。米軍もまた死者五万八千人を出した。

戦争は回避できなかったのか。北ベトナム（当時）の元外務省米対策局長チャン・クアン・コ氏（71）は「その機会はあった」と言う。

回避のチャンスあった

最初の機会は第二次大戦直後。この時、ホー・チ・ミン率いるベトナム民主共和国は、国連と米国に、旧植民地を信託統治下に置き将来的に独立を認めるという戦後処理原則をベトナムにも適用するよう書簡で求めた。

米国は、戦後のフランスの植民地復帰に反対しており、ハノイは民主主義国家・米国に強い期待を抱いた。しかし、期待は失望に終わる。冷戦深刻化で、トルーマン米政権は東南アジアでの

1954年5月、ジュネーブ会議出席のためスイス入りしたベトナム民主共和国のファン・バン・ドン外相（左）（AP/WWP）

ソ連の影響力伸長を抑えるため、五〇年、仏への支援を決める。この決定がなければ後の米越対決はなかった、とコ氏は考える。

コ氏の指摘する二番目の機会は、五四年のジュネーブ協定だ。協定は五大国とインドシナの代表らが参加、五六年の南北統一選挙実施と、北緯一七度線での軍事境界線設置で合意した。ディエンビエンフーで仏軍を破る歴史的勝利を収めたばかりのハノイだが、当初提案から大きく譲歩して合意を成立させた。交渉決裂による米国の軍事介入を恐れたためだ。同じ理由で中ソもハノイに圧力をかけた。

だが、南北統一選挙は、米国が支援する南のゴ・ジン・ジェム政権に阻止される。米国は、選挙を実施すれば「住民の八〇%が共産主義者に投票する」と考えていたからだ。共産主義政権誕生は、他の東南アジアの親米政権の動揺を招きかねず、米国は容認できなかった。頼みのソ連までが五八年、国連への南北同時加盟を提案、南北分断の固定化を容認する。「戦争が我々に与えた最大の教訓は独立独行だ」とコ氏は語る。冷戦下、大国のはざまで得た苦い教訓だった。

一方、当時北ベトナム外務省で重要会談の通訳を務めたルー・ドアン・フイン氏（69）は戦闘拡大を阻止する機会があったと指摘する。それは六二年のラオス中立化後に浮上した南ベトナム中立化構想だ。

「ラオス中立化は、東南アジア共産化を恐れる米国が初めて示した大きな譲歩。ケネディ政権誕生を受けた変化でもあり、我々はいずれ南ベトナムも、と期待した」

だが当時、米国はこの構想をまともに取り上げなかった。中立化構想は、米が手を引けば、北がすぐに共産化を始めると信じていたのだ。だが、「ハノイにとって、大規模な戦争を回避し、政治的、経済的影響力を残せる受け入れ可能な構想だった」とフイン氏はその実現性を指摘する。

構想実現の試みといえるのが、ラオス中立化協定調印前日の七月二十二日にジュネーブで開かれた北ベトナムと米国との秘密会談だ。出席者は、ウン・バン・キエム北ベトナム外相と米ベテラン外交官、アベレール・ハリマン氏。

「ハリマンは余裕ある態度で相手をくつろがせる人物だったが、こちらは敵地にいる思いでカチカチに緊張していた」。当時フイン氏は通訳としてその場にいた。

会談は、中立協定の合意事項の「外国軍撤退」に関する応酬に終始した。フイン氏は「外相がすべきだったのは、南ベトナム中立化への真剣な姿勢を米国に伝えることだった。それは党指導部の意向でもあったはずだが、外相には党政治局からの説明もなかった。素人外交のなせるわざだ」と、反省をこめて残念がった。

マクナマラ元米国防長官らが九七年、ハノイで当時の北ベトナム高官と対話を行い、戦争拡大への過程を双方が検証、大きな反響を呼んだ。これを契機にベトナムでも戦争史再検討の機運が高まっており、フイン氏の自省もその一部といえそうだ。

政変操った「北のスパイ」

「むごい死に方にショックを受けた。（暗殺は）米国に大きな責任がある」

米国が支援する南ベトナムのゴ・ジン・ジェム大統領が反乱軍に殺害された直後の六三年十一月四日、ケネディ大統領は顔面蒼白《そうはく》で語った。当時の米国防長官マクナマラは回顧録で「これほど動揺した大統領を見たことがない」と振り返っている。ケネディ本人も二十日とたたぬうちに暗殺される。

首相、大統領として約十年間も南ベトナムを支配したジェムの暗殺は、サイゴンに権力の空白と無秩序を生んだ。これを転機に、支援の受け皿を失った米国は泥沼の介入に引きずり込まれていく。この暗殺をはじめ、六〇年代に相次いだクーデターの背後に、南の軍の内部で「北のスパイ」として暗躍した男がいた。南ベトナム解放民族戦線の秘密要員、ファン・ゴク・タオ大佐だ。

今年一月、「サイゴン解放」紙（ホーチミン市党委発行）は、タオ特集を掲載した。それによれば、タオは三つのクーデターを相次いで策動したという。ホーチミン市の公式出版物もタオを「三百年に一人の人物」と絶賛する。

タオは南部の富裕なカトリック家庭に生まれ、中部フエの大学を卒業後、抗仏・抗米地下活動に加わる。五四年のジュネーブ協定後も南に残るが、秘密警察の追跡から逃亡。その後、家族がジェムの兄のゴ・ジン・トック司教に取りなしを頼み軍に入る。

“北のスパイ”だったタオ大佐（左のサングラスの人物、1965年2月撮影）（AP/WWP）

タオは六〇年のジェム政権に対するクーデター未遂でジェムを助け信頼を得て、六一年にサイゴン南方のベンチェ省長に任ぜられる。現在、ベトナム祖国戦線幹部会員のチャン・ドン・フォン氏（56）は、学生活動家として逮捕された際、タオと出会った。

「一週間ひどい拷問を受けた後、省長が面会に来た。それがタオだ。我々学生一人一人の出身地、氏名、健康状態を尋ね、去り際に、『君は若い。もっと勉強しなければ革命家としての使命は全うできないよ』と私にささやいた。私は、タオが傀儡《かいらい》政権の手先と思っていたので仰天した」

タオの長兄トゥアンは高名な弁護士で南部抵抗委員会副議長。ジュネーブ協定後ハノイに移り初代東独大使に就任した。こうした背景を持ちながら、タオが猜疑《さいぎ》心の強いジェムに接近できた一因は人物的魅力にもあるようだ。

臨時革命政府法相で、後にフランスに亡命したチュオン・ニュ・タン氏は、著書の中で「動きが早く、穏やかな調子でしかもユーモアにあふれ、人を引き付けるどんぐり眼の持ち主」と評している。

ただ、タオが関与したといわれる反ジェム・クーデターの指令は北ベトナムからは出ていなかった。当時、北ベトナム外務省のルー・ドアン・フイン氏(69)は「ジェム政権の過酷な民衆弾圧が継続し、米国が支援する政権が正当性を失うことは北の望むところだった。クーデターは恐らく、統一後の昇進を狙ったタオの野心によるものだろう」と語る。

タオは、六五年、当時実権を握っていたカーン将軍に対するクーデターを企て、その混乱の中で軍に逮捕され、拷問の末殺害されたといわれる。タオは最後まで正体を明かさなかった。終戦後の七七年、遺体はホーチミン市の「英雄の墓」に埋葬された。

ただし、現在のベトナムでは、タオに対して肯定的な評価ばかりではない。ハノイの人民軍歴史研究所のグエン・バン・ミン戦史局長は「傀儡政権の軍人に過ぎない」と切り捨てる。ベトナムでの戦史研究は、派閥抗争や南北対立などの要素も絡み、統一見解が出せない例も多い。タオ評価も、その一例だ。

長兄トゥアンはベトナム戦争後、パリに移り、なぜか外務省とは没交渉だ。「人事が不満だったようだ」とかつての同僚たちは言う。タオの妻は現在ワシントンに住む。祖国の統一を夢見たタオの家族は世界に離散してしまった。

南北和解　険しい道のり

米国の本格的軍事介入を避けるため、北ベトナムの労働党（現共産党）は当初、南ベトナムでの党員の武装闘争を容認しなかった。だが南北統一選挙実施が絶望的となるにつれ、南ベトナム政府の弾圧に苦しむ南部の党員の突き上げが激しくなり、五九年の党中央委総会で南ベトナムの武力闘争に方針を転ずる。そして翌年、南ベトナム解放民族戦線が結成される。「南の一般民衆が自らを解放する形を取れば、米国に介入の口実を与えないで済む」との判断だが、実際にはその幹部の多くが労働党員だった。

チャン・バク・ダン氏（72）もその一人だった。労働党のサイゴン・ザーディン地区党書記で解放戦線幹部。詩人でもあるダン氏は、サイゴンの知識人を動員、解放戦線の支持層拡大に貢献した。

北の労働党との連絡のためにさまざまな方法が編み出された。「勤務先の新聞社の記事に合言葉を掲載して仲間に指令を伝えたり、特殊なインクを使って一見白紙に見えるメモを伝令に渡し

サイゴン陥落直後、大統領官邸に入る臨時
革命政府軍戦車（1975年5月）（AP/WWP）

たりした」

ダン氏は、戦争の分水嶺《ぶんすいれい》となった六八年のテト攻勢でも、担当地域で作戦実施責任者を務めた。「味方に大きな人的損害を出したが、米国の戦争継続の意思をくじく転機になった」と振り返る。

だが、これほど功績のあったダン氏だが、戦争終結後、名誉職以外の地位を与えられていない。八〇年代、フランスに亡命した元臨時革命政府法相のチュオン・ニュ・タン氏は著書で、ダン氏がイデオロギー上の問題発言で「同年代で最も輝かしい経歴を棒に振った」とし、さらにダン氏が南部出身であった点も冷遇の一因だと指摘している。

そして迎えた七五年四月のサイゴン解放の日。「市民は食料を戦車に投げて歓迎してくれた」。人民軍の従軍記者としてサイゴン入りした人民軍歴史研究所のグエン・バン・ミン戦史局長の目に映った光景だ。沿道の市民は熱狂していた。だが、南ベトナム政府に仕えていた人々は、複雑な気持ちだった。

タン氏の著書によると、解放の翌月、労働党南部委員会と臨時革命政府は、南ベトナム政府関係者らに最長三十日の再教育を命じた。だが、タン氏の兄弟を含め多くの人々が一年たっても帰らなかった。

厭戦《えんせん》的な歌を作るとして南ベトナム政府ににらまれた人気作曲家のチン・コン・ソンさん(60)までが再教育キャンプに送られる。ソンさんによると、七五年末から七七年までの中部クアンチ省の奥地でのキャンプ生活は、政治教育もなく、農作物栽培作業のほかは、時に村人と川で水浴に興じる牧歌的なものだったという。それでも国内メディアにとり、彼のキャンプ生活に触れるのは今でもタブーだ。

キャンプ生活後に国会議員に当選、南北の和解の象徴となった医師もいる。だが、統一後、新体制の実権を事実上掌握した「北」に対する「南」の市民の怨嗟《えんさ》は今も残る。

本紙の問い合わせに、ベトナム当局はキャンプに送られた人数を明かさなかった。ただ最後の一人が出所したのが、再教育開始後十年以上たった八七年だったことを認めた。

古参党員のチャン・ド元党中央委思想文化委員長は、ベトナム戦争後、汚職にまみれた党の改革、言論の自由などを党指導部に求めてきたが、今年二月に党除名処分を受けた。処分後に発表した書簡で、ド氏は「より良い社会を建設するという夢が、病み堕落した社会と巨大機構という苦い現実に変わるとは思わなかった。この社会に独立はあるが自由はない」と訴えている。

八六年、経済の苦境と国際的孤立からの脱却のため「ドイモイ（刷新）」政策を導入、成長への足掛かりをつかんだベトナム。だが、輝かしい勝利をおさめたあの戦争から四半世紀後の今も、あるべき国の姿を模索して苦闘している。

「トンキン湾事件」で米世論に火

濃霧の夜空へ、米空母コンステレーションから、攻撃戦闘機スカイホーク三機が飛び立った。しんがりはエブ・アルバレス中尉（当時二十六歳）。厚い雲が視界を遮り、暴風雨に機体が揺れた。高度約一万メートル。雷雲を抜け、北ベトナム・ロン沖の上空へ向かった。

六四年八月四日、北ベトナム軍艦船や基地に対する空爆が始まろうとしていた。「トンキン湾の米軍駆逐艦マドックスに対する北ベトナム軍の魚雷攻撃」への報復、と聞かされた。「敵艦は本当にいるのか」「どこを爆撃するんだ」……無線機から混信した仲間の声が聞こえてくる。信号弾で湾上を照らすのが中尉の任務。光る海面に無数のロケット弾が吸い込まれていく。

当時のロバート・マクナマラ国防長官が「（報復のきっかけとなった）北ベトナム軍による二度目（八月四日）の攻撃はなかった」と九五年に著書で暴露、物議をかもす。

シャープ海軍大将は作戦直後、長官に「北ベトナムの攻撃がなかった可能性が、わずかだがある」と告げていた。航行中の北ベトナム軍用船の音を、悪天候と緊張のためレーダー分析兵が魚雷攻撃と誤認したかもしれなかった。

だが「公海上の艦船への攻撃を見逃せば共産勢力になめられる」という冷戦の論理が軍部を支配、一片の疑念は退けられた。駆逐艦へのレーダー照射と、空軍機への対空砲発射などを根拠に、長官は「攻撃は存在した」とジョンソン大統領に報告した。ベトナムに冷淡だった米世論は、この事件を機に「北の脅威」に強く反応するようになる。そして、大統領演説が報復攻撃へ「ゴー」を出す。

「政府は自由を支援し、東南アジア和平の防衛にあらゆる手段を尽くす決意であり、それを明記した決議を即刻可決するよう議会に要請する」

連邦議会は、八月七日、大統領の決意を承認する「トンキン湾決議」を採択した。この決議は事実上の宣戦布告だった。これを受け、約一万六千人だった南ベトナム駐留米軍は、最大五十四万人（六九年六月）にまで膨らんでいく。

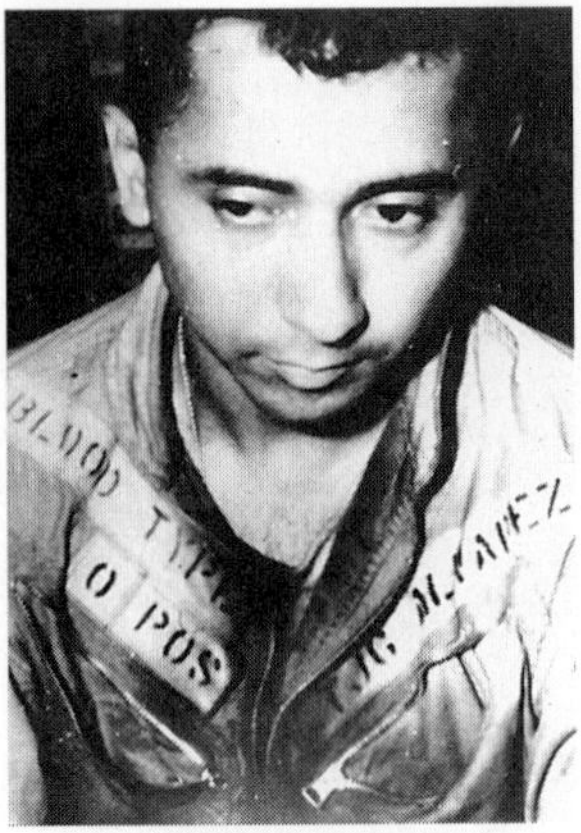

米兵捕虜第１号となったアルパレス中尉

政権は他方、北ベトナムの背後に、冷戦のもう一方の主役・ソ連と中国の影を見ていた。大統領はホットラインで「戦争を拡大する意図はない」とソ連へ伝えた。

国家安全保障会議の元メンバーでジョージア大教授

のロック・ジョンソン氏（政治学）は、「本格介入や北への地上軍投入が、中国の進攻、ソ連の直接介入を招き、第三次大戦を招く、との恐怖感が常に政府にあった」と語る。

この結果、一気に大規模な軍事行動に踏み切れず、段階的な兵力投入を続けざるをえなくなり、米国は戦争の底なし沼へ引きずりこまれる。

事件の翌五日午後二時半、アルバレス中尉は、中国国境に近いホンガイ爆撃のため再び出撃、北側民兵組織の陣地を探索中、対空砲火で撃墜された。危機一髪で機体から脱出したが民兵に捕まった。米捕虜第一号だった。

孤独、粗末な食事、空腹、病気、拷問……あらゆる苦しみを、六十一歳になったアルバレス氏は「間違いなく死ぬと思った」と顧みる。七三年のパリ和平協定後に釈放されるまで約八年半の収容所生活。生き延びられたのは「奇跡」のせいばかりではない。「自分との闘い」に勝ったのだと信じている。

「北ベトナム軍の拷問は、米軍が罪のないベトナム市民を殺し、病院や学校を爆撃した、と私に〝自白〟させるためのものだった。敵を利するウソをつかずに通し、繰り返される拷問に正気を保ち、共産側の宣伝戦に利用されないための闘いだった」

それが、〝失われた青春〟への自分なりの回答である。

フエ市内をパトロールする米海兵隊員（1968年2月）（UPI・サン）

「敗北」映したテレビ映像

ベトナム中部・古都フエ。ヘリから飛び降りると、いきなり対岸から北ベトナム軍の機銃掃射が浴びせられた。後方は迫撃弾の雨。前方の穴から次々と敵兵が現れる。ライフル銃で応戦したが、大音響と共に体が宙に舞った。迫撃弾を両足に受けていた。さらに敵の銃弾が左ひざに――六八年二月上旬、空挺歩兵ジム・ボンバード中尉（当時二十五歳）の最後の戦場であった。

フエの攻防は、北ベトナム軍と南ベトナム解放民族戦線による旧正月（テト）攻勢で最も凄惨《せいさん》な戦いだった。米軍の死者は二百十六人。「北」側も五千人以上が死んだ。

テト攻勢はそれ以前の戦いと決定的に違った。戦いの舞台が密林、水田から、サイゴン、フエなど百五十の都市部へ移ったからだ。従来型がゲリラ戦なら、テト攻勢は都市での一斉ほう起だった。

さらに重要なのは米国民が受けた強烈な衝撃だった。テレビは、北ベトナム兵の不気味なまでの回復力、そして疲弊した米兵の姿を見せつけた。「米国の勝利は幻想」と多くの国民が確信、米国は戦争支持派と反戦派に分裂し南北戦争以来の深い亀裂が生じた。

ジョンソン大統領も勝利を確信していたわけではない。六六年七月、「北ベトナムは勝利がありえないことを悟り武力行使をやめよ。我々はこれに報いる」と呼びかけた。が、民族統一に命をかける共産主義の戦闘集団には馬耳東風だった。

大統領は一方、六八年に再選をめざしていた。大っぴらに交渉を呼びかければ弱腰と批判され、敗北の責任者となる。悶々《もんもん》と自室に閉じこもり、意見する側近たちは次々と遠ざけられ政権を去った。六七年十一月、戦争政策の主役で交渉論者のマクナマラ国防長官の解任を決め、ホワイトハウスは、こびへつらう部下の集団となった。

テト攻勢後、反戦運動は勢いを得、キャンパスを飛び越えホワイトハウスへ迫る。

強大な影響力を持つテレビ司会者ウォルター・クロンカイトは二月二十七日、「我々が戦争をエスカレートさせても敵は対抗できる」と政権の失敗を公言した。民主党指導者のマイク・マンスフィールド上院議員も三月七日、議場で「米国は誤った場所で誤った戦争を行っている」と〝身内の政権〟を批判した。

大統領が北爆停止と再選断念の意向を発表するのは、テト攻勢開始から二か月後の三月三十一日。側近に「ウィスコンシン州予備選では三〇%の得票も無理」と知らされ、すべてを放棄した。

続くニクソン政権の国務長官として和平交渉に臨んだヘンリー・キッシンジャー氏は著書『外

交』で、ジョンソン大統領の決断を「戦後最も運命的な大統領の意思決定」と記した。大戦直後のベトナム民主共和国（ハノイ政権）誕生以来、四代の米政権が守ろうとした自由主義陣営の保護者としての使命が挫折、ベトナムからの撤退が方向づけられたからだ。

米国を引き裂く深刻な〝後遺症〟が残った。

ボンバード氏は帰国後、療養生活を経てサンフランシスコ大学で教べんを執った。「ベトナム帰りは白眼視され祖国にいると思えない日々が続いた」。反戦学生が校舎を爆破、危うく難を逃れたこともある。「ベトナムでなく、（戦場でもない）米国で死ぬのかと思った。国に身をささげた軍人がなぜ軽べつされるのか。デモが憎かった」

心臓や肺など体中に迫撃弾の破片が四十五も埋まっている。裸でも金属探知機が反応する肉体は命ある限り「ベトナム」を引きずっていく。だから、こうも思うのだ。

「反戦運動指導者の多くはエリートになったから、国は空中分解を免れた。だが彼らもまた、心の底にある軍人への憎しみを墓場へ背負っていくんだろうよ」

notes

戦争の期間

ベトナムにとって、前段に抗仏の第一次インドシナ戦争（一九四六—五四年）がある。ベトナム戦争を同国では「抗米救国闘争」と呼び、五四年のジュネーブ協定による南北分断から七五年のサイゴン解放までを戦争期間としている。米国側の戦争期間の定義の一つは、六五年の米海兵隊のダナン上陸からパリ和平協定で米軍撤退が実施される七三年まで。

米国の介入

第一次インドシナ戦争で苦戦する仏に米政府は一九五〇年、支援を開始。五四年、ジュネーブ協定で仏の介入終了後は、南ベトナムで親米政権樹立を助け軍事・経済支援を行う。六一年、南ベトナムに大規模な軍事顧問団を派遣、翌年ベトナム援助軍司令部を設置。米議会は六四年のトンキン湾事件を理由に大統領に戦争拡大の白紙委任状を与えるトンキン湾決議を採択する。

南ベトナム解放民族戦線

六〇年十二月結成。南ベトナムのゴ・ジン・ジェム政権と米国に反対する広範な勢力の結集をめざした。六三年のジェム政権崩壊後も北ベトナムの支援を受けながら南ベトナム政府を内側から崩壊させる役割も担った。解放戦線を母体に六九年に樹立された臨時革命政府は七三年、パリ和平協定でサイゴン政権と並ぶ地位を獲得。南北統一後、解放戦線は祖国戦線に吸収された。

トンキン湾事件

六四年一月、米中央情報局（CIA）が秘密作戦計画34Aにより北ベトナム軍の基地、補給路への攻撃、レーダー網かく乱を開始。八月二日、トンキン湾公海上にマドックスが展開。これを34Aの一環と見た北ベトナム軍が、同艦を魚雷攻撃。四日にも魚雷攻撃が報告され、米国はこれを口実に攻撃を開始したが、現在では四日の攻撃はなかったとの説が有力。

テト攻勢

六八年一月三十日夜から翌未明にかけ、旧正月による戦闘停止のスキをつき、北ベトナム軍と南ベトナム解放民族戦線が一斉ほう起した。ホーチミン・ルートを南下しての都市に対する直接攻撃は、米国側に心理的衝撃を与えた。約一か月の攻防で北ベトナム・解放戦線は約四万五千人、米・南ベトナム軍は約三千人が戦死、現場では米軍の勝利とされた。

notes

米ソ核開発競争 ——瓶の中の2匹のサソリ——

一九四九年九月二十三日、トルーマン米大統領はソ連が初の原爆実験に成功したと発表した。米空軍の気象偵察機がカムチャツカ半島沖で大気中の放射能を検知してからすでに二十日がたっていた。

「人類が原子エネルギーを初めて解放して以来、いずれは他の国もこの新兵器を開発するだろうと予期していた」

入念に準備された大統領声明は、ことさら平静さを強調するものだった。しかし、その言葉と裏腹に、米政府は大きな衝撃を受けていた。

「米国以外の国が原爆を開発するまでに二十年はかかる」

米国の原爆開発プロジェクト「マンハッタン計画」を指揮したレスリー・グローブス陸軍少将は、四五年八月の広島への原爆投下の直前、こう断言していた。それがわずか四年で追いつかれたのだ。

科学者の予想超えた進歩

核の独占は難しいと考えていた科学者たちも、予想以上に早かったソ連による実験成功の報に動揺した。マンハッタン計画に参加したハンガリー生まれの物理学者で、後に「水爆の父」と呼ばれるエドワード・テラー博士もその一人だった。

だが、早くから水爆開発の必要性を主張していたテラー博士にとって、ソ連の原爆実験成功は、周囲を説き伏せる好機到来でもあった。

自伝を執筆中という九十一歳のテラー博士は、ひざをたたきながら得意げに当時を振り返る。「大統領に近い民主党の上院議員二人が私を訪ねてきて、『君は水爆の研究をしているというが、開発はできるのか』と聞いた。僕は『キャン・ビー・ダン（可能だ）』と答えたんだ。科学者の中で、僕だけがこうした意見を持っていた。それが大統領に届いたのかもしれない。数週間後（五〇年一月）、大統領は水爆研究を進めると宣言した」

一方、「原爆の父」と呼ばれるロバート・オッペンハイマーなど、マンハッタン計画の中核になった科学者たちの多くは、原爆投下に罪の意識を抱いていた。彼らが多数派を占めた米原子力委員会の一般諮問委員会は、ケタ違いの破壊力を持つ水爆について「民族皆殺しの兵器になるかもしれない」として開発反対を勧告した。さらに水爆開発の技術的見通しについても「はっきりしない」と指摘した。

しかし、米ソ間では冷戦がすでに本格化していた。トルーマンや議会強硬派は何よりも核開発

1952年11月1日、エニウェトク環礁で米国が行った史上初の水爆実験（AP/WWP）

競争でソ連に後れを取ることを恐れていた。彼らが求めていたのは「水爆は米国の安全保障に必須」と説く、反共の科学者テラー博士の確信に満ちた言葉だった。

もっとも、テラー博士にも水爆開発への技術的な自信があったわけではない。しかし、米国は、様々な困難を克服し原爆の千倍の威力をもつ「スーパー爆弾」（トルーマン大統領）を一気に完成させた。初実験に成功したのは五二年十一月、大統領の決断からわずか二年十か月後だった。

翌五三年八月、急追するソ連が水爆実験を成功させた。それも米国の水爆の一歩先を行くコンパクトで実用的な乾式と呼ばれるタイプだった。

科学者の予測すら覆す速度で進んだ核兵器製造技術の進歩。冷戦の激化とともに、ソ連に先を越されることへの恐れを強めていった政治家たち。米国は「スーパー爆弾」を手にする意味を考える余裕もないまま、ソ連との核軍拡競争に突き進んでいった。

水爆開発に反対したオッペンハイマーは、ソ連の水爆実験の直前、「原子兵器と米国の政策」と題する論文を発表している。

「（米ソ間には）『相手より先行せよ』という論理があるだけだ。核軍拡の加速は避けられず、両国は自殺を覚悟しない限り、相手を抹殺できない『瓶の中の二匹のサソリ』のような状態に陥る」

その言葉は米ソによる「恐怖の均衡」の到来を正確に見通していた。

〝相打ち〟回避を模索

水爆実験に成功した米ソ両国の核軍拡競争は歯止めを失っていった。

米国の核専門家がまとめた「核兵器データブック」によると、米国の核弾頭数は四五年の二個から、五〇年四百五十個、五五年二千二百五十個、六〇年一万八千五百個と加速度的に増加した。ピーク時の六七年には三万二千個に達した。

核兵器の破壊力を示す「メガトン数」も水爆時代に入って急増した。六〇年には米国の核だけで計一万九千メガ・トン、広島型原爆にして約千三百万個分にも及んだ。

対抗するソ連も核戦力増強に拍車をかける。両国の核兵器は明らかに過剰になっていった。それだけではない。核兵器は当初、絶大な破壊力を持つ爆弾としか認識されていなかったが、六〇

1979年６月、ウィーンでＳＡＬＴ２文書に調印するカーター米大統領（左）とソ連のブレジネフ書記長（AP/WWP）

年代に入ると、その戦略的意味を大きく変える技術が実用化された。ワシントン―モスクワ間を三十分以内で飛び、核弾頭を猛スピードで標的に撃ち込む大陸間弾道弾（ＩＣＢＭ）である。それを撃ち落とす手段はなかった。

その後、一つのミサイルに最大十数個もの核弾頭を搭載し、別個の目標を攻撃できる各個誘導多核弾頭（ＭＩＲＶ）が登場する。さらに、敵の先制攻撃をかいくぐり、報復攻撃が行える潜水艦発射弾道ミサイル（ＳＬＢＭ）の配備も進んだ。核は防ぎようのない兵器、反撃を覚悟せざるをえない兵器になったのだ。

ジェラード・スミス元米軍備管理軍縮局長は、自伝の中で、「六〇年代中ごろから、核は使いようがないのではないか、という声も出始めた。その使用は自国の国民だけでなく、地球全体を犠牲にしかねないからだ」と当時を振り返っている。核は「攻撃兵器」でなく、「抑止力」だとする認識が広まっていくのは、このころからだ。

のど元に突きつけ合った核ミサイル。その脅威にさらされた米ソ両国は、全面戦争を回避し、戦略的な安定を互いに確保する軍備管理交渉への道を模索し始める。「冷戦期で最も危険な瞬間」とされるキューバ危機（六二年）も交渉への機運を高める一因になった。

誤解による核戦争発生を防ぐための首脳間のホットライン協定（六三年）、戦略兵器の数量的上限を設けるための戦略兵器制限交渉（SALT）の開始（六九年）――。米ソ両国は深刻な対立を抱えながらも、共倒れを回避する仕組みづくりに乗り出した。

七〇年代のSALT交渉に加わったトマス・グレアム元米大統領軍縮担当特別代表は「ソ連の代表団の一人は交渉のテーブルにつくと、『戦いの用意はできているか』と言った。軍備管理交渉は、核戦争の代償行為のようになっていった」とも指摘する。

その間も、米ソ間では核弾頭の小型軽量化や命中精度の向上など、核戦力の近代化をめぐる熾《し》烈《れつ》な競争は続いた。だが、米ソ両国は結局、核のボタンを押さないまま冷戦を終える。

対ソ核戦略の中枢だった米戦略空軍のジョージ・リー・バトラー元司令官は「核戦争が起こらなかったのは運がよかっただけ」と指摘する。三十七年間の空軍生活で、偽の警報に踊らされたことは何度もあったという。「旧ソ連の機密資料が明らかになれば、キューバ危機以上に危うい場面があったことが分かるかもしれない」とも警告する。

一方、米国の外交史家ジョン・ギャディス氏は、核兵器の抑止効果が両大国間の「長い平和と国際政治システムの安定」をもたらしたと指摘する。米国ではこうした見方が多数派だ。

しかし、核抑止が米ソ間で機能したとしても、前提だった冷戦構造が崩壊した今後の世界で、なお有効であり続けるのか。その答えはまだ見えてこない。

スパイ使って技術収集

ソ連の核開発が花開いたのは、七〇年代と言われている。だが、実際の開発プロジェクトは、スターリン時代から三十年間にわたり練り上げられたものだった。

歴史学者で、モスクワ教育大のアレクサンドル・ダニロフ教授は、スターリンが四一年ごろから核兵器に早くも着目、戦況を見極めながら核開発を指揮した、と指摘する。

スターリンは、独ソ戦で最大の苦境にあった四一年十月、内務人民委員部の課報《ちょうほう》部員ワシーリー・ズビーリン（暗号名・ザルービン）を在米ソ連大使館書記官として送り、米国の核開発状況を探らせていた。これは当時の同部秘密工作課長で、トロツキー暗殺も指揮したパーベル・スダプラートフ将軍の回想録から明らかになっている。

さらに、英国では「ケンブリッジ五人組」と呼ばれる英国人スパイが活動していた。その一人、キム・フィルバーから重要報告が入った。「ナチス占領下のノルウェーにあるリューカン重水生産工場を英国が爆破した」との機密情報だった。重水は原子炉で核反応を起こさせるために不可欠な物質。英国がこの時期に、わざわざ工場を爆破したのは、ドイツによる原子炉建設のメドが

1967年11月、モスクワの赤の広場に登場した当時世界最大のミサイルＳＳ９（UPI・サン）

たったことを意味していた。英国は重水がドイツの手に渡るのを阻止したかった。

教授は「この時点でスターリンはドイツの原爆製造が近いと直感した。そして、原爆が大戦後の世界を変える戦略的な力になることをかぎとり、早急に原爆を完成させると決意した」と指摘する。

スターリンは、側近のモロトフ外相を長に原爆開発グループを発足させ、さらに、核物理学者イーゴリ・クルチャトフをトップに「原子力問題特別第二実験室」を創設した。翌四四年十二月には、モスクワ近郊など国内三か所にウランの採掘、抽出工場の建設を命じ、わずか一年後に完成させた。

ソ連が核スパイを急増させたのもこの時期だ。元国家保安委員会（ＫＧＢ）対外課報部員ニコライ・レオノフ氏（70）は「英米独への核スパイは四三年から大増員され四六年まで人数にして三―四倍に増えた」と語る。

ソ連が原爆技術をどれほど海外に求めたのか、いまだ結論は出ていない。歴史学者のユーリー・ジューコフ氏は、ソ連科学者らの論文などから、「核連鎖反応など基礎研究面は自国の成果だが、原爆の組み立てや運搬手段のミサイル製造など技術面については、諜報活動が七割近い貢献を果たした」と述べる。

四五年八月二十日、広島、長崎への原爆投下後まもなく、国家防衛委員会に特別委員会を設置、秘密警察をにぎるベリヤの指導下、原爆製造のために「大量の研究者、労働者が動員され、四六年から核実験に成功する四九年まで、全国家予算の五〇%以上が費やされた」（ジューコフ氏）。

スターリンによって基盤が築かれた核開発は、フルシチョフ以降、核兵器量産体制という形で引き継がれたが、核施設や核ミサイル、原子力潜水艦などの製造、維持は膨大な投資となり、国民経済に重くのしかかっていった。ソ連時代の対米政策のブレーン、ゲオルギー・アルバトフ氏（アメリカ・カナダ研究所名誉所長）は、現在のロシア国家予算が約二百億ドルで、米軍事費の十分の一に過ぎないことを指摘、「核軍拡競争する力はもはやロシアにはない。一本の銃剣に対し一本の銃剣をもって対峙《たいじ》する時代は今や過ぎ去った」と語る。

経済力では格段の差のある米国に対し、スターリンは核保有により軍事的に対峙しようとした。だが、それは、国家崩壊の可能性を胚胎《はいたい》するものでもあった。

SDI非難　ソ連の〝誤算〟

「スターウォーズ計画により人類を核兵器の脅威から解放する、という米国の政治宣伝の陰に別の狡猾《こうかつ》な目的が隠されている」――八五年十月十九日、ソ連共産党機関紙プラウダに掲載されたセルゲイ・アフロメーエフ軍参謀総長の論文は、その二年前にレーガン米大統領が提唱した戦略防衛構想（ＳＤＩ）、通称「スターウォーズ計画」を激しく非難した。

この論文は、ＩＣＢＭなどに対する宇宙迎撃網を目指すＳＤＩの真の狙いが、「ソ連に先制核攻撃を仕掛けた後、反撃から身を守る能力」を獲得する点にある、と主張した。国民の信望厚い参謀総長によるＳＤＩ脅威論は、強い衝撃をソ連社会に与えた。同様の反ＳＤＩ宣伝が国防省機関紙「赤い星」などを通じ大々的に展開され、中には宇宙配備のレーザー砲が対地攻撃に使われる、といった荒唐無稽な報道さえあった。

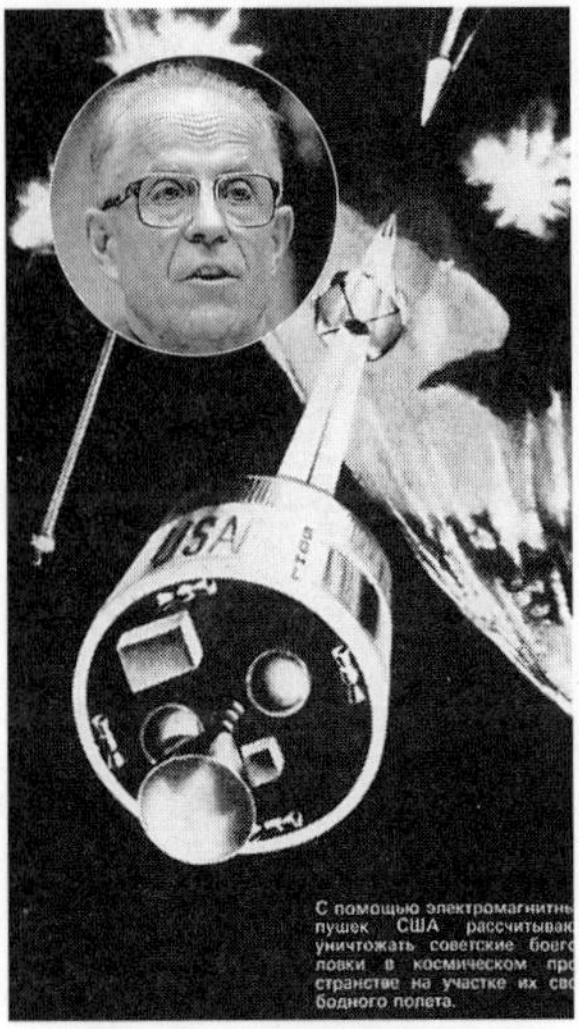

ソ連の反ＳＤＩ図書に描かれた米の宇宙兵器。胴体にＵＳＡの文字が見える（円内はアフロメーエフ・ソ連軍参謀総長）

当時、米ソ核軍縮交渉にソ連代表団顧問として参加したアレクサンドル・サベリエフ露安保戦略研究所副所長は今、「我々専門家は、ＳＤＩ兵器が当時の技術水準では夢物語に過ぎないことを熟知していた」と前置きした上で言う。

「だが、政府は、過剰な反ＳＤＩ宣伝を

氾濫《はんらん》させ、結果として米国の宇宙迎撃網が明日にも完成するかのような危機的幻想を社会に根付かせてしまった」。このＳＤＩへの敗北心理が、ソ連社会を冷戦での敗北へ押しやる要因の一つになったと、再三指摘されている。では、ソ連政府は何故、自国民を自滅的な暗示に陥れるような愚を犯したのか。

Ｘ線レーザーや電磁力により弾丸を打ち出すレール・ガンなど、米ＳＤＩが計画していたハイテク兵器の基礎研究はソ連でも六〇年代に始まり、エフゲーニー・ベリホフソ連科学アカデミー副総裁（当時）によれば、有力科学者から、党中枢に対し、迎撃網の本格開発を求める働き掛けが再三行われていたという。米ＳＤＩの提唱を機に対抗兵器の開発を求めるソ連の軍産複合体の圧力は一挙に増大。当時、核管理に携わったソ連軍退役将官は、「軍産複合体の利益を代弁する党・政府内勢力が、最高指導部への説得強化とともに、対抗兵器開発への国民の支持を得るため、ＳＤＩ脅威論の大宣伝攻勢を始動させた」と回想する。

だが、米ＳＤＩ開発費が数百億ドルに達した点から見ても、既に経済崩壊のふちに立っていたソ連にとり、膨大な費用を食う対抗兵器の開発は自殺行為だった。「大宣伝攻勢は開発予算獲得の目的を達せずに頓挫《とんざ》、予定外の副産物として国民の間にＳＤＩへの過剰な恐怖感と、『ソ連は何の対抗策も取れないのか』という無力感だけを残す結果に終わった」（同退役将官）という。

また、サベリエフ氏は当時の最高指導者ゴルバチョフ書記長までもが〝ＳＤＩ脅威幻想〟の影響下にあった、と指摘。例として、書記長がレーガン大統領とのレイキャビク首脳会談（八六年）

で異常なほど「宇宙兵器禁止」に固執した点を挙げ「あの時、ソ連がＳＤＩ問題で柔軟姿勢を示せば、戦略兵器半減などの米ソ合意はもっと早く実現していただろう」と語る。

その後、米ＳＤＩは数々の技術的困難などに阻まれ徐々に失速、冷戦後には小規模な「限定的弾道ミサイル防衛計画」（ＧＰＡＬＳ）へと格下げされる運命をたどった。だが、この退役将官は自虐的に苦笑し、こう言った。

「ＳＤＩは実用的な宇宙兵器は生まなかったが、ソ連社会を自壊させる心理的一因となった。その意味では実に効果的な心理兵器だった」

notes

原爆と水爆

原爆はウランやプルトニウムの核分裂反応を使うが、水爆は太陽で起きている水素の核融合反応を利用する。水爆は理論上、爆発力をどこまでも高めることができる。記録に残る最大の水爆は六一年にソ連が大気圏内で爆発させたもので、爆発力はＴＮＴ火薬換算で推定五十八メガ・トンで、広島に投下された原爆の約四千倍の威力があった。

米ソ核交渉

米ソ両国は七二年、ＩＣＢＭとＳＬＢＭを当時の水準に凍結する第一次戦略兵器制限条約（ＳＡＬＴ１）、七九年には戦略兵器の運搬手段総数を米ソ対等にするなどとした第二次戦略兵器制限条約（ＳＡＬＴ２）に調印した。大幅な核削減実現は冷戦後。九一年と九三年の第一次、第二次戦略兵器削減条約（ＳＴＡＲＴ１、２）で、双方とも一万以上の核弾頭を三千—三千五百まで減らすことで合意した。

ケンブリッジ五人組

機密情報をソ連に提供していた英国の大物スパイ五人。いずれも名門ケンブリッジ大学出身者であったことからこう呼ばれる。英政府中枢まで浸透、核機密を入手するなどソ連の原爆製造に貢献したとされる。最近、今世紀を代表する哲学者でケンブリッジ大教授だったルードウィヒ・ウィトゲンシュタインが、五人組のリクルーターの役割を果たしていたとの説も出ている。

ＳＤＩとソ連

レーザー砲などの指向性エネルギー兵器（ＤＥＷ）やレール・ガンなどの運動エネルギー兵器（ＫＥＷ）を用い、宇宙空間で敵ＩＣＢＭ、核弾頭を破壊するのが米ＳＤＩの目標だった。ソ連の軍縮担当者や軍部首脳は、その実現可能性に疑念を抱きつつも、ＳＤＩが相互核抑止体制のかなめである弾道弾迎撃ミサイル（ＡＢＭ）制限条約を崩壊させ得る点を最も強く懸念していた。

ポーランド「連帯」運動 ——知識人も体を張った「独立労組」——

一九八〇年八月十四日、バルト海に面するポーランドの港町グダニスク。女性クレーン運転士の解雇撤回を求め、レーニン造船所の労働者がストライキに突入した。翌日、ストは全市に波及する。

十六日夜、市内の労組代表が造船所に集まって「工場間ストライキ委員会（ＭＫＳ）」を結成、議長に電気工のレフ・ワレサを選出した。ＭＫＳは十八日、二十一か条の要求を壁に張り出す。共産党から独立した労組の設立、言論・出版の自由、政治犯の釈放など、それまでの賃上げ要求を超える要求も含まれていた。労働者たちは街頭デモではなく、工場に立てこもる戦術を取る。工場内は禁酒。労働者の意気は高かった。

間もなく、造船所に反体制知識人たちが応援に駆けつけた。カトリック系新聞の編集長タデウシ・マゾビエツキや歴史学者のブロニスワフ・ゲレメク（現外相）らだ。

「我々はＭＫＳの考え方に完全な共鳴を覚えた。抵抗の末に流血の惨事で終わる、従来のような結末を避け、独立労組を結成しなければならないと考えた」。マゾビエツキ氏は、この時の背景

1980年８月、スト中の造船所で演説するワレサ氏（円内はマゾビエツキ氏）（UPI・サン）

を語る。同氏は八九年、最初の非共産系政権の初代首相になり、現在は下院議員を務める。

知識人は造船所に泊まり込み、ストを支えた。「我々は当局との交渉の戦術を打ち立てた。我々のアドバイスは、当局が仮に他の要求全部を認めても、自主労組認可を受け入れなければストを収束してはならない、というものだった」

労働者の団結と、知識人の助言。この二つが結びついた結果、歴史的な成果がもたらされた。八月三十一日、自主管理労組を認可するグダニスク政労合意が締結される。ワレサ議長はこう宣言した。「我々は今や独立労組を手に入れることができた。それは我々にとって未来への保証だ」。長く続く拍手。政府、労働者双方の代表が立ちあがりポーランド国歌を歌った。

ついに戒厳令布告

「それまで共産党は（反体制の）小集団の結成を認めることはあったが、大衆運動は決して認めなかった。自主労組の全国組織『連帯』は共産主義体制での最初の大衆運動の出現だった。八九年の東欧変革のルーツはこの連帯運動にあった」。マゾビエツキ氏は「連帯」の歴史的意義を強調してやまない。

「連帯」構成員は八一年に入り一千万人を数えた。その一方で官製労働組合、そして共産党から脱会者が相次ぐ。こうした急激な自由化を、大きな懸念を持って見つめている目があった。共産圏の総本山・ソ連である。

ポーランド共産党は、八一年二月、清廉な軍人として人望のあったウォイチェフ・ヤルゼルスキ将軍を首相にする。追いつめられた権力側は最後のより所を軍に求めた。

将軍の登板でいったん安定化すると見られたポーランド情勢は、三月、「連帯」の地域議長が警官隊の暴行で重傷を負う事件をきっかけに再び流動化する。経済危機も進行していた。山猫ストの増大、刑務所暴動……「連帯」下部の強硬姿勢は歯止めを失って行き、ソ連による軍事介入の可能性が公然と語られるようになる。

八一年十二月十三日、戒厳令が布告される。ヤルゼルスキ将軍を議長とする救国軍事評議会が設立され、治安部隊が「連帯」各支部を急襲、ワレサ議長を含む約六千七百人の「連帯」活動家が一斉逮捕された。

今では公職から身を引いているヤルゼルスキ氏は「国内は無政府状態。ソ連はあれ以上事態が悪化したら確実に介入していただろう。より大きな危険を前に小さな悪の選択は仕方がなかった」と戒厳令を正当化する。マゾビエツキ氏は、「まだ対話を継続する余地はあったはずだ」と否定的な見方を譲らない。

「連帯」は非合法化され、その後八八年まで、ポーランドは再び「冬の時代」が続くことになる。

notes

「連帯」の復活

八八年八月のスト収拾のため、当局は「連帯」との対話に踏み切り八九年二月から円卓会議が開催された。その結果「連帯」は同年四月復権、六月、限定的ながら東欧初の自由選挙で圧勝。一連の東欧民主革命の嚆矢《こうし》の役割を担った。しかし、九〇年の大統領選では、ワレサ氏を推す労働者たちに対し、知識人グループはマゾビエツキ氏を候補に担ぎ出し「連帯」は分裂、労働者と知識人の蜜月《みつげつ》時代に終止符が打たれた。

notes

ベルリンの壁崩壊　――国家が市民に降伏した瞬間――

東独（当時）ライプチヒのニコライ教会での「平和の祈り」集会に参加した数百人が、民主化を求め、街頭に出た。一九八九年九月四日のことだった。以来、民主化デモは、ドレスデン、ベルリンなどに拡大していった。その圧力に押され、十月十八日、東独を率いてきたエーリヒ・ホネッカー社会主義統一党（ＳＥＤ）書記長は解任された。

十一月八日に党中央委員会総会が始まった。建物を取り囲んだ一般党員たちが党大会開催を要求する騒然とした雰囲気の中での開催だった。

「言い間違い」が歴史を変えた

「世紀の間違い」が起こったのは大会二日目。その日夕方、党スポークスマンのギュンター・シャボフスキー政治局員は、エゴン・クレンツ新書記長からＡ４判の二枚の書類を手渡された。東独国民の出国自由化に関する暫定措置を記した文書だった。外国報道陣との対応などに追われ、中央委での議論を十分に掌握していなかったシャボフスキー氏は、その書類を携え、国際プレス

1989年11月10日未明、ベルリンの壁によじ登る東西ベルリン市民たち（AP/WWP）

センターでの記者会見に向かった。

会見では、イタリア通信社の記者が出国自由化問題について質問、シャボフスキー氏は「私の知っている限りでは、東独国民はだれでも国境通過地点を通り出国できることが決まった」と明らかにした。「いつから施行されるのか」と質問が飛ぶ。同氏は書類を取り出し「個人旅行、国外移住とも自由になった。私の知っている限り遅滞なく即刻だ」と回答した。この回答は、「ベルリンの壁開放」とメディアによって解釈され瞬く間に世界を駆け巡った。

「間違い」というのは、シャボフスキー氏が、書類に書いてあった通りに「即刻」と答えてしまったことだ。当局が狙っていたのは、出国ビザの取得を前提とする十日からの十分統制された出国だった。

テレビなどでニュースを聞いた東西ベルリンの市民が、その夜、半信半疑ながらブランデンブルク門をはじめ、検問所に集まって来た。当初、国外移住を前提とした出国に限り認めていた警備兵は、東独市民の圧力に押され、九日午後十一時過ぎから検問所の遮断機を次々と開け始める。国境通過は完全に自由となった。ベルリンの壁が崩壊した瞬間だった。

「中央委総会は続いておりすべてのSED幹部は会場に入ったままだった。上からの命令が全くないまま、市民の抵抗を恐れる現場警備兵の上官は、自分の判断で検問所を開けざるを得なかった」と「ベルリンの壁」の歴史が専門のベルリン自由大学ハンスヘルマン・ヘルトレ研究員は語る。

「もしシャボフスキー氏のミスがなく、予定通り十日に検問所が開いていたら、ドイツ統一の過程は全く違ったものになっていた」とヘルトレ氏は指摘する。「ベルリンの壁によじ登り、壁の上で踊る人々の姿を見て、SED指導部や警備兵は打ちのめされた。それは（東独体制）降伏の象徴だった。予定通りだったら、検問所はそれまでと同じように機能していただろう」

中央委総会に出席していたゲアハルト・シューラー政治局員候補は「クレンツもシャボフスキーもほとんど寝ておらず、疲労しきっていた」と証言する。その年の夏以来、ハンガリー、チェコスロバキアなどを経由した市民の旧西独への出国の波は止まらず、当局は十月三日、いったんビザなしの出入国を認めるチェコとの査証協定を破棄。しかし、国民の反発を恐れるクレンツ書記長が協定を復活させると、再度チェコ領を経由する出国ラッシュが起こり、チェコ政府から国境を封鎖する、と強い非難を受けていた。

劇的な壁開放は、偶然のいたずらが強く作用した。しかしその背景には自由を求める国民の絶えざる出国圧力があった。東独体制はすでに「万策尽き」（ヘルトレ氏）、末期の様相を示していた。

ドイツ統一めぐる大国の暗闘

「ベルリンの壁」が崩れた八九年十一月九日、西独（当時）のコール首相はワルシャワを公式訪問中だった。「壁崩壊の情報はジャーナリストから得た。しかし西独との電話の便は極めて悪かった。特別回線で首相府と連絡がつき、ようやく首相も確信を得たのだった」。首相府局長として首相に同行していたホルスト・テルチック氏は証言する。

首相は外遊を中断、即刻ベルリンに向かうことを決断する。「念頭にあったのは、六一年の壁構築の際、ベルリンに駆けつけず、厳しい批判を浴びたアデナウアー首相の教訓だった」（テルチック氏）

壁崩壊から二週間たった二十三日夜、ボンの首相公邸バンガロー。テルチック氏らと夕食を取りながらコール首相は、ドイツ統一への道筋を示した提案の発表を決意する。テルチック氏を中心とした首相府スタッフは、それから週末を挟んだわずか四日間で、「条約共同体」を経て「連邦国家」へと至る統一プロセスをまとめあげる。二十八日、コール首相はこの十項目提案を連邦議会で読み上げた。米国を除き他の関係国には一切事前通告されず、ゲンシャー外相にすら作業を伏せた抜き打ちの発表だった。

「英、ソ連に事前に話せば反対されることは分かっていたからだ。しかしこの発表でコール首相が国内的にも国際的にも統一への主導権を握ったことは、決定的に重要だったと今でも考えている」（テルチック氏）

1989年11月28日、連邦議会でドイツ統一の十項目提案を発表するコール首相（AP/WWP）。円内はテルチック氏。

統一の最大の障害は、東独国家の実質的後見人であるソ連から、どう統一への同意を取り付けるかだった。

昨年七月、内務省と連邦公文書館が編纂《へんさん》して出版された分厚い資料集『ドイツ統一』には、八九年五月三十日から九〇年十月一日までコール首相らが各国指導者とかわした外交文書四百三十点が収録されている。

編纂責任者のハンス・ユルゲン・キュスタース氏は、文書の分析を通じ、コール首相とブッシュ米大統領の統一戦略を「ソ連に口を挟ませないようにドイツの国内的統一をできるだけ早く進め、既成事実を作りあげることだった」と分析する。

九〇年五月三十一日の米ソ首脳会談でブッシュ大統領は、安全保障に関するソ連の懸念に配慮、ドイツ統一と欧州全体の安全保障をパッケージにした九項目提案をソ連側に提案する。「受け入れれば経済援助や安全保障も期待できますよ。いやなら何も得ることはない、という提案だった」（キュスタース氏）

七月十六日、ソ連のカフカス地方に赴いたコール首相にゴルバチョフ大統領は、統一ドイツの北大西洋条約機構（NATO）帰属を容認する。ドイツ統一の実質的な完成だった。

一連の統一交渉でドイツがソ連に約束した資金援助は、二百億マルク（当時のレートで約一兆七千億円）以上にも達し、「統一は金で買われた」ともいわれた。しかし統一交渉の当事者だったテルチック氏は「全くの戯言《ざれごと》」と退ける。「ソ連の安全を保障するパッケージがあってこそ、ゴルバチョフはドイツのNATO帰属を受け入れることができたのだ。ソ連は当時まだ自分を世界的強国と考えていた。その程度の金額で統一を買うなどできるわけがない」

テルチック氏がそれ以上に強調するのは、壁崩壊に至る前史だ。「（米国の中距離核ミサイル欧州配備の圧力でソ連に中距離核撤去を迫った）NATOの二重決定で、ソ連は軍拡競争で西側に勝てないことを悟った。さらにポーランド連帯運動、ゴルバチョフのペレストロイカ……それまでの歴史的発展全体が壁崩壊とドイツ統一を準備したのです」

notes

ハンガリーの国境開放

八九年五月二日、前年に海外旅行を自由化していたハンガリー政府はオーストリア国境の鉄条網の撤去を開始。これを機にハンガリー、チェコスロバキア、ポーランドの西独大使館に、西独への出国を目指す東独国民が駆け込んだ。西独政府は、エネルギー供給停止などソ連の「懲罰」を恐れるハンガリーに対し、経済援助を約束するなど、東独市民の出国を側面援助した。

関係国の立場

ドイツ統一に対しては、周辺諸国に強大な国力を懸念する声が強く、サッチャー英首相も一時は統一に反対した。しかしブッシュ米大統領だけは一貫して統一を支持した。統一ドイツを米国主導のNATOの枠組みに組み込み、新欧州秩序で指導的地位を確保したい米国の思惑と、統一を急ぐ旧西独の思惑が一致した。

notes

第II部　戦後の混迷を生きる

~インサイド・ストーリー~

第Ⅱ部では、歴史の激流を生きた人間ドラマや知られざるエピソードを、解説および識者の見解を交えながら紹介する（寄稿・談話や引用個所などを除き文中敬称略、年齢は新聞掲載日現在）。

ＢＣ級戦犯はどう裁かれたか

横浜軍事裁判――米兵処刑した元憲兵の証言

第二次大戦後、東条英機らＡ級戦犯を裁いた極東国際軍事裁判（東京裁判）と並行して、もう一つの軍事法廷が国内で開かれた。約千人のＢＣ級戦犯を被告とした「横浜軍事裁判」。横浜地裁の旧特号法廷を舞台に、一九四五年十二月から三年十一か月に及んだ裁判は、捕虜虐待をはじめとした、旧日本軍の国内での不法行為を次々と明らかにした。一方で、戦勝国の感情や言葉の違いによる誤解などを理由に、「報復裁判」「不公平」と指摘する関係者も少なくない。東京裁判の陰に隠れて顧みられることの少なかったこの軍事裁判を元被告の軌跡とともに振り返る。

「戦犯」としてＢ29搭乗員を銃殺

四五年七月初旬の暑い日だった。大阪府和泉市の旧陸軍信太山演習場の一角に、後ろ手に縛られ、目隠しをされた五人の米兵が引き出された。数メートル手前には、米兵と向かい合うように並んで短銃を構えた大阪憲兵隊員が五人。高橋伊三（79）（大阪府豊能町）もその隊列の中にいた。

「目標、心臓。撃て」

上官の号令で、五人の憲兵は一斉に引き金を引いた。高橋は左端にいた米兵に向けて発射。次の瞬間、米兵は後ろに倒れ、あらかじめ掘ってあった深さ二メートルの穴にドサリと落ちた。

いい気持ちはしなかった。言葉を発する者はなく、重苦しい沈黙があたりを覆った。しかし、罪悪感もなかったことを覚えている。銃殺された米兵たちは大阪や神戸に無差別爆撃をかけた米爆撃機B29の搭乗員で、「捕虜ではなく戦犯だ」と上官から説明されていた。もとより、上官の命令は絶対の時代だ。「気の毒だとか、罪の意識なんて考える暇もなかった」。

だが、この日の出来事は、高橋のその後の人生を大きく変えることになる。捕虜虐待に加担したとして戦後、逆に戦犯に問われることになるのだ。

大阪憲兵隊は終戦直前、高橋が関与したこのケースのほかにも米兵の処刑を行っている。いずれもB29の搭乗員で、一連の事件は「大阪憲兵隊・米軍機搭乗員処刑事件」と呼ばれている。

京都府内の教員や学生らで作る市民グループ「戦争遺跡に平和を学ぶ京都の会」(代表・池田一郎)が行った連合国軍総司令部(GHQ)の資料の分析や関係者からの聞き取り調査などによると、事件の経過はこうだ。

四五年に入って、B29による日本本土の爆撃が本格化、これに伴い、対空砲火などで撃墜される米爆撃機も増えた。近畿地方一帯では、三月から八月にかけ、パラシュートで脱出するなどした米兵五十七人が捕らえられ、大阪憲兵隊に送られた。うち、二人は原爆に関する情報を持って

米軍の空襲で焼け野原になった大阪市内（中央は大阪城）

いる可能性が高いとして東京に移送され、八人は病死。残り四十七人は大阪憲兵隊や陸軍によって七月から八月にかけ処刑された。

一般市民への無差別爆撃を行った罪。それが処刑の大義名分だった。処刑は少なくとも八回に分けて執行された。二人を銃殺刑にした七月十八日のケースでは、裁判が行われたが、ほかはいずれも裁判はなし。最後の処刑は終戦の八月十五日だった。

収監され死を覚悟

その八月十五日、高橋は故郷の岐阜市にいた。同月初旬に兵庫県西宮市内の自宅を空襲で焼かれたため、布団などをもらいに帰省していたのだが、敗戦を知ってすぐ大阪に戻った。十六日か十七日だったろうか、憲兵隊本部に駆けつけると、所属する外事課の事務所から人気が消えていた。わずかに残っていた上官の一人に「みんな逃げた。我々は責任持たんから、お前も自由にしろ」と言われた。

「捕まったら殺される」。恐怖が全身を貫いた。上官の無責任な態度を責める余裕もなく、とにかく逃げた。しばらくは、身を隠すようにして、岡山県や福井県の工事現場などを転々とした。だが、仲間が次々と逮捕されていることを知り、四六年三月、大阪府庁に出頭、やがて巣鴨プリズン（東京都）に収監された。

「自分は直接手を下してしまっている。九分九厘、死刑になるだろう」と、いったん覚悟は決めたが、巣鴨では「もし生きられるなら」と心が揺れた。見回りの米兵が、手を首にあて絞首刑のジェスチャーをして見せることもあった。その度に、「何くそ」と思った。が、夜になると、死への恐怖に一人うち震えた。

収監されて約四か月後、妻からの手紙で長女の写真を受け取った時に詠んだ詩が残っている。

我が幼子の面影を
巣鴨の獄で受け取りて
別れて四月見る心
驚くばかり変わりたる
姿をながめ喜びて
育つ様をば描きつつ
養父母の恩に手を合わし

仰ぐ彼方の西の空
又逢う時を楽しみに
如何に茨はたけるとも
強く正しく生きぬかん

生きて帰れるとは思っていなかった。が、いちるの望みを詩に託した。頭に浮かぶのは、家族のことばかり。刑務所内のチャペルで時々開かれるミサに出ては、妻や子のことを思った。そのうちに、自分が手をかけた米兵にも考えが及ぶようになった。

「あの米兵にも親がいただろう。妻や子もいたかもしれない。かわいそうなことをしてしまった」。悔恨の念がこみ上げ、胸を締め付けた。

「裁判」ではなく「報復」

「戦争遺跡に平和を学ぶ京都の会」などの調べによると、大阪憲兵隊・米軍機搭乗員処刑事件をめぐる裁判は四八年八月二日から四九年一月三日まで、五か月にわたって行われた。BC級戦犯として被告とされたのは二十七人。公判中は、巣鴨から、軍事裁判の行われた横浜地裁までトラックで運ばれた。

一連の事件の一つで見張り役をしていたとして、戦犯に問われた津野一義（高知県檮原《ゆすはら》町）の記憶だと、審理は昼休みをはさみ午前十時から午後四時まで、休日以外は毎日行われた。裁判官は連合国各国から出ていたが、検事も主任弁護人も米国人。米国が裁判の主導権を握っていた。公判中、一度も陳述の機会を与えられなかった被告もいた。「勝った側が負けた側を一方的に裁く報復だった。裁判と呼べるものではなかった」。津野はそう振り返る。

事件と裁判の体験を語る高橋さん

年明け早々、横浜地裁特号法廷で開かれた軍事裁判では幹部を中心とした十五人が有罪、十二人が無罪とされた。高橋が軍曹、津野が兵長と、階級が比較的低かったため命令に従っただけとの事情も考慮され罪には問われなかった。

釈放された高橋は、すぐに西宮市に戻り家族との暮らしを再開した。元憲兵として公職追放の対象とされたため、以前勤めていた国鉄には戻れなかったが、親類のツテで食品会社に就職。「本当はなかったかもしれない命」と、がむしゃらにそして黙々と働いてきた。

だが、戦争という極限状態の中とはいえ、人をこの手で殺してしまったこと、死刑の恐怖におびえたことは、その後も心の底にわだかまり続けた。半世紀の間、そうした体験を口にすることはなかったが、「ずっと胸の中に重しのようにあり、つらかった」という。

事実として伝えたい

高橋は二年半前、「戦争遺跡に平和を学ぶ京都の会」の依頼で、津野と共に当時の体験を語った。公の場で名乗りを上げたのは初めてだ。きっかけの一つは、阪神大震災で、それまで苦労をかけ通しだった妻を失ったことだった。悲しみの中で、生きているうちに伝えておくべきだと思った。だれかを責めようというのではない。横浜裁判のやり方を今さら問題にするつもりもない。ただ、こんな事件があったことを事実として伝えたいという気持ちからだ。

「戦争というものは、勝っても負けても大変な被害を受ける。家も財産も命もなくなる。生き残っても、ずっと苦しい思いをし続けなければならない。だから、貴重な平和を大事にしてほしいんですよ」。穏やかな口調でそう語った。

◇

高橋ら約千人を裁いた横浜地裁特号法廷では九七年暮れ、地裁の庁舎建て替えに伴ってその長い歴史の幕をひっそり閉じた。解体後の建築材は、桐蔭横浜大学（横浜市青葉区）が譲り受け、都内の倉庫で保管している。二〇〇〇年秋にも、同大学の資料館の一室として復元される。

ＢＣ級戦犯とは

第二次大戦後、連合国が訴追した戦争犯罪人のうち、国策指導の中心として開戦責任、「平和に対する罪」を問われたのがA級戦犯。これに対し、B級戦犯は捕虜虐待などの戦争犯罪を問われ、C級戦犯は迫害行為など人道に対する罪が対象とされた。ドイツのニュルンベルク裁判では、B級とC級は区別されたが、旧日本軍への裁判では総称してBC級戦犯と呼ばれた。

旧日本軍のBC級戦犯に対する裁判は、米、英、豪、オランダ、仏、中、比の七か国が、それぞれの国内法を根拠に行った。シンガポールやマニラなどアジア・西太平洋地域の四十九法廷で五千七百人の被告が裁かれ、九百二十人が処刑された。戦犯容疑者として逮捕された人は二万五千人を超えるといわれている。

このうち、国内で開かれた唯一のBC級戦犯裁判が「横浜軍事裁判」。米国が横浜地方裁判所を接収し、四五年十二月から四九年十月にかけ、将官から一兵卒まで約千人の被告が裁かれた。国外を含め最大規模の軍事法廷で、百十二人に絞首刑が宣告され、再審理を経て最終的に五十一人の死刑が執行された。

この裁判で審理された事件で比較的知られているのは、米軍機搭乗員を生体解剖して殺害したとされる「九大生体解剖事件」や、搭乗員を斬首《ざんしゅ》したり、銃剣などで処刑したりしたとされる「石垣島事件」など。同裁判で、被告の弁護に当たった横浜弁護士会所属の桃井銈次（84）によると、七割は捕虜収容所での虐待のケースだったという。

桃井は、この裁判について、「手続き的、形式的にはきちんとしていたが、明らかに報復裁判。言葉による誤解もあったし、元捕虜が本国に帰ってしまって反対尋問ができないということもあった」と語る。法廷では、旧日本軍では上官の命令は絶対だったという点を強調するほかなく、それを裏付ける証拠があった場合は、ある程度免責が認められたという。

同裁判については、横浜弁護士会の「ＢＣ級戦犯横浜裁判調査特別委員会」（委員長・間部俊明弁護士）が昨年春から、資料収集や聞き取りなどの調査に乗り出している。

識者の見方

不公平だが国際的意義も

――関東学院大助教授（現代史）　林博史

ＢＣ級戦犯裁判に報復という側面があったのは事実だ。日本人の被告は英語もわからなかっただろうし、通訳の質もよくなかったので、よけいに不公平感を感じた面もあろう。ただ、なぜ、裁判が行われたかという背景も考えるべきだ。戦争中の日本軍が、それこそ裁判なしでいろいろな残虐行為を行ったのも事実なのだから。そのへんは、冷静に見極める必要がある。

九州大学生体解剖事件を審理する横浜裁判（1948年3月）

1997年暮れに一般公開された横浜地裁の「特号法廷」

命令を受けてやむなく実行した人をどう処罰すべきかという問題は、連合国の側でも議論があった。実は米英も当初は、上官の命令で戦争犯罪をした場合、実行した本人は処罰されないと兵士に教育していた。しかし、それでは極端な話、トップしか裁けないので、四四年ごろから教育マニュアルを変えている。戦犯裁判に当たっては、命令による実行者についても責任は問えるが、情状酌量の余地は認めるという方針で各国で合意したようだ。ただし、実際の裁判での対応はまちまちで、特に米国が仕切った裁判では厳しい判決が多く出た。やはり、一連の戦犯裁判が不公平であったことは否定できないだろう。

だが、あのような裁判が必要なかったとは言えない。東京や横浜での裁判やドイツのニュルンベルク裁判は、人類が大規模に戦争犯罪を裁いた初の経験だった。やり方には問題があったが、残虐な戦争犯罪を許さないという姿勢を国際社会が初めて行動で示したことは意義があった。それが後のベトナム反戦運動や、最近の国際刑事裁判所設立の動きにつながったと言える。

日本人自身の内面の問題としては、自分で物事の善悪を判断して行動し、やったことには責任を持つという当たり前のことの重要さを改めて学び取るべきだ。「上司の命令だから」などと逃げを打つ風潮は今も日本の社会に残っているが、戦犯裁判のやり方に問題があったことは踏まえた上で、今の日本人の生き方につながるような総括の仕方があるのではないだろうか。（談）

※林氏には、イギリスの対日戦犯裁判をテーマとした『裁かれた戦争犯罪』（岩波書店刊）などの著書がある。

占領政策と「言論の自由」

ＧＨＱの検閲①――あらゆるメディアを監視下に

敗戦で軍国主義は終わり、連合国軍の占領下、自由はけた違いに拡大された。治安維持法も消滅した。しかし自由は無制限ではなかった。占領軍は新聞雑誌、放送、映画などすべてのメディアを検閲し、大量の私信を開封、電話を盗聴していたのだ。ドイツと違って、「日本政府」を介した間接統治のもと、占領軍は意識的に後景に退いていたため、我々は一九五二年の講和条約発効まで、日本が軍事占領下にあったことをつい忘れがちだ。戦火はやんだが、戦争は終わっていなかったのである。

郵便物の一割を無差別抽出、開封

「郵便検閲の翻訳をやっていた二か月間、私はアメリカのスパイみたいなものだった。戦友名簿を配布する手紙や闇《やみ》取引のことを書いた手紙を摘発し、上司の命令で翻訳したこともある。闇取引で当人が逮捕されたのを後で新聞で読んだ時は、たまらない気持ちだった」

熊本学園大学名誉教授の甲斐弦（88）は四六年五月、大陸から復員した。英語が出来た甲斐は、ほかに適当な仕事が見つからなかったため、十月、連合国軍総司令部（ＧＨＱ）の検閲担当部門、民間検閲部（ＣＣＤ）の第三地区検閲所（福岡）に就職する。「妻子を養うためなら泥棒でもやる覚悟だった」という。

郵便物を十通に一通の割で無差別に抽出、「大東亜共栄圏」やマッカーサー元帥、原爆への言及、新憲法への賛否、闇取引の企てなど、暗記させられた「検閲要項」に当たるものを翻訳するのが仕事だった。

見逃してやりたいと思っても、検閲済みの手紙は、再検閲係がまた無差別抽出で点検する。発覚すれば、厳罰だ。

「十一月公布の憲法の二一条には、通信の秘密は、これを侵してはならない、とある。なんて白々しいんだ、という思いだった」。甲斐は、その年の十二月に転職する。

ＣＣＤは日本を三地区に分け、東京、大阪、福岡に検閲所を設置した。職員計一万人のうち、日本人は約八千人といわれるが、その経歴を公然と認める人はあまりいない。九五年、自らの経験を『ＧＨＱ検閲官』（福岡・葦書房刊）として本にまでした甲斐は珍しい例外だ。

ＣＣＤは四五年一月、米軍制圧下のフィリピンで、米太平洋陸軍参謀第二部に属する民間諜《ちょう》報《ほう》局（ＣＩＳ）の下に設けられた。占領地の郵便検閲や電話盗聴による軍事情報の収集や、占領を容易にする情報統制が目的だった。

ＣＣＤは九月、日本に移動、四九年十一月に廃止されるまで、大掛かりな検閲作戦を展開する。郵便検閲に限っても、例えば、四七年六月一か月だけで五百九十一万通を検閲、一万四千六百通を没収している。

しかし、郵便検閲のような軍事諜報活動は、実は任務の一部に過ぎなかった。ＣＣＤは四五年九月初め、新聞、雑誌を含むあらゆるメディアの検閲という新たな任務を命じられていたのだ。

冷戦激化につれ、「左翼」により厳しく

郵便検閲は時々、開封の跡と検閲済み印のある手紙が配達されたから、市民も気付いてはいた。しかし、出版物や放送台本が検閲されていることを知っていたのは関係者だけだった。検閲の痕跡を残すことも、検閲に言及することも許されなかったからだ。

軍の機関であるＣＣＤが、新聞や雑誌の検閲までも任務とした背景として、成城大教授（メディア史）の有山輝雄は、日本占領の経緯をあげる。

「ドイツでは、連合国軍の直接統治下、全メディアがいったん消滅した。しかし、民主化をうたったポツダム宣言を受諾して無血占領となった日本では、政府や報道機関が存続し、占領軍に民主化の任務が加わった」

民主化へ向けて占領軍は九月末、敗戦後も続いた日本政府の言論統制を全面撤廃させる。これに先立ち、同月十九日には検閲の指針、「日本新聞規則に関する覚書」（プレスコード）が出たが、

ここでも前文で「自由な新聞の責任と意味を日本の新聞に教えるため」とうたった。

しかしプレスコードは同時に、連合国批判や「公共の安寧を害するおそれ」のある報道などを禁じ、以後の検閲の基本となる。こうして自由と検閲という、矛盾に満ちた占領軍の言論政策が始まった。

四六年一月の「改造」復刊第一号に掲載された社会政策学者、森戸辰男の論文は、「戦勝国の中にある人種的エゴは否定出来ない」との部分が削除された。「世界」四六年四月号では、ニュルンベルク裁判の法的根拠に疑問を投じた文章が掲載を禁じられた。

「中央公論」四六年八月号では、谷崎潤一郎「A夫人の手紙」が、日本軍戦闘機操縦士の肯定的

発行不能になった「改造」の1949年新年号（上）と、急きょ誌面を作りかえて発行された「1月号」（下）

描写が「軍国主義の宣伝」と見なされ、全面削除された。こうした例は枚挙にいとまがない。『占領下の言論弾圧』の著書があるジャーナリスト、松浦総三（84）は四六年、改造社に入社。英語がわかるというので一時、CCDにゲラを持参する仕事もさせられた。「漱石の『倫敦塔』が英国批判と解釈されて発禁になったり、近藤忠義という著者名が封建的だとして問題になるとか、当時はばかなこともあった」という。しかし「逮捕も拷問もないのだから、（日本の）内務省検閲に比べたら、何でもない」というのが実感だ。

初期は総合雑誌の検閲は比較的緩く、占領軍の方が編集者の意識より進んでいた面もあるという。「だめだろうと思って、恐る恐る『参考までに』と出した原稿が、どんどん通った」

しかし、四七年以降、冷戦の激化につれて、占領軍内の主導権が、容共的なニューディーラーから反共派に移り始め、検閲も、左翼には、より厳しくなる。

そして、「改造」四九年新年号全面差し替えという事件が起きる。CCDが禁止や一部削除とした原稿が全体の六割に及んだうえ、直前に起きた、GHQの介入した左翼編集者処分問題に丹羽文雄、梅崎春生ら執筆者が反発、検閲を通った原稿も引き揚げたため、「新年号」が発行不能になったのだ。

「新編集長が大急ぎで新紙面を作り、一月号として発売した。そういうわけで、『改造』一月号は二つ存在する。一つはゲラだけの幻の雑誌だが」

「原爆」は最大のタブー

占領軍の検閲姿勢は、国際情勢などに応じて、大きなブレを見せるが、一貫して極度に神経質になったテーマがある。原爆だ。他の面では目立たないようにしていたGHQは、原爆情報の禁圧において、「占領軍」としての本質を、むき出しにしたのである。

広島の詩人、栗原貞子（85）は原爆への検閲の厳しさについて、「新聞雑誌はもちろん、文学、映画すべての分野で原爆テーマは禁じられ、研究論文も発表できなかった。このため原爆症の実態がわからず、被爆後数年も、血を吐けば肺結核、下血すれば腸チフスと見当違いの診断が行われる状態が続いた」という。

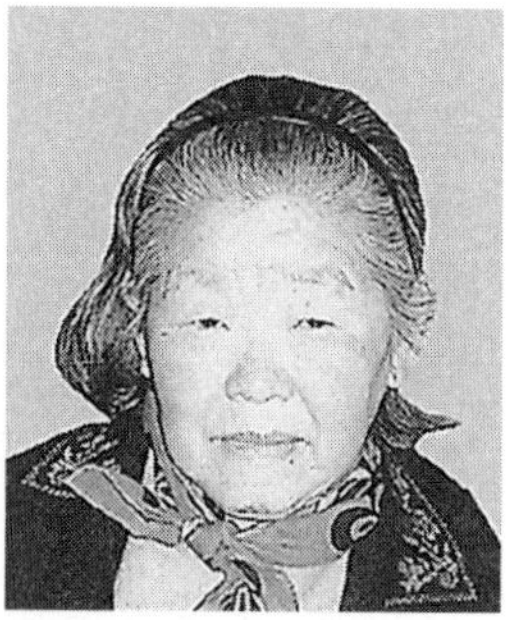

栗原貞子さん

実験都市の恐怖は／占領軍のプレスコードで禁圧され／手紙まで検閲されて／どこへも知らせることはできなかった

栗原は、原爆に対する占領軍の禁圧姿勢を詩にもした。しかし、「原爆という言葉を口に出すこともできなかったあの恐怖は、経験しなければわからない」という。「当時は、原爆で死んだ文学者の追悼会を開こうとしただけで、MPが来て解散させられた」

原爆問題に対するGHQの対応は、単なる「検閲」の範囲を完全に超えていたのだ。

原爆慰霊碑が建てられたのも、ようやく、講和条約調印後の五二年になってからだった。

原爆文学の研究で知られる図書館情報大教授の黒古一夫は、「占領軍が原爆をとくに忌避した理由」をこう説明する。

「まず軍事的観点から、被爆に関するデータを独占したかった。同時に、民主憲法を作る一方で、これほど非人道的な兵器を使った矛盾が露呈して反米感情が高まり、占領政策が阻害されることを非常に恐れた」

広島で被爆した作家、大田洋子の例は象徴的だ。大田の原爆記録文学の傑作「屍の街」をゲラで読んだ占領軍は、大田の避難先の農家まで兵士を派遣する。兵士は、まだ出てもいない本の原稿を、ほかに読んだ者はいるか、それはどんな人物か、その政治的傾向は、などと尋問した。

不安になった編集者は「最も危険な」第二章を削除して発行した。大田は後に、「重ねての被害」に強い憤りを露わにしている。

黒古は、検閲の影響はその後も甚大だったという。「出版社は、占領期の『原爆ものはまずい』という意識から、例外はあるものの、原爆文学を、その後も長く避けたからだ」

時代劇復活の舞台裏

占領軍は映画も規制、民間情報教育局は四五年十一月、映画での軍国主義の鼓吹、封建的忠誠心の称揚などを禁じる命令を出す。

戦前、大衆娯楽の王座にあった時代劇は、「封建的忠誠心を称揚する」と見られ、銀幕から消えた。

そんな中、戦後初の時代劇「国定忠治」（松田定次監督）の制作に成功したのが、後に「笛吹き童子」や「少年探偵団」の脚本を手掛ける小川正（92）だ。

「チョンマゲと刀が出てくるだけでだめ、とはひどい。テーマが民主的ならいいじゃないか、GHQに挑戦してやろう」。そう思った小川は、農民の味方となって、悪代官らと戦う新しい忠治像を作ってみた。

「CISの検閲官ウォルター・ミハタと知り合いだったのが、幸いした」

戦後初めて許可された時代劇「国定忠治」は、刀は抜くものの立ち回りはなし(Ⓒ大映)

ミハタはハワイの興行主の息子。戦前、映画の買い付けで来日したことがある。映画界の対抗野球で、投手の小川が「甘い球を投げて、本塁打を打たせてやったら、『いい土産が出来た』と喜んだミハタが食事をおごってくれたんだ」。

検閲官となったミハタと再会した小川は、ミハタの左手にゴルフだこができているのに気付く。「ゴルフ好きなら、しめたもの」

小川は戦前のルールでハンデ2（現在のハンデ5に相当）。後には、ゴルフ理論の訳書を出しているほどだ。

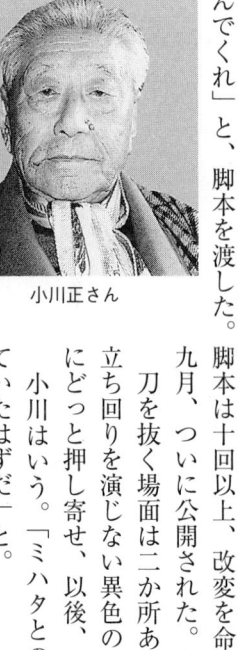

「ミハタを賭《か》けゴルフに誘い、十万円以上も勝った小川は、「金はいいから、とにかくこれを読んでくれ」と、脚本を渡した。脚本は十回以上、改変を命じられたが、戦後初の時代劇は四六年九月、ついに公開された。主演は阪東妻三郎。

小川正さん

刀を抜く場面は二か所あるものの、剣戟《けんげき》王の異名をとる阪妻が立ち回りを演じない異色の作品となった。しかし、観客は映画館にどっと押し寄せ、以後、時代劇は〝解禁〟となる。

小川はいう。「ミハタとのことがなければ、解禁はずっと遅れていたはずだ」と。

解説・背景

読売新聞への検閲

新聞の検閲は、報道される事実が対象になった点で、影響は特に大きかった。削除されれば、その事実があったこと自体伝えられないからだ。

読売新聞の例をひろって見ると、四七年の二・一スト中止問題で、マッカーサー元帥の中止命令を受けて、労組指導者が青ざめる部分が削除（四七年一月三十一日付）。占領軍は、現実には絶対権力を握る元帥の存在を前面に出したがらなかった。

予算案の記事では、終戦処理費などに関する記述がほぼ全面削除（同二月二日）。日本が敗戦後、大きな負担を強いられている事実が消えた。

吉田首相の国会答弁でも、「わが国は敗戦の結果、まだ政治的にも経済的にも十分な独立と自由が与えられていないので……」との部分が削除された（同二月十五日）。占領軍は、日本が占領下にあることを国民が明確に意識することも好まなかったのである。

新聞検閲文書を保管している米メリーランド大学プランゲ文庫は、占領時の読売新聞の記事がどのように処理されたかを示す一覧表を作成した。国内、国外に二分された記事の要旨とP（パス・掲載許可）、S（サプレス・掲載禁止）、D（ディレート・一部削除）、H（ホールド・保留）の四種の処分内容、検閲官の名前が記されている。

処分としてはもっとも厳しい「禁止」の事例としては、「米国製品の千葉での展示」（四七年一月十二日）、「韓国に向かった闇証人の逮捕」（五月十五日）、「集団農場化に農民の反対」（七月二日）、「衣料品チケット制スタート」（八月八日）、「占領軍名で製品退蔵」（九月二日）、「最高裁の判決がない限り土地購入は合憲」（九月十一日栃木版）――と生活に密着したニュースが目立つ。

中には「東京裁判、獄中で荒木被告（貞夫）（元大将）作詩」（九月十四日）のように一部削除の後に掲載禁止となったり、処分の判断に迷って保留とされたケースも多い。前出

ＣＣＤ大阪検閲所での新聞検閲（時期不明、米マッカーサー記念館蔵）

の成城大教授・有山は「保留といっても速報性が生命のニュースにとっては実質的な禁止。判断を民政局など他局にまかせるなど政治色の強い判断だった」としている。その保留の後に削除するなど検閲当局の逡巡ぶりを伺わせている。

国際ニュースの掲載禁止事例としては「文学はソ連の権力闘争の強力な手段」（四八年三月二〇日）、「広島の悲劇を繰り返さないとの言明」（六月十八日）など冷戦下での戦略的判断が反映されている。

◇

占領者として君臨する連合国軍が、一方で自由化、民主化を進めながら、他方では検閲によって自由な言論を抑制するという矛盾は、混乱した「占領像」を残した。

占領史に詳しい専修大教授（憲法）の古川純は、この矛盾を踏まえたうえで、ＧＨＱの検閲を「思想表現自体を抑圧するために設けられたというより、軍の作戦上、必然的に随伴した活動とみる、つき放したとらえ方が必要だ」と強調する。「言論を禁圧された経験を持つ人の怒りはわかるが、しかし占領軍の検閲を旧内務省の検閲と同じだとみるのはどうか。当時の日本は無謀な戦争に敗れ、連合国の軍事占領下にあったという歴史を忘れてはいけない」。

検閲に対する怒りは自由をもたらした占領軍に対する期待が裏切られたこと、つまりアメリカ的自由への幻滅に起因するのではないかと見る古川はさらにこういう。

「米国務省は、新憲法が保障した表現の自由との関係で検閲を早くやめるべきだと考えていた。しかし、GHQは〝善意の民間人集団〟ではなかった。GHQはあくまでも軍であり、占領は軍事作戦の延長であった。特に検閲は、占領軍の安全を確保し、占領目的を円滑に達成する諜報作戦の一環だった。日本は降伏文書に調印はしたが、五二年の講和条約発効までは戦争状態は正式には終わっていない。検閲だけをとり出すのではなく、軍事占領全体の文脈の中で、検閲を認識してみることが必要ではないか」

検閲の矛盾

占領軍の検閲に対し、日本人があまりに無抵抗だったのではないか、との疑問を呈する研究者もいる。

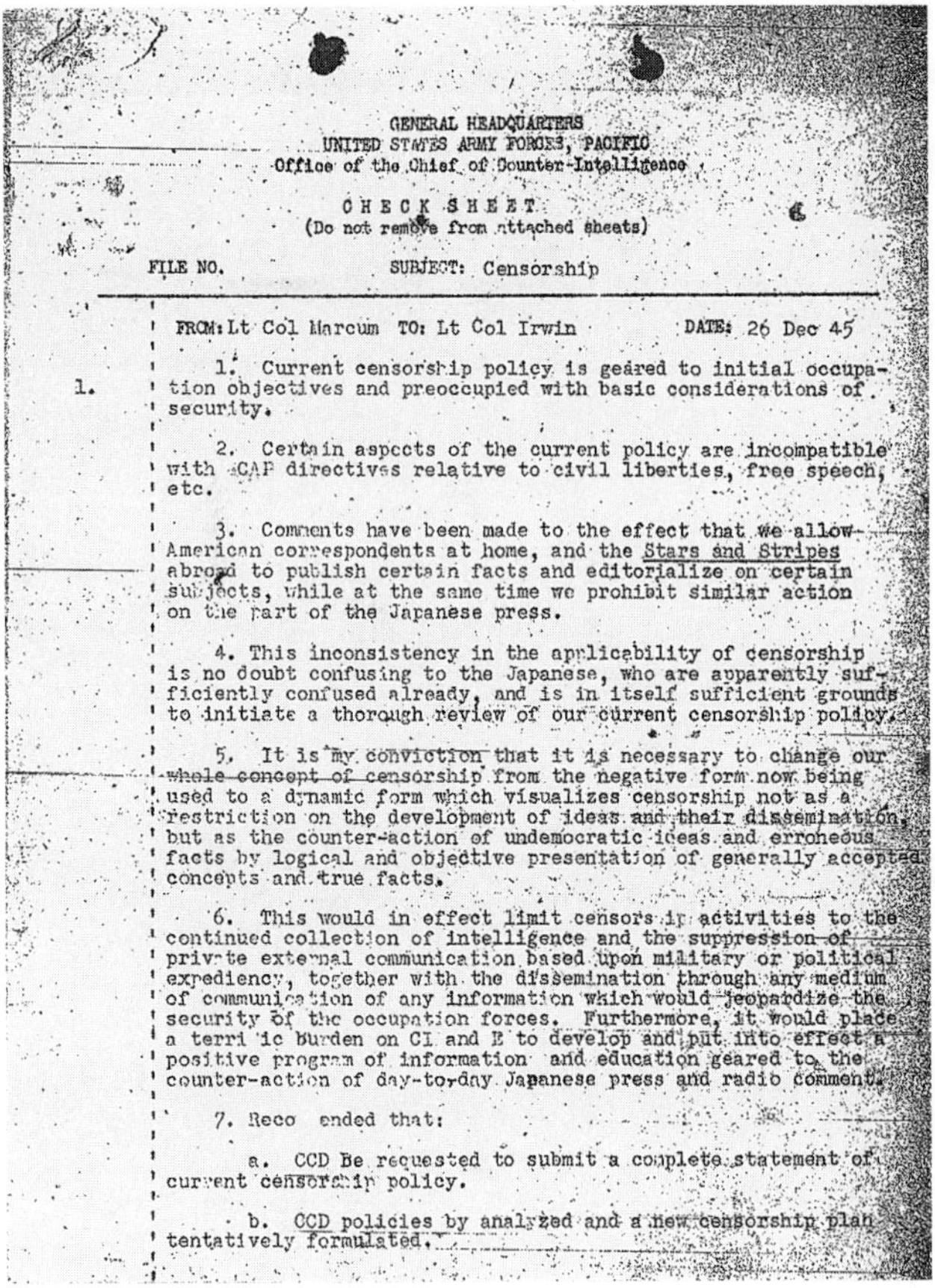
GENERAL HEADQUARTERS
UNITED STATES ARMY FORCES, PACIFIC
Office of the Chief of Counter-Intelligence

CHECK SHEET
(Do not remove from attached sheets)

FILE NO. SUBJECT: Censorship

FROM: Lt Col Marcum TO: Lt Col Irwin DATE: 26 Dec 45

1\. 1. Current censorship policy is geared to initial occupation objectives and preoccupied with basic considerations of security.

2\. Certain aspects of the current policy are incompatible with CAP directives relative to civil liberties, free speech, etc.

3\. Comments have been made to the effect that we allow American correspondents at home, and the Stars and Stripes abroad to publish certain facts and editorialize on certain subjects, while at the same time we prohibit similar action on the part of the Japanese press.

4\. This inconsistency in the applicability of censorship is no doubt confusing to the Japanese, who are apparently sufficiently confused already, and is in itself sufficient grounds to initiate a thorough review of our current censorship policy.

5\. It is my conviction that it is necessary to change our whole concept of censorship from the negative form now being used to a dynamic form which visualizes censorship not as a restriction on the development of ideas and their dissemination, but as the counter-action of undemocratic ideas and erroneous facts by logical and objective presentation of generally accepted concepts and true facts.

6\. This would in effect limit censorship activities to the continued collection of intelligence and the suppression of private external communication based upon military or political expediency, together with the dissemination through any medium of communication of any information which would jeopardize the security of the occupation forces. Furthermore, it would place a terrific burden on CI and E to develop and put into effect a positive program of information and education geared to the counter-action of day-to-day Japanese press and radio comment.

7\. Recommended that:

a. CCD Be requested to submit a complete statement of current censorship policy.

b. CCD policies by analyzed and a new censorship plan tentatively formulated.

CCD内部では、検閲と言論の自由の矛盾が問題にされていた。「マーカス中佐」から「アーウイン中佐」あてに、この矛盾を追及した書簡（原資料は、米国立公文書館蔵。国立国会図書館のマイクロフィルムより複写）

原爆関連の検閲を研究した詩人、堀場清子は、占領軍の経済科学局が原爆関係の論文や資料の公表を禁じたうえ没収し、研究と治療に大打撃を与えたことに関し、「なぜ正面切って公表を求め、せめてCCDに提出しなかったのか」と問う。また被爆直後の貴重な現場写真も「なぜ地下出版でもして、市民に配布できなかったのか」。

もちろん、軍事占領下でのそうした行動を取れば、GHQは、占領政策に対する敵対行動として厳しく臨んだだろう。

しかし抵抗の少なさは、軍事占領であることを意識したためだけではないようだ。

文学者の場合でも、検閲で作品を歪められたことにこだわる人は、実は少ないという。当時の検閲で削られた箇所を、その後、そのままにして、全集に収録する作家は珍しくない。

「このこだわりのなさは何なのだろう」。堀場に疑問は解けない。

一方、有山は、「検閲を受けた日本人の側に検閲反対の声がほとんどないのと対照的に、占領軍内部では矛盾が意識されていた」点に注目する。

占領軍の葛藤を示す一例が、CISのマーカム中佐が書いた四五年十二月二十六日付の検閲批判文書だ。

中佐は「検閲政策の一部は、言論の自由に関する連合国軍最高司令官の命令と矛盾する」「検閲を、思想の発展を抑えるものから、真実を客観的に提示することで非民主的思想に反撃するものに転換すべきと確信する」などと検閲のあり方を批判した。

これに対し、ＣＣＤは「外国軍による占領には検閲が伴わざるをえないことを無視している」「日本が敗戦国であることを忘れてはならない」などと反論している。

占領軍は、こうした内部論争や葛藤を日本人に悟られないようにした。そして、「葛藤のために占領軍が柔軟になったわけではなく、むしろそれを隠すためにも高姿勢に出た」という。

ＧＨＱの言論統制は、確かに厳しかった。しかし、有山はこういう。

「検閲者がこれほど言論の自由を意識した検閲は珍しいのではないか」と。

「プランゲ文庫」に殉じた日本人女性

GHQの検閲②——風化寸前、貴重な占領資料への熱き思い

検閲文書が米国メリーランド州立大学図書館に保管されている。日本から史料を持ち帰った米歴史学者の名をとって、（ゴードン）プランゲ文庫として知られている。空白の戦後史を埋めるものとして、風化寸前の膨大な検閲資料を整理し、知られざる検閲の実態を歴史にとどめようとマイクロフィルム化が進められてきた。だがプランゲ文庫のただ一人の日本人スタッフとして検閲資料に取り組んできた村上寿世《むらかみひさよ》は一九九七年六月、思い半ばにして六十八歳で病死。その遺志を生かそうと、日米両国の学生や研究者たちが〝プランゲの遺産〟に取り組んでいる。

全60万ページ、米国の大学が保管

死の直前まで出版業界紙「出版クラブだより」（東京）に連載していた「プランゲ文庫について」は、村上の絶筆となった。その小論の一つで、村上は〈無数の無名の敗戦国民の書き残したものを、戦勝国の大学で祖国を東洋に持つ無名の人たちが黙々と整理する〉心理的葛藤を明かしている。

プランゲ文庫の村上さん（日本出版クラブ提供）

プランゲ文庫は占領期の四五年から四九年にかけての検閲文書を所蔵している。新聞社や出版社がオリジナルコピー二部とともに提出したゲラに「発禁」「削除」「保留」など処分命令が記されており、新聞、雑誌、書籍全体で約六十万ページに及んでいる。検閲文書は、連合国軍最高司令官（SCAP）が収集、管理していた。このうち各一部を戦史編纂にかかわった連合国軍総司令部（GHQ）参謀二部（G2）歴史部部長のプランゲ博士が持ち帰り、母校のメリーランド州立大学に寄贈した。

〈戦いに敗れた日本人が何を考えているのか、共産主義に対する考え、理想、主張、生き方をこの資料によって日本全土にわたって知ることができる。あらゆるライブラリーが切に持ちたいと願う資料であり、敗戦国日本を知る第一級の資料だ〉

村上はプランゲ博士がメリーランド大学総長に書き送った手紙の一節を紹介して、資料の価値を強調した。

重病かえりみずのめり込む

一主婦の村上は、命にかかわる病弱の体でなぜ占領資料にのめり込んだのか。立教女学院初等部五年から高等部一年まで同級生だった二木瑛子は、

「いろいろ人生の辛酸をなめているのに、どうしてあんなに明るい顔をしていられるのかと不思議に思ったこともある。戦争が激しくなり疎開で転校するまでずっと一緒だったが、とにかく利発で、素直な女性だった」と、村上（旧姓村田）の思い出をたどる。

二木が戦後数年して再会した時には、すでに結婚し、東京の北海道炭坑汽船会社のOLだった。次に消息を知ったのは、米国防総省に勤務し、日本に駐在していた日系米国人と再婚し、渡米した後だった。子宮筋腫をおしてふたりの娘を生んで育てていること、幸せな家庭生活に恵まれたことなどをクリスマスカードなどで知らせてきた。だが村上が〈小さなアメリカの州の大学図書館の地下で、日本語のしかも敗戦当時の記録を残す文献の山〉に埋まった生活をしていることなどは知る由もなかった。

この女学校卒業後のキャリアを見る限り、村上の占領史への関心をうかがわせるものはない。その謎を探るかぎが「出版クラブだより」を発行した日本出版クラブ（東京都新宿区）の大橋祥宏への私信（九三年一月）にあった。〈静岡の紙は私にとって用紙割当の馴染みのところ〉〈用紙割当は細々ながら自分の仕事と思って追っている〉。

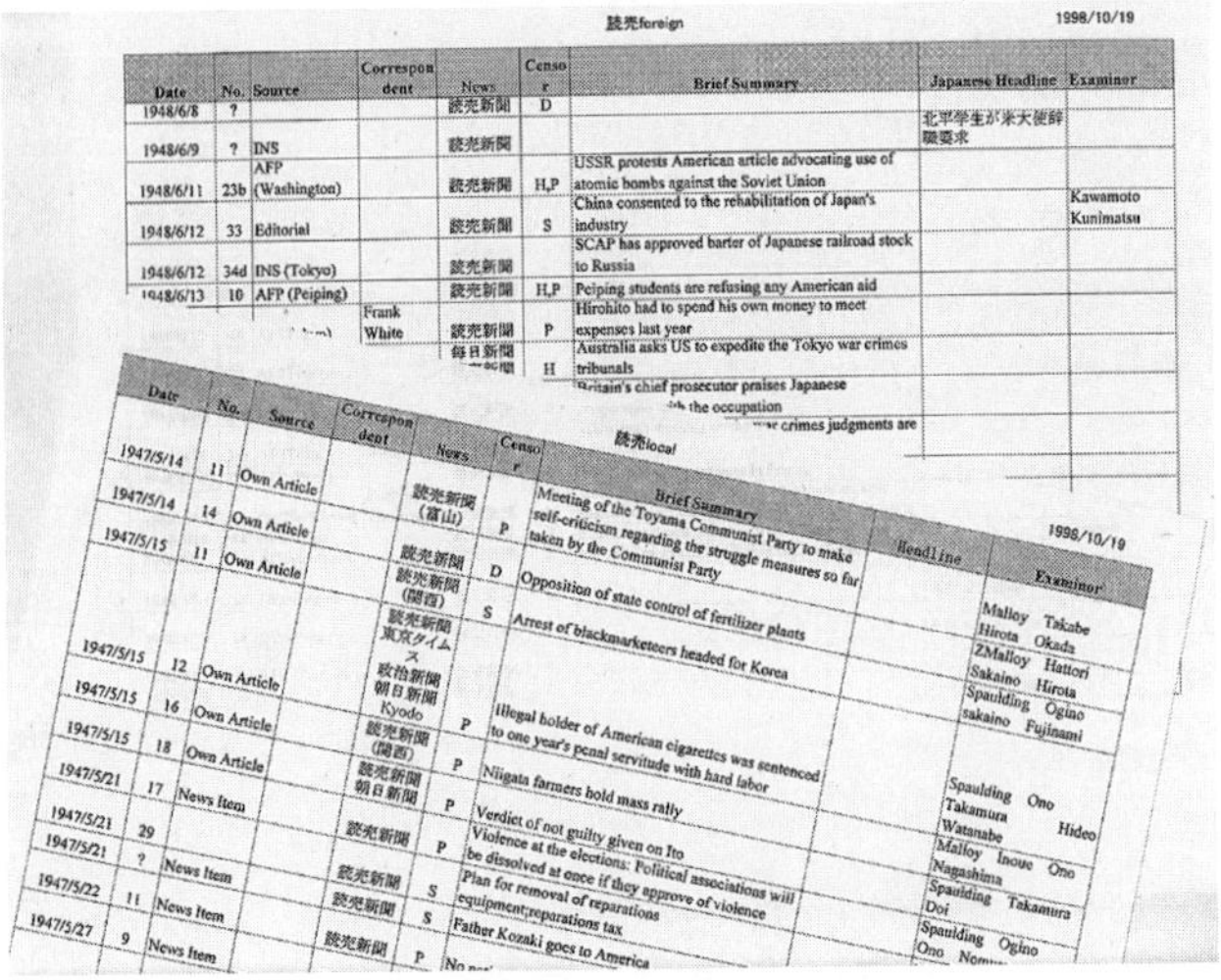

読売foreign 1998/10/19

Date	No.	Source	Correspondent	News	Censor	Brief Summary	Japanese Headline	Examiner
1948/6/8	?			読売新聞	D		北平学生が米大使辞職要求	
1948/6/9	?	INS		読売新聞				
1948/6/11	23b	AFP (Washington)		読売新聞	H,P	USSR protests American article advocating use of atomic bombs against the Soviet Union		
1948/6/12	33	Editorial		読売新聞	S	China consented to the rehabilitation of Japan's industry		Kawamoto Kunimatsu
1948/6/12	34d	INS (Tokyo)		読売新聞		SCAP has approved barter of Japanese railroad stock to Russia		
1948/6/13	10	AFP (Peiping)		読売新聞	H,P	Peiping students are refusing any American aid		
			Frank White	読売新聞	P	Hirohito had to spend his own money to meet expenses last year		
				毎日新聞	H	Australia asks US to expedite the Tokyo war crimes tribunals		
						Britain's chief prosecutor praises Japanese … the occupation		
						… crimes judgments are		

読売local 1998/10/19

Date	No.	Source	Correspondent	News	Censor	Brief Summary	Headline	Examiner
1947/5/14	11	Own Article		読売新聞（富山）	P	Meeting of the Toyama Communist Party to make self-criticism regarding the struggle measures so far taken by the Communist Party		Malloy Takabe
1947/5/14	14	Own Article		読売新聞	D	Opposition of state control of fertilizer plants		Hirota Okada
1947/5/15	11	Own Article		読売新聞（関西）	S	Arrest of blackmarketeers headed for Korea		ZMalloy Hattori
1947/5/15	12	Own Article		読売新聞 東京タイムス 政治新聞 朝日新聞 Kyodo	P	Illegal holder of American cigarettes was sentenced to one year's penal servitude with hard labor		Sakaino Hirota / Spaulding Ogino / sakaino Fujinami
1947/5/15	16	Own Article		読売新聞（関西）	P	Niigata farmers hold mass rally		
1947/5/15	18	Own Article		読売新聞 朝日新聞	P	Verdict of not guilty given on Ito		Spaulding Ono
1947/5/21	17	News Item		読売新聞	P	Violence at the elections: Political associations will be dissolved at once if they approve of violence		Takamura Watanabe Hideo
1947/5/21	29			読売新聞	S	Plan for removal of reparations equipment;reparations tax		Malloy Inoue Ono / Nagashima
1947/5/21	?	News Item		読売新聞	S			Spaulding Takamura / Doi
1947/5/22	11	News Item		読売新聞	P	Father Kozaki goes to America		Spaulding Ogino
1947/5/27	9	News Item				No …		Ono Nomu…

プランゲ文庫が作成した読売新聞の検閲リスト

終戦後に大学を卒業後、村上が一時働いていた「総理庁新聞出版用紙割当事務局」が、占領にともなう言論検閲の不条理を肌で知る原点となったのか。割当事務局は、占領当局の許可を得た新聞、雑誌、出版物などに用紙を配分する権限を持ち、検閲関係者とも密接なつながりがあった。そこには渡米後の村上の生き方を左右した重大な出会いもあったはずだ。

〈敗戦までの軍部による言論検閲、敗戦後の米軍言論検閲、敗戦までの用紙配給、敗戦後の用紙割当制度と、この四つが目で見えるところ、目に見えないところで卍巴にかかわりあっている〉（クラブだより）。時代の暗がりに村上の視線はくぎ付けになった。検閲史に並々ならぬ関心を持ち、日本語と英語が堪能な村上の存在は、プランゲ文庫にとってもかけがえのないものだった。

「私が大学生だった八五年ごろにプランゲ文庫の

仕事にかかわり始めた。自分で仕事を選んだというより、たまたま日本人が必要とされ、働くようになったのだと思う。自宅に仕事を持ち込んで夜遅くまで、資料と首っぴきだったこともある。でもプランゲの資料の整理、保管の仕事に非常に楽しそうに取り組んでいた」

一人娘のアンジェラは、勤務先のワシントンで、検閲資料に埋もれた母の思い出を語る。

次世代へ……マイクロ化への執念

村上が最後に精魂を傾けたのは、風化の進む検閲資料のマイクロフィルム化の仕事だった。丘陵地に広がるキャンパスの出水騒ぎで所蔵資料が水浸しになったり、半世紀の時間を耐え抜いた紙の劣化などで、村上が八〇年代末に初めて目にした資料の保存状態は、風前の灯だった。時間との格闘を迫られ、率先してマイクロフィルム化の必要性を日米の関係者に説いて回った。

国会図書館との共同プロジェクトによる九二年からの四年がかりの雑誌検閲資料に続いて、九七年から三年間で二百五十万ページという新聞検閲資料のマイクロフィルム化が始まった。そしてプロジェクトがようやく軌道に乗り始めた半年後、肝臓ガンの手術を受け退院後病状が再び悪化し、不帰の人となった。その一か月前に出版クラブに届いた手紙は、赤裸々に心の揺れ動きを記した〝遺書〟でもあった。

〈(九五年十一月よりマイクロ業者入札が始まり、米国二社、日本一社の競合となる)選考委員は九人で、プランゲ文庫代表の私を除いては全員白人、五票あれば業者決定。その中でマイクロ

マイクロ化作業をすすめるプランゲ文庫のスタッフ（高木規矩郎撮影）

撮影の経験者は私一人、日本語が分かるのも私一人。日本に入札を落としたいのではなく、劣化資料を出来る限り良いマイクロフィルムを作り、次世代に残したいとの一念〉から、資料とデータだけを武器に委員を説得。一年後に新聞マイクロフィルム化プロジェクトは、国会図書館でも実績を持つ日本のマイクロ業者に決まり、神経をすり減らすような作業が始まった。

マイクロフィルム化と並ぶ村上の日常の仕事は検閲資料の整理と目録の作成。日本語資料という特殊性にもかかわらず、米国規格のカタログ作りのルールを押しつけようとする大学に対して、村上は〈風車に向かうドンキホーテ〉だった。

〈論争で終わらず有形無形のプレッシャーとなって押し潰されそうであった〉

悪性のガンであることを知らず、最後まで〈ストレスからくる胃潰瘍〉として回復を信じ、プランゲ文庫への復帰を夢みていた村上は、悩み苦しみながらも時代を直視しつづけた〝戦争証人〟といえる。

戦争と科学技術　怒濤の半生

日系人の元米軍将校が語る「情報戦」の世紀

占領軍の検閲担当官として日本の戦後政策にかかわり、朝鮮戦争に情報将校として従軍、さらに宇宙開発でもしのぎを削る米ソ冷戦期に、ソ連の宇宙ロケット開発の実態を探る情報戦を生きた米空軍日系人将校コー・サメシマ（77）の半生は、戦争と科学技術の二十世紀を体現している。

日本での言論検閲に従事

「日本占領は歴史上でもユニークな時期だった。参加者として目撃者として激動の戦後史にかかわるチャンスだという気がした」

民間検閲部（CCD）プレス・写真・放送支部（PPB）第一方面（東京）検閲官サメシマは、日比谷公会堂で連日、新聞と通信社の記事に目を光らせていた。プランゲ文庫の検閲文書には検閲済みを示す「サメシマ」の署名が残されている。実質的な現場責任者で、署名の数もひときわ多い。

一九四四年十二月に入隊後、サメシマは米軍語学校（MIS）からリクルートされ、ミネソタのフォートスネリングに送られて日本語の特訓を受けた。ＭＩＳを出た二世の日本語専門官は軍の諜報活動、対諜活動、軍政府関係機関などに集中的に配備された。だがサメシマは戦線に送られる代わりにＭＩＳの教官としてとどまった。さらにＧＨＱスタッフとして占領任務を帯びた。

終戦目前になるとＭＩＳの目的は、戦後の占領政策を見据えたものとなり、民政とか検閲部門などで、日本語専門官の新たな需要が生まれた。サメシマは母国の日本に行きたいという気持ちから、ＧＨＱに志願した。ところが実際に送られたのはフィリピンだった。Ｂ級戦犯軍事裁判での通訳の任務だった。四七年五月に念願叶って、連合国軍翻訳通訳サービス（ＡＴＩＳ）に配属され、言論検閲に回された。

「ＧＨＱは報道の自由と真実を追究する報道の役割を強調する一方でプレスコード条項の順守を日本のマスメディアに命令した。だが四九年十月、マッカーサー（連合国軍最高司令官）は、急に非民主的だと言い出して、検閲を廃止することになった。せっかく僕の階級も上がってきたというのに（笑い）」

検閲任務を離れた後、サメシマは「戦後復興を自分の目で知りたくて」日本に残ることを希望し、第五空軍司令部（名古屋）で人事管理の仕事をすることになった。職場での能率向上を目的として米国の監督者プログラムに基づき、日本人監督者の研修にあたった。

志願して強制収容所に

サメシマの父誠治は一九〇〇年、薩摩半島の最南端の貧しい半農半漁の村の生活に見切りをつけて弟と二人で米国に渡った。「一族のルーツを探ったことがある。祖先は甑島《こしきじま》を本拠に東シナ海で暴れ回っていた海賊だったという話も聞いた。カツオ節を商っていたらしい。日露戦争を目前にして、軍国主義が強まってきた時期に鹿児島、熊本、広島、山口など貧乏県の若者が苦しい生活に活路を見いだそうと大量に海を渡った。父は十五歳だった。兵隊にはなりたくないという気持ちも心のどこかにあったのだろうか。そうだとすると戦争を逃れて米国にわたった移民の子供が米軍にどっぷり浸った半生を送っている。面白いですね」

インタビューに答えるサメシマさん（高木規矩郎撮影）

誠治は渡米二十年後、生きる自信をつけて同郷の女性と写真結婚。翌年の二一年にサメシマが生まれた。ホテルの従業員として働いていた父は、同じ移民人生を送る一族が開業したランドリーに加わり、さらに借金してハリウッドで初めての自分の店のグロッサリーを持った。氷水にスイカを入れて売ったり、自家製のマヨネーズを商品化するなど、才覚を生かして、商売は軌道に乗った。

ソ連の宇宙ロケット開発状況を評価するタスクフォースの顔ぶれ（左端がサメシマさん）

食肉業にも手を出したが、詐欺の被害に遭い、破産したこともある。

開戦当時、サメシマはカリフォルニア工科大学二年生だった。真珠湾奇襲のあとだけに日系人を見る目も冷たく、西海岸で勉学を続けることは困難だった。そこで受け入れてくれるところを探して各地の大学を転々とした。だが工科専攻だったため、敵国に技術が流出しかねないとの思惑からかどこも敬遠した。

やっと入学許可してくれたのは、人種差別傾向が強いとされたテキサスの大学だった。サメシマはそこで航空工学を専攻した。

「家族はコロラドの強制収容所に送られて苦労していた時だけに、戦争とは無縁の大学でのうのうと生きているのが、家族に対して申し訳ないような気持ちだった」

四四年六月に卒業。ちょうど戦争の真っ最中だった。日系人は「4C」（非市民、エイリアンとされ、徴兵の対象外）とランク付けされていたが、志願兵として主にヨーロッパ戦線で従軍した。鮫島は日系でありながら卒業と同時に「4C」から「1A」にランクアップされ、徴兵の対象となった。だが実際には航空工学を専攻して、号を持っているにもかかわらず、飛行機生産の重要性から民間会社には採用されなかった。「大学を卒業しても行くところがなくなった。まったくの失業者だった。父親がキャンプで脳卒中にかかり、母がそばにいて、面倒を見ているという便りを受け取った。そこで父を助けたいという気持ちもあって、僕も強制収容所にいれてほしいと申し入れた。志願してキャンプに入るというのは皮肉な話だった」

航空宇宙へ、38歳の挑戦

検閲官、日本での人事管理の仕事に続いて、五〇年六月二十日朝鮮戦争が勃発すると、空軍予備役だったサメシマは情報将校として朝鮮半島で従軍することになった。小型飛行機で米軍や国連軍の戦闘機や戦闘爆撃機が正確な攻撃目標に到達できるように誘導する任務だった。

「天気が変わったり、人間やら、武器とか戦車など目標が動くので、飛行位置が分からなくなる。その時に小型機でぐるぐる回って、地上軍と連絡して、攻撃機に正確な位置を知らせる。実際に搭乗させてもらって、操縦の難しさも体験した。戦況の変化で大邱、釜山、金浦、京城、平壌と半島を転々とした」

この間、進駐時代に知り合った日本人女性と結婚。五三年に帰国後、空軍がスポンサーとなって、一年半かかって航空工学の修士号を取得した。

「野心家というか。カリフォルニア工科大学に行くのも日系人社会ではあまり前例がなかった。だが何としてでも挑戦したかった」

米軍に入ってからもサメシマのチャレンジ精神は変わらなかった。スペース時代と見て取ると、宇宙に目を向け、五九年にはミシガン大学の応用天文航空工科の博士課程に入った。三十八歳の挑戦だった。誘導ミサイル、航空工学、電子工学、それに航空宇宙も若者の心をとらえていた。

「でも現実は厳しかった。三人の子供を抱え、勉強するにはちょっぴり年をとり過ぎていた。論文を書く時間もなかった。博士号をとる夢は実現しなかった。でも航空宇宙という新たな世界に進むきっかけをつかんだ」

世界は宇宙時代に入ろうとしていた。五七年にはソ連が世界初の人工衛星を打ち上げ、ライカ犬が「スプートニク2号」で大気圏外に飛び出した。六一年四月にはボストーク1号でユーリー・ガガーリンが地球を一周し、有人宇宙飛行の開発でもソ連が一歩先行していた。次いでチトフがボストーク2号で宇宙に向かった。

「ソ連は次々に宇宙開発の記録を打ち立てていた。有人宇宙飛行、二十四時間を超える宇宙飛行、グループ飛行、女性宇宙飛行士の誕生、三人飛行、宇宙遊泳——いずれもソ連が米国の先をいった。ソ連科学技術の優位は揺るぎないものとなっていた。ソ連の宇宙開発の現状がどのようになっているのか、将来はどうなるのか、それから科学技術においてはソ連の方が優秀だとみなされ、発射台でロケットの爆発も起きるという時代に、いろいろな情報をとって情勢分析することになった」

20世紀を象徴する生きざま

六一年九月、サメシマは航空宇宙システム局の宇宙兵器システム次長として、ソ連の宇宙ロケット技術の実情を探るという任務を帯び、情報戦の最先端にたたされた。ソ連の宇宙プログラムの現状を正確に評価する科学技術情報チームが作られ、サメシマをはじめ空軍将校、民間技術アナリストなど十人前後で情報収集、分析に当たった。

遅れてスタートした米国は、ソ連に追いつこうと意欲的な有人飛行プログラムに挑戦していた。六二年二月のジョン・グレンによる地球周回飛行でやっと威信を取り戻した。そして六一年五月にはケネディ大統領が、「六〇年代末までに米国は人間を月に着陸させる」と議会演説。六〇年七月に計画名だけが打ち上げられていた「アポロ計画」が月を目指して走り出すことになる。米ソ宇宙ロケットの開発競争は、いよいよ熾烈を極めていた。

ソ連の宇宙ロケットの技術評価という新たな任務は、限られた課報活動で得られた情報に依存していた。さまざまなソースからの情報に基づく分析、査定結果を照合し、公式レポートをまとめる。とくにソ連の月面着陸の潜在能力を評価することが最優先課題だった。サメシマたちのタスクフォースがまとめたレポートは、米空軍司令部の公式見解とされた。ソ連月面飛行プログラムの進捗ペース、方向、規模などが評価の対象だった。最終的には国防総省の了解を取り付けて、全米の空軍基地、試験飛行センター、航空宇宙システム局のオフィスなどで、ソ連の実情を説いて回った。

「米国より先に月面着陸しようとしているのかどうか、ソ連の真意を見極めることが、われわれに課せられていた。当時のアポロ技術陣にとってはソ連の技術の実態は最も重要な情報であった。結局われわれは『ソ連の目的は別のところにあった。地球を回る宇宙船を作るのが彼らの第一目的で、月に人間を送り込むことではない』と判断した」

サメシマは六五年、米ソ宇宙ロケット情報戦の最前線から退いたが、科学技術連絡官として日本の航空宇宙ロケット・ミサイル開発をサポートすることになった。航空自衛隊幕僚や専門の学校、空幕や民間のロケット開発企業との橋渡しに当たった。情報収集と技術開発を合わせた宇宙ミサイル・システム機構（SAMSO・本部ロサンゼルス）の外国技術部長の要職を最後に、七六年に二十六年間在籍した空軍を現役の（空軍）大佐として退役した。

「僕はとても運が良かった。日米戦争がなく、強制収容所の体験がなかったら、僕の人生はまったく違う形のものになっていただろう。僕のキャリアは、みなこの原体験につながるような気がする。僕は戦争の世紀であり、科学技術の世紀でもある二十世紀ドラマを実際に演じてきたのだと思っている」

元検閲官コー・サメシマは疾走してきた二十世紀の半生を陽がまぶしいカリフォルニアの自邸で静かに振り返った。庭の竹笹の茂みをシリコンバレーの風が吹き抜ける。風鈴が小さく鳴った。

識者の見方

「宇宙大国」の神経戦、なお止まず

——元宇宙飛行士　秋山豊寛

ソ連の宇宙ロケット設計者として伝説的な存在だったコロリョフの指揮下で六人が選ばれた頃から、惑星間飛行計画が練られたこともあるという。三代目宇宙飛行士ニコライエフとテレシコワとの結婚の仲立ちをしたのは、コロリョフだった。夫婦でどこまでいけるかという宇宙への夢もこの結婚には託されていたのだろう。その後結婚した二人は、宇宙飛行士として今なお神様のような存在である。

ソ連の宇宙ロケット開発には、確かに国家の軍事目標に協力するという側面があったが、これとは別に宇宙への純粋な夢に支えられた一面もあった。

「星の街」のガガーリン宇宙飛行記念センターで、九六年から九七年にかけてほぼ一年間、中国の宇宙飛行士二人が、ソユーズ宇宙船の搭乗員としての初級訓練を受けた。二人は中国空軍の中から厳選されたエリート中のエリートである。ロシアがソユーズ宇宙船についての技術情報を中国に供与するという話を星の街の住人から聞いたことがある。

中国は革命五十周年に向けて宇宙ロケット「長征」にロシアのソユーズ型宇宙船を取り

付けて打ち上げることを検討中というのだ。だがこうした中国の動きにはアメリカの妨害が入ると思う。米国はかつてロシアがインドにロケット技術を輸出しようとした時に、米国の宇宙飛行士をミールに搭乗させる提案をして対インド輸出に介入したことがある。

有人宇宙技術を米ロで独占しておくという米国の基本姿勢からみて、果たしてロシアが中国にソユーズの技術を出すかどうかは疑問だ。特に米国はロケット技術の第三国への流出にものすごく神経をとがらせている。あくまでも宇宙の覇権を握ろうというのが米国の本音である。そのために米国とロシアの間では宇宙ロケット開発で今もなお、六〇年代同様に神経戦が続いているともいえる。

※秋山氏は現在、福島県滝根町の山麓で農作業に従事している。

子へ、孫へ……「あの戦争」を語り継ぐ

証言者たちの肖像――さまざまな手法、生き生きと表現

戦争の世紀を生きてきた人びとの胸のうちで、それぞれの悲惨な体験を次世代に語り伝えていきたいという思いが静かに燃え続けている。自分史の執筆に挑む、芸術活動に託す……。表現の手法はさまざまだが、「あの戦争とは一体何だったのか」と問いかける思いは共通している。戦争証言者たちの肖像を追った。

刑死した父への想い、創作フラメンコに

幻想的な照明に浮いて、フラメンコダンサー山口のりこ（58）（神奈川県大和市）の体が激しくなる。歌舞劇「カリマンタン幻想」。インドネシア・カリマンタン島（旧ボルネオ島）のダヤック族の民族舞踊と自作の「火の踊り」の振りつけを生かしたそのフラメンコには、「平和・友好・人間愛」のメッセージが込められていた。

実は山口の父親、飯間学二は一九四七年四月、四十一歳でカリマンタン島で亡くなっている。石油が豊富に産出し、太平洋戦争が始まると、日本軍はオランダ領だったこの島を占領した。飯

間は神奈川県で警察官をしていたが、四二年にボルネオ民政府の警部として赴く。そして、四五年八月の敗戦。オランダ政府は「蘭領印度総督令」によって戦争犯罪裁判所九か所を開いたが、飯間はその一つ、バリクパパン戦争裁判所でC級戦犯に問われ、死刑を宣告されていたのだった。

山口の記憶に残るのは、一歳半のころの「雪だるまのわきの父親」

「カリマンタン幻想」を踊る山口さん

のイメージしかない。当時暮らしていた横浜に大雪がふった日の光景だ。だが、希薄な思い出にもかかわらず、父への追慕は消えることはなかった。戦後五十年がたった九五年七月、「最後の供養のチャンス」と呼びかけられて思い立ったカリマンタンへの旅が、山口の戦争証言活動の起点になった。

父がどんなところで死んでいったのか、知っておきたいという素朴な発想だけだった。「けれど、出発の朝、家で支度をしていた私は頭のてっぺんから薄い膜で包まれるような気がして、

『父の墓の前で何かが起こる』という男の声がした。ばかみたいだとは思いながら、『父を知っている人に会えるの』と聞き返したほど。一種の神秘体験だった」

参加者七人のうち三人はカリマンタンの戦闘体験者で、遺族は山口一人だった。現地ではマンガル日本人共同墓地を訪れ、父親が埋葬されていたという朽ち果てた墓地跡に線香をたむけた。ちょうどその時、日本語の話し声がするので、振り向くと山口らとは別グループの男性三人の姿があった。山口は「これが『予言』の出会いだったのか」と思った。

聞けば、三人は戦友同士で、父とは直接の面識はなかったが、近くの戦闘地域にいたらしい。帰国後、三人はそれぞれのつてをたどって、次々に新たな情報を発掘して山口に知らせてくれた。父親と一緒にバリクパパンの収容所に連行されたという人とも会うことができた。

中でも山口の生き方を塗り替えるほどの衝撃をもたらしたのは、三人との出会いをきっかけに戦犯裁判で父を弁護した西山要を知ったことだった。現在も神戸で活躍する八十六歳の弁護士で、終戦時、海軍司政官であり、戦犯法廷の弁護人として残留した。

報告書をまとめた西山弁護士

その西山が総理庁第二復員局に提出していた「戦犯裁判現況報告書」が、父の死に至るカリマンタンの情景を解き明かしてくれた。それによって、「雪だるまのわきの父」は、「苦悩しながらも黙って死を受け入れた父」へと昇華していった。

西山報告書によると、四五年七月はじめ、バリクパパン周辺では上陸したオーストラリア軍と激戦が続き、「原住民不穏分子各所に跳梁《ちょうりょう》」といううわさで大混乱していた。そんな状況のもと、婦女子を含む二十人を超す住民が殺害されるという「リコ村事件」が起きた。

野菜野草の集荷や行政補佐の任務についていた飯間は、事件の責任者として、戦犯裁判にかけられた。

マンガル日本人墓地を訪ねた山口さん（右から３人目）＝1995年7月

「本件の主導者は（団体の正式の長である）軍曹であるか、警部たる被告人（飯間）であるかは簡単には断定できない」と、西山報告書は裁判のあいまいな形での決着を指摘している。軍曹は裁判前に病死していた。

「被告人等は死刑を予期し居る旨を申述べるのみならず、自分等が当初より否認したことにより、多数の日本人が無事なるを得たるは幸とするところなりと云《い》うに至りては、その心境のあわれむべきものありという以外如何《いかん》とも為《な》し難く、弁護人としては遺憾であった」

報告書に接して、山口は「混乱の中で、だれが命令をくだし、だれがどのように動いたのか不明のまま、父は一言もしゃべらずにすべての責任を背負って死んでいったのだと確信した」という。あの慰霊の旅で感じた「父をはじめ戦地に連れていかれて捨てられた若者たちの悲惨な魂を無駄にしたくない」という思いもよみがえってきた。

フラメンコで表現しよう。《戦火に追われ、恐怖、空腹、マラリアの高熱と戦いながら、生死の境をさまよい、意識の薄れる中でジャングルの奥へ迷い込んだ一人の青年敗残兵が見たものは何か……》。山口は「カリマンタン幻想」を創作した。

九七年六月の横浜、広島、神戸での舞台を最初に、山口は全国各地でひたすら踊り続ける。また西山も刑死した父親を思う心根に動かされ、山口の神戸上演を支えた。

いつの日にか戦争証言を自分史にまとめて新時代の若者たちに語り継いでいこう。そんな思いも、山口の活動を支えるエネルギーとなっている。

病と戦い書き続ける記憶

乳がん、胃がんで次々に内臓が切り取られ、さらに骨折の後遺症が追い打ちをかける。体がつらい。でも、埼玉県所沢市の松井光江（75）はひたすらに記憶を書きとどめる。

二十歳を迎えた四三年四月、六歳上の陸軍工兵大尉松井正と満州（現中国東北部）の四平街で挙式。翌年五月、長女の征江が誕生したのもつかの間、夫は戦地に行った。そして「十二月二日、

自分史教室で体験を語る松井さんと、わきに立って指導する福山さん

レイテ島で戦死」の公報が入った。

夫の両親と一緒に疎開していた愛知県の寺で、終戦の玉音放送を聞いた。「この国はどうなるのか。恥を知り、品位を保ってきたこの国が滅びる。暗く惨《みじ》めに生きるのなら、死をもって日本人の誇りを守るのだ」。松井は死を決意し、遺書をしたためた。

借りていた寺の離れに祭壇をしつらえ、花を生け、白い着物を準備し、夫からもらった短刀を置いた。そして、夫の遺影に向かって「すぐ参ります」と語りかけていた。

と、いつの間にか一歳三か月の征江がきて、ちょこんと座って小さな手を合わせ、遺影におじぎをしているではないか。出征の朝に「征江を頼む」と言った夫の声がよみがえった。はっと我にかえると、娘が天使に見えた。「これから恥辱の日々にあえごうとも、この子と一緒に生きられるだけ生きよう」

この体験を支えに、戦後の五十年を生きてきた。

最近になって「孫たちへの証言」として、自分史の書きつづりを始めた。夫が「おまえ、よくやってくれた」と言っているような気がする。

九八年末には東京の郊外での戦争体験を語る会に病身を押して出て静かに語った。「自分は戦争の被害者だとは思いたくない。ただ精いっぱい生きてきたのだということを言いたい。新しい時代を生きる人たちにも、精いっぱい生きてもらいたいと思う。これが戦争体験を踏まえてのメッセージです」

「自分史」を社会の財産に

密航船での捕虜収容所からの必死の脱走記『僕と軍隊・奇跡の生還』、旧ソ連アルタイ地区抑留者名簿を集録した『シベリアを生きる』、中国戦線で散った父と子の往復書簡集『花よりも愛でにし』……。

自分史研究家の福山琢磨《たくま》（64）（大阪市天王寺区）のもとには、全国から自費出版書籍が送られてくる。蔵書は五千冊を超えた。みんな、激動の二十世紀の体験を次世代に伝えたいという願いが込められたものばかり。福山はこれを「社会の財産」として残そうと奔走している。

福山は戦後しばらく大阪で新聞社に勤めたあと、高校新聞の編集指導などをし、五十歳の誕生日を迎えたのを機に「自費出版センター」と自分史図書館を設立した。「戦争は二十世紀を切り取る上での最大のできごと。自分の戦争体験を書き留めておくということは、激動の時代を生きた自分の存在の証《あかし》でもあり、その体験を後世に残すことにもなる」というのが趣旨だった。

最初に手がけたのが「本の渡り鳥」だった。送られてきた自分史の中から毎年の読書週間に約四十冊を選び、北海道から沖縄まで全国に散在する四百人の「止まり木」会員の間で回し読みするのだ。

また、埋もれた戦争体験を発掘するために各地で「自分史教室」を開いた。まず千六百字にまとめてみませんか。それができたら、みんなの前で朗読してみよう。書く糸口さえ見つかれば、次から次に思いが膨らんでくるかもしれない。

こうしてできあがった自分史や一般公募も含めて集大成、すでに十一集になった。福山は、それに「孫たちへの証言」とタイトルをつけた。

だが何とか自分史をまとめても、保存を講じない限り本は散逸し、貴重な体験もすぐに風化してしまう。国立国会図書館法は自分史も含め日本で刊行されたすべての書籍の納本を義務づけており、罰則規定もあるが、完全に集めるのは困難な状況だ。

福山は、自分史の全国ネットワーク作り、保存活動にも取り組んだ。「個々の体験は個人の財産であるばかりでなく、家族の財産、地域の財産、国の財産だとも思う。それだけに、社会全体で自分史を支えるようなシステムを作る必要がある」

福山は自ら出向き、かつて「自分史教室」を開いたネットワークの仲間と手を携えて、自費出版本を収めた図書館づくりを進めている。福島、盛岡、富山、松山、大分ではめどがたってきた。

幸い、北九州市では自分史文学賞を制定し、愛知県春日井市では自分史センター設立を計画するなど、地方自治体にも動きが出てきたという。

◇

次世代に戦争体験を伝えていこうという動きは、自分史だけではない。戦没画学生の遺作を集めた「無言館」（長野県上田市）、沖縄戦記録フィルム収集を進める市民活動（那覇市）、「戦争の時代を生きる——体験・さまざまなる想い」展（東京）、インターネットを通じた「コンピューターおばあちゃんの会」（東京）。二十世紀を残そう。これからもいろいろな試みが出てくるに違いない。

「カリキュラム」って何ですか？
ＧＨＱの教育改革——山梨で学校民主化に奔走した米国人の回想

戦後間もなく山梨県軍政チームの民間教育情報担当官として、六・三・三制や男女共学の導入、修身授業の廃止など、連合国軍総司令部（ＧＨＱ）の教育改革を監視し、助言を行ったのはジェイコブ・バンスターベレン（81）だった。一九八八年、その草の根の体験記録『アメリカ・イン・ジャパン１９４５〜１９４８』（五月書房）が翻訳され、日本でも出版された。

軍事教育排除を徹底、入念な視察

バンスターベレンが山梨県軍政チームに着任したのは、一九四六（昭和二十一年）十一月。シカゴ大学の博士課程（歴史、政治学）を終えた後、ＧＨＱの経済科学局への勤務が決まっていた。だが、来日後、大学や政府機関で実務経験があることから、地方軍政本部付専門家になることを勧められたのだ。

軍政部（隊員約三十人）は県立図書館（現・県庁南別館）を接収し、四か月前に設立されたばかりだった。民間教育情報担当官の任務は「教育と宗教の非軍事化を求めるＧＨＱの指令が確実

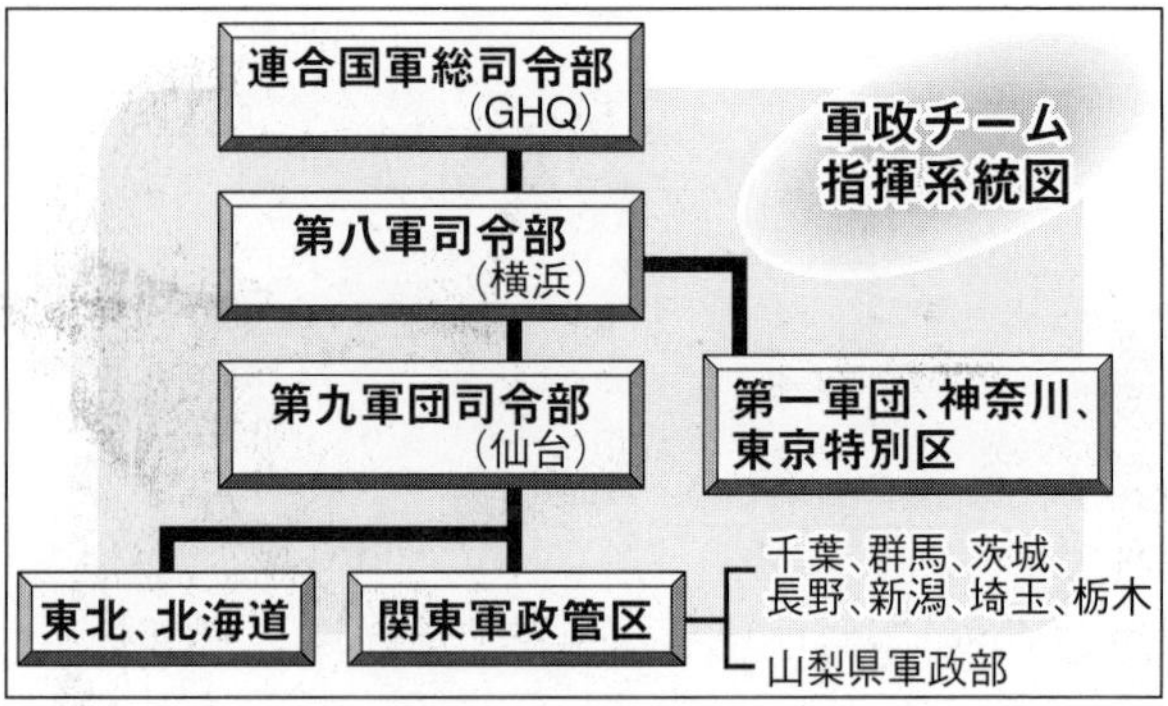

に守られているかを監視し、（地方進駐部隊の総元締めである）第八軍司令部など上部機関に報告書を提出する」ことだった。

「具体的な仕事は学校の視察から始まった。軍事教育が行われていないかを調べるためで、小・中学校を中心に毎月最低五校は回るように命じられていた」

視察先では①教師へのあいさつが軍隊式ではないか②教師が教育勅語を奉読したり、生徒が読んでいないか③御真影が学校に置かれていないかなど、六十項目近くに上る「超国家主義教育排除のための点検リスト」（第八軍司令部施行命令）に従い、チェックするのが主な仕事だった。先遣隊がすでに一年前、学校の天井裏に銃剣や背のうを隠していた中学校長を摘発したり、皇国史観の教科書がないか、本箱の裏までくまなく捜すなど地ならしをしていた。

バンスターベレンの訪問を受けた学校関係者の目に、彼はどのように映ったのだろうか。

【証言1】元増穂国民学校教諭・伊藤美彦（74）「彼が『英語を話すのは全て民主主義の国だ』と話したので、私は「上海の英国

山梨県軍政部が入っていた建物（現県庁南別館）

発足当初の山梨県軍政部（右の建物）

や米国の租界には『中国人と犬入るべからず』という場所があったようだが」と反論した。と、素直に前言を取り消したので、好感を持ったのと同時に、ホッとした。日本の軍隊だったら、直ちに張り飛ばされるか、獄舎入りだったろう」

【証言2】当時、同校の五年生だった小林好雄（64）「バンスターベレンが来校した時、全校生徒が校庭に集められた。話の内容は記憶にないが、怖い存在だった校長がペコペコする姿を見て、進駐軍って強いんだなと思った。それからすぐ、悪い先輩に教えられた英語が『ハブ・ユー・マッチ？』と『ギブ・ミ・チョコレート』だった。カマボコ兵舎へ行くと、隊員たちがバトミントンを楽しんでいた。アメリカは何と豊かな国なんだろうと、子供心に思った」

バンスターベレンが学校で目にしたのは、荒廃した校舎とすし詰め学級。月例報告書の中で、〈教室は過密で一学級百二十人の生徒がおり、最悪の状況（中略）…生徒たちも規律に欠けており、この問題は過密さによって確実に悪化している〉（『山梨県史資料編』）と指摘した。

校長は過密教室や学校用品の不足などを訴え、教師は軍国主義教育の一掃で、修身、地理、歴史の三教科が廃止となり、何を教えていいのか五里霧中だった。

【証言3】映画俳優・土屋嘉男（71）「終戦の年に旧制日川中（現・日川高）を卒業したが、校舎は荒れ放題。暖房用に、塀や便所の戸から、天井板まで壊して燃やしていた。足を踏み外して、落下するネズミもいたほどだ」

【証言4】元塩山中教諭・小川平記（77）「一クラス六十人近い生徒で、教室はぎゅうぎゅう詰め。後ろの生徒は壁に寄り掛かって授業を受けていた。授業をさぼってタバコを吸ったりしている子供もいて、補導委員をしていたので、よく補導に行った。働かないと食べていかれない時代。世相を反映して、すさんだ子供たちが多かった」

ところで、軍政部の隊員たちは、日本人をどう見ていたのだろうか。

当時、タイピストとして軍政部に勤めていた漫画家の小林治雄（73）は、軍政部を舞台に人間模様を描いたその著『ヘィユゥ！さらばGIグラフィティ』（まほろば書房）の中で、副官のブラント陸軍大尉に、離任あいさつを通して、こう言わせている。やや長い文章だが、引いてみる。

〈実は、日本に上陸してからも、いつ襲われるかと日本人が怖かった。暗いジャングルの茂みから突然カタナを振りかざして襲いかかるカミカゼ斬り込み隊。（中略）その瞬間彼らが見せる、死を前にしたディスペレイトな形相は、そう簡単に忘れ去れるようなものではない。ところが進駐して来て、あの勇敢な日本兵の姿はどこへ消えてしまったのか？　あるいは騙されているんじゃないかと、ひかえ目な、そして温和な日本人にとまどった。

軍政部へ副官として着任した私はまず第一に、完全な、いかなる訂正の跡も残さない書類作成をアドミニストレーション（総務部）に要求した。日本人には到底追いつかぬものとたかをくくった。かつての敵国人の報復。さもしい下心がなせる行動だった。だが、そんな思惑で投げられた私のボールだが、ものの見事に打ち返された。完璧な書類は修正跡一つない見事な出来ばえだった。（中略）振り返って見れば、戦場での日本兵の信じられないほどの強靭さも、やはりその辺にあるのではなかろうか？　日本人の優秀さを羨ましく思うと同時に、軍政部隊員の無能ぶりが目につくばかりだ。ひと時とはいえ、報復などと神の教えをはずれた自分が恥ずかしい〉

戦後教育の理念に戸惑う教師たち

話を本題に戻そう。四六年三月に、フィラデルフィア教育長のストッダード団長以下、総勢二十七人から成る「米国教育使節団」が来日し、教育制度や成人教育の民主化など、新しい教育について全般的な勧告がなされた。教師たちは、戦後教育の原点ともいうべき報告書に書かれた基本的理念を理解しようとしたが、人権とかカリキュラム、民主主義といった言葉の意味がよく分からなかった。

民間教育情報担当官として、教育改革に情熱を傾けたバンスターベレン氏（1999年１月）

このころから、バンスターベレンの仕事量は急激に増える。学校視察を続けながら、四七年度からスタートする新教育制度や成人教育の改革に向け、関係者らとの会議やPTA、青年会、婦人会などでの講演。新制度を説明するための新聞発表、月報や半

月報の提出、さらには四つの全国・地方選挙の監視までも。まさに目の回るような忙しさだった。「学校視察や若者との対話で半日は外回りをし、週のうち六日間は働いた。それでも、富士山の姿を見ると、疲れが吹っ飛び、明日の英気を養うことが出来た」という。

四七年四月から、公式に六・三制が発足。それまでの学制は小学六、中学五、高校三、大学三が基本型。義務教育は小学だけだったのが、中学を含めた九年に。だれもが教育を受けられ、男女共学の原則によって性による差別もなくなって、文字通りの民主教育がスタートした。

当面、児童・生徒たちを学校にどう収容するかが最大の問題だった。

【証言5】元岳麓高女校長・広瀬勝雄（92）「新たに男子便所を設置したり、荒れた校舎を改築したりする予算が足りず、市町村に応分の負担をお願いして回った。土建校長と陰口をたたかれた」

共学については当初、「女は男より劣っているという思い込みと、風紀が乱れることを心配」して生徒の親などから反対意見が強かったが、女性教師の中には「小学校上級生の男子は行儀が良くなった」と評価する者もいた。

信念と信頼で礎きずく

中学校長を定年退職した伊藤祐文（故人）と通訳だった榎本愛子の二人の教育アドバイザーが山梨における教育改革の強力なサポーターになった。

視察先の学校で。中央がバンスターベレン氏。その右隣が通訳を務めた榎本愛子さん（バンスターベレン氏提供）

「二人とも山梨の教育事情はもちろん、校長や他の教育者の評判を良く知っていて助けになった。彼らなしでは、私は任務を全うできなかった」

バンスターベレンが二人の意見に従わず、自説を押し通したことが一度だけあった。四七年一月。校舎を全焼させた甲府高女の校長が辞任を申し出た。二人は「校長は教育者として立派で、父母や生徒からも尊敬されているが、こうした場合、トップが責任を取るのは日本の伝統」と主張した。だが彼は「校長として留まることが、戦争で荒れ果てた日本においての彼の責務だ」として、辞任を認めなかった。

また、優秀な女性教師が親の決めた相手と結婚しないで、好きな男性と駆け落ちしたため、実家に連れ戻されたと聞き、命令を出し

榎本愛子さん

て彼女を復職させたこともある。いずれも「教師こそ、民主日本を生み出す先頭に立つべき存在だ」という信念に基づく決断だった。

こうしたバンスターベレンの信念には、着任早々に経験した一つの苦い思い出が背景にあった。

四六年十二月。ある高等女学校の生徒たちから、一人の中学校教員の復職を求める血判状が送られてきた。「戦争犯罪を犯していないのに追放されたのは誤りだ」と訴えていた。教員適格審査委員会に問い合わせると、「彼は大政翼賛会の一員だったので、自動的に公職から排除された」という回答だった。正当な処理だと判断したが、後になって、例の教員は名目だけで、翼賛会員として活動していなかったことが判明したのだ。この一件が、胸の内にトゲとして残っていたのである。

在任中、「隣組が神社を維持するための寄付集めに使われている」と、市民から多くの申し立てがあった。GHQは四六年十一月、政教分離の立場から隣組による寄付集め禁止を指令、内務省も四七年四月、隣組の廃止命令を出していた。バンスターベレンは「寄付は自発的で、強制されるべきものではない」と強調したが、隣組には手を付けなかった。「廃止すれば、地元の寺や神社は財政的に存在出来なくなる。占領が終わり次第、民主的組織にすることが最善の策」との確信があったからだ。

【証言6】榎本愛子（88）「通訳をしていて、バンスターベレンに日本人の考え方と違うので、言わない方がいいと止めたこともあった。彼には勝者とか敗者とかいう発想は全くなく、学校を視察しても威張らず、真剣でリベラルな紳士だった」

バンスターベレンも榎本に対し、「カナダのメソディスト系大学で五年間学んだ才媛で、民主主義とはどういうことかを良く理解していた。オフィスを訪れる多くの県民の中から、私がだれと会うべきかの〝交通整理〟の仕事も任せていた」と語るほど、全幅の信頼を置いていた。

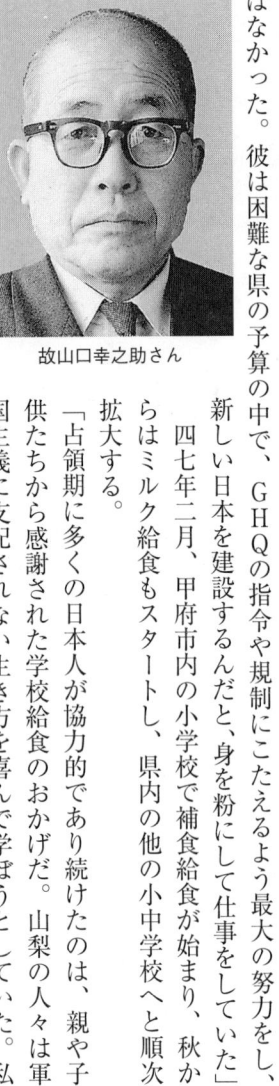

バンスターベレンが信頼し尊敬していた人物がもう一人いる。県との話し合いの窓口であった教学課長の山口幸之助（故人）である。「すし詰め教室をはじめ、破れた学校の窓ガラス、教科書不足など多くの問題について、彼と話し合ったが、日本のインフレ経済のため、解決は容易ではなかった。彼は困難な県の予算の中で、GHQの指令や規制にこたえるよう最大の努力をし、新しい日本を建設するんだと、身を粉にして仕事をしていた」

故山口幸之助さん

四七年二月、甲府市内の小学校で補食給食が始まり、秋からはミルク給食もスタートし、県内の他の小中学校へと順次拡大する。

「占領期に多くの日本人が協力的であり続けたのは、親や子供たちから感謝された学校給食のおかげだ。山梨の人々は軍国主義に支配されない生き方を喜んで学ぼうとしていた。私の事務所を訪れ、『民主主義の秘けつは？』「アメリカはなぜ科学が進歩しているのか」と質問を浴びせた。その姿勢に感銘を受けた。私が不安を感じたのは一度だけ。それは、四七年二月一日に予定されていたゼネストへ向けて、労働運動が異常な高まりを見せた時だ。軍政部を守ってくれていた警察当局が彼らを抑えきれず、その力に圧倒されるのではないかと思ったからである」

山梨軍政部は、四九年七月から民事部と名を改め、五二年四月の占領終結近くまで活動していた。バンスターベレンが四八年九月に帰国した後も、学校視察は続いた。軍人の中に「占領が終わった途端、日本は再び軍事国家になる」と固く信じる者がいたからだ。

教育の「あるべき姿」追い求めて

バンスターベレンが山梨軍政チームに参加したのは二十九歳の時で、榎本は三十六歳、山口は四十一歳だった。教育改革の〝戦友〟だった三人のその後を追った。

バンスターベレンは帰国後、三十余年間にわたり、米政府の諸機関で史料編さん官として勤務。八一年に引退してから、今回の著書など二冊を出版、九九年中にベトナム戦争について分析した本を出す予定という。

榎本は母校の山梨英和に戻って、教頭を務めた後、福岡女学院院長や静岡英和の中高校長などを歴任。七八年に辞めてからは、山梨英和、東京女子大の同窓会長として尽力。幼時洗礼を受けた敬けんなクリスチャンで、今も、ドイツ語の新約聖書、英語の旧約を読むのを日課としている。

山口はその後、初代の県教育長になるが、知事と衝突して辞職。が、惜しい人材だとして再雇用され、県立教育研修所長や図書館長、日川高校長などを務める。豪放な性格で、部下の信望も厚かった。その傍ら、日本体育大や都留文科大、山梨大などで教育原理や教育心理学を教えた。「人心を一新したい。これからの教育はある姿ではなく、あるべき姿の追求なんだ」。県教育委員長の岩波正雄（74）は三菱重工勤めのサラリーマンから高校の校長にスカウトされた際、山口が強調した言葉が忘れられないという。

八七年六月、八十二歳で亡くなるが、二か月前まで日体大の教壇に立ち、死の前日までラジオ講座で英語の勉強を続けた。弔辞を読んだのは、彼が東大を卒業後、日大四商（横浜）で教えた元参院議員・秦野章（87）。年齢がそう離れていないこともあって、授業が終わった後、近くの居酒屋でコップ酒を酌み交わしながら、ツルゲーネフについて文学論を戦わせた仲。秦野は「高徳の人」としのんだ。まさに〈あるべき姿〉を自ら実践した山口の後半生だったが、榎本とバンスターベレンもまた、同じ道を追い求めているようだ。

解説・背景

GHQの教育改革

GHQは四五年十月二十二日、三つの内容から成る「日本教育制度に関する管理政策指令」を出した。①教育内容から軍国主義、国家主義の排除②軍国主義者だった教員らの追放③教科書などを非軍事的原則に基づいて改訂することを求めた。これを手始めに、国家神道の廃止や修身・国史・地理の教科を一時停止させるなどの教育管理に関する基本的指令が年末にかけて相次いで発令された。

武蔵野美術大名誉教授・久保義三（教育史）は、「占領教育政策の狙いは自分たちに再びキバを向けないよう、日本人を精神的に軍備解体することにあった」と言う。アメリカでは四二年から、日本の敗戦を見越して軍政部要員の養成を始め、日本の言葉や文化を徹底的にたたき込んでいた。

地方レベルの文民教育情報担当官には、バンスターベレンのように、教職や教育行政職の経験を持つ民間人が多く起用された。中には教員組合の人事に介入するなど、高圧的な人物もいたが、「地方軍政部を含め占領軍の中に日本の制度や文化に通暁していたり、進駐後に日本に惚《ほ》れ込んだ教育情報担当官がいたことは我々にとって幸せだった」と大阪大教授・阿部彰（教育制度）。

なぜなら、間接統治が原則で、軍政チームが独自に是正命令を出せないはずなのに、「（男女共学、学区制などの高校三原則やPTAなどについて）各地方の実情に即して弾力的に判断や決定が下されていた」（『アメリカ・イン・ジャパン』共訳者の神奈川県立外語短大教授・諏訪幸男、三国隆志）。このことが後になって、教育に自由の風を吹き込む要因にもなった。

ハーバード大教授・入江昭はバンスターベレンの本の序文に、次のような一文を寄せている。

「少なくとも初めのうちは、日本人もアメリカ人も日本を改革する仕事に、極めて熱心に取り組んでいた。このことは多分、我々が記憶にとどめておくべき最も重要な点だ」

終戦後、日米間には一つの目的を共有するこのような時期があったのである。

巧みに利用された民族感情

英国特務機関SOEの対日戦――ビルマ戦線指揮した元工作員

英国特務機関SOE（スペシャル・オペレーションズ・エグゼクティブ）は、第二次大戦中の一九四〇年七月、枢軸国軍の進攻の前に劣勢に立たされた英国を救う〝影の部隊〟として設立された欧州最大の戦時諜報《ちょうほう》組織である。ナチス・ドイツや日本軍の占領地域に潜り込んだSOE工作員は、レジスタンスを支援し、抑圧された民族の愛国心を燃え立たせることに成功する。しかし、一度燃え上がった民族感情を鎮静化させることはできず、戦後、民族紛争の激化という大きな負の遺産を残した。

山岳少数民族にゲリラ戦指導

日本軍の劣勢が決定的になった四五年四月、ビルマ（現ミャンマー）北部マンダレー近郊の道路を南へ退却する小隊に、自動小銃などで武装したゲリラの一団が突如襲いかかった。攻撃を予想していなかった日本兵たちは、次々と倒れ、残った者はジャングルへ逃げ込んでいく。

日本軍を襲撃したのは、ビルマの山岳少数民族カチン族のゲリラ部隊「チンプ」で、SOE工

ルービンスタイン氏（左）とビルマ・カチン族の
抗日ゲリラ。日本軍襲撃直前に撮影（同氏提供）

作員リチャード・ルービンスタイン（当時二十四歳）が指揮していた。部隊は道路わきの茂みで待ち伏せし、日本兵に一斉射撃を浴びせては逃げ、時には肉弾戦も挑んだ。日本軍ビルマ方面司令部の上級将校の一行を襲い、機密文書と思われる書類を奪ったこともあった。

ルービンスタインら三人のSOE工作員は、連合国軍の進攻後も、残った日本兵の掃討を続けるよう命じられた。彼らが率いた五百人のカチン族ゲリラは、十倍の人数の日本兵を相手にした。それでも闘いは一方的だった。

「日本兵は勇敢だったが、簡略な武器しか携行していなかった。食糧もなく、みな疲れ果てていた」

ロンドン北部の閑静な住宅地で庭いじりを

しながら隠退生活を送るルービンスタイン（77）は、日本兵への襲撃に関しては多くを語りたがらなかったが、両大戦の記録、資料を保存する英帝国戦争博物館（ロンドン）には、「私自身、二百人ほどの日本人を殺害したと思う」との本人の録音証言記録が残っている。

英国防義勇軍の高射砲部隊員だったルービンスタインは視力が悪かったため、あこがれの空軍入りを断念し四四年一月、SOEに入隊する。米戦略情報部（OSS）の工作員や北アフリカ帰りのフランス兵を教官に、特殊工作員としての技術を磨いた。

その年の夏にめぐってきた最初の任務は、フランスのレジスタンスに活動資金と武器を届けることだった。空軍ジャケットのポケットに三万ポンド相当の大金を詰め込み、仏軍特殊空挺部隊の秘密基地だったブルターニュの屋外展示場へパラシュート降下。グライダーで送られてきた武器も回収し、フランス側に引き渡すことに成功した。

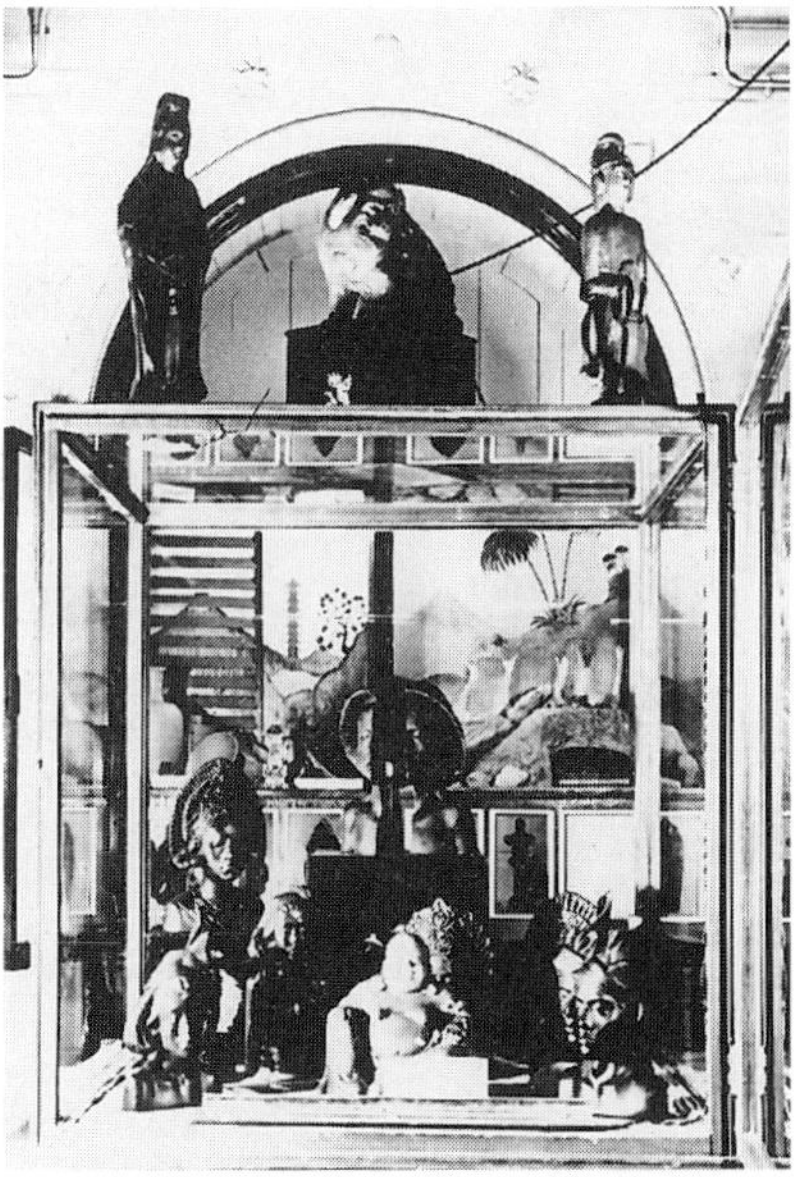

爆弾を仕込んだ仏像や民芸品。SOEがアジア地域での破壊工作に用いた（英帝国戦争博物館提供）

パリ解放後、ルービンスタインは、英国統治下の植民地の大部分を日本に奪われた東南アジアでの任務を帯び四四年末、インドへ送り込まれた。

ルービンスタインが配属されたSOE極東部隊は連合軍東南アジア司令部（インド・デリー）の指揮下に置かれ、一三六部隊（隊員約千七百人）と呼ばれて対日情報作戦を展開していた。四五年春には、パラシュートでビルマ山中に降り立ち、カチン族の元植民地軍将校と接触する。この元将校と共に二百人のカチン族住民有志を募り、短機関銃の使用法や爆発物の仕掛け方など、ゲリラ戦に必要な訓練を施した。


大戦前、英国はビルマの民族対立を巧みに利用し、民族分断統治を行っていた。平地民族で人口の七割を占めるビルマ族を抑えるため、カレン族やカチン族など山岳少数民族を、軍人や警察官など植民地支配の〝先兵〟として起用することが多かった。

だが、日本の占領後、日本軍に抵抗した少数民族は虐殺され、故郷の山岳地帯へ追いやられる憂き目にあった。英国は少数民族の復讐《ふくしゅう》心をあおり、武装させて再び日本へ立ち向かわせようとしたのである。

SOE工作員は、カレン族とカチン族を中心に各地でゲリラ部隊を組織し、日本軍の農村での米の調達を妨害するなど、闇《やみ》に紛れて破壊工作を続けた。四四年秋、インパール作戦に失敗した日本軍の撤退が本格化すると、直接攻撃をしかけるようになった。

SOEの射撃訓練を受けるビルマの抗日ゲリラ。武器の一部は戦後も回収されないまま、民族紛争で使用される皮肉な結果も生んだ（英帝国戦争博物館提供）

内戦への火ダネも残す

SOEの功績では、四四年六月に始まった連合軍のノルマンディー上陸作戦の側方支援が知られている。ドイツ軍の戦車部隊は、SOE工作員とレジスタンスの妨害活動によって内陸部にくぎづけにされ、ノルマンディーにたどりつけなかった。

しかし英ノッティンガム大アジア太平洋研究所長のリチャード・オールドリッチ（37）は、「最も成功したSOEの軍事作戦は、ノルマンディー支援ではなく、四四年十一月から四五年四月にかけてビルマ北部で行われたカレン族ゲリラによる日本軍襲撃だった」という。英正規軍よりも多数の損害を日本軍に与えた月もあったとされ、ゲリラの活躍は、連合軍のラングーン到達を早めた。

日本の降伏後、ルービンスタインは、カチン族ゲリラに貸与していた武器を回収したが、彼らが日本軍から奪った武器はそのままにしておいた。一方、主要ゲリラ部隊であるカレン族に供給した武器は、ほとんど回収されていない。基本的にゲリラの戦力は温存された。

四九年一月、カレン族が武装ほう起すると、SOEの元構成員や退役将校たちは、英政府の意向に反し、カレン族への資金提供と武器供給を続けた。あわよくばビルマ独立政権を転覆させ、再び英連邦への取り込みを図ろうとの幻想を抱いていたと言われる。

こうしてビルマは、アジアで最も先鋭な民族紛争に直面する国となる。独立を求めるカレン族の闘いは、今年五十周年を迎えたが、ミャンマー軍事政権、カレン族のどちらにも、和解に応じる気配はうかがえない。

SOEはビルマの隣国マラヤ（現マレーシア）でも、少数派の中国人ゲリラに武器を供与した。旧ユーゴではチトー率いるパルチザンを集中支援、ユーゴ統一への道を開き大戦後、民族紛争を各地で拡大したとの批判も生んだ。

「どこの国にも愛国者はいて、自由のために立ち上がろうとしていた。しかし独力でできることは限られていた。われわれは愛国者たちの手助けをしたのだ」。ルービンスタインはSOEの役割を評価する。

もちろんSOEの活動の有無にかかわらず、民族紛争はいずれ深刻化した可能性は高いが、オールドリッチの見解はルービンスタインとは、大きくかけ離れている。

「法を尊ぶ民族に無法者の精神を植え付け、武装闘争の技術を教えたのは、SOEにほかならない」

大戦時、ＳＯＥやＯＳＳなど戦時特務機関がマニュアル化して広めたゲリラ技術の基本は、やがて世界中のテロ組織に浸透していった。

冷戦時代になると、米中央情報局（ＣＩＡ）やソ連国家保安委員会（ＫＧＢ）などの課報機関がその役割を引き継いだ。

世界各地で頻発するテロや血を血で洗う内戦の背後には、こうした諜報機関で訓練を積んだ人物がいると言われる。

〝影の部隊〟の主役たちがたきつけた憤怒の火は、今も世界で燃え続けているのである。

解説・背景

世界の諜報機関

冷戦時代の主役となった各国の諜報機関は、ＳＯＥのような戦時組織の人員を受け継いで発展した。ただ、ほとんどの国は自国内での防諜活動に手いっぱいで、世界中に工作員を送って諜報網を築き上げたのは、米ソなど一部の大国に限られていた。

戦後設立されたＣＩＡは、冷戦の深刻化とともに規模を拡大していく。ＫＧＢも、軍の情報部と競争しながら、徐々に基盤を固めていった。植民地の大部分を失い、国力が大幅に低下した英国の対外諜報機関ＭＩ６は、活動の中心を中東と対ソ工作に絞り込んで、伝統を守り続けた。

冷戦構造が崩壊すると、各国の課報機関は大きな変革を迫られた。ＣＩＡは、安定した予算と有能な人材の確保が以前より困難になった。日米自動車交渉で日本政府代表団を盗聴するなど、最近は〝経済戦争〟をより重視している。

ＫＧＢは九一年に解体された。その後継組織の一つである中央情報局（ＦＳＫ）は、冷戦の遺産である海外情報網を活用し、密輸や資金洗浄などマフィアまがいの仕事も行っていると言われる。

例外は、四方を敵に囲まれているイスラエルの課報機関モサドで、現在も冷戦中と同様の課報活動を続けている。ただ、九七年にイスラム原理主義組織ハマス指導者の暗殺に失敗して以来、目立った作戦を実行していない。

英国特務機関ＳＯＥ

四〇年七月十六日、英戦時内閣によって設立された。陸軍省情報局ＭＩＲ、対外課報機関ＭＩ６の破壊工作担当Ｄ局、外務省の宣伝工作担当部局の三組織を母体とし、戦時経済相の直属機関となる。

枢軸国占領地域における宣伝活動や破壊工作活動の指揮、情報収集などが主要任務だった。英帝国戦争博物館のマーク・シーマン（45）によると、英国正規軍が枢軸軍に苦戦す

旧ユーゴ・パルチザンの兵士たち。うち１人が英人連絡将校とみられる（1945年、英帝国戦争博物館提供）

る中、英政府は、ＳＯＥが指揮するレジスタンスなど〝不正規軍〟による揺さぶりに期待していたという。

活動範囲は、フランスやユーゴスラビア、イタリア、ギリシャなど欧州各国、ビルマ、マラヤ、香港、中国などアジア諸国のほか、中東、アフリカなど約三十地域に及んだ。最盛時には、約二万人のスタッフを擁し、うち五千人が工作員だった。米国のＯＳＳに匹敵する大規模な戦時特務機関であり、両者はしばしば競合関係にあった。

ＳＯＥは、ノルウェーの水力発電所を爆破し、ナチスが原爆製造に用いる予定だった重水の生産を防いだとされる。一方、中国では闇レートの通貨交換を通じて巨額の資金を稼ぎ出し、香港統治維持のため中国高官らへわいろを贈ったと言われる。

四六年一月に解散した。最近、関連公文書の公開が進んでいるが、肝心な部分は失火で焼失してしまっている。

東洋人として、一人の人間として

東南ア独立と日本人の協力——ベトナム・ケースを追う

第二次世界大戦で日本が連合国に無条件降伏したとき、日本が占領していた仏領インドシナでは、抗仏・抗日勢力による独立闘争が火を噴いた。まだ主力を温存する日本軍、外交官、知識人の中にはかつての大東亜共栄圏内の「与えられた独立」ではなく、フランスからの完全独立を助けようとする少数派がひそかにベトミン（ベトナム独立同盟）に武器を引き渡したり、地下工作を続けた。ビルマやインドネシアの独立にも見られた〝日本人の影〟を探った。

蜂起前後に秘密の折衝、日本軍から武器引き渡し

「今だから話せる。南方軍総司令官の寺内寿一元帥との直接交渉で、ベトナム駐留フランス軍（仏印軍）の武装解除の際（一九四五年三月の明号《めいごう》作戦）に接収した武器をわれわれに引き渡すよう頼んだ。最初は色よい返事はなかった。だが、日本の原爆犠牲者に対して衷心から哀悼の意を表したところ、寺内はいたく感動したらしい。ある日、トラック十台分の武器弾薬がどさっと届いた」

今はホーチミン市に引退しているかつての共産党指導者チャン・バン・ジャオ（88）が、サイゴン（当時）での民衆一斉蜂起《ほうき》前後の現地日本軍との秘密折衝のエピソードを明かした。

◇

仏本土がドイツ軍に占領され、対独協力ビシー政権が成立すると、日本軍は中国・重慶の蔣介石政権への物資補給ルートを断ち切るために仏印進駐（四〇、四一年）を強行した。結局、これが太平洋戦争の導火線に火を付けることになる。日本は、インドシナでは仏植民地行政機構を残し、現地駐留のフランス軍（仏印軍）との間に「共同防衛協定」を結んで不安定な共存関係を続けた。

しかし、太平洋戦争で日本が不利となり、フィリピンが米軍に奪回されると、連合軍のインドシナもしくは中国南部上陸の危険が迫ると警戒した。連合軍に呼応しかねない仏印軍を封じ込めるために現地日本軍は四五年三月九日「明号作戦」を決行し、戦闘の末、仏印軍を武装解除してしまう。

日本の敗戦直後の四五年八月十六日、ベトナム独立の父ホー・チ・ミン（胡志明）はジャングルの中から、若き日のグエン・アイ・クォク（阮愛国）の名前で一斉蜂起を呼びかける。ハノイ市民は日本軍が警備している総督府、銀行、日本軍兵営を除いた拠点を占拠。二十八日、ベトナム民主共和国臨時政府が樹立され、ホー・チ・ミンは主席に就任する。

サイゴンでも民衆が蜂起、青年先鋒《せんぽう》隊が官庁を占拠し、チャン・バン・ジャオが新設の南部行政委員会主席、先鋒隊リーダーの医師ファム・ニョク・タクが副主席に就任した。そして九月二日の独立宣言に向かって、激動のドラマが繰り広げられた。

◇

「寺内との折衝では、われわれは、これから大きなことをしでかすが、日本軍は攻撃対象にはしていないとの立場を伝えた。われわれには、日本軍は自ら動かないとの確信があった。これが八月革命勝利のカギを握っていた」

ジャオは緊迫する当時の現地の状況を回想した。

「武器弾薬とは別に寺内はタクに、私あての友好の贈り物として、銀透かしのある短刀とピストルを託した。大切にしていたが、ベトナム戦争の混乱の中で紛失したのが何とも残念だ」

ジャオの回想は、独立に向けて現地の日本軍首脳部の間にさえも、ベトナム人の独立願望をかなえてやりたいとの心情が潜んでいたことを物語る。

地下工作続けた仏文学者

ベトミンと寺内との交渉仲介にたずさわり、ベトナム独立をひそかに支援して地下工作を続けた日本人がいた。その一人はロシア革命の熱気が伝わる二〇年代のパリで若き日のホー・チ・ミンらインドシナ知識人と接触し、ベトナムに深く足を踏み入れることになった仏文学者、小松清(一九〇〇—六二)である。九六年春、ベトナム歴史学会は月刊誌「過去と現在」に、かつて小松がハノイ時代にフランス語で書きおろした長編小説「邂逅（ベトナム語訳）」の一部を復刻連載した。これによって、ベトナムの若い世代は、独立にかかわったこの日本人の名前を初めて知った。

「邂逅」はかつて画学生としてパリで暮らした個人的体験をもとに、青春時代フランスで結ばれたベトナム人と日本人との友情が、のちにインドシナで実を結ぶという巡り合いを描いている。小松が四四―四五年、ハノイの日本文化会館に勤務中現地日曜紙に連載したもので、主人公のひとりがグエン・アイ・クォクらしい人物だ。ベトナム人の近代日本思想史研究家であるアルバータ大学（カナダ）教授のビン・シンがベトナムの図書館で発掘、「ベトナム独立期の貴重な史料」として復刻した。

小松　清

ホー・チ・ミン

「君だって同じ東洋人。一度インドシナに足を踏み入れて、君の眼でもってぼくの同胞がどのような条件の下に生きているか、それをみてもらいたい」（小松の自伝小説「ヴェトナムの血」）

パリ時代のグエン・アイ・クォクのこの一言が、小松とベトナムの運命的な絆《きずな》を決定

TƯ LIỆU / PHÁT HIỆN

CUỘC TÁI NGỘ

MỘT NHÀ VĂN NHẬT VIẾT VỀ NGUYỄN ÁI QUỐC TRONG THỜI GIAN Ở PHÁP
(Tiếp theo kỳ trước)

☐ **KIYOSI KOMATSU**
GIẢNG NGUYÊN dịch

Anh Thái từ trước vẫn ngồi lặng yên, bỗng ngắt lời tôi :

- Anh ấy đã lấy sự khác chủng tộc làm quan trọng nhất thì còn biết quái gì được mà nói ?...

- Tôi xin nói anh nghe : đằng sau lưng tôi khi ấy là nước Nhật Bản, đằng sau lưng bạn tôi khi ấy là nước Việt Nam. Chẳng qua là tôi muốn nói về hai cái "nhân sinh, điều kiện" khác nhau gây ra bởi sự khác chủng tộc. Chủng tộc này có một lũ con đi ra ngoài, trong số ấy hoặc giả có kẻ đi sai đường lạc lối, làm những điều "không hay, không phải" nhưng đã là con thì với ai cũng vậy, đã cho đi, tất bảo đảm cho lúc muốn về... Chủng tộc kia thì trái lại, bắt buộc lũ con đi ra ngoài, ai có tư tưởng gì, ai ngắm thấy số mệnh đời mình ra sao, thì cứ phải nhắm mắt biện rõ ràng lắm. Chính vì thế mà tôi chẳng ngại ngùng nói với ông rằng người ấy thật đáng cho chúng ta sùng phục và tán dương, chỉ vì người ấy đúng làm một người Á châu mà hoạt động, chẳng cần biết người ấy trong khi hoạt động có nghĩ đến cái tinh thần Đông phương mang trong mình hay không ? Cái "Nhân sinh, điều kiện" của anh ta đã khiến cho anh ta gần Á châu hơn tôi, đó là ý kiến của tôi về anh ta vậy.

- Thế trong khi hai ông cùng ở Paris, có gặp

Nguyễn Ái Quốc trong thời gian ở Paris
(trên cầu Alexandre III)

ベトナム歴史学会の月刊誌「過去と現在」に転載された小松清の「邂逅」。右は若き日のホー・チ・ミン

的なものとした。帰国するとベトナム独立運動支援のために「水曜会」を設立、四一年春には初めてインドシナに旅行した。対米英戦争不可避論をあおり立てる日本の風潮に反対した小松は、真珠湾攻撃の翌日、「要警戒人物」として東京で逮捕され、四か月獄中にいた。出獄後、パリ時代からの知人でサイゴンに赴任する公使田代重徳の補佐官としてベトナムに脱出した。

小松はベトナム在住フランス人と親しく付き合う反面、ゴ・ジン・ジェム（後の南ベトナム大統領）らベトナム民族主義者・知識人との絆を深めた。この時代に親友になったのが、医師のタクだった。仏側官憲に追われていた親日派要人三人をハノイ第一憲兵隊隊長大島親光少佐に

頼み込んで将校宿舎にしばらくかくまってもらったことがある。

また日本軍が建前の上では「共同防衛」にあたっていた現地駐留フランス軍（仏印軍）を武装解除するために決行した「明号作戦」では、小松は日本人青年らと仏側刑務所を襲撃して政治犯を解放するという荒っぽいこともやった。

小牧・小松コネクション

日本の無条件降伏から一週間後の四五年八月二十二日午後。ベトナム北部ハノイ市のジアラム空港に米国製ダコタ機が着陸、中国の昆明から乗り込んできた米、仏情報将校たちが降り立った。当時、二十五歳の自由フランス軍中尉フランソワ・ミソフもその一人だった。米戦略情報部（OSS）少佐アーキメデス・パッティら米将校が主力だったが、仏印進駐（四〇―四一）以来、日本軍の占領下にあるインドシナをフランスに取り戻す密命を帯びていた仏銀行家ジャン・サントニーもいた。

「私たちを出迎えたのは、機関銃を構えた日本軍兵士三百人だった。殺されるかもしれないと思った。やがて、日本人将校が英語で呼びかけてきた。――何しに来たのだ？　在留フランス人の安否を確かめに来たのだ、と答えた。フランス人は別にされ、日本軍司令部のある旧総督府に連行された。捕虜も同然だった」。フランソワ・ミソフは体験を語る。

四五年七月、ドイツのポツダムで会談した米英ソ三国首脳は、インドシナを北緯一六度線で分

横山正幸

小牧近江

自由フランスの情報将校で、日本側の参謀・岩国大佐から記念にもらった軍刀を手にするフランソワ・ミソフ元駐日フランス大使（パリの自宅で）

割、一六度線以北に中国国府軍が、以南に英軍が進駐して日本軍の武装解除にあたることを決めていた。昆明から到着したパッティはまず「逮捕すべき日本人関係者」として、「元公使で日本文化会館館長の横山正幸とその側近」（パッティ著『なぜ、ベトナムか？』）をブラックリストのトップにあげていた。

日本文化の普及・宣伝にあたっていたサイゴンとハノイの日本文化会館を日本の諜報《ちょうほう》機関の拠点とにらみ、横山を日本の東南アジア・スパイ網のリーダーだと思い込んでいた。「側近」とは、小松と文化会館事務局長の小牧近江《こまきおうみ》（一八九四―一九七八）の二人だった。小牧はかつて雑誌『種蒔く人』を出していた労働問題専門家。左翼弾圧の嵐が吹き荒れる日本を一九三九年離れ、ハノイの印度支那産業で働いていたが、やがて文化会館に移った。

嫌疑をかけられた小松と小牧だが、ベトナム各党派にわたる二人の人脈はベトナム・フランス交渉にとって貴重な資産となった。

「ベトナム独立交渉をめぐって足並みがそろわないベトミン、国民党、大越党などにもパイプをもっている二人に仲介を頼んだ。二人は戦争犯罪人として仏側から追及されることさえ危惧していたが、要請を受け入れて、各派との関係を取りまとめてくれた」。後に駐日フランス大使（六四―六六年）となる青年将校ミソフは、〝小牧・小松コネクション〟を高く評価した。

小牧・小松の貢献もあり、ホー・チ・ミンと仏側特使サントニーの間に信頼関係が生まれ、四六年三月、ベトナム・フランス暫定協定が調印された。翌四月、二人が帰国する時、サイゴン蜂起のリーダーの一人で、いまは臨時政府の厚生大臣に就任している親友の医師ファム・ニョク・タクがかけつけ、夜を徹して飲み明かした。船が出るハイフォン港では、ミソフのほか多くのベトナムの友人たちが見送った。この時ベトナムは平和をつかんだかに見えた。だが、ベトナムの苦難の歴史は、ほんの序章にすぎなかった。

四六年末のハノイでの銃撃戦をきっかけに、ベトナムはフランスとの第一次インドシナ戦争、次いで米国も加わった第二次インドシナ戦争に引き込まれた。平和な独立への道を懸命に模索した少数の人々の努力は「逸した平和の物語」（サントニー回顧録）に終わる。

「小松はホー・チ・ミンとの有力なパイプを持ち、ベトナムの心を理解していたと思う。われわれの努力が実っていたら、泥沼のベトナム戦争を避けることができたはずだ」

ミソフはベトナム現代史の一幕を駆け抜けていった日本人文学者に強い思いをはせる。

解説・背景

独立戦争に加担した残留日本兵

大東亜共栄圏構想の下に日本は東南アジアを占領し、欧米植民地勢力を退け、戦後の東南アジア各国の独立の布石となった。

四三年五月の御前会議で決まった「大東亜政略指導大綱」に基づき、ビルマ、フィリピン、ベトナム、ラオス、カンボジアへの独立付与が決まった。だがいずれも日本の「指導」に服することが前提だった。ビルマではすでに、独立の原動力となったアウン・サン将軍ら「三十人志士」は、四一年に南シナ海の海南島の訓練所で、日本軍の特務機関による軍事訓練を受けていた。

インドネシアでは、日本軍は兵力不足を補うため、インドネシア人を日本兵の補助として使う兵補制度やペタと呼ばれる郷土防衛義勇軍を創設、武器の扱いを教え、結果的に独立戦争に役立った形だ。オランダとの独立戦争には二千人とも言われる残留日本兵が加勢。連合軍に引き渡さなければならない武器や弾薬をインドネシア側に与えたケースもあったという。ベトナムやビルマでも七百―千人の残留日本人の多くが闘争に参加、ベトナム八月革命では「新しいベトナム人」とも呼ばれた。

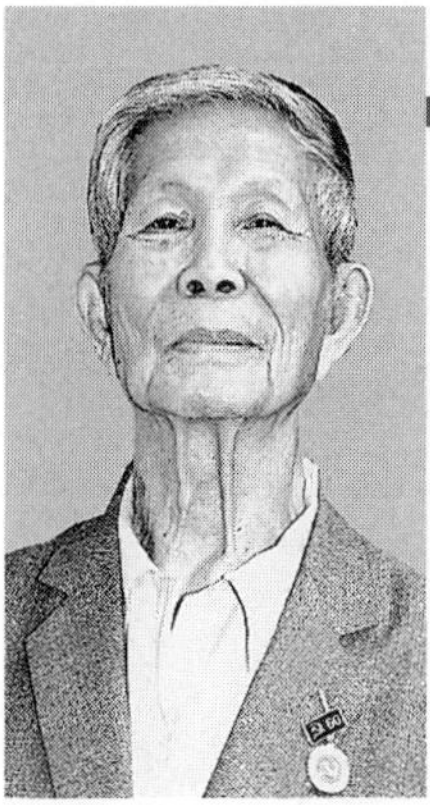

ベトナム共産党指導者、チャン・バン・ジャオ

（一九一〇―）　ベトナム南部出身。フランスで歴史学博士号をとり、モスクワの東方勤労者共産主義大学で革命教育を受けたインテリ革命家。若くして独立闘争に身を投じ、ポール・コンドール島に放り込まれるが脱獄。共産党再建にたずさわる。南部行政委員会主席に選ばれるが、ベトミンにとどまらない幅広い統一戦線結成のため身を引いた。小松は「まれに見る組織者であり、驚くべき雄弁家」と絶賛していた。

日本軍の南部仏印（インドシナ）進駐で1941年7月、サイゴン市内を行く日本軍の「銀輪部隊」

識者の見方

「敵の敵は味方」の力学働く──一橋大学教授（日本アジア関係史）田中宏

日露戦争で日本が西洋の列強ロシアに勝ったことが、植民地からの独立を願うアジアの人々を勇気付けた。日本の進攻が欧米支配者を追い出すが、それは「敵の敵は味方」という力学が働いた点を見失ってはならない。中国戦線がこう着状態になり、連合国が重慶の蒋介石を援助する補給路「援蒋ルート」を断つための南進作戦であり、「大東亜共栄圏」「アジアの解放」は、そのスローガンにすぎない。戦後各国に残留して独立運動に協力した日本兵も降伏するという国家の意思に「反逆」して、個人の判断でやったことであり、国家が遂行した大東亜戦争を肯定することにはつながらない（談）

映画の中の日本軍・カンボジアの場合

シアヌーク国王自ら監督・主演――親日色濃いラブロマンス

戦後、アジア各国で製作された映画では鬼のような日本軍将兵が登場、世代間にわたって、戦時の悪夢が伝承されてきた。日本の大東亜共栄圏構想の中心に位置したカンボジアでは、国王ノロドム・シアヌーク（75）自身がメガホンを持ち、自ら日本軍の将校役を演じて、親日色の濃い映画「ボコールのバラ」を製作していた。日本では公開されなかったが、シアヌークは戦時下の日本をどう見ていたのか。映画を通して何を訴えようとしたのか。

「仏印処理」の時期に時代設定

「ボコールのバラ」が製作されたのは一九六九年。シアヌークの中立政策、企業国有化政策が行き詰まり、「平和のオアシス」と呼ばれたカンボジアは危機を迎えていた。翌七〇年には政敵ロン・ノルによって追放される政治的にも微妙な時期だった。

映画は、四五年三月、日本軍がフランス軍の武装解除をした「仏印（フランス領インドシナ）処理」の時期に時代設定された。

映画「ボコールのバラ」で日本軍のハセガワ大佐役を演じるシアヌーク国王（左から２人目）

日本軍大佐ハセガワ・イチロウが率いる部隊はカンボジア南部の高原避暑地ボコールに展開。宗主国のフランス軍を武装解除する。ハセガワは、そこに住むロゼットに魅了される。ロゼットは「ボコールのバラ」と呼ばれるフランス系のカンボジア美人という設定だった。

だがロゼットは、日本軍が祖国を踏みにじろうとしているという気持ちから心を開かず冷たい態度を取り続ける。抗日運動に参加したロゼットの弟はハセガワの部下によって捕らえられた。日本の敗色が濃くなる中、ロゼットの弟を釈放したハセガワに対して、気持ちは次第に揺らいでいく。だがこだわりは完全には消えない。引かれ合いながらも二人は別れる。

シアヌークは趣味が高じて、六五年から本格的な映画の製作を始めた。「ボコールのバラ」は監督としての八作目で、自ら日本の軍服を着て、日本刀を手に主役の大佐ハセガワ役を演じた。ヒロインのロゼット役は、シアヌーク夫人モニク。イタリア、フランス系の父とカンボジア人の母との間に生まれ、高校時代に美女コンテストに優勝し、シアヌークに見初められた。

ビルマ戦線で足に銃弾四発を受け、転戦してきた大尉の古在由一（84）（東京都世田谷区在住）は四五年三月当時、中隊長としてボコールを含むカンボジア南部を担当していた。「しゃれたレンガづくりのホテルなどがあったが、すでに無人地帯になっており、部隊が駐屯する必要はなく、映画のようなロマンスはなかった」と振り返る。シアヌークがボコールを舞台に映画を作った直後、付近はポル・ポト派の拠点になり、約二十年間、軍事的要衝として、幾度となく激しい戦闘が繰り広げられてきた。シアヌークは自らの別荘を建てるほどお気に入りの標高一〇七五メートルの避暑地で激動のカンボジア現代史をからめて、政治的波紋の少ない無色のラブロマンスを創作したということだろうか。

戦中の対日関係反映？

日本の敗色が濃厚になっていた四五年当時、ベトナム、カンボジア、ラオスからなるフランス領インドシナは、ナチス・ドイツに協力的なフランスのビシー政権の植民地で、日本軍は「日仏

映画の舞台となった高原ボコール。フランスが開発した避暑地もその後、ポル・ポト派の拠点となり、今は廃虚となったホテルが残るだけだ

共同防衛協定」に基づき、インドシナを実質的に支配していた。だが、欧州戦線でドイツは追い込まれ、四四年八月にパリが解放され、ドゴール臨時政府が樹立された。インドシナのフランス人の官憲も戦後を見据え、反日的な行為が目立つようになっていた。連合軍が上陸するとの情報も流れた。

はさみうちを恐れた日本軍は四五年三月九日、インドシナ総督ドクーに対し、仏印軍を日本軍の指揮下に入れるように迫った。だが、期限とした二時間以内に回答はなく、日本軍は「仏印処理」として、全インドシナで、駐留するフランス軍を武装解除させ、行政権を奪った。カンボジアでは、ビルマから転戦してきた陸軍中将馬奈木敬信が率いる第二師団が展開、たいした戦闘もないまま、作戦を終了。その直後、インドシナ三国を独立させる。カンボジアでは三月十三日、シアヌークが独立を宣言した。

独立政府にはサイゴンの大使府から、総領事の久保田貫一郎が最高顧問として派遣された。領事の戸田盛国（83）（東京都世田谷区在住）は、久保田に同行、プノンペンの王宮でシアヌークに拝謁した。シアヌークは流ちょうなフランス語で、「フランス時代、国王は実権のない名誉職にすぎなかった」と述べ、日本側に対し「カンボジア国民はトンレサップ湖（同国中央部の東南アジア最大の湖）で捕れる魚を塩漬けにして保存、栄養源としている。塩はベトナム南部から運ばれてくるので、この塩が切れないようにしてほしい」と要望したという。

戸田によると、仏印にいた日本の外交官たちは、仏印処理に批判的だった。「我々はフランスに信任状を提出して、その国の領土に外交官として滞在しているのに、相手をノックアウトして、後釜《あとがま》に座るようなもの。外交史上、例を見ない背信行為だ」として全員が辞表を提出しようとする動きもあった。久保田も、この最高顧問の役に乗り気ではなく、閣議に出席できる権利を持ちながら「独立国なのだから」と一度も出席せず、内政に干渉しない方針を貫いた。

こうした戦中の対日関係を反映してか、「ボコールのバラ」には、アジア各国に見られる反日色は希薄である。この映画には、鬼のような日本兵は出てこない。日本軍の規律正しさが強調される。フランスの三色旗が降ろされ、大東亜共栄圏のシンボル日の丸が揚がっていく場面もあるが、日本軍大佐ハセガワは、良識ある普通の人間として描かれている。

テーマは「個人の愛国心」

シアヌークは九八年三月に発行した王宮月報で、「ボコールのバラ」に言及し、「カンボジアの小さな町で歴史的に出会ったカンボジア、フランス、日本の人々のそれぞれの個人としての『愛国心』を（被害者、加害者の立場を離れて客観的に）テーマにした。邪悪と片付けられる日本人ではなく、日本人の愛国心の肖像を正しく描きたかった」と述べている。

また、「（王宮の日本人警備隊長だった）タダクマの模範的な振る舞いを映画の参考にした」とつづっている。その只熊力（77）（東京都調布市在住）は、「毎朝、王宮周辺の川沿いを馬に乗って回るのを日課にしていた国王につきあった。暑かったが、軍服をきちんと着て、カンボジアの王宮警備兵にも規律を徹底した」と語る。

通算で十二年間、カンボジアに勤務した元カンボジア大使の今川幸雄（66）（関東学園大教授）は「シアヌーク国王は、当時の日本の外交官や軍人の思い出話をよくする。好印象を持っていたことは確かだ。日本が各国からの賠償請求に苦しんでいた五四年、他国に先駆けて対日賠償請求権を放棄したのもその現れだ」と指摘する。

さらに「カンボジア人から日本軍の悪口を聞いたことはない」と言い切る。「大東亜共栄圏の中でカンボジアは例外だった。トンレサップ湖が肥沃《ひよく》な農地をはぐくみ、十分なコメがあり、ビルマ戦線から腹を減らした兵士がやってきても食料を巡る争いの起きようがなかった」と分析する。

とすると、シアヌークが「ボコールのバラ」で真に伝えたかったのは、「残虐なのは、日本軍ではない。戦争なのだ」(六九年英ロイター通信とのインタビュー)というメッセージだったのかもしれない。

「ボコールのバラ」撮影の直後に、将軍ロン・ノルのクーデターによって、シアヌークは追放される。このため、映画は亡命先の朝鮮民主主義人民共和国(北朝鮮)で編集された。カンボジア内戦のため、一般国民の目に触れることはなかった。王宮からの働きかけもあり、最近になりようやくカンボジア国営テレビで放映されているが、独立の父・国王の映画といえども人気面では、はやりのタイや香港のアクションや恋愛映画に押されがちだ。

解説・背景

アジア映画に描かれた日本軍、日本兵

アジア各国の映画の中に出てくる日本軍や日本兵の様子は、その国の対日感情を反映している。特に否定的に描くのは、韓国、朝鮮民主主義人民共和国(北朝鮮)、中国、香港、フィリピンなど直接的な被害が大きかったところだ。「地元の住民に敬礼を強要し、『ばかやろう』とどなりながらびんたをするのが、日本兵の典型になっている」と映画評論家の佐藤忠男は言う。

中国の映画監督・呉子牛は日本軍を描いた名作「晩鐘」をつくっている。終戦後も弾薬庫となった洞窟《どうくつ》にこもり、集団自決しようとする日本兵と投降を呼び掛ける八路軍を表現した傑作である。呉監督が日中戦争の南京事件を描いた「南京1937」が、上映された横浜の映画館で九八年六月、右翼団体を名乗る男にスクリーンが切られる事件が起きた。石揮監督の「私の一生」は、日本軍の手先になり息子の婚約者を売春婦にかりたててしまった北京の一巡査の悲哀を描いている。

香港の「風の輝く朝に」は、日本刀を振り回す物騒な日本軍将校を香港の青年がこらしめる。比較的親日的な台湾でも、国民党の撮影所は、国策として日本軍を鬼畜のように描いた抗日映画をつくってきた。

フィリピンでは山賊のような日本兵が出てくるB級映画が多いが、マリオ・オハラ監督の「神の見捨て給いし三年間」では、日本軍将校が、フィリピン人の妻の幼なじみの青年ゲリラを逃がすシーンで、「お前に感謝しない。今にマッカーサーが戻ってきて日本は負ける」という青年に、将校は「米国に頼らず、自力でやってみろ」と話しかけた。フィリピン国内では「日本を好意的に描くのはおかしい」と問題になった。

インドネシアの映画監督・シュマンジャヤの「欲望の奴隷」は、日本兵に暴行された女性が主人公で、登場する日本兵は歌舞伎役者のように顔にくまどりしていた。女性は性病にかかり、戦後、進出した日本企業のネオンサインの前をさまようラストになっている。

また、日本統治時代の過酷な労働を描いた「ロームシャ」は、製作されたが公開されなかった。地元の映画界では日本側からなんらかの圧力や要請があったとされている。

戦時中、独立を保った日本の同盟国タイでは、日本軍のコボリ大尉とタイ女性との恋愛を描いた「メナムの残照」が三回も映画化された。最後に大尉は死ぬ筋書きになっているが、テレビドラマになった時には「コボリを死なせるな」という要望が殺到した。

「欧米は各国の支配層をてなずけて植民地統治をしたが、日本は民衆に直接、手を出している。このため、日本軍は、アジアの各国がナショナリズムをかきたてる敵として最適で、映画のテーマになりやすい。全般的に日本軍の残虐さを誇張している面もあるが、秀作が多く、各国の対日感情を理解するのに役立つはずだ」と佐藤は、アジア映画の意義を説く。

ノロドム・シアヌーク

一九二二年生まれ。四一年、一八歳で国王に即位。日本の敗戦後、白紙に戻った独立運動の先頭にたち、五三年一一月、フランスからの独立を勝ち取る。五五年に退位、六〇年国家元首に就任。七〇年のクーデターで追放されたが、左派勢力のポル・ポト派と手を組み、七五年四月にロン・ノル政権を放逐した。だが、国民が虐殺されたポル・ポト政権下では王宮に幽閉された。八〇年代は親ベトナム共産主義政権に対するゲリラ活動を主導。九三年の国連管理の総選挙後、再び国王に即位。憲法上は象徴だが、政治的影響力を保ち、九八年七月の総選挙以降、続いている実力者フン・セン第二首相と息子のラナリット前第一首相らとの対立の調停にも乗り出した。しばしば言動を変えるため「チェンジング・プリンス（変心殿下）」とも呼ばれる。

シアヌーク国王

略奪された文化財・流浪の旅路

世界各地に散逸、行方不明なお多数

古来、戦争にはさまざまな略奪の歴史がついて回った。第二次世界大戦ではナチスやソ連軍はヨーロッパの名画を略奪、日本も大陸から陶磁器や古書、学術文献など文化財をごっそり持ち去った。日本人コレクターの作品も連合軍によって没収された。戦争で翻弄《ほんろう》された東西の文化財の流浪の旅路をたどった。

盗難名画12点、ニューヨークで押収●古賀事件

一九九七年九月、ニューヨーク市内のホテルで、ドイツ・ブレーメン美術館員に扮《ふん》した米税関係官が、レンブラントやデューラーなどの盗難名画を東京のドイツ大使館に高額で売却しようとした古賀正嗣被告（61）を逮捕、所持していた絵画六点を押収した。

古賀は有罪を認め、現在は、ニューヨーク連邦地裁の判決を待つ身である。税関当局はほかにも絵画六点を押収し、計十二点時価約一千万ドル（十一億円強）と鑑定された。「ブレーメン美術館所蔵」の印が付された十二点は、登録札を新たに張られ、現在、税関倉庫の奥深くで保管さ

れている。その後、捜査当局や美術関係者の調べが進むにつれて、略奪名画の〝流転〟の様子が、徐々に明るみに出てきている。

古賀が所持していた十二点のうち、少なくとも八点は四三年、空爆を避けるため、ブレーメン美術館から運び出され、ベルリンの北方にある古城に秘蔵された絵画五十点、素描千七百十五点、版画三千点の一部だった。

終戦時、ソ連軍に略奪されたこの秘蔵コレクションは、その後、国家保安委員会（ＫＧＢ）の管理下に置かれたとされる。「ベルリンの壁」が崩された八九年には、三百六十二点が、モスクワの美術館に所蔵されていることが判明した。ソ連崩壊後の九二年には、エルミタージュ美術館で展示されたことが分かっている。

一方、中央アジア・アゼルバイジャンのバクー美術館は九三年七月、国際刑事警察機構（ＩＣＰＯ）に所蔵作品十四点の盗難を届け出た。いずれもブレーメン美術館の所蔵印が付されており、うち八点は古賀が所持していたものだ。

ブレーメン↓ベルリン↓モスクワ↓バクー↓ニューヨーク。バクーから盗まれたブレーメン美術館所蔵品を、どのように入手し、ニューヨークに運び込んだのか。絵画作品がたどった経路は、ナゾのままだ。

古賀は、事件発覚の三年前に、絵画取引が活発なニューヨークの競売大手、サザビーズに問題の絵画を持ち込み、商談を持ちかけたらしい。

同社の上級副社長（広報担当）・ダイアナ・フィリップスは「盗品を大手競売会社に持ち込むことほど、愚かなことはない」と言い切る。競売会社の鑑定は、それほどに綿密だ。盗難絵画を〝表〟で取引することの難しさを指摘しており、絵画取引の経験がなかった古賀は、サザビーズを訪ねたことで足がついたとされる。

ナチス・ドイツによるホロコースト（ユダヤ人大虐殺）犠牲者の文化財産の回収を専業とするマーク・マズロフスキーは「こんな事件に遭わなければ、発見されない美術品が無数にあるということだ」という。世界中に散逸した略奪名画は、発見される日を待ちつつ眠っている。

大美術館建設もくろんだヒトラーの野望●ナチス

「第二次世界大戦中に略奪され、いまだ返還されていないシュロス・コレクションの作品群」――フランス外務省文書記録局が九八年、半年かけて完成した絵画カタログだ。フランスで最も貴重なオランダ、フランドル派コレクションで四三年、ナチス・ドイツがごっそりと運び出した作品は三百三十三点（九八年の記者会見）。うち百七十一点が未返還のままである。

カタログには作品、作者名、ナチス・ドイツや美術鑑定家による目録番号を細かく付し、状態は良くないが、白黒の写真も掲載された。印刷された五千部は、世界中の美術館や画廊に配布された。「これでもう、『盗まれた作品だとは知らなかった』とだれも言えないはずです」とルイ・アミーグ文書記録局長はカタログ作成の意図を明らかにした。

半世紀以上もたった今なお、作品が亡霊のように姿を現す。何食わぬ顔でプラハやロッテルダムの美術館、そして競売場に。すべては第二次大戦開戦に伴うドイツ軍の進撃に始まる。リンツ（オーストリア）に欧州最大の美術館を建設しようという指導者ヒトラーの野望を達成することが、軍事作戦のみならず、ナチスの重要な目標に掲げられた。

ナチス政権内でヒトラーに次ぐ実力者とされたゲーリングもまた、ヒトラーに劣らぬ美術愛好者だった。ヒトラーの命令に抵触しないよう気を配りながら、息のかかった連中からめぼしい作品獲得の連絡が入ると、直ちにパリへ足を運び、自ら作品の鑑定をやった。

行く先々で、ナチスは有名なコレクションを略奪、没収した。そもそも、ヒトラーにつかえる専門家たちは、宣戦布告以前から外国の有名コレクションの目録（キュンメル・リポート）を作り、手ぐすねを引いていたといわれる。

行動は組織的で迅速だった。シュロス・コレクションも、家族が地方の城に隠したものの、ナチスの追及の目を逃れることはできなかった。

シュロス・コレクションを含むユダヤ人コレクションがとくに目を付けられ、美術品狩りの先兵となったローゼンベルク特務機関（ＥＲＲ）の記録によれば、二万千九百三点の美術品が、今では現代美術専門美術館として知られるパリのジュ・ドゥ・ポーム美術館に収納され、さらに貨車でドイツに運ばれた。

親ドイツ政権として成立したペタン将軍のビシー政府も、ナチスによる略奪に抗して、フランスの財産としての美術品保護に努めたが、ほとんど無力だったように見える。加えて、フランス人の中には金目当てのナチス協力者がいた。

ナチスはすべての作品を持ち帰ろうとしたわけではない。ピカソやブラックなど当時の現代美術は、「退廃芸術」として退けられた。そしてレンブラントなどオランダやフランドル派の作品を手に入れるための交換用作品としての扱いさえ受け、市場に出回った。おかげで戦中のパリの美術市場は大いににぎわったという。

連合軍は、終戦直後からナチスの大規模な文化的犯罪の事実に気付き、作品の行方追及に相当の精力を使った。その時の綿密な捜索で、かなりの作品が元の所有者のところへと戻ったのは事実だろう。だがここでも、不正はあった。シュロス・コレクションの相続者の一人、アラン・ベルネイ（80）は述懐する。「戦争直後、父の元へある米軍関係者が訪れた。コレクションの大事な作品を保持していることをほのめかし、金を要求した。しかし父は、これを退けた」。ベルネイは、吐き捨てるように付け加えた。「ヒューマン・ネイチャー」。「まったく人間てやつは」というところだろうか。

ドイツへ報復、「戦利品」を国有化●ロシア（旧ソ連）

第二次世界大戦ではヒトラー・ドイツと並びソ連も大規模な文化財略奪を行った。略奪の主舞台は、ソ連に侵攻して同種の「蛮行」をほしいままにした敗戦国ドイツ。ソ連の権益を引き継いだロシアは九八年四月、対独「戦利品返還法」を制定して「略奪」品を国有化、新たな問題を投じている。

ソ連がドイツから「奪った」最大の逸品は、十九世紀にハインリッヒ・シュリーマンが古代のトロイ戦場跡（現トルコ領）で発掘した「プリアモスの金」で現在はモスクワのプーシキン美術館に保管されている。

「プリアモスの金」は額上に巻く帯状の金細工、木の葉状の金ビーズを連ねた首飾りとペンダントからなる総金の装飾品。古代ギリシャの詩人ホメロスが歌ったトロイ王プリアモスのものと想定され、これだけで時価九百九十億ドルとも言われている。

この「世界の秘宝」は一八七三年の発掘後、シュリーマンがギリシャへ搬出し、後にドイツ政府に寄贈した。大戦中の四五年二月、ベルリン首都防衛軍陣地に移されたが、五月にドイツが降伏、秘宝は戦利品としてモスクワへ運ばれ、プーシキン美術館の地下倉庫で眠っていた。

戦後のドイツは、この「プリアモスの金」と一連のシュリーマン財宝が「大戦中に破壊された」としていたが、その存在が九二年、初めて内部関係者から明らかにされた。プーシキン美術館のウラジミル・トルスチコフ古代美術室長によると、現在ロシアにあるシュリーマン財宝は六百七十四点。すべてドイツからの「搬入」品で、うち「二百六十点が同館、四百十四点がサンクトペテルブルクのエルミタージュ美術館」にある。

ソ連がドイツから奪った文化財の数は、今も正確にはわからない。一般に美術品、考古学財宝など二百六十万点、古書・文献類六百万冊とけた違いに大きい。

ロシア文化省で戦利品文化財問題を扱っているワレリー・クリショフ担当部長によると、ソ連は五〇年代にラファエロの「シスチーナのマドンナ」など「古書を除いた百九十万点以上を東独へ返還した。現在ロシアに残る博物館的価値のあるものは二十万点以下。古書類は約百万冊」という。

ソ連の文化財略奪にはもともと、同じ「略奪」を行ったドイツに対する報復の意味合いが極めて強い。ドイツ軍占領地域では美術館が根こそぎ略奪され、破壊もされた。このため大戦末期、ソ連は美術品を含む「戦利品」収集の特別班を編成、大規模な文化財「収用」作戦を実施している。

こうした背景から、独ロ協調開始期の九〇年に調印された文化協定では両国政府が「不法に移された文化財の返還」を決めた。だが、略奪文化財の存在が分かった九四年になると、今度は野党側からロシアに残っている「対独戦利品を国家財産とする」法案（文化財返還法）が上程され、通過。これに対してエリツィン大統領は法案署名を拒否して対抗したが、その後も二度国会での採決が行われ、いずれも可決、憲法規定に従って、同法が発効した。

返還問題解決のため、最近ではドイツ側から「ロシアと共同基金を設置して所有権を国際化する」折衷案も出されているが、ロシア側の反応は硬く厳しい。

ユダヤ人資産で利益●スイス

戦争で略奪されたのは文化財だけではない。ナチスが血眼になってかき集めた金塊や金の延べ棒を買ったり、ユダヤ人の休眠口座を放置して利益を上げたとして中立国スイスが矢面に立たされた。

一方、スイスの銀行は、つい最近まで名前を明らかにせずに口座を開設できた。いったん口座を開設すれば、秘密保持を義務づける特殊な銀行法が、クライアントを守った。

法律自体、ナチス・ドイツ時代、迫害された人々を救援する目的で三〇年代に成立したが、口座番号を知らなければ、口座の継承は出来ない規則を盾に、虐殺されたユダヤ人の遺族の調査要求に満足な対応をしなかった。

大戦下のスイスのユダヤ人政策を批判していた米共和党のアルフォンス・ダマト前上院議員（九八年十一月の中間選挙で敗退）が問題を取り上げ、米国議会が公式に調査を開始すると、当時のスイス中央銀行が、ナチスが略奪した金塊を購入し、「マネーロンダリング（資金洗浄）」に手を貸した事実や、ナチスからユダヤ難民の受け入れ拒否を求められたスイスがユダヤ人パスポートに「J」の印をつけるよう提案した事実も出てきて、戦時のスイス外交の中立性が問われる事態に発展した。

休眠資産の賠償問題は九八年八月、スイスの銀行が遺族に対して総額十二億五千万ドルという膨大な額を支払うことで和解が成立した。九七年七月には、第二次大戦以来取り扱いのない口座の名義人リストを一般に公開するなど、休眠口座の調査や、戦時の政策の検証が進められた。

なぜ戦後五十年たってスイスの対応が問題視されたのか？　スイス連邦公文書館の歴史学者マルク・ペルヌーは、戦後五十年という区切りで、機密扱いだった公文書が公開され、歴史の見直し機運が高まった時期が、冷戦構造の崩壊で、同盟国とみなしていた国に対する検証が始まる時期と重なった、と指摘する。

韓国に由来する文化財、千六百余点返還●日本

日本が足かけ三十六年にわたって植民地統治を続けた朝鮮半島と日本の間にも流出文化財の問題が残り、時折くすぶりだす。

韓国に絞った場合、韓国文化院（東京）の鄭鎮永院長が挙げた推計によると、かつて存在したという記録がありながら現物のないものが六万五千点、十七か国に散在しているという。このうち日本に二万九千点、米国に一万四千点で、二国で六割以上を占める。すべてが植民地統治や朝鮮戦争を通じて奪われたものと断定はできないにしても、この偏在ぶりは示唆的である。

日本と韓国との間では、六五年十二月、日韓基本条約が発効して国交が正常化された。同条約に付属する「文化財および文化協力に関する協定」と合意議事録で、日本政府所有の韓国文化財の韓国政府引き渡しが取り決められた。

これによって日本政府所有の文化財千三百二十六点が協定発効後半年以内に韓国側に引き渡され、その後の分三百三十九点を含めると千六百六十五点になる。

また、協定では、「日本国民の所有する、韓国に由来する文化財」については日本政府が返還を奨励することがうたわれた。鄭鎮永院長によると、その民間所有分は、これまでに千四百八十九点が韓国に引き渡されている。

民間所有の文化財は、その出所、由来が必ずしも判然としないものが多い。そのため、なかなか複雑な問題をはらんでいてそれが時折表面化する。

たとえば、九〇年、神戸市の元骨董《こっとう》品業者宅から国宝級の韓国陶磁器が奪われた。奪ったのは韓国人の骨董品仲介業者だった。業者は陶磁器を韓国に持ち込み、高値で売却して逮捕され、裁判で有罪となった。

その陶磁器を日本の被害者に返すかどうかをめぐって韓国で大きな論議を呼んだ。「もともと日本に強奪された物。返す必要はない」という感情論が強かったからである。

有罪判決を下した釜山地裁が盗品を被害者に返還するよう決定したこと、問題の陶磁器に寄せる韓国の人々の愛着の深さを知った被害者が寄贈を決断したことにより、この件はようやく落着した。

日韓双方が互譲精神を発揮して学術交流に結び付けた例がある。

山口県立山口女子大（当時。現在は山口県立大）が九五年十一月、所蔵していた「寺内文庫」

の朝鮮関係文献を姉妹校である韓国の慶南大学校に寄贈した。「寺内文庫」は、一九一〇年、日本の韓国併合とともに初代朝鮮総督に就任した寺内正毅陸軍大臣（兼任）が収集した朝鮮、中国関係の書籍や文献類を総称したもの。

山口女子大が寄贈したのは「寺内文庫」のうち中国、朝鮮民主主義人民共和国（北朝鮮）関係のものを除く九十八種・百三十五点で、李朝の皇太子の直筆や竹簡・木簡など貴重なものが含まれている。

慶南大学校総長の朴在圭は「寺内文庫は特別展示室に展示している。全国の学生や歴史学者に開放しており、日本研究に役立ててもらいたいと思う。学生交流だけでなく、教職員の交流や学術セミナーも進めていきたい」と述べた。

大戦で没収、散逸——三億円相当返らず●山中商会

世界最大の東洋美術商だった「山中商会」（大阪）の在米資産と希代の美術コレクター松方幸次郎（一八六五—一九五〇）の在仏コレクションも戦争の犠牲となった。戦勝国によって敵国資産として差し押さえられたのだ。

山中商会は一八九四年、番頭の山中定次郎（一八六六—一九三六）（一八年から社長）が渡米。親交のあった美術研究家フェノロサらの協力で、ニューヨークに支店を開設、ボストン、ロンドン、シカゴにも次々と支店を設けた。中国・清朝の恭親王コレクションを屋敷ごと買い上げたり、

北魏時代の鍍金《ときん》仏二点をロックフェラー家に二十二万五千ドルで売却するなど、スケールの大きな事業を展開。英国王室から御用達の証明紋章（ロイヤル・ワラント）を贈られた。

戦争が始まると、敵国企業として米国内の三支店は没収され、多くの東洋美術品が店頭販売と競売で二束三文でたたき売られた。ニューヨーク在住の美術評論家、柳澤康晴（71）は、「買ったのは米国人収集家と主要美術館」という。

山中商会はサンフランシスコ講和会議に七か月先立つ五一年二月、在米資産を取り戻そうと動き出した。大阪本社に米当局への書簡と返信、同じ境遇の企業の団体「在米資産返還期成会」（旧横浜正金銀行、旧三井物産など十八社で結成）の通信文など厚さ五十センチにもなる資料が残されている。

資料によると故山中吉太郎社長は連合国軍最高司令官マッカーサーへの書簡で、資産返還への協力を依頼。国務省、ロックフェラー家へも善処を求めた。だが外国資産部からの回答は「請求の法的期限が切れた」。

期成会は、米国内の弁護士を通じて米国会議員に働きかけるなどした。前社長田中祥晧《よしあき》（88）は「当時、吉太郎社長が『三億円くらい返ってくるで』と言っていた」と振り返る。

田中は「弁護士からいつだったか『もうだめだ』といわれがっくりきた。ただ平和条約（五二年四月発効）で、日本は在外資産を放棄していたので、どっちみち米国側の好意次第という意識はあった」という。

平和条約一四条は、連合国がその管轄下の日本国、日本国民の財産などを差し押さえる権利を認めており、その後も政府間の話し合いはあったが、「三億円」は幻のままだ。

松方コレクション

一方、平和条約の締結を機に、東京・国立西洋美術館の松方コレクションは返還された。川崎造船所の社長だった松方は、第一次大戦中から二〇年代初めにかけ、欧州で西洋美術品を精力的に収集。うちロダンの彫刻群、ルノワール、モネの絵画など四百点以上がフランスに残され、第二次大戦で没収された。

『国立西洋美術館設置の状況』（同館協力会刊）によると、フランス政府は、松方家への返還を検討したが、国内の反発もあって実現しなかった。だが、松方死後の五一年八月、フランス外務省は「平和条約を待ってコレクションがフランス政府に帰属した上で、日仏間に分割するなど適当な方法を考える」（在仏日本政府事務所の報告書）と、政府間で受け渡す意向を伝えてきた。

五八年十二月の大統領令で日本政府への「寄贈」が決定。三百七十一点、十億フラン（当時約十億三千万円）相当が翌年四月、新築された西洋美術館に到着した。ゴッホの「アルルの寝室」など十七点は戻らなかった。

文部省によると、フランスが返還に応じた背景として、賠償金を得るための競売の対象から外して貴重な美術品の散逸を防ぎ、日仏親善に役立てようとした意図が指摘されている。

松方は戦前の金融恐慌のため窮地に追い込まれ、日本に持ち帰った千点を超える西洋美術品が

フランスから返還されたモネの「睡蓮」(国立西洋美術館蔵・松方コレクション)

フランスから返還されたルノワールの「アルジェリア風のパリの女たち」(国立西洋美術館蔵・松方コレクション)

ドイツ **◆退廃美術展**　ユダヤ人、前衛画家の作品没収、37年7月ミュンヘンで開催 ◇39年3分の1をベルリンで焼却、3分の2をルツェルン（スイス）で競売

◆ロシアから略奪　97年ブレーメンでエカテリーナ宮殿「琥珀の間」のモザイク画発見

日 本 **◆合法的な輸入作品**　ボッティチェルリ「シモネッタ・ベスプッチの肖像」（38年ヒトラーが購入～69年丸紅飯田購入） ◇マティス「鏡の前の青いドレス」（パリで略奪されてゲーリング・コレクションへ～戦後回収され78年京都国立近代美術館が購入） ◇ゴッホ「ドービニーの庭」（ベルリンで略奪～戦後回収され78年日動画廊から、ひろしま美術館が購入） ◇ピカソ「軽業師と若い道化師」（37年ナチスが略奪～ベルギーのコレクターを経て88年三越が競売落札～96年スイスへ売却） ◇シスレー「春の太陽・ロワン川」（41年に略奪）

ロシア **◆存在が確認されたもの**　トロイの財宝（674点） ◇近代絵画（95年74点エルミタージュ美術館で公開） ◇エルミタージュ美術館のドガ「コンコルド広場」（元の所有者の一族が返還要求） ◇ヨーロッパ戦利品絵画（95年63点プーシキン美術館で公開） ◇ヨーロッパ絵画19点・東洋美術多数を確認（95年プロイセン文化財団が発表）

第2次世界大戦で略奪された美術品の主な流れ

スイス **◆ドイツで略奪されてスイスに流入した美術品**　総額200億ドル以上 ◇45年75点、戦後1万点返還 ◇退廃美術展で展示した作品125点を39年6月に画商フィッシャーがルツェルンで競売。売り上げ50万スイス・フラン
◆オーストリアでは競売　96年10月所有者不明のユダヤ人にかかわる美術品約8000点をウィーンでクリスティーズが競売。収益は犠牲者と家族に贈与

フランス **◆ドイツ軍の略奪**　40年10月～44年7月　列車137両で4047箱をドイツに移送
◆ドイツから返還　49年までに4万5000点を所有者に返還（54年までにさらに30点） ◇所有者不明の2000点は美術館が保管 ◇97年所有者探しのため5美術館で一斉公開 ◇94年近代絵画28点 ◇パリに住んだジェンティリニが残した絵画150点は、借財の清算のために競売されて、5点がルーヴルに入った。遺族はそれを不当として返還を要求

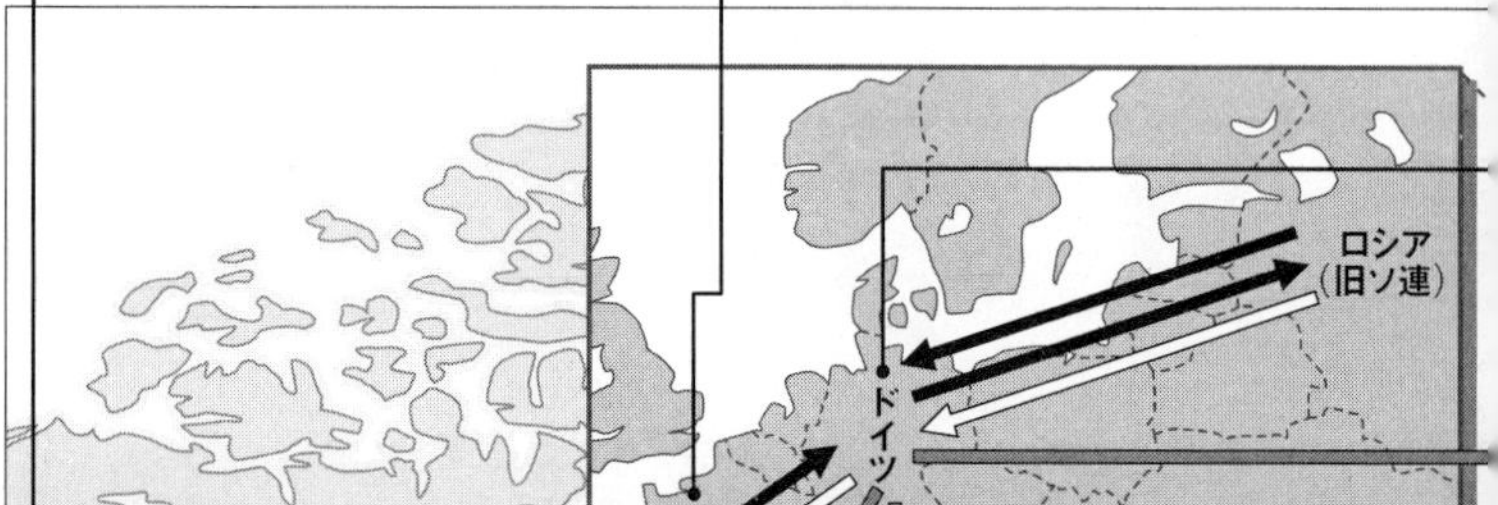

美術評論家・瀬木慎一氏の分析をもとに作成

アメリカ **◆流入した略奪品**　ルノワール「梨の木」（69年競売で落札） ◇ドガ「煙突のある風景」（87年競売で落札、シカゴ美術館に寄託） ◇エゴン・シーレ「ヴァリーの肖像」「死せる街」（97年日本展に出品～ニューヨーク近代美術館の展覧会で略奪品として米政府が押収） ◇マティス「オダリスク」（パリで略奪～98年フランス人画商の遺族が現在の所有者シアトル美術館告訴）

担保物件になるなど、コレクションの散逸を防げなかった。ロンドンの倉庫に預けた三百点は焼失した。置き土産のようにフランスに残したコレクションは、松方家にこそ戻らなかったが、安住の地にたどり着いた。

識者の見方

他人事ではない問題

——美術評論家　瀬木慎一

一九九八年十一月三十日から十二月三日までの四日間にわたって、ワシントンでナチス・ドイツの略奪した美術品問題を協議する初めての国際会議がアメリカ政府の主催で開催された。

それに参加した四十四か国とローマ法王庁そして十三の非政府組織は、各国に存在している既知・未知の作品のリストを公開し、極力、元所有者に返還することに全力を挙げる決議を採択した。当然の帰結である。それに先立って「世界ユダヤ人会議」は、ナチスに協力した美術界の全人名リストを公表し、センセーションを巻き起こした。

ヒトラー政権下、ドイツによって略奪された主としてユダヤ人所有の美術品の総数は、約十一万件、また、その二倍とも数えられている。その多くは、ドイツ領内にあって、連合国軍によって発見され、返還された。しかし、返還前に、またその後に売却された作品は多数に上る。

他方、連合国、特にフランスに残され、また、取り戻された多数の作品の中に、元所有者が判明しない作品が少なくなく、さらに、所有権の有無・当否をめぐる争いが続発して、各国にも波及する事態となっている。

フランスの大画商ウイルデンスタインが、自分の所から略奪され、自分に返還されたと主張する中世の写本は、実は、当家のものだ、と訴えるカーン家との間で起こった紛争は、その一例であり、これに類する複雑な様相は、他にも幾多見られ、同じくフランスの大画商であるローザンベールが自分のものだとするモネの「睡蓮」はその最大のケースである。ボストンの後、九九年春に、ロンドンのロイヤル・アカデミーで開催された「二十世紀のモネ展」に出品されているそれは、四一年に略奪されたもので、直後に売られて、翌年にアメリカのシアトルに一時あった後、ドイツに移り、リッペントロップ外相の部屋に四年間掛けられていた。それをフランス軍が押収して、政府が今まで管理してきた。

実物を展覧会で見た遺族が返還を要求することになったのだが、それが簡単に通らないのは、五一年まで生きていた当主がその種の要求をしなかったことと、リッペントロップに彼自身が売った形跡があると政府が疑っているためである。それは事実に反する、祖父は長らく返還要求をしていた、というのが遺族の反駁《はんばく》である。

パリに住んだイタリア人ジェンティリニの場合も、極めて複雑である。当主が死んだ後、遺族は、多額の借財を残して国外に戦禍を避けた。その間に、執行官がそれを清算するために、残された絵画百五十点を売却した。遺族は、売却を正式に依頼していないし、ナチスが関わった戦時下の競売は略奪同然の安値だったと不当を訴え、ルーヴルにある五点のイタリア絵画の返還を要求している。

先のローザンベールの旧蔵品であるマティス「オダリスク」は、四〇年に略奪された後、ナチスによって処分されて、ニューヨークの大画商であるノドラーの手を経て、シアトルのコレクターへ移り、その人がシアトル美術館に収めた。ローザンベール家は所有権を強く主張しているが、それには直接に応じない美術館は、作品納入者であるノドラーの責任を問うて訴えるという手段を取ったことで、事態はますます紛糾している。

ウィーンのレオポルド美術館私立財団のコレクションによる「ウィーン世紀末展」に含まれるシーレの二点の作品が九七年の日本展を終えた後、ニューヨーク近代美術館で展示中に、略奪品としてアメリカ政府によって押収されるという日本にも関わりのある事件が起こった。同財団は抗議したが、九七年十一月、オーストリア政府は、それに対処して、この種の作品はすべて、ユダヤ人の元所有者に返還するという法律をすばやく成立させた。

そして、かねてから作成させていた「疑わしい作品」リストに基づいて、ウィーンの美術史美術館などのコレクションの中に、ロスチャイルド家からの九百点もの作品を検出し、そのうち返還することが正式に決まった約二百五十点、推定約四千万ドル（約四十八億円相当）の大半が、九九年四月現在の情報では、ロンドンのクリスティーズで同年七月八日に競売される予定である。また、別の美術館でも、ブロックバウアー家から出た七点のクリムト作品を発見した。しかし、後者のコレクションは、三八年にオーストリアのナチスに略奪された後、ミュンヘン、ドレスデンの美術館などに入り、他のものは四一年に競売に付された。それに同家の弁護士が関わったとされ、遺族の返還要求を難しいものにしている。

元所有者に返還された作品が、その後、合法的に売却されて、その一部が日本の公私のコレクションにも入っているように、この問題は私たちにもけっして無縁ではなく、今後、新たな作品が出現し、あるいは、既存のものに疑念が生じることもありうるだろう。そのための調査機関として、各国のオークション会社が出資してALR（The Art Loss Register）が設立されている。

以上のユダヤ人の財産問題とはほとんど無関係だった日本ではあるが、隣国韓国から、植民地時代に取り上げて来た文物が数万点あるとされ、六五年に日韓基本条約が発効して、日本政府所有分は返還された。しかし、民間のものにはなお問題が残されているとの指摘もあって、けっして他人事ではない。欧米諸国における険しい推移には注視すべきものがある。（総合美術研究所長、寄稿）

文化保護は心の保護

――――日本画家　平山郁夫

戦争は、人命を損なうと同時に、人類の文化遺産も破壊する。兵士のレベルでいえば、戦争に勝っても、全員に功賞が分配される保証はないから、民家に入って何でも奪っていく。収奪は、美術的な観点より、金や銀、宝石類として価値があるからだった。

十九世紀ごろから、博物館や美術館の収蔵が世界的に変化した。ルーブル美術館、ベルリン美術館が完成するなど、個人的なコレクションから、「宝物」を一般大衆に開放するようになり、考古学的発掘を人類の遺産として研究するなど、文化に対する態度も定まってきたといえる。消えた文明・文化を、欧米人が発見し、価値を認めて博物館に並べ、研究したからこそ、世界が文化遺産の価値に目覚めたということもできる。単純に文化略奪と批判することはできないのではないか。

美術品の略奪、盗掘は、簡単に金になるため、現在でも行われている。たとえば、アフガニスタンでは、カブールの国立博物館にあった数万点の所蔵品のほとんどが、略奪と破壊で失われた。現在、民族紛争、宗教紛争が多発している。国家対国家なら交渉もできるが、責任者がわからず、平和交渉もできない紛争もある。特にゲリラ化すれば、被害をこうむるのは一般民衆と文化遺産だ。紛争国から奪われた文化遺産が平和な国で売られる、ということも起こりうる。

文化遺産を守ることは、その文化を持った人たちの心を守ることだ。地球環境を守るこ

とに通じることだと思う。（九八年度文化勲章受章者、談）

ナチス、組織的に関与

――ワールド・メディア・ネットワーク編集長　エクトゥール・フェリシアーノ

略奪行為は古代エジプト、ペルシャから十字軍の時代にも見られた。だがナチスのケースは、極めて組織的に略奪に関与したという特徴がある。ナチスはまず東ヨーロッパの美術品に目をつけ、スラブ人のものとみなす文化財を破壊しようとした。だが西ヨーロッパの美術品については、意図的、組織的に略奪した。専門家グループが作成した略奪目録は今日に至るまで行方不明の美術作品を検索するうえで最も貴重な資料である。

絵画に対する異常な愛着は、ヒトラーの経歴にも見られる。青年期にウィーンの美術アカデミー入学を図ったが、二度とも失敗した。美術愛好の趣向とホロコーストは、一体どうつながるのか。略奪にあたっては主にユダヤ人、フリーメーソン、さらにロータリークラブのような団体メンバーが目をつけられ人種主義的傾向が見られた。ニュルンベルク軍事裁判ではフランスが罪状に文化略奪を含めるように求め、ゲーリングら三人が被告台に立たされた。メトロポリタン美術館など、主要美術館が、保存絵画一つ一つについて、盗難名画の問題解消のために所有権の来歴をはっきりさせようとしている。（邦訳『ナチスの絵画略奪作戦』著者、談）

竹刀を折られた剣士たち

ＧＨＱの武道弾圧——「復活」信じ逆風に耐えた日々

連合国軍総司令部（ＧＨＱ）による占領政策は、政治、経済だけではなく、文化・教育面にも及んだ。戦前の軍国主義の払拭《ふっしょく》を目指して、剣道、柔道、弓道など、わが国古来の武道に対して、厳しい禁止・制限措置が講じられたが、とりわけ目の敵にされたのが、剣道だった。

「特攻隊精神」恐れた米国

前首相の橋本竜太郎（61）（全日本学生剣道連盟会長）は、敗戦を疎開先の兵庫県香住町で迎えた。橋本は当時、香住国民学校（現在の小学校に相当）二年生。二学期のある日、学校に行くと、校庭の真ん中に竹刀や防具などの剣道具が山にして積まれていた。

「先生が『占領軍の命令だから、焼き捨てる』と言うんだ。そんなばかな話はないと思って、木刀を一本、煙の中から引き抜いた。でも、見つかって取り上げられ、また火にくべられた。悔しくて、わーわ泣いちゃってね、ずっと煙を見上げていたなあ」

戦時色が深まった一九四一年以降は実戦的な武道教育が必要とされ、五年生以上の男子は柔道、剣道が正課となっていた。当時の橋本にとって、敗戦とは、「上級生（五年生）になったら習えると楽しみにしていた剣道ができなくなった」ということだった。

文部省は敗戦直後の四五年十一、十二月と二度にわたって全国の教育機関に通達を出した。「体錬課武道（剣道、柔道、薙刀《なぎなた》、弓道）の授業は中止すること」（四五年十一月六日）、「学校または附属施設において武道を実施せしめざること」（同年十二月二十六日）

GHQは占領政策として、「非軍事化」「民主化」を柱に掲げ、武道を「軍国主義や国粋主義を助長した」と判断、その排除を文部省に求めていた。通達に基づいて、日本各地の学校では、剣道具を焼却処分したり、土中に埋めたりしたところが少なくなかった。

父親竜伍さんから竹刀の握り方を教えてもらっていた当時の橋本少年（右は義母正さん。1944年、東京・田園調布の自宅で）

ではGHQ＝米国による弾圧の背景には何があったのか。

戦前の三六年、米海兵隊を除隊して来日、「青い目の剣士」として都内の道場に通って剣道修行した経験がある教育学博士ワーナー・ゴードン（86）（沖縄県与那原町在住）は、「剣道は刀剣を使って相手を倒す術であり、その心は大和魂に通じ、特攻隊精神そのものと映った。また稽古《けいこ》は、米国人には、軍事訓練に見え、スポーツとは理解されなかった」と弾圧の背景を説明する。

一方、米海軍出身で戦後の剣道史を追っているダニエル・ズート（31）（東京在住）はこうみる。「米兵は打ち込みの際の掛け声を嫌がった。南方戦線のジャングルで、刀を持った日本兵に『ヤーッ』と追いかけられ、戦後も、それが夢に現れ悩まされた兵士もいた。そのことが禁止の底流にあった」

ワーナー・ゴードン氏

カリフォルニアの大学に戻り勉学中に禁止措置を伝え聞いたゴードンは、すぐにGHQ関係の友人に手紙を書き、「剣道には二千年の歴史があり、日本にとって国家遺産のようなものだ。禁止はナンセンス。早く解除すべきだ」と訴えた。

失職し生活苦の指導者たち

しかし、GHQはその後も剣道への圧力を強めた。四六年一月、文部省は中学、高等学校の武道指導の教員免許を無効とする省令を出した。これによって、剣道、柔道などを担当していた教員は、転職や退職を余儀なくされた。

さらに文部省は八月、社会人の剣道についても、組織だった活動を制限する通達を出した。その結果剣道は民間道場や私的な集まりで、稽古を楽しむ程度となり、剣道指導者の多くは失職し、生活苦に迫られた。剣道界の長老で、戦前、大阪府の中学で剣道を教えていた元東海大教授の井上正孝（92）が当時の苦境を語る。

「戦争が終わって大阪に戻ったら、教員免許が無効になって、仕事がなくなった。食べ物もなく、剣道どころではない。やむなく田舎の福岡に帰った。高段者の先生がヤミ市の売人になったり、慣れぬ行商で生計を立てていると聞いて、悲しい思いをした」

京都剣道界を代表した宮崎茂三郎（故人）は、木炭や練炭の運搬といった肉体労働に携わった。稽古着が作業着となり、すきっ腹で重い荷車を引いて歩いた。

世間の剣道に対する目も冷ややかになった。名門道場として知られる野間道場（東京・文京区）では、稽古の最中に石が投げ込まれた。

こうした投石は、道場に通った中野八十二（故人、慶応大師範）ら剣士たちの心を深く傷つけた。逆風の中でも剣道愛好者たちは、復活への希望を胸に、細々と稽古を続けていた。社会人が個人的に楽しむ剣道について、GHQの民間情報教育局（CIE）局長のケネス・ダイクは、新聞紙上で「個人の趣味として学校外で行う分には差し支えない」と発言し、容認していた。しかし実際の取り扱いは、各地のGHQの地方軍政部の裁量に任せられていた。地方によっては、剣道具の焼却はもちろん、関係書類の没収、手紙類の検閲を行うなど、厳しい取り締まりが行われた。

相知館道場の「剣道研究会」に全国から参加した剣道家たち（1950年4月25日）

道具を隠し持っていたため、クビになった校長もいたという。

その一方で、比較的監視の目が緩やかなところもあった。

茨城県はそうした地方の一つだった。県南にある藤代町の相知館道場では四八年、館長の金谷直次郎（故人）が「剣道研究会」を発足させた。月一回の稽古会には、関東各地から「昭和の剣聖」と称された持田盛二、中山博道、中野八十二といった高名な剣道家が集まり、竹刀を交えた。もっとも、稽古場にはGHQから白いヘルメットのMP（憲兵）がジープで乗り付け、自動小銃を片手に目を光らせた。

「MPは少しでも不穏な態度を見せようものなら中止させるつもりだった。異様な雰囲気だったが、剣道はスポーツで、軍国主義に通じるものではない、と必死にアピールした」と振り返るのは金谷直次郎の二男で現館長の金谷光躬（64）。稽古の後は、剣士たちを、料理や酒などでもてなした。金谷家は大きな地主で、食べ物には不足していなかった。

剣士たちは「腹いっぱい食える」と喜んだ。当時中学生だった金谷は、剣士たちが車座になって「剣道の灯を残すんだ」と議論するのを黙って聞いていた。

極貧にあえぐ剣士のため、金谷家は、帰りには寸志を包んだ。防具の中に、もらったコメを忍ばせて帰る剣士もいた。

米兵たち前に「剣道ショー」

占領が長期化するにつれて、GHQの中にも、剣道に理解を示す動きが出てきた。全日本実業団剣道連盟副会長の星野一雄(84)は、四六年にニューギニアから復員、勤め先の三菱化成(現三菱化学)の黒崎工場(福岡)に復帰した。ほどなく同好会ができて、集会所の舞台を道場代わりに稽古を始めた。

ところが、しばらくしてGHQ将校が工場にやって来た。星野らは「てっきりとがめられる」と覚悟したが、将校は意外にも「どうか、剣道というものを芦屋空軍基地(福岡)で見せてくれ」と基地に招いた。星野らはさっそく基地に出向き、多数の米兵の前で片言の英語を交えて剣道の形を披露した。

「みんな拍手喝さいしてくれて、お土産にチーズやサンドイッチをどっさりもらって帰った」と星野。

愛用の竹刀を手に、当時を語る星野一雄氏

こうした「剣道ショー」は宮城、青森、石川、千葉、岡山、鳥取など各地で開催され、剣道の理解向上に寄与した。

その後、四九年に星野は東京に転勤。今度は築地警察署の道場に通い、稽古を続けた。当時、警視庁でも剣道は禁止されていたが、星野らは「警棒術の訓練」と偽っていた。しかし、ある日そこにもジープに乗った取り締まり担当の民間諜報《ちょうほう》局（ＣＩＳ）中尉が現れた。

「今度こそ危ないと思ったが、今度の将校も『おれにも剣道をやらせろ』。将校はベンジャミン・ハザードといい、戦前の日本にいて、剣道にも心得があった」

ハザードは「個人的に楽しむだけなら、どんどんやっていい」と語り、その後も土産にウイスキーなどを持って現れ、星野らとの稽古に汗を流した。ハザードは後にサンノゼ大教授となり、米国での剣道普及に尽力している。

◇

剣道は、愛好家たちによる地道な活動やＧＨＱへの陳情などが功を奏し、復活に向けて動き出した。朝鮮戦争の勃発《ぼっぱつ》（五〇年）、対日講和条約の発効（五二年）も追い風となって、五三年には、高校以上の学校剣道が復活し、社会人剣道への制限も解除された。

解説・背景

学校柔道にも禁止措置

剣道と同様、学校柔道に対しても禁止措置がとられた。しかし、社会体育としての柔道については、剣道のような制限措置は取られなかった。柔道は、剣道のように武具を使用せず、その分、軍事教練色が薄かったことが、その背景にある。

また、学校柔道復活に向けて、柔道界は、早期から「判定制の導入」「一部の当て身技など危険技の禁止」といったルール改正に取り組んだほか、全日本柔道連盟を結成（四九年）、日本体育協会にも加盟して、GHQに対し、「スポーツ色」をアピールした。その結果、剣道に先駆けてGHQは五〇年九月に学校柔道の復活を認めた。

武道の総本山・大日本武徳会を解散

GHQは、剣道への禁止・制限措置に加え、四六年十一月、わが国武道界の統括組織で「武道の総本山」的存在だった大日本武徳会の解散を指示した。

同会は、一八九五年に「武術の奨励、国民士気の涵養」を目的に設立。全国の都道府県に支部や分会を持ち、軍国主義への傾斜が強まる中で、四二年には政府の外郭団体となり、その目的を「本会は武道の振興を図り皇国民の錬成に資する」と規定していた。役員には、各府県の知事や警察部長、警察署長が就任し、当時、全国に八万人の会員がいた。

元参院議長の原文兵衛（85）は、内務省調査局の事務官として、同会の解散問題を担当した。

四六年十月中旬、原はGHQの民政局（GS）から出頭を命じられ、東京・日比谷の第一生命ビルのGSのオフィスに行くと、担当のルースト中佐が待ち構えていた。

「大日本武徳会は軍国精神を鼓吹した危険な団体だ。勅令一〇一号の解散団体に指定しなければいけない。民政局チャールズ・ケーディス次長の強い意向だ」

勅令一〇一号は、「超国家主義団体の解散が目途で、解散団体の幹部は自動的に公職追放となった。同会への指定はGSによる内務省解体論と絡んでいた」（明星大非常勤講師・山本礼子）。多くの内務省幹部、警察幹部が追放される恐れがあることから、原は抵抗した。

「追放となれば治安上も問題があった。ルーストは理解を示し、解散するが、公職追放はしないという妥協案にOKしてくれた」（原）。しかし、その後、GS内で「解散したのに役員がだれも追放されていないのはどうして」との声が出て、結局、GSは改めて役員の公職追放の指示を出した。

〝アフリカ合衆国〟夢見た男

ガーナ建国の父　エンクルマ――闘争と挫折の足跡

第二次世界大戦後、大部分が欧州の植民地だったアフリカで、大陸全土の解放と、「アフリカ合衆国」の建国を夢見た男がいた。一九五七年、サハラ砂漠以南のアフリカで初の独立を果たしたガーナ建国の父、クワメ・エンクルマ（一九〇九―七二）。白い肌による支配を拒み、アフリカ人の結束を呼びかけたエンクルマが描いた合衆国構想とは――。アフリカ独立の英雄が求めた理想と、闘争の足跡を追った。

「クワメ」の名前に民族の誇り

「フランシス・ヌウィア・コフィ・エンクルマ。これが、彼のパスポートに書かれた本当の名前だ。『クワメ』なんて、どこにもない。それは、私が彼に与えた名前なのだ」「過去のことは語りたくない」と、かたくなに口を閉ざしていたアコ・アジェイ（82）は、ガーナの首都アクラの自宅で、意外な事実を打ち明けた。エンクルマを留学先の英国から祖国に連れ戻し、独立運動に駆り出した人物である。

アジェイは独立闘争時代、エンクルマらと共に「ビッグ6」と呼ばれた六人の指導者の一人だが、政界引退後はマスコミや学者との接触を一切断ち、現在は妻と二人で信仰に身をささげながら隠とん生活を送る。「日本の神話や古事記の話に興味がある。日本の文化と伝統の話を聞けるなら」との条件でインタビューに応じ、静かに過去を語りはじめた。

アジェイとエンクルマの出会いは三九年、最初の留学先、米リンカーン大学だった。当時、米国では、黒人奴隷の子孫の間で、アフリカへの回帰とアフリカ人の結束を呼びかける「パン・アフリカニズム」が流行、二人はその思想に傾倒していた。

㊤門外不出の書「アフリカの夢」を手に、エンクルマの思い出を語るアコ・アジェイ氏（アクラで、吉形祐司撮影）

㊦自宅に飾られたエンクルマの写真を手にやるコジョ・ボツィオ氏（アクラで、吉形祐司撮影）

ある日、アジェイはエンクルマに「君は、なぜ『コフィ』と名乗っているんだ」と問いただした。ガーナでは伝統的に、曜日をつかさどる神の名を子供に授ける。男児なら、金曜生まれは「コフィ」、土曜生まれは「クワメ」。だが、アジェイは「ガーナの伝統暦では、日没とともに一日が終わり、翌日が始まる。エンクルマは、自分の正確な誕生日を知らなかったが、母親から夜遅く生まれたと聞かされていた」という。

アジェイは「日没後に生まれたのなら、我々の文化では金曜ではなく、土曜生まれ。コフィは、西洋暦の名前だ。土曜生まれなら、クワメではないか」と提案した。エンクルマは「その通り。きょうからオレはクワメだ」と答え、同席したアフリカ人仲間から拍手と歓声が起こった。後にアフリカ大陸全土に独立旋風を巻き起こす「クワメ・エンクルマ」が植民地支配者の文化を捨て、その名を得た瞬間だった。

エンクルマは自伝で、「土曜日に生まれたのでクワメの名を持つ」と書いているが、アジェイの証言に従えば、その名前には秘めた逸話があった。

エンクルマは米国で、アフリカ人留学生仲間と共に、独立後の「アフリカ合衆国」建設構想を練った。アジェイは九一年、「アフリカの夢」と題した一冊の本の原稿を書き上げ、米国でエンクルマと共に語り合った構想の骨格を記した。現在も出版されないままで、門外不出の原稿を手に、すでに視力を失ってしまったアジェイは「欧州は、その構想を盗んだんだ」と、力説した。

エンクルマが目指したのは、「アフリカ経済共同体の設立」「アフリカ統一通貨の発券」「アフリカ議会の設立」などの合衆国構想だった。アジェイは「欧州共同体、欧州通貨統合、欧州議会……。いずれもわれわれが考え出した理念を欧州がそっくり採用したのだ」と胸を張る。

中でも目を引くのは「アフリカ高等指揮権」構想。「独立後、各国が部隊を提供し『アフリカ大陸軍』を創設することを考えた。紛争阻止が目的だった」

部族抗争や内戦に悩むアフリカでは現在、アフリカ独自の平和維持活動（PKO）や危機対応軍の創設案が注目を浴び、西アフリカでは実際に、地域機構が紛争地にPKOを展開している。アジェイは「当時の人々は、エンクルマの構想をユートピアだと笑い飛ばしていた」と語る。

しかし、エンクルマは、アフリカが結束しない限り、特に経済面での欧州支配からの脱却、アフリカの貧困解消はありえないと信じ、アフリカ全土が共同で天然資源を備蓄、利用することを提唱した。さらに、ガーナにアフリカ議会を置き、「合衆国」の拠点にしようと試みた。

投獄されるも選挙に圧勝、独立勝ち取る

エンクルマのもう一人の側近でのちに文相、外相などを歴任したコジョ・ボツィオ（82）は、英オックスフォード大学に留学中の四五年、アフリカ人留学生のたまり場だった西アフリカ学生連盟（ロンドン）で、アジェイと出会い、エンクルマに紹介された。

「役に立たない法律なんかやめろ。時間の無駄だ。今は闘争の時だ」

弁護士を志していたボツィオにエンクルマが強く迫った。民主主義をもとにした戦後構想を打

1951年5月26日、コジョ・ボツィオ氏（前列中央）の結婚式に出席したエンクルマ（左から４人目、サングラスの男性の左）＝ガーナ政府提供

ち出す大西洋憲章が四一年、ルーズベルト米大統領とチャーチル英首相の間で採択され、戦後は米国、ソ連が反植民地主義を明確にし、アジアからアフリカへと独立の機運が盛り上がった。この流れの中でエンクルマは、マンチェスターでのパン・アフリカン会議開催（四五年）に奔走し、アフリカ独立へ向け、指導的役割を築きつつあった。

当時ゴールドコースト（黄金海岸）と呼ばれたガーナでも四七年、独立を目指す政党、ゴールドコースト統一会議（UGCC）が設立され、一足早く郷里に戻ったアジェイは、エンクルマを書記長に推薦。ボツィオと共に帰郷したエンクルマは、独立運動を指揮した。

しかし、英当局を恐れ、「できるだけ早く独立を」と遠慮がちな保守派UGCCと、「今すぐ自治政府を」と叫ぶ左翼急進派のエンクルマは、当初から肌が合わなかった。「オレは、ロンドンに帰るぞ」。指導部からの批判にうんざりし、荷物をまとめたエンクルマが、ボツィオの自宅に電話したのは、書記長就任からわずか一か月後だった。

驚いたボツィオはエンクルマのもとに車を飛ばし、「闘争は始まったばかりだ。行くな」と説得、連れ戻した。「時代が彼についていかなかった」と述懐するボツィオは四九年、エンクルマと共に新党、会議人民党（ＣＰＰ）を結成。エンクルマは五〇年、ゼネストを組織して英当局に逮捕され、翌年行われた地元議会選挙を獄中で迎えた。

「エンクルマは獄中のトイレットペーパーに手紙を書き、選挙戦略を指示した。看守が彼の支持者だったんだ」とボツィオが秘話を明かす。結局、ＣＰＰは選挙で圧勝、英当局はエンクルマの釈放を余儀なくされ、ガーナは五七年、独立を勝ち取った。

クーデターで政権追われる

アフリカ大陸全土の解放と、「アフリカ合衆国」実現を夢見るエンクルマは、ガーナ独立後も他国の独立闘争を支援。セネガル民主集団のレオポルド・サンゴール、ケニア・アフリカ連合のジョモ・ケニヤッタ、ギニアのセクー・トゥーレ、タンガニーカ・アフリカ国家連合のジュリアス・ニエレレらと共にアフリカ解放の最前線に立った。その結果、地元ココア産業の収益を使い果たし、経済がひっ迫すると、次第に批判を浴び、腐敗と独裁色を強めた。アジェイも六二年、クーデター未遂容疑で逮捕され、獄中生活を送ることになる。

そしてエンクルマは六六年、クーデターで政権を追われ、「アフリカ合衆国」建設の夢はつい

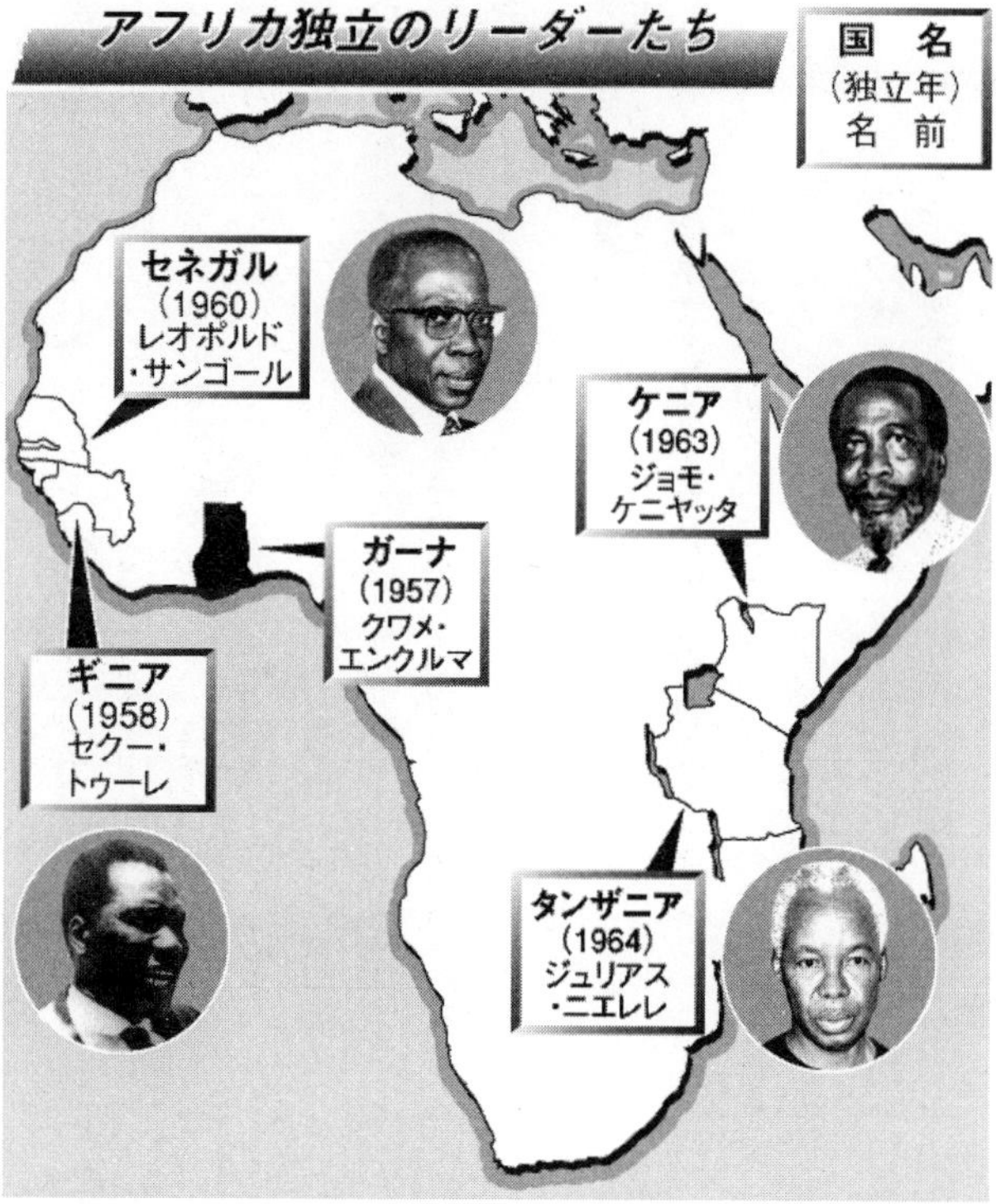
アフリカ独立のリーダーたち
国 名
（独立年）
名 前
セネガル
（1960）
レオポルド
・サンゴール
ケニア
（1963）
ジョモ・
ケニヤッタ
ガーナ
（1957）
クワメ・
エンクルマ
ギニア
（1958）
セクー・
トゥーレ
タンザニア
（1964）
ジュリアス
・ニエレレ

えた。エンクルマは、「アフリカ合衆国」の夢に共鳴するセクー・トゥーレの保護を受け、ギニアで余生を過ごしたが、七二年、療養先のルーマニアで死去、アクラ中心部に埋葬された。墓石を覆う記念碑は、エンクルマが夢半ばで倒れたことを象徴し、未完のままだ。

その後、アジェイは釈放されたが、政界を引退し、過去の一切について沈黙を守り続けた。かつての「ビッグ6」の一人、アジェイの現在の生活を、ガーナ国民は知ることもない。

徹底したアフリカ主義、伝統文化の尊重を訴えるアジェイは、長いインタビューを終えると、コーラを勧め、「ここにあるのは米国資本主義を象徴するものだ。ガーナはなぜ、外国製品を妄信し、自国製品を作れないのか。残念だが、さあこいつを飲み干してしまおう」とほほ笑んだ。そして「もうこれ以上話すことはない」と、貝のように口を固く閉ざした。

解説・背景

〝見果てぬ夢〟も歴史的意義大きく

エンクルマが夢を託した「アフリカ合衆国」とは何だったのか。ガーナ大学政治学科長のジョセフ・アイー(64)は、〝見果てぬ夢〟だったとする。

「エンクルマは、アフリカが結束し、アフリカ人すべてが一つの政府に結集すべきだと考えた。合衆国大統領になろうとしたが、他のアフリカの指導者は、自分たちの主権を譲渡したくなかった。やっと独立を勝ち取ったのだから、祖国の大統領になりたいと思うのは理解できる。独立したアフリカの国家は、違った植民の歴史、言語、文化、経済をそれぞれ持ち、基準となる〝分母〟がない」

だが同大教授のマイク・オクエ（54）は、「一国が他民族を支配してはならないという原則が戦後、反植民地主義に反映された。ガーナは当時、ココア、金、ダイヤモンド産業ゆえに、経済的に強力な国で、教育水準も高く、人的資源があったので、他国はガーナに頼った。エンクルマは、カリスマ性に加え、ガーナ独立がアフリカ全土の独立に結びつかなければ意味がないと、財政、思想的に他国を支援した。エンクルマがいなければ、ガーナ、アフリカの独立は遅れただろう」と歴史的評価を下している。

クワメ・エンクルマ

一九〇九年、英領ゴールドコーストのヌクロフル生まれ。米国、英国留学。四七年に帰国し、ゴールドコースト統一会議書記長就任。四九年、会議人民党を結成し、五〇年にゼネストを組織したが、英当局に逮捕、投獄される。翌年の立法審議会選挙で会議人民党が圧勝、釈放され、首相に就任。英国と独立交渉を重ね、五七年にガーナを英連邦内の自治領として独立へと導く。六〇年の共和制移行で大統領に就任。社会主義に傾く一方、ガーナを拠点に「アフリカ合衆国」創設を目指すが、中国訪問中の六六年、クーデターで失脚。七二年、療養先のルーマニアで死去。

パン・アフリカニズム

アフリカ人の結束、アフリカの統一、独立などを掲げる思想。一九世紀末に米国やカリブ海地域のアフリカ系知識人層の間に広がり、一九〇〇年、ロンドンで初の国際会議が開かれた。

第二回会議は一九年、後にエンクルマの顧問となる米国のフランス系黒人運動家、デュ・ボイス博士がパリで開催、これを第一回会議とする説もある。四五年、英マンチェスターでエンクルマらが開催した会議を機に、主導権がアフリカ人に移り、アフリカ独立機運を高めた。

アフリカ人留学生

植民地では、ミッションスクールを通し、優秀な学生のみが宗主国で高等教育の機会を得たが、宗主国の代弁者となるのが常だった。エンクルマは当初、英国留学を志したが試験に落ち、ナイジェリアの親類から借金して船で渡米。アフリカ人留学生は例外なく苦学を強いられた。

英国では、留学生が西アフリカ学生連盟を組織、黒人差別が歴然としていた時代に、宿のあっせんや生活の便宜を図った。海外経験は、第二次大戦後の世界の潮流だった民族自決と独立思想に触れる絶好の機会だったが、帰国後、植民地体制下の重職に就いた留学生も少なくはなかった。

爆弾とともに舞い降りたビラ
「落下傘ニュース」――早期終戦狙った心理戦

太平洋戦争末期、連日のような本土空襲の時、黒煙の立ちのぼる空からはきまって米軍の宣伝ビラが舞い降りてきた。その中に、本土やフィリピンなどで大量にまかれた「落下傘ニュース」という新聞形式の宣伝ビラがあった。「紙の爆弾」と呼ばれ、日本国民の戦意喪失を狙う宣伝戦の一環だが、米軍の進撃を刻々と報じる紙面からは、統制下の日本の新聞には出てこない戦争の実態が伝わる。そこには、編集に参加した日本人捕虜たちの「早く事実を伝えて戦争を終結すべきだ」との思いも込められていた。

米軍がアジア各地の戦場で投下

「落下傘ニュース」はマニラの米軍司令部心理作戦部の作成で、第一号は一九四五年三月十三日。ほぼ毎週、百万から二百万部が印刷され、日本本土や沖縄、アジア各地の戦場で爆撃機などからばらまかれた。

戦後散逸した落下傘ニュースは、米バージニア州のマッカーサー記念館や外地からの帰還兵ら

米軍がばらまいた「落下傘ニュース」

が保存。大阪の出版社が全二十四号を収集した。

Ａ４判よりやや小さめで、日本の新聞と同じレイアウトの「落下傘ニュース」第一号トップ記事は「Ｂ29連続猛襲」。同年三月十日の東京大空襲に関する記事だ。日本の新聞が、東京の被害は「軽微」で朝までに火災は鎮火したと東京の壊滅的な打撃を隠す一方で、「（敵機）十五機を撃墜、五十機に損害」（読売報知）と、まるで戦勝のように報道したのに対して、落下傘ニュースは二千トンの焼夷《しょうい》弾で東京は「文字通り火の海」（空襲を指揮した少将、バウアー）だったと実態を描写している。同ニュースによれば、米軍の損害は二機だった。

多くの惨劇を生んだ沖縄戦。日本の報道は「皇軍の神髄発揮　米、戦史類なき出血に呻《うめ》く」（朝日）と米軍八万人を殺傷、艦船計六百隻を撃沈破したという勇ましい記事ばかり。これに対して、落下傘ニュースは「激闘連続八十二日　日本軍の戦死十万を越ゆ」と戦果を強調する一方で、米軍にも戦死九千六百二人、負傷二万五千五百四人が出たことを明らかにしている。

中には明らかな宣伝記事もあり、米国内の日系人収容所に関する記事では「ここ（収容所）の方が暮らし易いといってそのまま留まることを決意した人も多数いる」などと美化しているが、基本的には戦況の〝客観報道〟が中心だ。

すでに日本の敗色が濃厚だっただけに、「大本営発表」でない事実を伝えること自体が、米軍にとっては最大のプロパガンダだったとも言えるだろう。

マッカーサーの宣伝戦は、フィリピン上陸作戦とともに本格化した。

「I shall return（私は戻って来る）」の言葉通り、マッカーサーは四四年十月、二年半ぶりにフィリピン南部のレイテ島に再上陸を果たす。自ら浅瀬を歩いて堂々と上陸する写真に「MacArthur Returns!（マッカーサーが帰ってきた）」との白い文字がおどる赤いビラ約三百万枚がすぐに印刷され、フィリピン全土にばらまかれた。

マニラでの落下傘ニュース作りの中心になった一人は、日系二世タロウ・ツカハラ（故人）。ツカハラは四一年三月に米陸軍に入隊。日本語の能力を買われ、マッカーサーの軍で宣伝ビラ作成を始めた。

約二十年前にツカハラを取材し、『秘録・謀略宣伝ビラ』を書いたノンフィクション作家鈴木明は「日本の敗戦が決定的になる中で、『戦後日本の復興を担うはずの若い人たちに一人でも多く、捕虜になって生き残ってもらいたい』という情熱が強く感じられた。その意味では、謀略宣

マッカーサーがフィリピンに戻ってきたことを伝える宣伝ビラ

伝ビラというより、思いのこもったメッセージだった」と、日系人としてのツカハラの心情を代弁している。

ツカハラの妻の弟の稲葉美二（77）（東京都大田区）は戦後、訪日したツカハラと会い、ウイスキーを飲みながら語り合った。

ツカハラは「僕はアメリカ人だから」が口癖だった。「でも、義兄は『マニラにいた時、日本が心配でたまらなく、負けた方が将来のためになると思った』と揺れ動いた気持ちを話してくれた」と懐述する。

日本人捕虜も編集に参加

捕虜になった日本人のうち、英語に堪能な十数人も編集に協力した。民間会社員でマニラ駐在中に現地召集された秋竹守一（東京都出身、故人）や、フィリピン留学中にマニラの呉第一〇三海軍病院の通訳に召集された安居堅作（89）（神戸市北区）らはその中にいた。三省堂の英和、和英辞典が支給され、マニラ新聞のビルで米軍

米軍機から投下される宣伝ビラ（米陸軍通信隊撮影）

から渡される英文ニュースを翻訳する。現地にあった朝日新聞から横山隆一作のフクチャンの漫画や火野葦平の小説も転載した。

捕虜になって敵の謀略ビラ作成に協力する利敵行為は、当時は〝大罪〟だ。だが、秋竹は生前、読売新聞の取材に対して「最初はニュースが信じられなかった。だが、事実だとわかるにつれ、少しでも多くの日本人に読んでもらおうと思った」と語り、真実を伝えることが日本のためだと確信した気持ちを語っていた。

大量のビラを短期間で刷るのは、大変な作業だ。マッカーサー側近で心理戦を担当したのは准将のボナ・フェラーズ。彼にあててビラの印刷担当者から悲鳴のような手紙が届いている。

「二千万枚の『落下傘ニュース』のほか、『ロシア参戦』など四種類のビラを合わせて、八月一日までに約六千万枚のビラを作る予定です。しかし、印刷機はひどく老朽化して、修理部品は入手不能。レイテ島のタクロバン港に米国から高性能印刷機二台が到着しましたが、この上にまだ三台は印刷機が必要です」（四五年六月十三日）

ビラをまく側も命がけだった。

沖縄から出撃するB24爆撃機の曹長だったロバート・バーステン（74）（米フロリダ州）は四五年七月末、広島県の呉港爆撃時の激しい対空砲火を今でも思い出す。その中で、後部窓からは同僚が手作業でビラを投下していた。その同僚がフラフラと倒れそうになる。「ついに被弾したか」と思ったが、実は風で舞い戻ってきたビラが顔にまとわりついただけと分かって、ほっとしたこともある。

「ビラは戦争の早期終結に役立ったと思う。だが、原爆投下の前には、もっとビラをまいて市民に知らせるべきではなかったか……」とバーステンは振り返る。

影響力恐れた日本の軍部

日本の国内では、拾った米軍ビラは憲兵隊に届けなければ処罰された。

六月一日付の読売報知は、ビラについて「敵の〝紙の爆弾〟の正体はこれ　嘘《うそ》八百の迷句羅列」との記事を掲載した。七月十七日付の朝日は「目先の変わった内容に好奇心を覚えたりしたらその瞬間、〝紙の爆弾〟で爆死したのと同じ」と決めつけた。敗色が濃くなると、宣伝ビラの危険性を強調する記事が増えており、逆に軍部がビラの影響力に神経をとがらせていた様子がわかる。

米戦略爆撃調査団が戦後、ビラを投下した三十三都市で面接調査をした結果、半数がビラを見たか、第三者からその内容を聞いたと答えている。そのうち三二%が内容を信じ、二四%が留保付きで信じた。全く信じなかったのは三三%だけで、心理戦の成果が証明された。

ビラを見たのは一般国民だけでない。フェラーズの戦後の報告書によると、昭和天皇も宮中に舞い落ちたビラを見つけ、戦況の悪化を認識したとしている。

落下傘ニュースは八月十八日付の二十三号が最終号となる。

終戦を知らず、マニラ近辺の密林を腰に千人針の布を巻いて逃げ回っていた陸軍曹長、伊田弘実（87）（鳥取県米子市）が拾ったのはその一枚だった。米軍機の爆音を聞くと、地面に伏せて身を隠す逃避行だったが、その日、爆音の後に降ってきたビラには、「日本降伏す」の極太見出しが紙面中央におどっていた。

伊田は「敵の策略だ」と考えてポケットに突っ込んだ。敗戦を知り、連合軍に投降したのはその約一か月後だった。

マッカーサーはそのころ、連合国軍最高司令官として日本にいた。九月二十七日には、米大使館を訪れた昭和天皇と初めて会談した。ネクタイをはずし、両手を腰にあてたラフな格好のマッカーサーの右に、黒のモーニング姿の昭和天皇が並ぶ写真が新聞の一面を飾る。日本の敗戦を国民に実感させる宣伝効果を狙った一枚だった。

際立つ日本の新聞との違い

「落下傘ニュース」と当時の日本の新聞を比較してみた。

〔空襲〕

「落下傘ニュース」は米軍のＢ29爆撃機を「超『空の要塞』」とか「空中艦隊」と呼び、爆撃の成果を毎号、報告した。

五月二十五日の東京への空襲に関して、「落下傘」十二号は「帝都再び猛火に包まれる　丸の内壊滅」と報じた。だが、朝日は「Ｂ29地獄への壮烈　わが制空陣に上る凱歌」として、二百五十機のうち、四十七機を撃墜したと報じた。だが、米軍の公式記録によると、実際には四百九十八機が出撃、損失は二十六機。

日本の新聞は、Ｂ29に体当たりして生還した戦闘機のパイロットや、焼夷弾を消し止めて空襲の翌日も操業した工場などを美談として取り上げている。

〔沖縄戦〕

六月には沖縄ほぼ全島が米軍に制圧された。

「落下傘」第十六号は「日本軍の戦死十万を越ゆ」としながら米軍側の被害も伝えた。日本では「皇軍の神髄発揮　米、戦史類なき出血に呻く」（朝日）、「壮烈沖縄軍民一体の闘魂」（読売報知）

など大本営発表を載せ、日本側の戦死や被害については全く触れていない。読売報知は「いさ来い地獄へ逆落し　ただ殲滅のみ　敵空挺隊降下せば」「戦いはこれからだ　一億沖縄官民に続け」と本土決戦への心構えを強調した。

〔原爆投下〕

「落下傘」第二十二号は「原子爆弾　広島に投下される」と事実だけを伝えた。読売報知は「人道の敵・米の新型爆弾　非戦闘員殺戮を目標　毒ガス以上の残虐」とし、対策として「毛布または布団をかぶつて身体を出来る限り露出しないこと」と報じた。

〔ポツダム宣言〕

「落下傘」第二十一号はポツダム宣言を紹介、「今ぞ戦争終結の秋《とき》　抗戦続行せば断固粉砕」と「本土上陸には兵力七百万を予定」との米地上部隊新司令官の談話と社説「理性の途」を掲載、受諾を促した。これに対し、朝日は「三国共同の謀略放送　政府は黙殺　多分に宣伝と対日威嚇」と一蹴する政府の見解を載せている。

解説・背景

謀略宣伝ビラ

戦争における謀略宣伝ビラは、一八七一年のフランスで起きた都市反乱パリ・コミューンに対し、政府軍がアドバルーンでばらまいたのが始まりといわれる。

日本は、日露戦争で本格的な宣伝ビラを採用、ロシアの弱点だった軍内の民族対立をあおるビラを前線でばらまいた。

航空機が戦争に使われ始めた第一次世界大戦では、欧州各地の戦場で使用された。一九三二年に日本で発行された「国防大事典」によると、イギリスは第一次大戦末期の三か月間にドイツやオーストリアに、降伏を呼びかけるビラ千八十万枚を飛行機や気球から投下したという。ドイツの将軍は「空中から降る紙の毒矢」と評し、一線の兵士への影響の大きさを認める。ソ連は封筒の中にビラのほか、たばこやマッチを入れて投下した。

第二次世界大戦では心理戦技術も進み、有名な日本の「東京ローズ」などラジオによる謀略放送も広範に使われたが、視覚に訴えるビラの重要性は変わらない。

日本では伝単と呼ばれ、太平洋戦争開戦前の三九年四月、陸軍参謀本部第二部第八課内に伝単部が設置された。東京・神田の事務所は「田中商会」という看板で秘密保持を徹底させ、開戦と同時に、アジアを植民地にした欧米列強の圧政を批判する伝単をばらまいた。

アメリカは「落下傘ニュース」のほか、ニミッツ提督率いる海軍がハワイで作った「マリアナ時報」などがあった。戦争末期には、B29の空襲予告ビラも日本にまいた。「世界の伝単研究会」を主宰する末次節雄（76）（横浜市）は「極限状態にある一線の兵士の食欲や性欲を刺激するような直接的なビラが目立つ。その一方、新聞形式は製作に手間がかかるが、情報が途絶えている場所では非常に効果的だ」と指摘する。

ドイツのベルリン陥落直前にはビラを見た独兵の集団投降が相次いだ。

近代戦に心理戦略は欠かせない。朝鮮戦争、ベトナム戦争でも、米国は社会心理学者、文化人類学者などを動員して、謀略宣伝ビラなどを大量に発行。湾岸戦争では、兵士の注目を引くためにイラク札の形をしたビラを作成するなどの工夫もほどこされた。

米陸軍の「心理戦野戦教範」（一九七九年）のビラ作成マニュアルでは、「敵の文化を傷つけない」などの注意事項に加えて、「客観的な記述が効果的なビラ作成の基本」であることを強調している。落下傘ニュースの〝客観報道〟主義は、今も米軍の心理戦の基調の一つをなしている。

飢えと屈辱　13万人のオランダ人

日本軍占領下の蘭領東インド――収容所生活綴った230冊の日記

第二次大戦中、日本軍の占領下に置かれたオランダ領東インド（現インドネシア）では、約十三万人のオランダ人が抑留された。アムステルダムのオランダ国立戦争資料館に保存されている抑留者たちの日記は、収容所での過酷な生活や「慰安婦」の実態を生々しく伝える。元抑留者の中には「非人道的な扱いを受けた」として、日本政府に損害賠償を求める訴訟を起こした人もいる。大戦から半世紀たった今も、戦後補償問題はアジアだけではなく、旧連合国との間でも尾を引いている。

「現地住民からの保護」名目に

〈教会の塔が見える。先には青い山があって、そこに自由がある。私の欲しいのは自由、満腹、パパ〉

一九四三年十二月、ジャワ島中部のアンバラワ収容所で、当時十三歳だったオランダ人ソニア・パーデクーパー（68）は、日記の一ページ目にこう書いた。

ジャワ島中部のアンバラワ収容所で水運びをする
少女たち（1945年撮影、オランダ戦争資料館所蔵）

オランダ南部のミデルブルクの自宅で抑留生活を語るソニア
さん（三井美奈撮影）。円内は抑留される前のソニアさん

収容所は書くことを禁じていたが、抑留者たちはひそかに日記をつづっていた。ソニアの日記帳はとじ糸がほつれ、あちこちに張られた欧州の映画スターの写真はすっかり黄ばんでいる。十センチ程度のたばこ缶に隠したメモ用紙に、びっしり書き込んだ別人の日記もある。

戦争資料館に保存されている約二百三十冊の日記と元抑留者たちの証言から、当時の模様が浮かび上がる。

日米開戦から三か月後の四二年三月、東インド政府はジャワ島を攻略した日本軍に降伏した。オランダ政府が日本政府に示した数字では、オランダ人の捕虜約四万人、女性や高齢者、子供たち民間人約九万人が日本軍の収容所に抑留され、約二万二千人が死亡したという。抑留は「現地住民からの保護」という名目だが、実際はスパイ行為防止が目的だった。

ソニアは土木技師の父と母の一人娘。スラウェシ島で現地の五人を使用人として雇う豊かな生活を送っていた。父の出征後、母と娘は、学校の校舎だった収容所に移された。所持品は少しの衣類、バケツ、皿、日記帳だけ。本国はすでにドイツの占領下にあり、帰国はできなかった。

日記帳はマットレスの下に隠していた。「収容所での日々をあとで父に報告しよう」と書いた日記は、慰安婦として連行された女性にも触れている。

〈十七歳から二十八歳の女性全員が報告を命じられ、私の収容所からは十人のきれいな人が選ばれた。母親たちは泣いた。……みんなで事務所の前に行ったら、ニップ（日本人の蔑称《べっしょう》）がバカげた帽子をかぶり笑いながらやって来た。私たちは抗議したが、彼女たちを連れて行ってしま

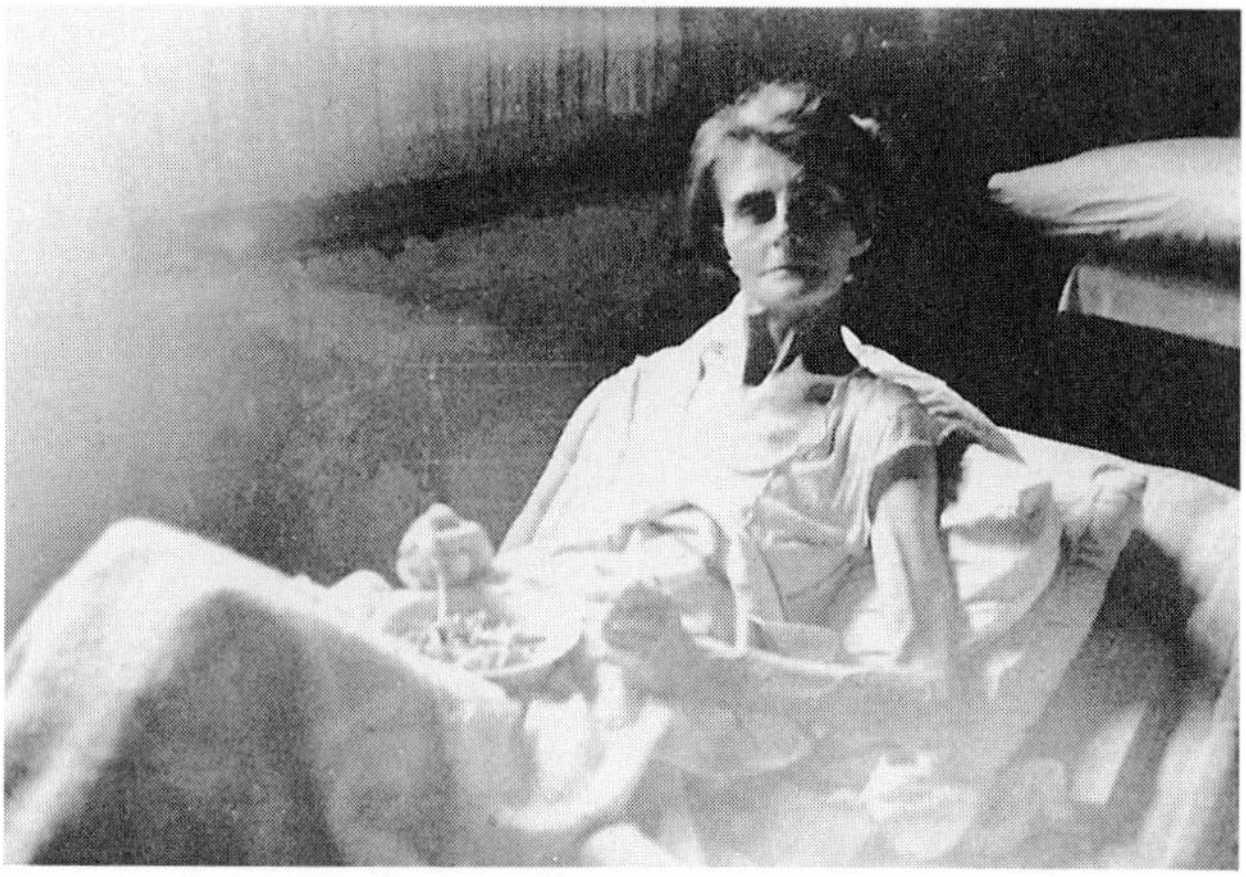

ジャワ島の収容所でやせ細ったオランダ人女性（1945年撮影、オランダ戦争資料館蔵）

った〉

「慰安婦」強制も

同収容所からジャワ島北部スマランの「慰安所」に連行された女性（73）に、ハーグのホテルで会った。今は孫に囲まれ、穏やかな生活を送っているという。

「四四年二月か三月ごろ、点呼で『臨時の仕事だ』と言われた。トラックで連行された小屋で、仕事の内容を告げられ、みんな半狂乱になった。毎日、夕方になると将校が来て、相手をさせられた。今でも男性が恐ろしい」と体をふるわせた。バタビア（現ジャカルタ）の軍司令部が関与したこの施設は二か月後、事態を知った東京からの命令で閉鎖されたというオランダ側の調査報告書がある。

収容所生活は朝の点呼で始まり、抑留者たちは子供も含め昼は畑仕事や配給などに従事した。ジャワ島に抑留されていた主婦の日記には、軍隊式点呼の様子が描かれている。〈(友人の）ファンデプールさんはおじぎを深くせず殴られた。日本兵は『これはよい、これは浅すぎる』と自分でやってみせた。バカみたい。『気をつけ』と言われ、すぐやらないと殴られる。……イトウはみんなを集めて演説する。『気をつけ』『右へならえ』『敬礼』（という日本語）を覚えた。子供を抱いているのに、軍隊式にやれと言われても困る〉

多くの日記は、飢えとの闘いを記している。栄養不良と不衛生のため病死者が続出した。

それでも、ソニアは希望を捨てなかった。四三年十二月の日記には、〈格子の向こうに幸せとまぶしい未来が待っている。失望してはいけない〉とある。

四五年九月には連合軍がジャカルタに進攻、抑留者たちは解放される。しかし、収容所の外では、植民地体制を復活させようとしたオランダと、インドネシア人との新たな戦闘が始まっていた。ソニアと母は戦後まもなく父の戦死を知り、帰国したのは四六年一月だった。

つらい思い出と共に引き出しにしまってあった日記を、知人の研究者の勧めで公開したのは九五年。「双方の国が過去を明らかにし、新たな関係を築くことが大切」との思いを託した。

政府間の補償問題は決着したが……

日本政府は五六年、抑留民間人への補償金としてオランダ政府に一千万ドル（当時約三十六億円）を支払った。日蘭関係史研究家ファンプールヘーストによると、一人当たり三百八十五ギルダー（同約四万円）だった。オランダは以後、いかなる補償も求めないとして二国間の補償問題は決着した。

しかし、元抑留者たちの「日本への憎しみを決して忘れるな」という反日感情は、今も両国の関係にトゲのように突き刺さっている。元捕虜のヘリック・ファンデルシュイツ（77）は「日本人はきちんと謝罪しない」と怒りをあらわにする。父は民間人収容所で死亡。本人は強制労働に従事させられ、ダイナマイトによる危険な穴掘りで仲間を何人も失った。

インドネシア史を専攻するライデン大教授のコルネリス・ファスール（60）も、抑留体験がある。米国が九〇年、戦時中に強制収容した日系人に一人当たり二万ドルの支払いを開始した例を挙げ、「日蘭間の補償とは違うが、オランダの元抑留者には金額の差が日本の誠意のなさと映った」と指摘する。

戦後五十年に当たった九五年の終戦記念日、当時の村山首相は、すべての戦争被害者に対する「おわび」を表明した。外務省では、オランダの抑留者日記を保存する事業への支援もしている。

ファスール教授は「オランダ人が日本の謝罪を認められない背景には、持って回った言い方を理解できない文化や習慣の違いもある」と述べ、歴史を直視する両国の努力が真の友好につながると強調した。

オランダ側に植民地支配反省の機運も

オランダの著名な評論家ルディ・カウスブルック（69）は、旧オランダ領東インドで生まれ、少年期は旧日本軍の収容所で過ごした。九八年秋、邦訳が刊行された『西欧の植民地喪失と日本』（草思社）は、第二次大戦を巡る反日感情が根強いオランダにあって、「インドネシアを植民地として支配してきた我々も、反省が必要なのでは」と問いかける異色の本だ。出版を機に来日した際、話を聞いた。

――オランダ国内での反響はどうだったのか。

「二通りに分かれた。結果的に日本人を擁護しているので、旧軍人たちは私を『日本人の友人か』と攻撃した。インテリ層には『自分たちも反省すべきだろう』との声が多かった」

――自分も過酷な抑留体験をしたにもかかわらず、なぜこれを書いたのか。

カウスブルック氏

「東インドにいたオランダ人たちのうそや偽善に対する怒りからだ。オランダでは、日本軍の収容所はナチス・ドイツのそれと同じと受け取られ、『日本人は残酷だ』とのイメージが植えつけられている。遠く離れたところで起こったことなので、何となく信じてしまう。自分たちが植民地時代に犯した罪は隠し、他人の責任にしようとしている。これは人間性の問題だ」

——日本に寛容なのでは？

「日本軍が侵攻した時、十二歳だった私は、日本人が優秀な飛行機やラジオを持っていることに驚いた。両親とともに生き延びて帰国できたからか、憎しみは持っていない。オランダ人には黄色人種への民族的偏見があり、心の中で軽べつしていたのに、日本軍に占領されて屈辱感を味わった。人間は屈辱を受けると、後々まで恨みを持つ。日本人のことを知ろうともせずに、ただ恨んでいる」

——日本軍の侵攻がアジアの民族独立につながった、という見方がある。

「結果的には独立したが、アジア解放のためというのは日本軍の宣伝で、本当は石油を確保したかったからだ。日本軍は最初は現地で大歓迎されたが、それは長くは続かなかった。オランダ人と違う点はインドネシア人に武器を持たせたことだが、インドネシアは日本に感謝していない」

——インドネシア人にとって、オランダの植民地時代と日本の占領時代はどう映っているのだろう。

「両方とも悪かったと思う。私は、自分に適用する尺度で他国の人間にも接するべきだと訴えたいのだ」

◇

カウスブルックは、スマトラ島で農園を経営していたオランダ人夫婦の一人息子として生まれた。一九四二年から三年半、抑留生活を強いられた。アムステルダム大学で数学、物理学を学び、七五年、『南回帰線時代を葬る』などでオランダ最高の文学賞「ホーフツ賞」を受けた。

九〇年代に入って、自伝的エッセー『オランダ領東インド抑留所シンドローム』『再び生国の土を踏んで』を著した。過酷な植民地政策についていまだに謝罪しないオランダ政府の姿勢、日本に憎悪を抱き続ける「東インドのオランダ人」を批判している。

解説・背景

占領地域での国際人道法違反

オランダ人の元捕虜・抑留者たちが「国際法に反する非人道的な扱いを受けた」として、日本政府に一人当たり二万二千ドル（約二百六十万円）の損害賠償を求めた訴訟の第一審は、原告側の敗訴に終わった。東京地裁で九八年十一月三十日に言い渡された判決は、旧日本軍の虐待行為などを認定したものの「ハーグ条約などは国家間の権利義務を定めたもので、個人は相手国に賠償を請求できない」との判断を示した。九四年に提訴したのはオランダの市民団体「対日道義賠償請求財団」の会長ら八人で、元慰安婦も交じる。

この四日前の十一月二十六日には、米英など四か国の元軍人や民間人が日本政府に同様の損害賠償を求めた訴訟の判決が、東京地裁であった。戦勝国である旧連合国側の元抑留者らによる戦後補償訴訟では初の判決だったが、これも「個人の請求権」を認めず、訴えを退けた。

日本の戦後補償で取り残された国内外の戦争被害者から補償を求める声が高まったのは、九〇年代に入ってからだ。

アジアの強制連行・強制労働関係者らが相次いで提訴した。こうした動きを受けて、九二年に「戦後補償問題を考える弁護士連絡協議会（弁連協）」が結成された。韓国人ＢＣ級戦犯国家補償請求訴訟、フィリピン元従軍慰安婦訴訟、花岡鉱山強制連行事件などの弁護団三十六団体が参加している。

弁連協事務局の弁護士・高木喜孝（52）は「台湾人や韓国・朝鮮人らが先べんをつけた戦後補償訴訟は、日本の旧植民地支配という過去から出てきた歴史認識の問題でもある。これに対し、旧連合国側から提訴された二件は、占領地域での国際人道法違反を問い、旧ユーゴスラビアやルワンダの内戦が起こった現代にも通じる普遍的な問題を提起している」と位置づける。

この二件とも、原告側が東京高裁に控訴した。

「援助」という名の麻薬に溺れて

経済破綻した開発途上国――米ソ冷戦がもたらした後遺症

米ソの冷戦構造が続いた時代、第三世界と言われた開発途上国を舞台に、経済援助という武器を使用しないもう一つの熾烈な闘いが二つの超大国間で展開された。「アメリカの影響力の削減」「共産主義の浸透防止」という米ソの政治、軍事的目的遂行のために計画性のない大量の金と物資がアジア、アフリカ、中南米諸国に注ぎ込まれたのだ。旧ソ連の崩壊と共に援助競争は終わったが、半世紀近くにわたって〝援助漬け〟にされ、国家経済の方向性を失った国の中には今も自立の目途さえ立たない国が多い。援助競争の後遺症の治療は次の世紀に残された大きな課題だ。

理想の裏に政治的思惑

開発途上国を舞台にした軍事、経済援助競争は冷戦時代、米ソ両大国のほか中国などが加わってインド、パキスタンの対立やベトナムを巡る不安定な状況が続いたアジア、それに民族紛争が絶えないアフリカ、構造的な階級闘争が連続したラテン・アメリカなどで日常的に見られた。

八九年、日本にその座を譲るまで戦後一貫して世界一の経済援助国であったアメリカの援助理

米国の二国間ＯＤＡ上位10か国

（支出純額ベース、単位：百万ドル、％）

順位	国名	1970年		順位	国名	1980年		順位	国名	1996年	
		ＯＤＡ計	シェア			ＯＤＡ計	シェア			ＯＤＡ計	シェア
1	ベトナム	418.00	15.33	1	エジプト	834.00	19.10	1	イスラエル	2,253.00	32.57
2	インド	418.00	15.33	2	イスラエル	780.00	17.87	2	エジプト	725.00	10.48
3	パキスタン	211.00	7.74	3	トルコ	265.00	6.07	3	旧ユーゴスラビア	152.00	2.20
4	インドネシア	186.00	6.82	4	バングラデシュ	174.00	3.99	4	イラク	108.00	1.56
5	韓国	175.00	6.42	5	インドネシア	117.00	2.68	5	ミクロネシア連邦	102.00	1.47
6	ブラジル	120.00	4.40	6	太平洋諸島（米）	108.00	2.47	6	ボリビア	94.00	1.36
7	コロンビア	109.00	4.00	7	インド	83.00	1.90	7	アルメニア	88.00	1.27
8	トルコ	95.00	3.48	8	ニカラグア	79.00	1.81	8	エルサルバドル	74.00	1.07
9	ラオス	53.00	1.94	9	ポルトガル	69.00	1.58	9	南アフリカ	73.00	1.06
10	太平洋諸島（米）	48.00	1.76	10	スーダン	60.00	1.37	10	ハイチ	67.00	0.97

98年『ＯＤＡ白書』より

念は一部に人道的な理想主義の側面があったものの、基本は国家の安全保障を軸に自由主義世界の擁護と共産主義勢力の浸透の阻止にあった。四七年に出された「トルーマン・ドクトリン」は世界を自由主義と全体主義の対決と捉らえ、自由主義国家への支援を謳っている。

〝経済援助の原点〟ともいわれ、四八年から約三年間で当時のアメリカの国民総生産（GNP）の二％以上にもあたる総額百三億ドルもの資金協力がほとんど無償で西欧諸国に注ぎ込まれた戦後欧州復興援助計画、マーシャル・プランは欧州全土の赤化を阻止した。同時にフォードやコカ・コーラといったアメリカ製品の欧州上陸に手を貸すという商業的効果も生んでいる。

六一年、ケネディ大統領の提唱によって創設された平和部隊（ピース・コー）は若いアメリカ人の手で開発途上国の農村開発を目指したものだが、理想の裏に途上国の農村に共産主義勢力が浸透するのを防ぐという二面性があったことも否定出来ない。

こうしたアメリカの経済協力の基本政策は政府開発援助（ODA）の上位援助受取国の推移を見ると一層はっきりする。

東西対立初期の四〇年代は国務省のソ連問題専門家ジョージ・ケナンによって提案された「封じ込め政策」を実行するため、旧ソ連の勢力圏に直面するギリシャ、トルコ、イラン、パキスタン、タイ、フィリピン、南ベトナム、台湾、韓国というヨーロッパから極東に及ぶ国々に援助が集中した。その後もアメリカのODAは七〇年代はベトナム、インド、八〇年代はエジプト、イスラエル、エルサルバドル、九〇年代はイスラエル、エジプト、旧ユーゴスラビア、湾岸戦争前のイラクなど自由主義の壁となるべき国に集中している。

なりふり構わず米国に対抗したソ連

アメリカの経済援助に対抗した旧ソ連の経済援助の基本政策もまた、共産主義勢力の拡張による国際社会での影響力の拡大とアメリカのプレゼンスの低下にあった。旧ソ連が積極的な経済援助を展開し始めたのは五三年以降のことだ。戦後、世界の指導者となったアメリカが軍事、経済援助の両面から第三世界への勢力拡大に繋げていることを危惧、途上国を自分たちに有利な方向に向かせたいという狙いから経済援助競争に参戦した。

旧ソ連の経済援助の当面の目標はイギリス、トルコ、イラクなどによって結成されたバクダット条約や東南アジア諸国連合（ASEAN）など戦後結成された西欧側の軍事・政治同盟体制の切り離しにあった。旧ソ連の援助の重点国もアメリカの「封じ込め政策」に対峙《じ》、最盛期にはイラク、シリア、アルジェリア、エチオピア、アフガニスタン、ベトナム、モンゴル、北朝鮮（朝鮮民主主義人民共和国）、キューバ、ニカラグアとほぼ地球を一周する長い線に繋がった。

旧ソ連の援助攻勢が巻き起こした最大の紛争は五六年のスエズ動乱（第二次中東戦争）だったといえる。当時、ナセル大統領が英仏にあれだけ強い姿勢がとれた背景にはアスワン・ハイダム建設にあたり、旧ソ連から融資など経済協力の約束を取り付けていたからだとされている。

アメリカの経済援助が当初、コストや有益性も考慮したのに対し、旧ソ連の援助は、アメリカ

スエズ紛争の勃発で運河の地中海入口をふさぐエジプトの沈船群(1956年11月)(AP/WWP)

ポートサイドの南側のスエズ運河を通過する旧ソ連船を見つめるエジプトの人たち(1957年 4 月)(AP/WWP)

の勢力削減のためなら被援助国が望むほとんどのプロジェクトに応じた。五八年一月三十一日付けのニューヨーク・タイムズ紙は経済効果を考えてアメリカが援助を見送ったパキスタンの製鉄所建設に旧ソ連が借款を付けてパキスタンから感謝されているというニュースをアメリカの援助政策への批判を込めて報道している。

社会性や有益性を考慮したアメリカの援助は援助を受ける側から「過剰な干渉」という反発を生み、反米感情にも繋がるようになる。アメリカも新たな経済協力の問題を解決するため、旧ソ連のように経済性よりも政治的目的を力点を置いた自分たちの利益を優先した援助に徐々に傾斜していった。

経済狂わされた援助対象国

冷戦構造が終わった今、米ソの援助競争は世界の各地に大きな傷跡を残している。巨大な資金がつぎ込まれたにも関わらず、戦略的価値だけを優先してその国の開発に必要な持続的な開発政策が実行されなかったため、援助が打ち切られるとたちまち経済が破綻する国が続出したのだ。

特に厳しい状況に立たされたのは崩壊した旧ソ連からの経済援助に頼っていた国々だ。一時期、国家財政収入の三〇%から四〇%以上も外国、中でも旧ソ連の援助に頼っていたベトナムや、七五年から九一年だけで実施額七億六千万ドルもの援助を旧ソ連から受けていたラオス、それに六〇年代半ばの中ソ対立以来、旧ソ連への依存度を高めていたモンゴルなどは九〇年代に国家経済を基礎から立て直す試練に立たされた。

援助競争の後遺症から脱して現在は回復の兆しを見せているいくつかのアジアの国に対し、サハラ砂漠以南の多くのアフリカ諸国の経済状況は今も苦しい。地下資源もなく政治的関心以外、両大国から見ると何の魅力もなかった国々は「忘れられた国」として六〇年代の経済状況の中に低迷しているのだ。

旧ソ連ばかりでなくアメリカや西欧先進国も援助疲れと共産主義との対立という大義名分が消えたことで開発途上国への援助に関心を失った。九三年に六百十四億ドルに達した経済協力開発機構（ＯＥＣＤ）の開発援助委員会（ＤＡＣ）加盟国の援助合計額は九七年には四百七十五億ドルにまで減少している。

目先に甘い菓子を突き付けて、誕生したばかりの国々を振り回し続けた米ソの援助競争は人類全体から見ると大国のエゴだけが目立った二十世紀最大の愚策だったとも言える。

解説・背景

ソマリアのケース

七〇年代後半、アフリカ大陸の末端「アフリカの角」と呼ばれる地域で起きたオガデン戦争はソマリアのオガデン地方からの撤退という形で終わったが、アメリカは七〇年代に旧ソ連がアデン湾に建設したベルベラ基地など軍事施設に中東戦略上の利用価値を読んで八〇年に海軍、空軍基地の使用協定覚書を交換、軍事援助のほか、総額七千七百万ドルにも上る経済援助を約束、イタリア、ドイツ、日本などと共にソマリア援助を継続してきた。

しかし、九一年、二十二年に及んだバレ政権が崩壊、ソマリアは内乱状態に陥った。米軍中心の統一タスクフォース軍（UNITAF）や第二次国連ソマリア活動（UNOSOM）などが治安の回復、復興を図ったが、成功せず、今も三つの武装勢力が抗争を繰り返す無政府状態が続いている。

最大の援助国であったアメリカは武装勢力の抗争に愛想をつかし、九三年に五億ドル弱に及んでいた対ソマリアODAを九五年には十分の一の約五千万ドルに減らし、日本なども追随している。大国の戦略的関心が薄れた現在、ソマリアに対する外国政府からの援助は急減しているのだ。

今、治安の悪化でほとんどの外国人が足を踏み入れることも出来ないモガディシオの町ではアメリカ援助時代にオープンしたディスコが銃撃戦で崩れ落ち、旧ソ連が奥地から漁民にしようとして強制的に連れて来た遊牧民たちは全員、故郷に戻ってしまった。漁業をやっている人は一人もいないという。

アメリカの援助が集中する前、ソマリアは旧ソ連の重点援助国だった。

ソマリアは六〇年に独立後、東寄りの政策を取り、周辺のエチオピア、ケニア、ジブチ各国に分散して暮らしているソマリア族を結集する「大ソマリア主義」を掲げた。このため、国際的に孤立したが、旧ソ連は戦略的観点から軍事、経済両面で積極的にソマリアを支援した。七四年にはアフリカの国として初めて友好協力条約を締結している。

しかし、七四年、エチオピアに社会主義政権が誕生、旧ソ連がエチオピア支援に回ったことでエチオピアとの間で永年の地域紛争を抱えるソマリアとの関係は急速に悪化する。七七年にはエチオピアとの地域紛争がオガデン戦争に拡大、旧ソ連との友好条約は破棄された。アンゴラから回って来たキューバ軍を前面にたててエチオピアを支援する旧ソ連に対し当時のアメリカのカーター大統領はブレジンスキー安全保障担当首席顧問に「ソマリアを友好国とするために可能な限りの手段を取るように」と指示、以後はアメリカがソマリアの最大の擁護者になったのだ。

八三年の九月、ソマリアを訪ねたことがある。その時、行く先々で見た旧ソ連の経済、技術援助で作られたという壊れそうな缶詰工場や、だだっ広い漁民養成所の建物が今も目に焼き付いている。

その一方で首都・モガディシオのスーパーなどには当時、旧ソ連に替わる擁護者として登場したアメリカの商品が並んでいた。「空軍基地がある北のベルベラあたりではアメリカの援助による新しい港湾設備や道路がどんどん作られているそうだ」という現地の人の話に東西冷戦構造下で凌ぎを削る米ソの援助競争の最前線を垣間見た気がした。

八五年から二年間、国際協力事業団（JICA）の漁業専門家としてモガディシオに駐在した加藤春夫（68）もこうした米ソの援助競争を目の当たりにした一人だ。「私がいた頃、海岸に何隻もの旧ソ連の援助で贈られたという小型漁船の残骸が放置されていた。バレ政権を支援していた旧ソ連は七四年から七五年にかけて北部で起きた旱魃で大量に発生した難民対策として一万七千人の遊牧民をブラバなどの海辺の町に移住させ、漁民化を図ったんです。遊牧民を漁民にするなんてずいぶん乱暴な話ですが、旧ソ連は住居、漁船、漁具から修理工場、指導者まで必要なものをすべて供与したそうです」と加藤は述懐する。

これといった天然資源もなく、当時は人口四百万人にも満たなかったこの小国を米ソ両大国が支援したのはアラビア半島を挟んで北方にペルシャ湾岸産油地帯を望み、中東戦略構想の中で欠かせない「アフリカの角」の地理的状況に魅力があったからにほかならない。

日本の援助

冷戦構造崩壊後、米ソに替わり経済援助のリーダーとなったのは日本だった。日本は八九年にアメリカを抜いて世界一の援助国となり、九一年から九八年まで連続してトップ・ドナーの座にある。

しかし、日本も戦後は援助を受ける側からのスタートだった。アメリカの「占領地域救済政府基金（ガリオア、のちにエロア）」などによる食糧、留学生支援、世界保健機関（WHO）によるワクチン、医療機器の援助に始まり、東海道新幹線、東名高速道路、首

老朽化した旧ソ連の援助による衛星地球局（左）に代わり、日本の無償援助で建設された最新の衛星地球局（手前）（モンゴル・ウランバートル市郊外で、杉下恒夫撮影）

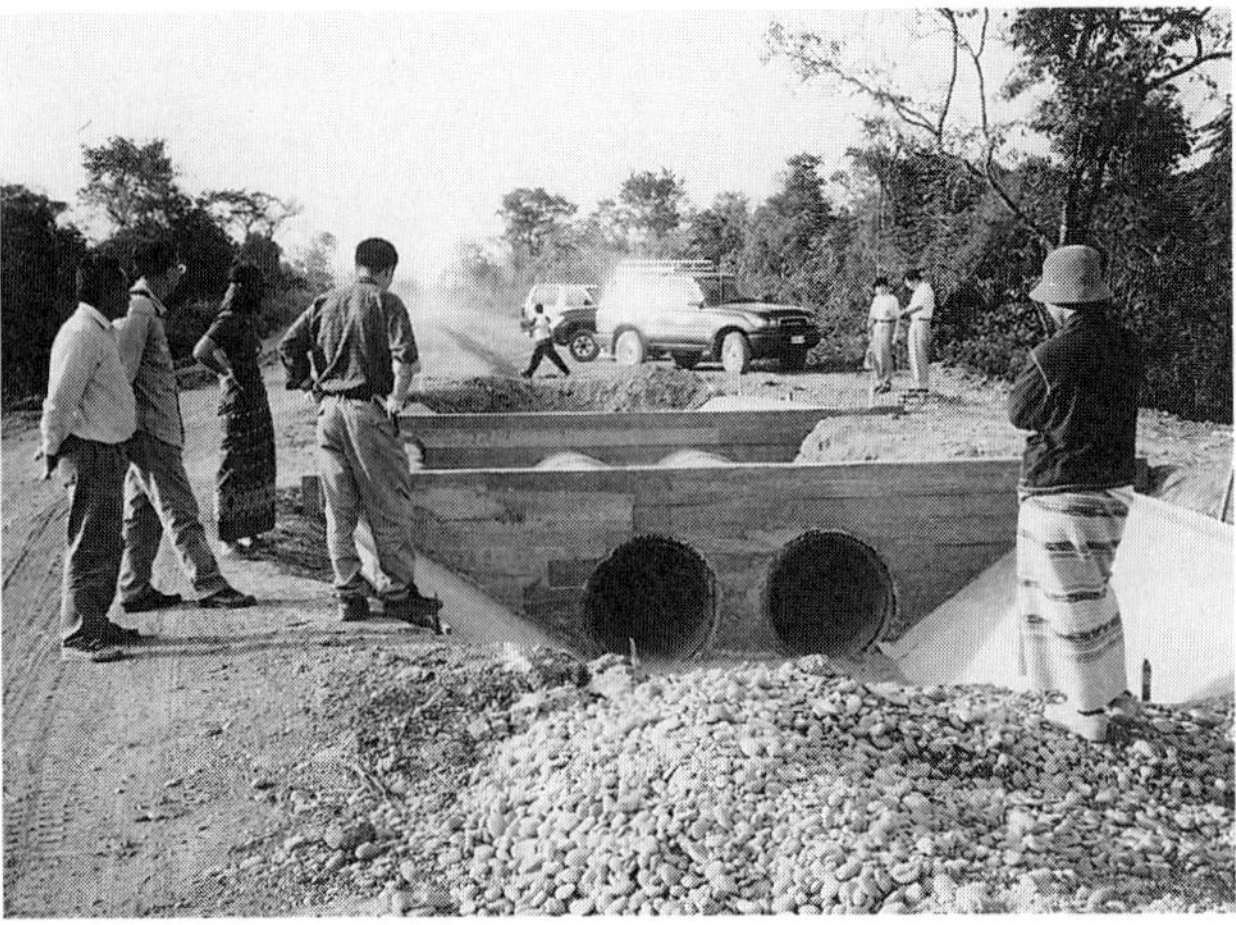

旧ソ連に替わってラオスの最大の援助国になった日本の技術協力で工事が進められている潅漑施設（ビエンチャン市郊外、杉下恒夫撮影）

都高速道路、黒部ダムなど七〇年代の日本の経済成長を支える基盤となったプロジェクトに国際復興開発銀行（世界銀行グループ）からの合計八億八千万ドルの融資を受けている。

日本のＯＤＡは五四年にアジア・太平洋地域の経済・社会開発を目指すコロンボ・プランに加盟、技術協力を開始したのが最初だ。以後は日本の経済成長に合わせて援助額を増大し続けた。七八年に第一次中期目標を発表、以後九七年までの五次にわたる中期目標を毎期、ほぼ完全に実施、国際社会の中で日本の経済協力の影響力を高めてきた。七六年、アメリカの約四分の一の十一億ドルしかなかったＯＤＡ実績額が最盛期の九五年には百四十七億ドルに達している。

そんな日本のＯＤＡだが、今は大きな曲がり角に立たされている。財政難から九八年度は初めてＯＤＡ予算が前年度を下回った。不況の影響もあり、ＯＤＡの量の拡大は今後しばらくは望めない。世界に十億人以上いると言われる貧困層の救済のために日本の国際責務は大きく、量から質への転換が次の世紀への日本の経済協力のキーワードとなっている。

真珠湾奇襲……その時、記者は
紙面から姿消した通信員・特派員の運命

一九四一年（昭和十六年）の日本軍の真珠湾攻撃は、当時の読売新聞海外特派員・現地通信員二人の運命を大きく変えた。太平洋戦争の幕を切って落とした不意打ち作戦は予想以上の大戦果を上げ、日本国民は勝利に酔いしれたが、その日を境に、読売新聞のホノルル通信員とロンドン駐在特派員が紙面から姿を消し、二度と登場することはなかった。

スパイ容疑で身柄拘束●毛利石子＝ホノルル通信員

一九四一年十二月七日午前八時前、快晴の真珠湾上空に突如《とつじょ》現れた日本軍機の大編隊の爆音に続いて投下された爆弾・水平魚雷の爆発音を聞いたハワイの日系市民たちは、これが日本軍の奇襲攻撃だとはにわかに理解できなかった。

奇襲攻撃の直後から、軍謀報部と連邦捜査局（FBI）はブラック・リストに載っている危険分子と見られる日系人を片っ端から身柄拘束し、取り調べた。移民局の建物に連行された人々の

毛利石子さん

中に、親子医師一家として現地社会では高名なドクター毛利伊賀、その息子夫婦で共に医師の毛利元一《もとかず》、石子《いしこ》、次男で高校生の元二郎の姿があった。尊敬を集めていた彼らがなぜ連行されたのか。しかもスパイ容疑である。

やがて事情が判明した。ハワイ時間五日午後、東京の読売新聞社から石子宛にかかってきた国際電話をFBIホノルル支局が盗聴していて、その内容が奇襲作戦に関係ある暗号会話だと疑われたからである。

石子は読売新聞ホノルル通信員の肩書を持っていた。日本からハワイに来て、病院のインターンをしていた石子（旧姓渋谷）は、先妻を病気で亡くし、やもめだった元一と出会って愛し合うようになり、結婚する。当時の厳しい移民法の制約で、石子は一年ごとに日本に帰国し、一年間日本で過ごさなければならなかった。そのために四回も日本―ハワイを往復した。その厄介な手続きを逃れうるのは、外交官、宣教師、新聞記者、貿易商のいずれかの肩書を持つことである。

もともと書くことが好きだった石子は、ジャーナリストになりたいと思い、日本帰国の際に、読売新聞社を訪れ、特派員にしてくれるよう頼み込んだ。現地通信員の肩書ならよろしい、ということになった。後になって、毛利石子はハワイ現地紙に述懐することになる――「十二月三日、東京本社から電報が入った。五日午後、国際電話を入れるから、出来れば現地日本人社会の有力者と電話対談できるよう用意してほしい、との内容だった。私はまず喜多総領事に会いに行ったが、総領事に断られた。外にはだれも頼める人物が居なかった。途方にくれて、夫（元一）に頼むしかない、と思った」（「ホノルル・スター・ブレティン」一九五七年十二月五日付）。実際に電話対談に応じたのは夫の元一だったのだ。

国際電話「ハワイの変貌を聴く」

東京側の状況を『読売新聞発展史』（一九八七年刊）は次のように書いている――。

〈国際電話は本社（読売新聞）のお家芸とさえいわれ、話題の中心地にズバリ電話して、その生々しい雰囲気を伝える電話問答は、特派員の打電記事より迫力があると読者の評判をよんでいた……六日の土曜日午後（原文のまま）、小川清社会部長（注、当時は次長）は中満編集局長と相談したが、どちらからともなく「ハワイに電話しよう」といった。別に深い理由はなかった……六日午後三時、本社とホノルル嘱託通信員毛利石子夫人との電話はつながった。現地ハワイ時間は五日午後七時半、ちょうど日本機動部隊の急襲三十六時間前だった。〉

「水兵と職工氾濫　泰然、運命を待つ邦人」と四段抜き見出しの付いたこの社会面トップ記事の国際電話対談は、ページのほぼ三分の一を占めている。

リード部分には「重大化の一路をたどる日米会談と並行してアメリカは艦隊集結、空軍増強、陸兵増派と焦ること瀬りで、この南海の極楽島ハワイはもはや全く固定せるアメリカの航空母艦と化してしまった、その戦う島に生活をたてる在留邦人の心境はどうだろう」とあり、一問一答

昭和十六年十二月七日

ハワイの變貌を聽く　本社 ホノルル 國際電話

ホノルル郊外のワイキキ海岸を警備するアメリカ兵、彼方にはダイヤモンド岬が聳えてゐる

問題の国際電話が掲載された開戦前日・1941年12月7日の読売新聞

が続く。（文中の漢字、仮名遣いは現代表記に直した）

本社　日米会談はますます緊張を加えつつあるようですが、ハワイへどう反映しているか

毛利　ホノルルの新聞は連日フロント・ページを埋めて会談の空気を報じている、米字紙は意識的に盛んに対日示威を書きたてている、なかにはひどく煽動的なのもあるが、一般市民はさっぱり感情を動かされないようにみえる……このホノルルにしても昨年まで人口十五万といわれていたが今年になって、急激に膨張しはじめ忽ち二十四万に達した、この膨張の原因がアメ

リカの陸海空軍関係の増員によることは想像がつくが、それ以上にアメリカから軍関係の職工さんたちが押しかけてきたのが目立つ……

本社　街はアメリカ水兵で賑やかでしょうね

毛利　今年の春ほどではないが水兵さんは街のどこにもいる……さすがにひたひたと迫る戦時気分は争えない、朝から晩まで大型の飛行機が街の空をブンブン飛んでいる、真珠湾あたりは相当な緊張だと思うがわれわれは軍事方面のことは一切判らない

本社　在留邦人と市民権を得た二世の近情は……

毛利　われわれ一世はいま五万人ほど、市民権を得た二世たちは十二、三万人いる、そしてみんな一種の運命観をもって落ちついて自分の仕事をやっている……一世のなかには愛児を祖国へ帰し日本の軍人として戦野に送った人も大分ある、またわが子二世を星条旗の下にアメリカの陸軍に送った人もある、ハワイの二世でアメリカ兵籍に入ったものは現在千五百人といわれているが、その評判はすばらしく良い……

FBIに盗聴される

この国際電話はFBIによって盗聴されていた。ハワイ時間六日午後、英訳された内容がFBIホノルル支局長シヴァーズ特別捜査官の手元に届けられる。日系人危険分子監視の特命を受けていたシヴァーズは「怪しい」とにらんだ。すぐ陸軍防課担当将校ビックネル中佐を呼ぶ。相談

の結果、中佐が直接ハワイ軍管区のショート司令官に報告する。この日夕方、ショート司令官は夕食会に出席する予定だったので、そそくさと目を通し「ごく普通の通信だ。神経質になり過ぎているよ」と却下した。後に、ショート将軍は責任を問われ、罷免《ひめん》される。

戦争中、真珠湾攻撃をめぐる米上下両院合同調査委員会でも、このA4判タイプ用紙五枚に英訳された「毛利電話」は暗号を含んでいる、と繰り返し議論された。疑惑を呼んだのは、読売新聞本紙には掲載されていないが、「飛行機が夜飛ぶときに、サーチライトを照らしているか?」という質問と、アメリカ人一般には料金が高い国際電話での話題には突飛に映る「今、どんな花がハワイでは咲いているか?」との花問答だった。ハワイ側が「今は一年中でもっとも花が少ない季節です。それでもハイビスカスとポインセチアが咲いています」とこたえると、日本側の記者・小川はポインセチアのことが分からず、けげんな反応を示している。今考えれば、日米の文化的背景の違いが根拠のない暗号疑惑を生んだ。

ハワイ現地では攻撃直後、「日系人のあるものは攻撃を事前に知らされていた」「撃墜されたパイロットにハワイ出身者がいた」などと虚報が流れた。

アメリカ調査団の追及を受ける

東京の読売新聞本社ではそんな疑いが持たれたとは夢にも考えなかった。『読売新聞八十年史』(一九五五年刊)によると、実情はこうだ——

「なんとそれ（国際電話）から一日半後には日本軍の真珠湾攻撃が行われ、大戦勃発となったのだから、この国際電話の記事は大きな衝動を与えてしまった。いわば偶然が生んだタイムリー・ヒットだったワケだ」

そこで終戦となり、アメリカが日本に進駐して間もない昭和二十年十月のある日、本社別館にアメリカ軍人六、七名がやって来た。正力社長、中満編集局長、小川社会部長に会いたいというのである。折良く三人とも居合わせたので聞いてみると、戦略爆撃調査団の一行（注、真珠湾攻撃のことか）だという。そこで鈴木惣太郎を通訳として正式会見となった。

「昭和十六年十二月六日、読売がハワイにかけた国際電話はどんな目的だったか」

これに対する答弁は社会部長だった小川清がただ一人で引き受けた。その一問一答の大要は

「来栖大使が最後の使者としてアメリカに出向いたがハワイへ立ち寄って行ったし、このころの日米間の空気は一触即発の時でもあり、気になるのはハワイの日本人で、その気持ちが聞きたかったのだ」

「それは社会部長の権限ではなく、社長か編集局長の命令であろう。それとも両者の了解を得て社会部長がやったのか」

「いや、社会部長の権限で自分が勝手にやったことだ」

「そんなことはあるまい。アメリカの新聞でさえも、こんな金のかかることは一部長の権限

でやれるものではない」

「国際電話はその国の貨幣建だからドルで支払うニューヨーク―ハワイ間は高いだろうが、円で行う東京―ハワイ間の国際電話はそんなに高くない」

「しかしあの場合の電話の内容を君は覚えているか、ハワイの空気、町の模様、艦隊の入港、乗組員が上陸しているかから天気まで聞いているではないか、こんなことが高い通話料を払ってまで新聞の材料になるか。現に艦政本部の某中佐が、軍としてはできないので、新聞社の名でやってくれと頼んだという調査もすでにできている」

「それは初耳だ。事前に軍に通知もしなければ、だれに頼まれてやったのでもない。社会部独自の企画だ。あの直後偶然開戦となったので余りにタイムリー過ぎると思われたかも知れぬが、その時は全く知らなかったのだ」

「毛利夫人はロス・アンゼルスの軍法会議で取調中だが、その申立は君の話と大体同じだ。しかし君が部長の権限で一人でやったというなら、アメリカへ君は行ってもらわなければならないかもしれぬ」「それは結構である。毛利夫人のためにも行きたいくらいのものだ」

こうして約一時間の尋問は終了した。そののちアメリカ軍はもう一回来社、同じことをくり返して帰って行ったが、そののち何の音さたもなく、無事落着した。

収容所のなかの毛利夫妻

読売側には、真珠湾以後、毛利元一・石子夫妻がたどった苦難の歴史はつかめていなかった。毛利一家のうち、知名士で老齢の毛利伊賀と高校生の元二郎（後に医学の道に進む）はクリスマス前に釈放されたが、元一・石子夫妻は別々に真珠湾のサンド・アイランド島収容所に送られた。毛利夫妻が二人とも医師だということが配慮され、収容所管理当局は夫妻用に独立のテント提供を申し出たが、石子は頑強に断った。戦後、石子は現地日系紙記者・平井隆三に語っている――「主人には悪いと思ったけど、日本人抑留者の皆さんが、お気の毒に夫婦引き裂かれているのに、自分達だけが、のほほんとテント暮らしも出来ないじゃないの」。

危険人物視された日系人抑留者七百余人は一九四二年から翌年にかけて、ハワイから船で米本土に移送され、各地の収容所に分散された。石子はたった八人だけの女性本土移送者の一人である。逮捕以来、別々にされ、各地を転々としていた毛利夫妻が合流出来たのは、実に二十一か月後の四三年八月、テキサス州クリスタルシティーの収容所だった。当時、元一は診療所所長をつとめていた。戦後、しばらくしてハワイに戻ることを許された毛利元一は名医と敬愛されながら病院長をながらくつとめ、文筆もふるった。一九五八年、六十七歳で亡くなっている。

石子はハワイ大学がん研究所に勤務、そのかたわら「石楠花《しゃくなげ》」のペンネームで短歌や随筆をものし、日系婦人会で活躍した。「私、読売の特派員だったことがあるのよ」とぽつりと漏らすことはあっても、恨みがましいことは一切言わなかった。一九七二年、ハワイで亡くなった。七十二歳だった。

小川清は終戦の翌年二月、読売新聞が争議で揺れていたときに退社。その後埼玉新聞社に移った。「戦争で若い記者たちをたくさん死なした」と悔やんでいた。一九八二年、八十歳で亡くなった。

開戦に抗議して辞職●簗田銓次＝ロンドン特派員

読売新聞の初代ロンドン特派員簗田《やなだ》銓次《せんじ》のロンドン発電報が紙面に掲載されたのは、一九四一年（昭和十六年）十二月六日付夕刊一面二段の記事が最後だった。

「英は米の手先
　東洋制覇の野心に片棒」
［ロンドンにて簗田特派員四日発］

ハル米国務長官が三日記者団会見において行った対日誹謗声明は日米会談がルーズヴェルト大統領の乗り出しにより最も微妙且つ複雑な局面に逢着しつつあった際だけに当地政界筋に異常な衝撃を与え、これによって会談は一層緊迫化したと見ている、イギリスとしてはさきにチャーチル首相が自ら電話をもって大統領に対日戦回避の要請を行った当時と同じく今もって出来得るならば英米による対日宥和を成功せしめたいとの希望に変わりはないが、ホワイト・ハウスの伝統的極東制覇戦論及び重慶の策謀はイギリスのかかる願望とは全く正反対なコースを辿るに至り、ついに太平洋に最悪事態発生を予想せらるるに至ったと見ているが、イギリスとしてはアメリカに完全に隷属化した今日、かかる情勢に逢着しても、なおかつ従来の対日宥和政策を主張することは全く不可能で、むしろシンガポール、香港の自国領防御から進んでアメリカ極東制覇の手先として積極的に東亜共栄圏の壊滅を目指して行動せざるを得ない立場におかれている……

真珠湾奇襲攻撃二日前の紙面である。対英米戦争は不可避、といった緊迫した当時の状況が伝わって来る。だが、この記事を最後に、簗田の名前は読売新聞から消える。在留日本人は敵性国民としてアイリッシュ海のマン島の収容所に入れられた。彼もその一人だった。

日本語放送の「ミスターX」

八〇年代はじめ、英国BBC放送日本語部に出向していた朝日放送（大阪）の一花俊《いちはなたかし》は、第二次世界大戦中の一九四三年に始まった日本語放送の歩みを調べているうちに「ミスターX」なる人物に出くわした。名前はヤナダ・センジ、読売の特派員だったようだ。

さらに一花はBBC調査部の日本語関連資料の中に、一九四一年十二月九日付英紙「デイリー・スケッチ」の切り抜きを発見した。「情報省に正式登録されている在ロンドン日本人記者は五人。そのうち一人は昨夜、東京に辞職する旨の電報を打った。彼は親英派として知られており、当地に留まって放送に携わることになろう」。これもヤナダではないか。

その後の調査で浮かび上がって来た簗田の人物像は以下のようなものである。一九〇六年東京生まれ。日本経済新聞の前身「中外商業新報」社長を大正十五年―昭和八年までつとめた簗田欽次郎の次男。東大経済学部卒業後、米国ハーバード大留学。一九三四年、報知新聞入社、ロンドン特派員として派遣される。一九三八年、在ロンドンのまま読売新聞入社、同社の初代ロンドン特派員となる。

根っからのコスモポリタンであり、日独伊枢軸に強い批判を抱いていた親英派と言われる。東京に送った記事もよくボツになった、とこぼしていた。読売新聞紙上、最後の記事となった前掲特電は彼自身の原稿そのままなのか、それとも東京本社で加筆訂正されたものか、怪しくなる。

簗田特派員とシスリー夫人

「ミスターX」の呼び名の始まりは、日英関係が怪しくなっていた一九四一年四月、BBCは「日本の世論に働きかけ、日本の戦争参加を防ぐため」との狙《ねら》いで短波による週一回の日本語放送を準備していたころのことだ。その日本語原稿の書き手としてBBCが白羽の矢を立てた「極秘扱い」の日本人ジャーナリストを指す。

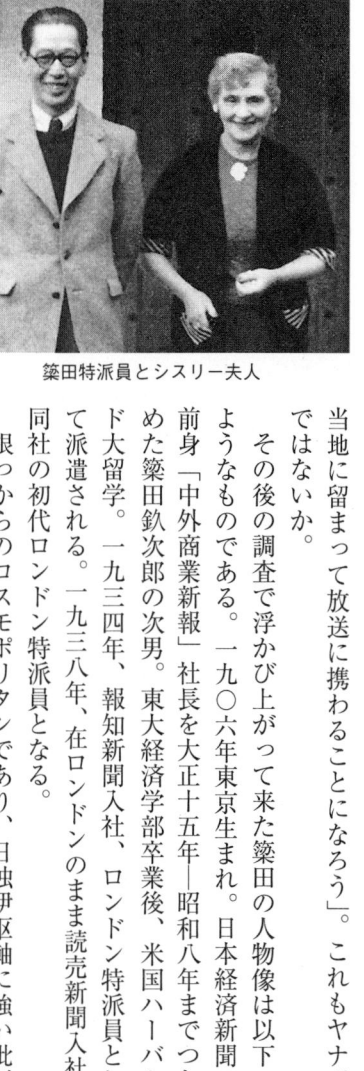

There are five Japanese newspapermen in London, authorised by the Ministry of Information. One cabled his resignation to Tokyo last night. He is notedly pro-British and will stay here to broadcast. The others may go.

Daily Sketch

簗田特派員が辞職電報を打ったという記事が掲載された1941年12月９日の「デイリー・スケッチ」

英国人女性と結婚、教鞭

簗田はこのころ、すでに英国人女性シスリーと結婚していた。マン島収容所に一緒にいた他の日本人特派員は六か月後、交換船で帰国したが、彼は英国に留まる決意を固めていた。折から対日戦争遂行のために軍人を含めた英国人に日本語を習得させようとした英国政府の要望で、ロンドン大学東洋学部（略称ＳＯＳ）で日本語を教えることになった。英国籍を取って終生、日本語教師として英国で暮らす。彼の教え子の間からは、後年の代表的な知日派知識人が輩出している。例えば駐日英国大使をつとめたヒュー・コータッチ、日本学者のダン、ニッシュたち。彼がダンと協力して作った日本語教科書『Teach Yourself』は今でも英国で使われている。

「日本的な紳士でしたよ。引退後は英仏海峡に面した保養地ブライトンの別荘で時々、沖を通る船を双眼鏡で眺めていてね。やはり望郷の念があったのでしょうか」（ダン）

簗田は戦後一回だけ短期間日本を訪れたことがあるが、第二の故郷、英国を離れようとはしなかった。シスリーとの間には子どもはなかった。再婚だったシスリーの息子、ケネス・シェリダンは言う、

「物静かな魅力にあふれ、だれにでも好かれていました。ただ、特派員時代のことは話しませんでした。きっと複雑な心境だったのでしょうね」

簗田は一九七二年、英国で病没、六十六歳だった。シスリーもいまは亡い。

第Ⅲ部

大戦を経て憲法体制はどう変わったか

～識者座談会～

出席者

（50音順）

愛知和男　自民党衆議院議員（憲法調査委員会設置推進議員連盟幹事長）

飯尾潤　政策研究大学院大学助教授（政治学）

大石眞　京都大学大学院教授（憲法学）

司会＝中野邦観・読売新聞社調査研究本部総務

中野　それでは、お忙しいところを大変ありがとうございました。「20世紀　どんな時代だったのか」という読売新聞がずっと取り組んでいる企画の中で、憲法についてお伺いしたいと思います。

明治憲法が施行されてから百年以上たっておりますが、明治憲法と現行憲法の二つについて大いに語っていただきたいと思います。

明治憲法というのは、一九八〇年の十一月二十九日に施行されて、五十八年間改正されないまま、一九四七年五月三日施行の日本国憲法に引き継がれました。統治権を総覧する天皇主権から象徴天皇制、それから国民主権の平和憲法ということで、大きく憲法体制が変貌しています。

戦後五十年以上たって、憲法が想定しなかった事態等もたくさん出てきますが、憲法論争というのも、護憲対改憲の不毛な論争、対立、イデオロギー対立からは抜けてきています。しかし、国会で議論をすべき場所もまだ設置が難航しているようですし、憲法学界の中でも護憲論が多数を占め、自衛隊違憲論も大変多い。まだ憲法の姿を自由に論議する空気にはなっていない。この一世紀以上にわたる憲法体制の歩みを振り返って、憲法が生まれたいきさつ、今後の問題、憲法論議に望むことは何かなどをお話しいただきたい。

明治憲法と現行憲法制定経過をどう考えるか

中野　では、まず明治憲法と現行憲法の制定経過について。二つ一緒に制定経過というのは乱暴な質問なんですが、要するに明治憲法も現行憲法も、日本国民が自分で考えてつくっていない、みずからの力でかち取った憲法とは言えないのではないでしょうか。明治憲法は天皇から、現行憲法はＧＨＱから与えられたもの改正されないまま来てしまいました。

愛知和男氏

ということもできます。しかも、いずれも改正すべき問題点がたくさんあったのに、五十年以上改正されないまま来てしまいました。

明治憲法について言えば、伊藤博文が、プロイセンドイツの憲法を模範につくったのは、やっぱり失敗だったんじゃないか。天皇権限を非常に強くして、軍の独裁を招いた。どうしてイギリスをまねしなかったかというような批判があります。

現行憲法についても押しつけ憲法論というのがあって、憲法改正論の一つの要因になっていたわけですが、少なくとも当時の政府、学者は、納得している人は非常に少なかったようです。それだけの内容が評価されたために、五十年間生きてきたということも言えるんでしょうが、この制定経過についてどうお考えでしょうか。

愛知先生は、義父で元大蔵大臣だった愛知揆一先生が憲法調査会のメンバーでいろいろご発言なされていたようなので、そのことも含めて、愛知先生から制定経過についてお願いします。

愛知　私は学者じゃありませんので、憲法を集中的に勉強しているわけではございませんから、私から最初にコメントするのはいいかどうかよくわからないんですけれども。

今言われた明治憲法はいろいろ批判があるようですけれども、一方には、内容はそんなにひどいものではなかったんだ、ただ運用を間違ったんだという解説もありまして、私もそうなんじゃないかなという気がむしろ強くありまして、やっぱり今の憲法の問題と結びつけて言えば、改正しないで運用で対応するというのは非常に問題だという気がしてしようがないわけで、その一つの例として、軍部に「運用」ということで利用を許してしまったところに明治憲法の大きな問題点があったと思います。

つまり、もっと憲法というものはどんどん変えるべきものじゃないか、その一つの教訓を明治憲法は与えているんじゃないかと思います。この点が明治憲法についての最大の印象です。今の憲法に結びつけると、やっぱり時代に応じてもっと変える。あんまり頻々と変えるのもいけないかとは思いますけれども、変えないで運用して対応するというのは非常に危険を伴うんだということを、明治憲法から学ぶ必要があるんじゃないかという気が私はするんです。

中野　制定経過について、もう一つ補足して説明させていただきたいんですが、要するに明治維新、鎖国体制から新しい近代日本に生まれ変わるに当たって、あの帝国憲法が果たした役割というのは相当大きかったと思いますが、ただ、さっきから言うように、欽定憲法であって、日本国民が自分の力でほんとうに考えてつくった憲法なのかというところがひっかかります。

明治憲法……自前で立案を評価――愛知、大石

愛知　それはしようがなかったといえばしようがなかった。自分で考えろと言ったって、国民の成熟度がそこまでになってなかったわけですから。だから、しようがなかったとむしろ言えるんじゃないか。しかし、日本国民全体がつくったのではなく、それはごく一部の指導者であったかもしれませんけれども、日本人自らが自分たちで新しい近代国家の道を一歩踏み出したという意義は非常にあったと思います。

中野　愛知揆一元蔵相は、その辺について何か言っておられましたか。

愛知　憲法問題には自主憲法制定という方向で非常に熱心に取り組んでいましたが、詳細については充分検証しておりません。

大石　私は明治憲法あたりも勉強しているんですが、両憲法の制定経過をどうとらえるかというときに、視点を定めないと、評価というのはわからないわけですね。要するに憲法制定の目的が何であったかというのは、大きな成果か何だったかというのが第一で、第二はどういうモデルがあったかとか、あるいはフレームワーク、準拠理論の問題になりますね。それが二番目で、もう一つは制定経過自体をどういうふうに評価するかという、三点ぐらいに分けて考えたほうがい

いと思いますね。

明治憲法は、大ざっぱに言えば、要するに被植民地化、このままほうっておくと植民地にされるという被植民地化を恐れた上での、上からの憲法革命をやらなきゃいけないという意識が非常に強いわけでしょう。ですから、まず統一国家にしなきゃいけないと、明治初年から始まって、ようやくこれで見通しがついたというのは明治十四年の政変のころですよね。あれから大体軌道が定まっている。

あとは、不平等条約がありましたから、主権国家をつくりながら、どうやって立憲国家にするかという、複合的な課題に迫らなきゃいけないということがあったわけです。ですから、そういう目的というのは、やっぱり主権国家、立憲国家をどうやってつくり出すかということなんですね。我々は今、それを既知の前提にしていますけれども、当時としてはほんとうにわからない状態ですから、まず、そういう性格があったということを押さえておくべきだと思うんですね。

大石眞氏

あとはモデルの問題ですけれども、先ほどお話がありましたように、要するに英仏型の、特にイギリス型の議院内閣制をとるか、あるいはプロイセン、まあ、ドイツと言っても、ドイツというのは当時は地域の問題ですから、プロイセン＝ドイツ型の大権内閣制をとるかという、その争いをずっとやっていたわけですね。十四年の政変で、ドイツ型で行こうということにほぼ確定したわけですけれども、そういうモデルが大きく二つあって、その中の選択の問題をそこで決着をつけたということがありますね。

制定経過自体をどう評価するかというのがありますが、明治憲法の場合には、憲法の調査、立案からすべて自前でやった。今おっしゃったように、一部の指導者であったことは確かなんですけど、それは上からの憲法革命の宿命でして、その一部の指導者にしろ、国民が自主的にいわば調査・立案して制定したということは、やっぱり評価する必要があると思うんですね。しかも、その場合に、きちっと連続性があって、しかも自主性をもって取捨選択をしたということは、後の現行憲法との対比で非常に大きな意味を持つと思いますね。

ただ、一部の指導者という言い方をすると、ほんとうは正確でないのですが、自由民権運動の衝撃というのは非常に大きくて、それに対して政府側がどういう対案を出すかということは常に意識していたわけです。井上毅《こわし》なんかは憲法をつくったほうですけれども、彼が一番恐れていたのは三田先生、すなわち福沢の門下生ですね。ですから、そういう対抗の関係の中で、やっぱり政府としての選択をした。そこに選択を迫ったという意味では自由民権運動は非常に大きなものがあって、後から話が出てくると思うんですけれども、現在はそういう意味での憲法制度の構想力が非常に低下している。おっしゃったようにがんじがらめになっていますから、ある種のタブーによって構想力が落ちてしまったということだろうと思うんです。

現行憲法はどうかというと、敗戦の結果、占領管理体制のもとで、いわば強いられた憲法革命という要素が非常に強い。じゃ、どういう目的になるかというと、結局、一種の国家改造論、国家改造計画ですね、そういう目的があって、モデルとしては、これは、要するにイギリス型の議院内閣制と、アメリカ型の法の支配というのを同時に取り入れるという形でしか選択の余地はないということなんですね。

したがって、また、その制定経過自体も起案し、立案し、検討し、決定するまで全部占領軍の枠の中で、強い指導といいますが、そんなものじゃなくて、完全な監視の中でやるわけですね。そういう自主性は全くなくて、依存型の憲法制定だったことも明白だと思うんです。その場合に、しかも、例えば箱根で佐々木先生なんかがやられた内大臣府の作業、それが断絶して、今度は政府の憲法問題調査委員会がやる。そしてまた断絶して、今度はGHQで二月四日からやるというふうに断絶があった制定史ですね。だから、そこが明治憲法の場合に比べて非常に異色だということになるんだろうと思うんですね。

そういうところから、当然、押しつけ憲法論というのは出てくるわけですけど、いろいろな議

(注) 明治憲法　大日本帝国憲法。天皇が制定（欽定）し、一八九〇（明治二十三）年十一月二十九日に施行された。「万世一系の天皇之を統治す」「天皇は神聖にして侵すべからず」「天皇は国の元首にして統治権を総攬《そうらん》し」など天皇主権の憲法。

論があると思うんですが、自由意思ではなかったからどうだという議論がよくあるんですけれども、自由意思でなかったことは、確かにそれは明白だと思うんです、いろいろな資料からみても。そういう意味では、憲法制定としては全く異例の行為なんですが、ただ、自由意思によらないから、全く無効かという議論になるかというと、そこはやっぱりちょっと考えたほうがいい。我々の通常の行為でもそうですが、あんまり自由意思はないんだけれども、後になって、まあまあ、これでいいかというふうに追認ということもあるわけですから、民法上も一般原理として、要するに瑕疵《かし》ある行為の治癒という議論をするわけですね。そういう議論で十分足りるので、制定経過そのものから押しつけ憲法論、だから無効だというところまで一直線の議論をするのはどうかというのが率直な感想なんです。ちょっと長くなりましたが。

現行憲法……「押しつけ」強調は無意味——飯尾

中野　じゃ、飯尾先生。

飯尾　もう十分な議論をされたのですが、政治学者ですので、少し違う観点から申し上げます。憲法というのは、普通の法律とはやっぱり違うと思うんです。これは、英語でコンスティテューションと言ったら、「憲法」と訳すほかに、「国家構造」という訳もあって、国の仕組みなわけですね。だから、この国の仕組みを前提に、ある仕組みがあったらその前提を基準にしながら、手続はよいかとか、間違っているかというお話がありますが、そもそものもとの仕組みですから、制定過程が例えば上からの憲法だ、あるいは外からの押しつけだということも、そもそも物事を始める行為というのはやや特殊だと考えると、普通の法律が制定されるときの手続を適正かどうかというのと少し違うのではないでしょうか。あるいは自分の手で憲法をつくったという場合も、例えば革命勢力が出てきてつくったと言えば、必ず反対派があるわけですから、みんなの総意というわけもなくて、国民の総意というのは一つのフィクションですね。

　そういう点から言うと、先ほどの明治憲法の場合も、自由民権派からの対抗もあるし、あるいは諸外国からの脅威もあるから、その中で生き残りのために、自分たちの利益を最大限出すだけでは、支配者は憲法をつくるかどうかもわからないわけですね。まさにその憲法をつくるという中に、勢力の均衡する点が見えるというふうなことですから、やはり引っ繰り返されなかった、あるいは革命が起こって明治憲法は引っ繰り返されなかったというのは、ある安定性を持った幅の中で行われた作業だといえます。

飯尾潤氏

　それからまた、日本国憲法の場合も、先ほどお話があったとおり、憲法制定のときは、日本というのは連合国があって、その上での日本ですから、いわゆる全く独立国でないところが憲法をつくっている以上は、そういう押しつけという状況は必然なわけですね。その独立を回復しても、その体制を維持しているというところに非常な意味があって、国家構造としての憲法というものからすると、草案はだれが書いたかというふうな非常に細かいところに目を向けるよりは、独立後も維持されたというところに目を向けるべきでしょう。非常な桎梏《しっこく》になって、どうにもならないから、革命を起こして憲法を引っ繰り返すということにならないことについて、考えてみると、あんまり押しつけだとか、上からだということを強調しても始まらない面があるんじゃないかと思うのです。

それから、五十年以上改正されなかったという話ですけれども、このときに、考えないといけないのは、いわゆる日本人に特にかどうかはわかりませんけれども、憲法典主義というか、憲法に典がついていて、条文が憲法だと思っていて、条文がかわるかどうかだけに関心がある。ただ、さっきのコンスティテューションという見方からいうと、運用からして含めた形で憲法なわけですね。そういう点から言うと、憲法典という、狭い紙のほうの改正要件を極めて固くしているのは明治憲法も日本国憲法も両方の特質ですけれども、そういうことをすると、憲法典は変わらないけれども、解釈を含めた運用は変わっていくという形で、憲法自体は、日本国憲法に限定しても、占領下と占領後では全然意味が違うんですが、憲法典は同じだけれども、憲法自体はある程度変わっているわけですね。

そういうふうなことから考えると、改正はされない、憲法典は同じだけれども、ほかが解釈で変わっていくというタイプの憲法を日本は伝統的に持ってしまっているということ、そのことの可否ですよね。よい悪いについては、先ほど愛知先生から、ぐあいが悪いんじゃないかと。私も、どうもそれだと、一般国民の了解という点からすると非常に弱い点があって、改正ということも一つ手かなと思っていますが、現状としてはそういうことになっている。

だから、全く同じものが連続しているわけではないし、明治憲法も、元勲たちが生きていた時代と、それと軍部が出てきた時代では、憲法と言っても全然違うものになってしまっているというふうな解釈も一つあるんじゃないかというのが私の意見です。

中野　愛知先生、現行憲法の制定経過について、押しつけの話ばっかりするのは、もう終わりにしたいところですが、何かつけ加えることがあれば。

愛知　私も、改正の最大の理由として押しつけだからということを掲げるのはあまり賛成ではないんですね。確かに今お話が出ていたとおり、アメリカの力によって書かれたものだというのは、これは否定すべくもない事実だと思います。しかし、その後、その憲法がとにかく国民の間で、世論調査等によってもわかる通り、ずっと長い間、それが受け入れられてきたわけだし、その中に盛り込まれた思想、考え方でも大変正しいところもあるわけです。最近でこそ、もう変えたほうがいいんじゃないかというのが多くなりましたけれども。だから、押しつけだから変えな

（注）**日本国憲法**　明治憲法に代わって、一九四七（昭和二十二）年五月三日に施行された。天皇は日本国、国民統合の象徴となった。敗戦後、ＧＨＱ（連合国軍総司令部）メンバーが十日ほどで作成したマッカーサー草案がもとになった。

きゃいけないというのは、ちょっと理由としては弱いんじゃないかと、こんなふうに思います。

明治憲法の光と陰

中野　また明治憲法に戻って、明治憲法の特質をどういうふうに見るかということなんですが、要するに先ほど言ったように、鎖国日本から国民国家に転換する歴史的役割を果たしたという功績がある。ただ問題は、天皇機関説を排撃し、それが軍部が独裁をするきっかけになってしまった。しかも、最大政党の政友会が天皇機関説排撃の決議案を提出する。政党が立憲政治の自殺行為をしたということが非常に問題で、このあたりは、やはり大正時代あたりに改正をすべきではなかったのかということが中曽根康弘さんなんかの指摘なんですけれども、この辺、明治憲法のいい側面もあると同時に、非常に問題もあったんじゃないかと思うんですが、どうでしょうか。

評価すべき点は評価すべき――愛知

愛知　最近の学者の研究によれば明治憲法自体は「専制」的なものではなく「立憲」的なものであったことが明らかになっておりますし、なかなかやっぱりよくできている部分だってあるんだと思うんですね。ですから、明治憲法は極めて古いもので、これがあったがゆえに日本は戦争になってしまったとかいうのは、正しい議論ではないのではないか。ですから、評価すべきところは評価していいんじゃないかと思いますけどね。

話はちょっと飛ぶかもわかりませんけれども、どういうふうに憲法を国家の中に位置づけるかというところが大事だと思います。私は、政治家としての立場から言いますと、作家の司馬遼太郎に「この国のかたち」という言葉がありましたよね。まさに「この国のかたち」というものをあらわしたものが憲法というものであって、その憲法の議論の中味は、その国をどういうふうな国にしたらいいのかということの議論でなければならないと思います。別の言い方をすると、憲法というのは、その国の国民が描く自分の国の自画像だと私は申し上げたいと思います。国は成長もするでしょうし、内外をとりまく状況によって変わるわけですから、自画像と言ったって姿は変わるわけですから、その時々に応じて自画像も変えていく。そのほうがオーソドックスじゃないかと思います。憲法というものの、国にとってあるいは国民にとっての立場はそういうものだという認識を出発点にすべきではないでしょうか。

ところが、今までの我々政治家の間の憲法の議論というのは、かなり細かいところの議論になり過ぎてしまっていると思います。もっと大づかみに、この国をどういう国にするのか、どうい

(注) 天皇機関説　明治憲法の解釈をめぐって、統治権は天皇にあるという説に対して、東大の憲法学者、美濃部達吉教授らが天皇は国家の最高機関で、統治権は国家にあると主張したが、国体に反する学説と排撃された。

う国として描いたらいいのか、それを憲法の議論を通じてやるというところが非常に大事なんじゃないかと重ねて申し上げたいと思います。

中野　政党政治といいますか、明治憲法と日本国憲法で、両方とも政党がだらしないと言っては愛知先生に申しわけないんですが……。

愛知　まあ、そう言われてもしようがない。

中野　戦前の独裁を許した政党のだらしなさ、現状も相当に政治不信、政党不信がある。この辺は憲法と絡めて、愛知先生、何かありませんか。

愛知　そうですね、私は、今の状態を言えば、政治家の、あるいは政党の本来の役割を充分果たしてないんじゃないかと思えてならないわけですよ。憲法の議論をするということ自体を避ける政党なり政治家がまだかなりいるわけですね。さすがに変わってはきましたけれども。私は、憲法の議論をしない政治家は、国政の場で働く政治家の資格はないとすら思います。先ほど言いましたけれども、憲法というものを通じて国のあり方を議論するわけですから。憲法の議論をほんとうに始めることによって初めて政党になり、あるいは国政レベルで働く政治家の資格が出てくるんじゃないかとすら思いますね。そういう点ではまだ全然そこまでの認識にはとても至ってないという気がしてなりません。

君主主義的な立憲制度——大石

大石　先ほどの国家構造としての憲法として考えるべきだというのは、後でまた議論したいと思うんですけれども、私も全く同感で、要するに憲法典至上主義というのが随分幅をきかせていましてて、特に人権条項についてはそれが強いんですよ。後でちょっとそれは話をしたいと思うんですけれども、明治憲法の特質をどうとらえるかというのも、またこれも人の見方でさまざまで、どういう課題にこたえたかということを考えないと、特質というのはやっぱり浮かび上がって出てこないわけですね。

憲法を制定したということがどういう意義を持つか、あるいはどういう立憲制を採用したか、あるいはどういう原理があったかということから特質を探るとすれば、おっしゃったように、全部否定すべきだという、戦後間もなくの議論はそういうのがかなり多くて、私らのちょっと前の世代からもそうだったんですけれども、そうではなくて、東洋で初めての立憲国家になったわけですし、何とか努力して自前で憲法を持ったというのは非常に大きな意味を持っていて、しかも、それは条約改正という、要するに独立国家になるための非常に大きな作業の一端という意味を持っていたわけですね。だから、それを否定するのは、戦後のある種のおごりであって、当時のいろいろな政治上の課題にこたえたという点を評価してないと思うんですね。

もちろん細かい中身に入ると、いろいろな問題があることは事実なんです。ですから、まずそれを確認すべきだと思うんです。ただし、明治憲法を教える場合に、あるいは見る場合に、明治憲法は一八八九年に制定されて一九四六年まで命を持ったんですけれども、どうしても我々が見る場合に、戦後の世代というのは、ワイマール時代以降の目でものを見るんですよ。全く同時期の憲法典ですから。だけれども、明治憲法の骨格は一八一〇年代、せいぜい五〇年代のプロイセン、あるいは南ドイツ諸国の原理でもってつくったわけですから、そこにものすごく落差があることはたしかなんですよ。

だから、おっしゃったように、大正デモクラシーのころに基本原理をかなり変えるという形で改正をすればよかったんですけれども。それを運用で適当にごまかしてきたというところが大きな問題だと思うんですね。

よく明治憲法は外見的な立憲主義だとよく非難されるんですが、その基準は、やっぱり先ほど言った英仏型の議院内閣制ですよね。要するに議会主義君主制といいますか、それをもとにして見たときには、明治憲法の姿はそう映る。だから、評価の基準が定まって物を言っているんですけれども、言葉だけがひとり歩きして、非常に悪いイメージでとらえられるということはありました。

ただ決定的だったのは、やっぱり立憲制と言ったら、権利を保障して権力分立を定めて、直接書かないけれども、責任政治をきちっとやりなさいというのが基本なんですけれども、どうもその点でやっぱり決定的に不備であったということははっきりしていると思いますね。大臣を弾劾できるか、アメリカで今盛んにやっているようなことが、憲法制度として日本にはないわけです。ですから、そのかわりに憲法裁判所を設置したらどうかというのは、戦前に議論がずっとあったんですね。

さらに決定的なのは、やっぱり統帥権の独立で、それについては内閣としての責任は負わない。そうすると議会に対する責任も全うしない。ですから、軍部大臣現役武官専任制とも関連するんですけれども、結局、軍部が政治を握るという体制を許してしまったというのはかなり大きい。これが解釈上争いはあったんですけど、大体京都学派のほうは、要するに統帥権の独立なんていうのは認められないといい、しかし、東京学派はその当時は、いや、プロイセンにもあったし、明治憲法をつくる前からそういうのはあったので、当然にそれは組み込まれているんだという解釈をしまして、結果的にそれが破滅を招いたということになりますね。

あとは、先ほど言ったとおり、やっぱり基本は相当古い原理の憲法のタイプなんですよ。だから、それがプロイセン憲法でも一八四九年に最初つくって、五〇年に改めて、それが一九一九年まで続くんですけど、これが第一次大戦後ですね。

日本の場合には、モデルにしたものが、もともと一八一〇年代ですね。当時は現行憲法ですからしようがないんですけど。それで一九四六年まで行ったというのは、どう見てもやっぱり限度を超えていますよ。いろいろな政治課題があるのに、それを運用で何とかやろうとしたのは、やっぱりまずいので。

もちろんいい面は、大正デモクラシーという、議院内閣制的な運用がある程度あったというのは確かにそのとおりですけど、いつでももとに復するという体制ですからね。結局、固定化された制度ではありませんから。やっぱりそこは、愛知先生もおっしゃったとおり、運用で賄うということの非常に危険性を持っているところだと思うんです。

特質を一言で言えというのはなかなか難しいんですけど、君主主義的な立憲制度ということに尽きるんじゃないでしょうか。だから、十九世紀の前半のスタイルですね。

中野　愛知先生にも伺った、政党の対応といいますか、政党政治がちゃんとできなかったというのは、これは日本の問題点なのか、現行政治とすぐ結びつけて私なんかは考え過ぎてしまいますけれども、なぜ軍部独裁を政党が許したのか、その辺については。

大石　我々は、直接見ることができない要素があって、やっぱり時局というものの怖さというのは知らなきゃいけないと思うんですよ。セオリーだけでこうなるかというと、そうじゃなくて、時局がこうなれば……。それはアルゼンチンの紛争のときもそうでした。フォークランドのとき、みんなワーッとこうなるでしょう。その時に、いや、違うんじゃないかという、そういう意味でのいろいろな言論があればいいんですけれども。だから、単に政党だけの問題ではなくて、いろいろな言論の装置とか、それから、自由な結社の装置とか、自由と言っても限られていますけど、そういうものがあればいいんですけど、ずるずるっと戦争状態に入って、これじゃいかんということになる。

その前に、さっきおっしゃった元老とか重臣とかの押さえがきいていればいいんですけど、押さえがきかなくなる。それは、明治三十年代以降といいますか、もっと後になるともっとひどくなるわけですね。そうすると権力の集約機構がなくなって、その間にいろいろなことが起きる。自分たちのために、ある正式ルートを、まあ、元老だって正式ルートではないんですけれども、そのルートを通すということをしないで、自分たちのほうで勝手にのろしを上げるというのはやっぱりおかしいんですね。

しかも、昭和十五年ぐらいになれば、政党はみんな解散ですから、要するに政府に対する議会の中でのカウンターパワーというのはなくなるわけでしょう。そうしたら、先ほど軍部大臣現役武官専任制のことを言いましたけれども、そういう制度もあるけれども、要するにカウンターパワーをなくしてしまった。そのときに反対したのは、ごくごく少数ですしね、実際に。かなりのエリートがそろっているはずなので、斎藤隆夫なんかをうんと応援したという人はあまりいないわけですから。そこを、単に政党だけの問題なのか、雰囲気が出てきたときに、それに抗うだけの我々の態度決定ができるかという問題はあると思うんです。

権力集約の仕組みなかった――飯尾

飯尾　まず明治憲法の特質ということを政治の点から見ると、憲法には非常に重要な機能として、国家権力をつくり出すという機能が憲法になければならないんですね。ところが、その点では明治憲法は不十分なので、立憲的な要素を、実は明治憲法ができたときには権力の確保は現実にはあって、これは、当時、元老という言葉はなかったんですが、有司専制ですね、藩閥政府はきちんとあって、その上に衣として憲法がプラスアルファされるということで、憲法によって権力をつくり出していることではないという問題があった。実は彼らの問題点としては、憲法をつくるときは分散化の方法だけに向いていて、統合するという方向は自分たちがやっているからよいというつもりがあったのかどうかわかりませんが、明治憲法の最大の問題は、政治的に見ると実は権力の集中を担保する装置を持っていないところにある。

これは言い換えれば、先ほどのご質問では、明治憲法では天皇の大権が強過ぎるということなんですが、実は十九世紀とか、あるいはそれ以前の君主国、天皇自身が行動する天皇であれば、彼の意思によって統合されるはずなんですね。ところが、実は憲法をつくったときから、日本の明治天皇が、こうせいああせいという存在では既にないわけですね。

すると、天皇大権にすべての解決策を持っていっているというと、現実問題としては、政治権力の所在を明治憲法は示していないということになるわけです。ですから、明治憲法は、藩閥政府から元老が機能する限りにおいて統合力があって、それは何とかなってきたわけですね。それは当時の人々も気がついていて、その代表例は、憲法を起草した本人の伊藤博文じゃないかと思われる。彼自身は、明治維新をやった元老たちがいなくなれば、明治憲法体制は維持できないのではないかと考えて、それにかわるものとして政党というもの、政友会を作った。ここで議院内閣制になっていれば憲法のバージョンアップが図られるということになったわけでしょうが、それに失敗したということがあった。

ただ、そのバージョンアップを図ろうとしても無理だったのは、彼がつくった憲法自身が、実は明示的に権力の中心ということを定めることを怠っていたために、抵抗する勢力に勝てなかった。だから、政党内閣期に、憲法典を改正するというのは彼らにとって非常に難しいことだったでしょうけれども、それを補う次の補助的な法律なり何なりをつくって、つっかい棒をつくってなかったものですから、少しでも政党政治が、先ほどの時局というもので弱まってくると、つっかい棒がないので、ずっと崩れてくる。逆に言うと、先ほど大石先生は、憲法と言っても、なかなかみんながその意識がないと難しいということなんですが、政治学者からすると、法律というのは、一番大切なのはそれが崩れてくるときなので、みんながそのとおりやっているときはいいんですが、それが崩れてきたとき、どれくらい踏ん張れるかというのが、紙にすることの意味なんですよね。だから、そういう点で言うと、やはり明治憲法には、長生きする憲法としては、やはり当初の設計上から、ちょっとその弱さがあったということでしょう。

逆に言うと、対照的なもので、憲法典としては文言は改正されていますけれども、憲法としては世界で最も長生きな憲法の一つにアメリカ合衆国憲法がありますね。アメリカ合衆国憲法もまさに、つくったときは政党政治とか、大統領の直接選挙とか、全然関係なくつくっているんだけれども、それは何とかやってきて、しかも、それに対する価値的チャレンジをする人たちが出ないように長年頑張ってきたので、破綻せずにうまく行っているというようなタイプの憲法になっている。

明治憲法は、その点についてはちょっと不幸だった。明治憲法がもしもアメリカみたいに、ある程度価値観が早期に固まって、みんなが議院内閣制で、実は中身は変わっているんだけれども、同じ文言を読み替えてやっていこうというふうにやってくれれば、生き残ることもあったんだろうと思うんですが、それができなかったというのは、ちょっと不幸だなという気もしております。

現行憲法で着目すべき点

中野　今度は現行憲法に移ります。特に明治憲法との比較で言うと、天皇制というのは非常に興味深いといいますか、統治権の総覧、政治責任を負わないというような、非常に特殊な憲法体制だった明治憲法から比べると、象徴というのは直接統治しない日本古来の天皇制の姿に戻ったんじゃないか。だから、私は今の象徴天皇制というのはうまい仕組みなんじゃないかと思うんですが、ほかにこの議会制民主主義とか、国民主権とか、平和主義とか、基本的人権の尊重とか、いろいろな現行憲法の特色、諸原則はやっぱり評価するべきなんでしょう。

ただ、制定経過というか、押しつけとまた絡んではいけないんでしょうが、要するに日本に軍備を与えないとか、悪いことをしないためという視点があって、そこからいろいろな問題が生じているんじゃないか。九条の問題もそうですし、前文の表現が詫び証文的で何かおかしいんじゃないかというような話、緊急事態の規定がないとか、いろいろな問題点も指摘されているわけですが、特質といって一言でお答えいただくのは大変難しいんでしょうが、いかがですか。

過度の人権尊重は問題――愛知

愛知　今のお話は、象徴天皇というのは確かになかなかうまい仕組みをつくったなという感じがしますけど、しかし、今の時点で考えると、天皇の位置をもっとはっきりしたほうがいいと私は思いますね。日本の文化とか伝統とかを含めた国そのもののシンボルですね。従って元首というような言い方がいいでしょう。現行では国民の象徴となっていますけれども、もう少し天皇の意味するところというのは深いというか、広いというか、日本の国としての文化とか伝統とかを含めた国そのものを象徴するようなものだと私は思うのです。しかし当時としては、非常にうまい位置づけをやったんだと思いますね。天皇制が破滅されていたら、国そのものが崩壊してしまった可能性だってあります。

そのほか評価すべき点がいっぱいあることは事実ですけれども、ご指摘の点、そのとおりだと思うんですね。基本的人権というのが非常に強調されておりますが、その点についての私の考えは、基本的人権の尊重というのは確かに大切なんだけど、人間にあまり重点を置き過ぎていないか。つまり人間中心主義になり過ぎてしまっていて、人間の思い上がりにつながってしまってはいないか。私は環境の問題に強い関心を持っているわけですけれども、人権ということを強調し過ぎるあまり、人間の横暴を許してしまって、結果として地球環境問題が生じてしまっていると思うわけです。

現憲法制定の時点では、そういう問題が出ようとは夢にも思わなかった。もちろん日本人だけではなくて世界中がですね。だから、仕方がないんですけれども、今や、やっぱり人間中心のこの考え方というのを改めるべきときだと思うのです。日本人の古来からの生き方というか、日本の文化とか伝統とかというところから言うと、実は人間中心主義じゃないんですね。もっと地球全体のバランスを考えて、その中で人間は生きていくという生き方でして、現憲法で欠けている基本的に大切な問題点のような気がしてならないんです。

平和主義とか、国民主権とか、議会制民主主義とかに異議を唱えるつもりはありませんが、民主主義をさせてゆくためにいまのままの形でいいのかを問題にしたい。

実は、私は、議院内閣制でいいのかどうかということに若干疑問を持ち始めております。例えば、現実問題として、日本の総理大臣がくるくるかわるし、閣僚もどんどん交代してゆく、それも議院内閣制なるがゆえにそういうところがあるわけです。それから、私は国民の代表者としての国会議員として活動しておりますが、国会議員のやれることがものすごく制限されている。例えば議員立法をもっとやれといわれますが、議員立法で法律をつくっても、予算を伴う法律は、今の制度ですと無意味なものになってしまう。それは予算案を編成し国会に出せるのは内閣だけだということになっているからです。結局のところ、内閣が国会に出す閣法という形にほとんどの法律がなってしまうわけで、そういうようなところを考えますと、議会制民主主義となってはいるけれども、議会の存在は実際は小さい。これは民主主義が機能していると言えるのか、非常に疑問に思えてしようがないところがあるんですよ。議会制民主主義をもっと実際的に機能するものにするにはどうしたらいいか。

中野　議院内閣制にかわる大統領制とか、首相公選制とか、そういうことを想定していらっしゃるんでしょうか。

愛知　首相公選制というのは、少なくとも議論に値するような気がするんですね。ちょっと話が飛んじゃって恐縮ですが、最近、副大臣制とか、政務官とかという話が出ていますでしょう。あれはイギリスをモデルにしているわけですね。行政府の中に国会議員、つまり立法府の人間が入っていって行政府をコントロールするというアイデアですが、この方式だと、ますます行政府のほうが主導権を持ってしまいますね。

今、一番問題なのは、本来行政の役割はできた法律を執行することにあるはずですが、実際は行政府の役人が法律を書いているということです。つまり、立法作業をやっているわけです。で

（注）**議院内閣制**　議会で多数を獲得した政党が内閣を組織する仕組み。イギリスで発達し、日本国憲法に明文化された。アメリカのような大統領制と対比される。

すから、立法府に比べて行政府の力が強くなってしまうわけですね、自分がやりよいように法律を書くんですから。そうは言っても、国会が法律を審議し議決するではないかと言われますが、議会で多数を持った政党の代表が内閣をつくっている場合には、議会で多数を持っているんですから、原則としては内閣でつくった法律案というのはその通り国会を通るわけですよ。だから、行政の思うように何でもできてしまうわけですよ。

そこで、アメリカみたいに、行政は行政府、立法は立法府という役割分担をもっとはっきりしたほうがいいんじゃないかという気がしてしようがないんですよ。それを突き詰めていくと、議院内閣制でいいのかどうかになってしまうわけだ。私は簡単に結論を出せる問題だとは思いませんが、やはり首相公選制みたいな制度を導入して、首相は国民が直接選ぶ仕組みに変えたほうが、もっと議会制民主主義を成熟させられるんじゃないかという気がしてしようがないのです。

「議院内閣制」の理念生かされていない——飯尾

飯尾　幾つかここで出ていることがあると思うんですが、順番を交代したので、愛知先生のご意見に反論しますと、私は議院内閣制論者なんです。そこで少し議論を戻しますと、ここの現行憲法の特質なんですけど、明治憲法に比べると、権力の実質をつくるという装置を現行憲法は備えている。それは大統領制ではなくて、議院内閣制のほうを選んだわけですが、その点では、明治憲法に比べれば非常な進歩があって、憲法制定の皆さんもそれは理解していて、比較的内閣に権力を集中するようにした。

ところが、戦後の問題は、実は憲法典はそのようにつくられたのに、実は内閣法とか国会法以下、その権力の集中を議院内閣制を作動させるような補助的制度は整備されない上に、政治家も官僚も、実は憲法が変わったにもかかわらず、意識があまり変わらないところにある。むしろ今の日本の問題は、立法と行政というのは、議院内閣制においてはどちらも政治家が握るということであるのに、権力分立だというところを取り上げて、行政は官僚で、立法は政治家だというふうに、憲法とは違う解釈をしているところに問題があって、むしろ、権力分立制を強調する大統領制のほうが、逆に言うと今の日本の弊害を助長する可能性もあるのではないかということを危惧しておりまして、その点で、日本国憲法の理念がまだまだ生きてないところを回復させれば、まだ可能性があるのではないかと考えます。

その点、ちょっと細かくなりますけれども、せっかくついでですので、ここでお話をしますと、二点ありまして、先ほど愛知先生のお話では、行政の話をされまして、行政である官僚が法律を書くという話だったんですが、やはりそのところの日本の解釈にちょっと問題があるのではないか。

行政という場合には、少なくとも今の問題に関しては二つの意味があると考えています。つまり立法と行政というときと、政治と行政というときの意味があって、官僚が行政であるのは政治と行政の話であって、日本国憲法は、実は立法と行政ということについては、立法はもちろん国会議員ですね。行政は国会で選出された内閣に置くと書いてありますから、両方とも政治家だと書いてあるのに、そこを、行政という一つの言葉に二つの意味があることを利用して、どちらもということで、本来政治家に与えられている行政権、内閣に与えられている行政権のほうを官僚側が取ってしまっているところに問題がある。

逆に言うと、与党の側は、内閣を通じて立法作業をするんですから、実は与党の側は、例えば与党側から出された議員立法というのは、実は内閣提出法案であるという解釈が、おそらく議院内閣制では成立すると思うんですね。そういうことからすると、今の制度を生かしても、愛知先生が危惧もされ、私も現在の政治に不満だと思っている点は、まだまだ解決する可能性があるのではないか。

アメリカ大統領制は、今はかなりのところ機能していますけれども、あれは憲法をつくったときの制度としては、機能しないことを予定している。例えば法律というのを作る人と、執行する人は別だから、できるだけ国家権力というのは作動されないということは非常に大きな原則だと思うんですね。そういう点から言うと、福祉国家化している現在、日常的に法律はつくっていかないといけない、それを執行していかないといけないという点からすると、権力分立をあまり強調するのは、政治家の能力がないだけに——ないというのは大変失礼ですが——ないだけに、逆に言うと、アメリカでは不利な憲法にもかかわらず、法律を通しちゃんと執行できるということがむしろ驚異的であって、政治家の能力が憲法の欠点を補っているというふうに考えると、やはり今、（日本の）政治家の能力が不足していることを考えると、大統領制というか、首相公選制に移るのは、なかなか難しいんじゃないかという感じを持っております。

意味失っている「平和主義」——飯尾

飯尾　これが一点でございまして、長くなるんですが、せっかくここに出ておりますので、ご質問にあった軍備の点を一つだけ申し上げますと、私もこの点、かなり同感するところは多いんですが、先ほどの憲法典と憲法という感じからしますと、日本国憲法ができたときの憲法は、占領軍がいて、強大な軍隊が日本国土にあるということが前提なんですね。そうすると、紙に書いた憲法典のほうは、日本の防衛というのは、アメリカ軍を中心とする連合国がしておって、日本国政府というその中の一部分は軍備を持たなくてよろしいと、こういう書きぶりですね。

そうすると、日本が独立したときにどうしようかということは当然問題になって、実際に日本国憲法というのは、日本が独立したときに変容していて、その部分を補った部分が日米安保条約で、日本の憲法という中には、おそらく軍備ということを考えると、日米安保条約を入れざるを得ないわけでして、それは整合的に解釈しようと考えて、憲法典には入っていませんけれども、それとセットになっている。しかしながら、そういうことで国のあり方としてよいかどうかということを考えると、日米安保条約、これも何回か改定されておりまして、これは私から考えれば、やはり実質的な憲法改正があったことになります。だからこそ、広範な民衆的な行動が起こったこともあるのです。そういう点から見ると、今起こっている問題は、今ある日米安保条約と憲法典があって、しかも自衛隊という憲法典が予想しないものもセットで含まれている。その中に、あまりに錯綜した関係を処理できないぐらい、紙に書いてあることと実態とが離れてしまっている。

今の日本国憲法は、平和主義は三大原則の一つだというふうに昔、教科書で習ったと思いますが、そのわりには一条しかなくて、やはり憲法の書きぶりが……先ほどから私の申し上げているように、紙に書くことの意味は合意が崩れたときにそれを何とかすることだとすると、あまりに簡単過ぎて、普通考えると意味のない条文を一つだけ持っているということになっているので、いかなる方向に進むにしても、何らかの形を——。自衛隊を強化するとか、縮小するとかいうこと、それから、日米安保条約を維持する、あるいは強化する、あるいは縮小する、どちらの側に立っても、そろそろ憲法典のほうを触らないと、議論がどうも決着しないところまで行ってしまった。

そのことをあらわすのは、例えば国会における憲法論議が、先ほどご指摘がありましたように、非常に細かいところに入ってしまって、肝心の日本全体をどうするかというところに行かないという状況に、今の国会でもなってしまっておりますけれども、そういう状況になっているのは、やはりそこの乖離が激しくなって、明治憲法と同じくやはり限界が来ているということを証明しているんじゃないかと思うんです。

フィクションの上に成り立っている憲法――大石

大石　現行憲法の特質というのは、要するにポツダム宣言を受諾して、それを誠実に履行するという一種の国際条約の履行という側面が非常に強いわけでしょう。そこから行くと、ねらいは、軍国主義勢力をどうやって一掃するかと、すべてその点に焦点を合わせたような新憲法のつくり方をしたわけですね。だから、それが特質そのもので、いわゆる平和主義ということになる。しかも、言論が自由でなかったからそうなったんだと考えて作られています。だから、ある意味で単純化された図式でつくられたことは事実ですから、そういう特質が備わっていると思うんですね。

もう一つは、今指摘されたところですが、日本国の憲法なんだけれども、にもかかわらず、さまざまなフィクションの上に成り立っているわけでしょう。独立後、これは一九五二年四月二十八日からということになるんですけれども、その前は、日本国の憲法といったって、占領軍が基本的につくったもので、最高法規だと言っても、それは最高司令官の前に服していますし、国民主権も全部そうですね。言論、出版の自由があると言っても、占領軍の検閲がありましたし、集会の自由があると言っても、団体等規制令があって、軍備もそうですよね。

だから、そういう虚構を虚構として相当意識していれば、その後、自主的な運用のときにきちっとできたんですけれども、その点で冷戦構造というのが私はかなり大きいと思うんですけど、冷戦構造に名をかりたうまい理由の仕方をされた側面があるわけですよね。だから、そこを見据えずに来たことが、今度は占領体制を解除するというときに、さて自前でやらなきゃいけない。そのときにどうするかと大慌てをしていろいろな議論をするわけです。

だから、日本国憲法が言ったことにかかわらず、五、六年はフィクションの上に成り立っていたというのが、その後のいろいろな問題の始まりであると、そういうふうに私は見ています。だから、ある意味で非常に甘やかされてきたものですから、いざ外に出て寒い風に当たってみると、いろいろなことが起こるなとわかる。そのときにたどった道が、世間でいういわゆる逆コースなんですけど、私などから見れば、そんなに逆コースでもないんですね。ごくごく普通の歩みをしているので、それがある種の冷戦構造の中で、片一方の陣営から、逆コースだと言って、絶えず運営するほうは非常に肩身の狭い思いを強いられてきた。だから、その意味でも、運用の過程でも、自前のものとしてやっていくだけの正当化はできないというところがもともとあるものですから、絶えず受け身に回らざるを得なかったという点は大きいと思うんですね。

あと、人権の問題とか、違憲審査制の問題がありますけれども、それはまた後で、運用の問題として出てくるでしょうから、そのとき話をしましょう。

憲法に対する国民の意識は

中野　日本国民の憲法観についてはどうでしょうか。国民の世論にも相当うねりがあるという指摘があるわけですが……。

飯尾　一つだけ申し上げてよろしいですか。改正の問題を取り上げているんですが、戦後早いころの改正論と、今の改正論というのは大きく変わっているということに意味があると思うんですね。

戦後早いころは、憲法の根幹まで変えてしまうという、ある意味で革命論的な色彩のあるようなものもある。例えば主権をどこにするかとかということまで含まれている。ところが、最近の改正論というのは、実は日本国憲法の精神は定着したと見て、条文を変えようというものですので、その点で大きく改正という言葉の意味が変わっているので、数が変化したというのも、これもまた当然のところかなというところがあって、その辺の問題を少し議論しないと、日本人の中で、おそらく憲法改正ときて何をイメージするかというと、非常に大きな変貌が歴史的にあったのではないかというのが一つのコメントです。

大石　ちょっと私も、そこはやっぱりやったほうがいいと思うんです。今、革命と言われたけど、革命的というよりも、反動的な性格が非常に強かったと思うんですね。一般的な憲法観から言うと、やっぱり明治憲法の発布直後か何かに書いてあった、要するに「不磨の大典」という意識が非常に強くて、一たんつくったものは変えてはいけないと。だから、そういった意味での改正タブーというのは必ずでき上がってしまう。

また、聖典というか、宗教の聖典みたいにあがめるという傾向があって、それから、これで憲法がすべての問題に対する解決原理になるという誤った幻想があるんです。

それと、やっぱり理想の憲法なんですよ、どう見ても。世界に類を見ない平和憲法だという言い方をすることによって、その理想を説く。そうすると、理想がそのままあらゆる事態に対応するときの政策的な判断基準になってしまう。これは国民だけではなくて、政治家の皆さんもおそらくそういうところがある。

もう一つは、聖典であって理想であるから、したがって、国民道徳になるわけですよ。その結果としてがんじがらめになるから、さっきの話じゃありませんけれども、愛知先生のお話にありましたように、憲法というのは、ほかの国が変わっているから変わってもいいんだという議論よりも、むしろ、おっしゃったように、時代に合わせて修正しなきゃいけないという部分がある。そういう必要を感じたら、必ず、憲法制度をどうするかという構想力というものを育てなきゃいけないんです。ところが、がんじがらめですから、ドイツではこうなっている、アメリカではどうなっている、フランスはどうなっていると、みんな比較法的な知識はあるんですけど、それを生かさないんですね。

日本国憲法みたいなタイプがどれほどあるか。ある意味で古典型の憲法の規定のスタイルですから、現代の憲法を見ると全然違うんですが、そこに学ぶという姿勢があまりない。これは憲法学者の憲法観にも関係しますけれども、そういう意味で国民全体の憲法制度に対するセンスというのも落ちているんじゃないかと思うんですよ。だから、定着したということとは逆に、憲法制度構想力から言うとかなり落ちた部分があって、これは残念な気がします。だから、もう一度自由民権運動をという感じがしますけど、正直言って。

中野　愛知先生にもう一言。国民の憲法観というよりも、政党サイドというんですか、保守合同以降の憲法改正論というのはいつの間にか消滅しちゃうわけですね。サンフランシスコ講和条約で独立を回復するまでは、独自の憲法を持とうという意識があったし、保守合同で憲法改正というのは自民党にとって非常に重要な党是だったはずです。逆に国民世論としては、社会党の存在もあったんですけれども、その辺の世論というか、政党側の対応というんでしょうか、変わってきたことに何か感想ありますか。

愛知　憲法改正か護憲かというのは、九条を中心にして安全保障の話が主な議論でして、それを憲法に名をかりてやっていた図式だったんじゃないかと思うんですね。このことで憲法というものに対する国民の認識が偏ったものになってしまったと思わざるを得ません。憲法改正か護憲かというのは、いまだに九条だけを中心にして議論する人もいないわけじゃありませんけれども、さすがに憲法はそれだけの問題じゃないじゃないか、もっとトータルな話じゃないかという認識は大分高まってきたような気がして意を強くしています。この傾向を促進していって早くオーソドックスな、まともな憲法議論にしたいと思います。

どうする安全保障問題

中野　そのまともな憲法論議になる前に、安全保障の話に移りたいと思います。やはり憲法というと、自衛隊違憲論と、九条の問題にどうしても収斂されて、国会でも、学界でもそればっかりやってきたわけです。この安全保障をどうすべきか。ここで私は、社会党が自衛隊、安保条約容認に急に変わったのは、あれは憲法論議を進める上でも非常に不幸な出来事で、ちゃんと議論をせずに、学者の間でも議論がないまま、村山答弁だけで変わって、あれで終わってしまったみたいな気もするけれども、全然不消化のままです。

安全保障問題について、どうすべきか。憲法の立場からどう考えるのか。それから、もう一つ言えるのは、イデオロギー論争の側面が非常に強かった。マルクス・レーニン主義、それから、それを受けた空想的平和主義というのは、猪木正道さんの言葉のようです。空理空論と言っては大変失礼かもしれないけれども、現実離れしたソ連信仰型、アメリカを批判するだけの九条擁護論ですか、憲法擁護論といいますか、その辺、社会党との論争も含めていかがでしょうか。

白熱した議論（左から大石氏、愛知氏、飯尾氏）

自分の頭で考える時代——愛知

愛知　やっぱり世界の図式が東西対決、米ソの対決という図式だった時代は、それがそっくりそのまま日本の国内に投影されて、片一方では自民党があり、片一方では社会党があるという、その間でイデオロギー論争をやっているわけですよ。ソ連がなくなってしまって、東西対決という図式がすっかりなくなってしまったわけですから、その影響を日本国としても当然受けるわけで、ですから、社会党だってなくなってしまったわけだし、社会党があるあいうふうにあっという間に変わってしまったのも、抵抗感がなかったからでしょうね、彼らには。

しかし、それでは、過去は何だったのか——になってしまって、政党の自主性があまりになさすぎるのではないかということで、政治に対する不信感を大きくしてしまったような気がするんですけど。それはそれとして、いまのようにそういう世界の図式が全く新しい状況になった中で、日本の安全保障をどうしたらいいかという議論をまず独立してやってゆき、その次に、憲法と絡めた議論をしていくという順序の話なんだと思うんですね。

米ソの対決の時代には、日本の安全保障というのはアメリカにすべてゆだねる、日本はアメリカの言うとおりのことをやっていれば、それでよかったんでしょう。しかし米ソの対立の図式がなくなってしまうと紛争が複雑多岐にわたりますから、日本は自分の頭で少なくとも考えなきゃならない、何も考えずにアメリカの言うことを聞いていればいいということでは済まなくなりました。

米ソの対決のときは、アメリカも、日本も自分の頭で安全保障のことを考えるな。わしの言うことを黙って聞いておれということだったと思うんですね、基本的には。それがすっかり変わって、今はアメリカの姿勢も変わりました。つまり日本も自分の頭で考えろと。日本の考えたものとアメリカの考えをつき合わせて日米の安全保障条約、同盟関係のもとでどうするか結論を出す。そういうプロセスを踏むように、アメリカも日本に求めてきている時代になったんじゃないですか。

そうすると、今の憲法の問題との関連で言えば、これは集団的自衛権の問題と関連するわけです。米ソ対決の時代の論理で新しい時代に対応しようとしたって、それは無理だと私は思うんですね。世界は全く新しい状況になった。その中でわが国の安全保障体制をどう構築してゆくか、その過程で憲法をどう絡めていくかということなんじゃないでしょうか。

「憲法問題」より「政策問題」——大石

大石　これには前提がありまして、先ほどおっしゃった点が非常に印象的なんですけど、要するに制定当時の枠組みというのがベースにある。それはなにかというと、基本的には敗戦国と連合国があって、あとは米ソ冷戦という構造的な背景がある。しかも、即製憲法という側面があって、それが独立する前は、まだ押さえをやっていたからいいんですけれども、いわゆる自主的な運用を始めてから、憲法解釈そのものがイデオロギー論争になるわけですね。そういう側面があるんですが、安全保障の問題というのは、憲法のほうからいうと、要するに憲法は国の存立が基本になり、前提になって、しかも、政権交代の可能性を秘めた形で当然書いてあるわけですね。

ですから、国の存立にかかわる自衛権とか国防、あるいは防衛というのは確かに憲法問題そのものです。しかし、政権交代の可能性ということを考えれば、安全保障のあり方がどうかというのは、実は国際情勢との絡みもあって、憲法問題そのものかというと、むしろ、全くの政策問題あるいは政治問題だとほんとうは見るべきなんですけど、愛知先生が先ほどおっしゃいましたように、すべての政策問題を憲法の名のもとに語るというイデオロギー的な傾向が非常に強かった。片一方のイデオロギーが強ければ、反対するほうもイデオロギーが当然強くなる。そういうところがありまして、結局、どの程度憲法が安全保障問題にかかわるかというときの視点が、自衛問題、国防問題というものと、もう少し広がりを持った、どういう安全保障体制をとるかという場合の安全保障の問題というのがどうも混同されてしまったという印象が私は強いんです。

政治学者はどういうふうにとらえられるかわかりませんけれども、その点で、今でもそれは後遺症に残っていましてね。ですから、こと周辺事態云々という議論になると、延々とそのことだけが続いているわけです。全くの空理空論なので、実際にどうなっているのか……。要するに単なる想定の上の問題じゃなく、具体的にどう処理するか、対応するかという機動力の発揮の問題ですから、安全保障そのものは最低限これだけのルールは守ってくださいという意味での憲法の規範の問題ではないように私も思いますね。

繰り返されてきた虚構の議論――飯尾

飯尾　実は今お話になったことについては全く同感なんです。実は憲法が始まったときにあった虚構と、先ほど大石先生はおっしゃいましたが、私もそのとおりで、先ほど申し上げたとおり、憲法はできたときには米軍があって、いなくなったら日米安保条約ということになっていたんですが、虚構でできた憲法の憲法典だけ見ていると、虚構の世界がうまく冷戦によって成り立つようになってしまったんですね。つまり、冷戦が始まる前、日本国憲法ができたときの敵は日本軍なんですよね。ですから、それを廃止しているわけです。日本軍のかわりに米軍がいるわけです。そのかわりにソ連というのができてきたので、じゃ、また日本政府は、自前の安全保障観がなくても、体制上都合がよい時期になったものですから、憲法典だけ見て行われる虚構の議論を連続しても、安全保障上はさほどの問題なしということになってきたわけですね。

そうすると、何が起こるかというと、それを利用して違うことをやろうとする。そもそも、社会党の憲法論争なるものは、実は虚構の論争で、表向きは護憲ということを言っているんだけれども、実は違う話が入り込んでいる議論なわけですね。これは先ほどマルクス主義の話をされましたが、マルクス主義と非武装中立とは論理的には何の関係もないんですが、あたかもあるように見せかけているんですね。

それはなぜかというと、マルクス主義あるいは社会主義の側が圧倒的に弱いので、自分のところが選挙をしたら負けるわけですから、困るわけですね。そうするとほかの手段で勝つ方法がないかというと、そこに出てきたのは、たまたまあった九条問題であって、九条の問題を取り上げることによって、これは葵のご紋の印籠としては非常に問題があって、政治家よりも憲法が偉いことになっていますから、もっと偉い憲法にこうあるではないかと、自民党に対抗する手段にする。

ただ、そういう点で言うと、条件が変わってしまうと、ご本人も忘れたいと思っていたので、これは都合がいいと言ってお捨てにになるのは当然の行動であって、これは政権を取ってしまわれれば、当然、それはやめたと言っても不思議ではない。

だから、そういうふうに私は政治学者として議論をしていますが、憲法という観点からするとやはり私は日本独立のときに、安全保障問題については、ある程度の憲法改正がなされれば、ほんとうは幸せであったなと夢想はします。やはり条件が少し変わったわけですね、自衛隊をつくらねばならない。明文で非常に固いことを書いてしまっているので、どうしても現実とズレてしまうというところに弱さがある。先ほどの安全保障論の大半は政策論議なんです。ところが、冷戦下においては政策論議になるものはほんとうになかったものですから、状況が変わってほんとうに政策論議をしなければいけないときに、どこからどこまでが政策論議ですよという基準を日本国憲法典は条文で持ってないんですね。

そうすると、そういう議論の空間をつくり出すことに日本国憲法自身が失敗しているものですから、どうもそこで妙な方向に議論は伸びていくということが、状況が変わっても、相変わらず今行われているわけですね。九〇年代以降は欠点が表面化して、何らかの処置が必要だろうということになります。

これは、日本国憲法典のほうは、極めて固い改正手続を置いているために、なかなか改正できないというのであれば、憲法を補う法律ができてもいいわけですけれども、そういうことがどうしても必要になる。憲法解釈は一義的には立法府、国会にあって、国会が制定法をつくることによって憲法解釈は明確化されないといけないのに、今の日本の議論だと、憲法解釈からいきなり法制局という解釈が出てきてしまって、その間がないわけですね。そうすると、政策の現場のところに、政策論議の中身は与えてない話の憲法がリファーされるという不幸が起こってしまう。そうすると、中に一つ基本法的なものが必要ではないかというふうな議論をしてもいいかもしれませんし、そういうことがあるんじゃないかというのがとりあえずの意見です。

第九条は改正すべきか

中野　ちょっと高邁な議論の中で、私のほうから低次元の話で申しわけないんですが、九条をどういうふうにしたらいいかというのを、一言ずつお答えいただきたいんです。九条の一項と二項と別々に議論するべきなんでしょうけれども、九条一項のほうは、武力行使はやめるべきだというような、まあ、あれは理想を述べたものだからいいという話、二項で、戦力を保持しない、陸海空は戦力を持たないという、こうした一項、二項を合わせてどうしたらいいのでしょうか。

運用でも対応可能――飯尾

飯尾　政策論から言うと、戦後長らく憲法典が改正できないことを前提に、解釈でやってきた以上、あれほど短い条文に、あれほど大量の解釈が出るということは、逆に言うと、改正をして

（注）憲法第九条　第一項で日本国民は戦争と武力の行使を放棄し、第二項で陸海空軍その他の戦力は保持しない、とうたっている。政府は自衛のための戦力は合憲としているが、さまざまな解釈があって混乱してきた。

もしなくても同じ結論が出るぐらいに既になってしまっているんですね。ですから、改正をしたら、それも結構だし、しなくてもできる。そのような段階に現在来ているんだと思いますね。ですから、そういう点で改正をしてはっきりさせようという意見が多数になって、日本国憲法の改正手続を満たすぐらいの勢力がすべて合意すれば、あの条文を変えればよろしいし、そうでないのであれば、それを補ってくるもので中身を確定すればよろしい、こういう意見です。

変える必要ない――大石

大石　結論から言うと、変える必要はないという意見です。読売の試案だと、かなり詳しく書かれていますけれども、今、飯尾さんがおっしゃった点が一つ。それと、要するに解釈の問題として、あれは制定過程からずっと追っていくと、GHQの段階で全部認めているわけですね。マッカーサーノートからマッカーサー草案に至る過程で、自衛のための戦力を全部認めていますから、何も問題はないんです。ですから後の佐々木説とか、芦田修正とか言われますけれども、芦田修正とかを待つまでもなく、意味は変わってしまっている。要するに芦田修正がされたことによってがらっと意味が変わったのだったら、当時の情勢からいって占領軍が放っておくわけはないんですよ、それは絶対に。それは占領軍の内部でもう決着がついていますから、あれをどう改正しようと全く問題はない。

ただし、芦田修正の意味は、要するに文民条項を引き出してきたという、結果としてはそういう意味があったということでしょう。

軍事力の使い道をはっきりさせよ――愛知

愛知　今のままだと、中身は変えなくても同じだというお話ですけれども、それではあまりにも議論が、何か晴々としませんね、国民にとってわかりにくいというか。ですから、私は変えたほうがいいと思います。例えば、自衛隊というより、陸海空軍というように、ぴしっと書く。さらにそれだけでは不十分だと思うんですね。軍事力の使い道のほうが問題ですから。そこで日本は軍事力を勝手に使うんじゃなくて、集団自衛なり集団安全保障という国際的な仕組みをきちっと憲法の中にオーソライズして、その中で日本が役割を果たしていくことをはっきりさせ、その中で必要に応じて使うんだと。使い方に制限を与えるというほうが、国民の理解も得やすいし、またそのほうが歯どめに周辺国にも安心感を与えていいんじゃないかと、そんなふうに私は思います。

一番の問題点に何を挙げるか

中野　先ほど議会制民主主義というか、議院内閣制については愛知先生は問題だとおっしゃったんですが、また司法改革も、最近、トレンディーなテーマになっているようですが、一つだけ何かこの憲法条項の中でどうかしなければいけないとか、何か指摘する点がありましたら。

環境問題に触れるべき――愛知

愛知　私は、環境のことは大きく抜けている分野だと思いますね。環境という事項が一つの条項として入ればいいというものではなくて、憲法を貫く全体の思想として必要だと思うのです。

例えば前文の中に、そういうことを感じさせるものがなきゃいけないと思うんですよ。人間の生き方とか、国づくりの基本理念とか、あるいは国際社会への向き合い方とか、とにかく環境の問題というのは、今生きている我々だけの問題じゃなくて、子供や孫の時代の問題です。そういう認識を持つことの大切さを述べる必要がある。また、世界のあり方として、それぞれ国が自国の主権ばっかり主張していたら、地球環境問題はとても解決できない話で、各国がお互いに内政干渉していかなければ、解決できない話だし、それから、もっと基本的には、先ほどちょっと言いましたけれども、人間と人間以外のものをどう位置づけるか、つまりいわゆる進歩主義、あるいは万物の霊長主義というんですかね、そういう考え方に対する反省がないといけないと思います。ですから、地球環境という課題は何か条項を一つつくればいいというものではなくて、憲法全体にわたる思想とでも言うべきものだと思います。それが現行憲法で最も欠けているものの一つだというふうに思いますけど。

国家目標を明示せよ――大石

大石　基本的には、憲法典というのは何をするかということにかかわるんですけど、要するに国政の基本的な構想を明らかに示すということが非常に大事な役割なんですよ。その中に何を盛り込むかなんですが、基本的には統治組織の全容をはっきり示すということと、国家目標をしっかり提示する。憲法は、それでもって国民がついてくるかどうかということを問わなきゃいけないような性格のものであるのに、やっぱりその点でどうも弱いんですよね。

現代憲法というのは、権力のありさまをできるだけ目に見える形であらわすことがいい。だから、妙な運用というのはまずいんですけど、そういう意味で、ヨーロッパでは合理化という言葉をよく使うんですけれども、合理化された形での憲法というのか、そういう性格が弱い。その点をもうちょっとはっきり出したらいいじゃないかという感じを持っています。

その点から言うと、現行憲法の規定はいろいろあるんですけれども、不備な面と、明確でないところがあるんですね。明確でないのは、首相の地位が明確でないというのははっきりしていいます。このたびのいろいろな改革問題で、少しはっきりしそうなんですけれども。不備な面というのは、要するに国家緊急状態のときにどうするか何も規定がないですし、政党の地位についても何もわからない、あるいは条約の位置づけもはっきりしないんですよ、正直言うと。少し専門的になりますが、立法の委任の限界をどうするかという問題も深刻ですね。それから、明治憲法にありましたが、予算の不成立の場合にどうするかということについては何も手当てがないというように、不備な点が多い。ただ、それを書いてある諸国の現代憲法に比べると、非常に簡約型の文言を使ってありますから、先ほど言われた、国会がつくった法律でというのは、我々の用語で言うと憲法付属法の問題ですが、そこで随分補ってきたという事情があるんですね。それでいいのかという根本問題があると思うんです。

それと、人権について言いますと、読売の試案についても私は多少批判的なんですが、要するに日本国憲法の人権規定というのは、世界人権宣言型の権利宣言なんです。ですから、どういう場合に制限されるということは何も書かないんですね。制限される場合は、すべて「公共の福祉」の解釈で来るものですから、そこに無理が生じる。これは、だから、ヨーロッパ人権条約とか国際人権規約とか、あるいは現在のドイツでも、イタリアの憲法でもそうですけど、その条文ごとに具体的に制限されるのはこういうことです、こういう理由があるから制限されますということを明記してありますよね。

日本国憲法の場合には、先ほど言った、戦後再生の出発点ということもあって、権利だけをうたった。だから、義務の面が少ないという批判もあるんでしょうけれども、それを改める場合に、それは宣言なんだと思い込めばいいんですが、それを実効的な規範に移そうと思うと、困ったことがたくさん起こる。だから、私は学生によく言うんですけれども、国際人権規約とか、ヨーロッパ人権条約と対比してみるとよくわかる。権利は明確にうたっていますが、第二項で必ず、こを制限する場合には、それぞれの仕方がやっぱりあるわけです。ですから最大限尊重しながら、に戻って公共の福祉で全部処理するわけでしょう。それはどうもよくないので、それぞれの権利試案も、よく権利をうたっているんですけれども、制限はないのですかというと、もとのところ言だけを通じて何とか操作しているんですけど、それは非常に不幸なのです。その点で、読売のについて消極的な姿勢であるという印象があるんです。しかも、すべて「公共の福祉」という文待されているのに、そこをあえて言わなきゃいけませんからね。そうすると、裁判所が権利保障けないというのは、裁判所としては厳しい立場におかれると思うんですね。人権保障の役割を期

だから、ヨーロッパの憲法とか人権条約で明文化してあるようなところを判例で補わなきゃい合憲判決になると言わざるをえない。

体的に権利の限界とかの問題を扱う場合には、こういうことは制約としてやむを得ない、これはけど、結果的にそうなることは目に見えています。要するに、権利だけを述べていますから、具まりやらないじゃないか、そのかわり合憲判決が多いじゃないかと、こういう批判があるんですころがあるんですよ。そこで違憲審査制度というけれども、立法に対する違憲審査というのはあ言わなきゃいけないんですが、それが実は司法審査制というか、最高裁判所に期待されていると権条項は古典型なもの、言いっぱなしの権利宣言なものですから、制約されますよということを提示しなきゃいけないんですよ。それをなかなか学者のほうもやりませんけれども。要するに人ういう場合には制約されるということを明記しています。その点もみんながわかる形できちっと

しかし、こういう制限には服しますということを、それぞれの条項で明記することが、先ほど言った合理化の問題にもつながるし、その点でいろいろ工夫すべき点はあるんじゃないかと思います。

形骸化した二院制の見直しを――飯尾

飯尾　今の状況から憲法で議論をしなきゃいけない状況の一つに、政治学者から見ると二院制の問題があるわけです。先ほど明治憲法、現行憲法のことを論じたときに、政党政治がなければならないと申しましたが、議院内閣制をとっている以上は、政党がしっかりしなければだめなわけですね。

ところが、実は二院制というのは、議院内閣制とは矛盾をはらんだ制度であるわけですね。というのは、内閣が常に両院を基礎にすることはできません、必ず一院を基礎にするわけですね。それに矛盾する可能性が、もう一つの院を選んだ場合、必ず起こってくるわけですね。伝統的には、例えば明治憲法だってその可能性を考慮して、議院内閣制を抑制しようと思って二院制にしてあるし、アメリカの合衆国憲法でもそうですし、あるいはイギリスの貴族院でもそうで、ほんとうの議院内閣制になったのは一九一一年の議会法で、結局、一院制的運用がされてから始めてです。

それは、理屈の上で日本国憲法の制定者もいくらか知っていて、衆議院の優位の規定を置いていますが、政党政治の実態を例えばあまり理解しないために、不備な点があります。例えば法律について、三分の二で再議決することによって衆議院は通せることになっていますが、充分ではありません。実は議院内閣制をとれば、与野党が拮抗するのは政治の常識でありまして、その点で言うと三分の二というのは主要政党一致を要求しているのと同じですね。ところが、主要政党一致を要求すれば、政党政治は破壊されるわけです。しかも、選挙をすれば、政党なしで選挙をすることが参議院でできるわけがないわけですね。という点で言うと、比較的権限の似た二院を置いているということと、議院内閣制を置いたということとの中の矛盾が出てくるものですから、その点で言うと、やはり憲法の内在的矛盾が今回非常に強く九八年の夏から出てきてしまっているので、これについては何らかの解決策を早急にやらないと、日本の政治権力は成立しないという事態を想定しないといけないので、これは非常に大きな問題だということが一つです。

それから、もう一つは司法の問題ですね。やはり日本国憲法があまり大きく出てはこないけれども、確立に失敗した分野ではないか。つまり、違憲立法審査権で非常に強くなったというんですけれども、つまり、アメリカとかヨーロッパのように裁判官の地位が非常に高いところでそういう権能を与えれば、それは機能するんですが、日本では裁判官というのは、それほど強い独立した地位をもっていない。むしろ一種の官僚であるというところに権限を与えてしまうと、せっかく得た独立制を裁判所は守ろうとして、非常に守りの姿勢に入ってしまって、憲法で抑制してあるような抑制均衡とか、あるいは違った判断とか、そういうことを予定しているんだけれども、さっぱりそれが出てこない。

それを例えば端的に示すものとして、裁判官の身分保障なんかは日本では十年ですが、アメリカ人からすれば、十年というのは大変な身分保障かもしれないですね。ところが、日本の官僚からすると、天下りもいれれば六十、七十まで身分保障されている人に対して、身分保障と言っても十年ということは、逆に言うと十年に一回審査されてしまうから、裁判官のほうが身分保障がないような状況で、そしてその裁判官のほうが後から判定をしろと言っても、これはなかなか機能しない仕組みになっている。逆に言うと、司法というのを機能させるためには、幾つか補助線も引かないと、日本国憲法が想定していたような状況はとても生まれないということは、やはり一つ考えないといけないいんじゃないかと思います。

参議院不要論をどうみるか

中野　ちょっと今、参議院の問題について、端的に問題だということだけ指摘されたんですが、不要論があります。皆さんにちょっとお伺いしたいんですが、不要論について一言、不要なのか、形態を変えて存続させるのか、いかがですか。

飯尾　私自身は一院制でもよいと考えています。しかし、なじみがあるのであれば、大幅に（参議院の）権限を縮小して、何らかの形で存続させる。議院内閣制は、多数決原理というのは、実は現在のすべての問題を解決することはできないということからすると、それを補うような原理で、しかし、非常に弱い権限を与えざるを得ませんけれども、そういう参議院につくりかえるという憲法典の改正案をつくるのが一番大切かなと思います。

大石　私は、二院制というか、両院制というのは、基本的にそれでいいんじゃないかと思うんですね。まあ、改正するのはしんどいということもありますけど、要するに二院制の意味というのは、いろいろ議論がありますけど、任期とか権限とかいろんなことを考えると、要するに単純に公衆が選んだだけの知恵ではない知恵を何とか絞り出そうという、長年の工夫ですから、それを生かしたほうがいいですね。衆議院は基本的に選挙がありますし、さっきおっしゃったように、数で押し切らないと政権ができませんから。

それに対して、大所高所かどうか知りませんけれども、ある種の継続性を持った、その意味で保守性を持った、我々の中にある保守的な知恵というのを出す場だと思うんですよ。ですからその意味で、権限と組織というのは連動していまして、権限が強いと、国民に密着した形で直接選挙にしなきゃいけませんけれども、弱ければ、もう少し自由な形で選ぶというシステムもありえていいのではないかという気がします。

愛知　私は二院制のほうがいいような気がするんですけれども、それには各院の役割が明確になっていなくちゃいけないと思うんですね。今、現実は衆参全く同じ、参議院は衆議院のコピーだとよく言われますけれども、金融関係の法律を審議した九八年の臨時国会のとき、参議院のほうから衆議院に強い申し入れがありましてね。それはとにかく参議院を通すことを考えて、衆議院で前もって原案を修正してきてくれという話だったんです。

参議院のほうからそういうことを言ってくるということは、参議院がみずからの存在をみずから否定しているような話で、実に妙な話だと思ったんですけれども。しかし実際はそうだということになって、自民党は、衆議院で野党といろいろやりとりをして、大幅の修正というか、修正どころか野党案を丸飲みにして衆議院を通過させました。

このような状況では参議院はあってもしようがないように思います。しかし、これは議院内閣制という前提に立つと、政治の継続性をどうその中で保つかとかいう点で、やっぱり参議院のようなある任期がちゃんと定められている院があってもいいんじゃないか。

それから、参議院のほうも政党政治にならざるを得ないというお話もありましたけれども、そうでない方法というものが何かないものかなとも思うのです。政党でくくらないで、参議院の議員が自分の良識なり見識で、自分の判断で投票する、行動するというような仕組みが何かできないものだろうか。そうなると、かなり変わってくるのではないか。参議院の役割が出てくるんじゃないか。政党政治のほうは衆議院で、参議院は別な仕組みでと。

飯尾　直接選挙をするかどうかじゃないですかね。

大石　選挙をすると、どうしても（政党政治に）なりますよね。

飯尾　政党がないと選挙はできないですからね。

大石　そうですね。そもそも、九八年の参議院選挙で政権が変わったというのは、非常に異様なんですよ。別に橋本内閣を惜しんでいるわけじゃありませんが。

飯尾　おかしいんですよ。

大石　そのおかしいということはだれも言わないですね。だって、どこも上院選挙でもって下院から選ばれた首相がすりかえられたというのは、それ自体がおかしいです。

飯尾　そうなんです。憲法上おかしい事態なんですね。

大石　だから、それは公選にしているから、結局あいうことになるんですよ。

愛知　とにかく参議院のあり方は、今までほとんど論議されてませんからね。これは今後の大きなテーマのひとつでしょうね。

望ましい憲法論議のあり方は

中野　望ましい憲法論議のあり方についての考え方をお述べいただきたいんですが、要するに憲法は基本法だから、国民にとってわかりやすく明確であることが大切であろうとか、いろんな解釈が成り立って迷ってしまうような状態は、やっぱりまずいんじゃないかと私どもは考えます。

議論する機会をできるだけたくさんいろんなところにつくって、国民の中に憲法に対する考え方を浸透させて理解を深めていくことは、これから大切なことなんじゃないか。まあ、国会に憲法議連が議論する場をつくろうという動きがありますが、その辺の動きも含めて愛知先生、この議論のあり方について。

国民へのアプローチ必要——愛知

愛知　私は、先ほど前のほうで申し上げたことですが、憲法というのはそもそも何かと。憲法というのは国民が自ら描く国の自画像、あるいは「この国のかたち」というものをあらわしたものだと。ですから、憲法の議論をするということは、国のあり方を議論するんだという認識を、国民に持ってもらうアプローチの仕方が必要じゃないかと思うんです。

国会で憲法の議論をする正式の場をつくろうとしていますが、そこでも憲法の一条一条の話もさることながら、日本の国をこれからどういう国にするのか、国全体の仕組みをどういう仕組みにするのかという議論をそこでやらなきゃいけない。あるべき国のかたちが定まったら、それを憲法という形でどう書くかということが次の段階に来る、このように運ぶべきだと思うのですが。

国にとって国民にとって、そもそも憲法とは何なのか、というようなところをはっきり国民に認識してもらえるようなやり方が必要なような気がするんです。

とにかく過去五十年国会で憲法の議論を正式に議論する場というのがなかったわけです。予算委員会などで、九条を中心に重箱の隅をつつくような話が、いわば憲法論議だったわけでしょう。「この国のかたち」をどうするのかというような話は、まさにこれは政治家同士が議論すべき課題でしょう。憲法の話を政治家同士で議論せずに、内閣を相手にしてやっている。内閣は現行の憲法のもとで成立しているんですから、内閣、あるいは閣僚のほうから憲法改正云々の話が出てくるわけはないんだし、とにかく今まではまともな憲法の議論があったとはとても思えない。

そこでトータルな憲法の議論をする場をつくろうという機運が出てきました。誠に不思議なことですが、議論すること自体に非常に反発をする人が、まだ依然としてありまして、この時点ではちょっと最終的な姿は見えておりませんけど、とにかく憲法の議論をするということについては、国会でも多数になりつつあると思っております。今、国が大混乱しているのは、日本という国をどういう国にしようかという点で、国民のコンセンサスができていないからだということなんですから。

中野　ちょっと愛知先生に、政治家としての憲法に対する思い入れというんですか、そういう聞き方をしてはお答えしにくいかもしれないけど、憲法が愛知先生にとって非常に思い入れが深いんじゃないかと思うんですが……。

愛知　いやあ、深いですね。

中野　何かその辺の心情をちょっと……。

愛知　先ほどちょっと申しましたけれども、憲法の議論をするということは、国のあり方をどういう国にするかということで、その議論をするのは、国会議員の本来の役割なはずなんですから。だから、憲法の議論をやろうじゃないかということをかなり前から唱えてまいりました。そこで私はたたき台として平成憲法愛知試案なるものを公表しています。そんなことで、場ができれば大きな一歩前進ということで、私にとっても非常に感慨無量な思いがしますね。私は国政の場で働く政治家の役割というのはいろいろあると思いますけれども、やっぱり究極の役割がここにあるのではないかと思っているんですけど。

国民投票のルール作り急務——大石

大石　私も全く同感なんですけど、憲法の内容を常に継続的に検討する場がどこかなきゃいけない。ほかの法令ですと、各官庁のほうでドラフトを起案してやるわけですね。でも、それをたとえば法務省あたりでやろうとすると、今度は大問題になるでしょう。そうすると、どこも検討の場はないんですよ。だから、憲法だけが取り残されて非常に困るんです。

ですから、参議院には調査会というのがありますし、それを利用することもできますし、衆議院でもこういう動きがありますから、私は基本的にそういう動きに賛成の立場ですね。

ただ、考えていただきたいのは、憲法改正をする場合に、国民投票が予定されていますが、その原案すらなく、その法律すらいまだに制定されていない。だから、要するに国民投票するという意味での主権者たる国民は、いまだに組織化されていないんですよ。だから、私は「囚われの主権者」だ、ということを言っているんですけど。

昭和二十八年（一九五三年）に自治庁がまとめたものがありますけど、それだって後の部分は何も条文を書いていなくて未完成なんですね。どうしようもない状態でずっと来ています。だから、それはイデオロギー的な対立があったことは確かなんですが、九十六条が唯一、国民が直接に国政の中身について投票できるという機会であるのに、いまだにそれをつくっていないというのは、立法の怠慢、不作為としか言いようがない状態ですね。

それから、先ほど飯尾さんから出たんですけれども、全く同感で、要するに憲法、憲法典という意味での憲法を検討するだけではだめなので、憲法付属法で実はかなり固められているといいますか、固定化された部分がたくさんあります。だから、それも検討しなくちゃいけない。この点で、もともと私は国会法違憲論の立場ですけれども、国会法を改正するというのも考えられる。国会法に定めてある会期不継続の原則とか、ほんとうに時間の浪費としか言いようがないようなものを、旧態依然として守っているというのはおかしいと思います。

それから、財政法もそうで、予備費というのは、憲法で予定していた予備費とは全然違いますね。要するに一般会計予算の中の予備費ですから、一般会計予算がつぶれたら、予備費もふっ飛んじゃうという変な制度になっているわけですね。

要するに、国会法、内閣法、財政法などの憲法付属法を含めたものが問題なので、そこまで見通して初めて全体のいわゆる「この国のかたち」が出てくると思うんですね。だからそれを含めて、できるだけいろいろな憲法論議をやったほうがいいと思うんですね。

中野　憲法学者というのは、憲法論議で重要な役割を果たすべきなのに、憲法学者は何をしているんでしょうかと言っては問題なんですが、憲法学者について大石先生に発言を求めても、それは発言しにくいんでしょうが、ちょっと何かありましたら。

大石　むろん、憲法学者は、時代に対応しなきゃいけないということは当然知っているわけです。それをどうするかというと、憲法解釈という名目で、実は本来は国民にあるべき憲法改正権を簒奪している部分があると思うんです。だけど、ほんとうは中身そのものは国民が最終的に決定したほうが民主的なんですけれども、それを学者のほうで最初から取ってしまって、それを最高裁判所が採用すれば勝ちというようなことになってしまう。

中野　少しは地殻変動と言うのか、意識の変化というのは起きているんでしょうか。

大石　それは起きているんでしょうが、その九条とか何とかで打ち上げると、必ず昔の夢を呼び起こすことになるんです。そうじゃなくて、飯尾さんがおっしゃったように、あるいは愛知先生がおっしゃったように、全体としてこの国をどうするかということで、いわば外堀からでも議論をしていくと、やっぱりあそこはおかしいということで、だんだんそういう人たちが多くなるかも知れません。

　現に私どもの世代でも、現行憲法と一蓮托生的に考える人もいるでしょうが、そんなに多くはないと思いますね。

政策論争との違いを認識すべき――飯尾

飯尾　今の両先生のお話を伺って、このメンバーはほぼ共通してあまり申し上げることもなくて。ただ、そういうことから言うと、結局、逆説的ですけれども、日本国憲法がほんとうに定着するのは、やはり一度でも改正した後ではないかということを考えるんですね。

それはなぜかというと、先ほど囚われた主権者という問題もありますし、それから、日本国憲法の変な使い方ですね。先ほど葵のご紋の印籠という話をしましたけれども、どうして憲法の議論をしちゃいかんと思うかというと、印籠の漆が剥げちゃいかんと思っているわけでして、それはほんとうに憲法を使おうとしていないからなんですね。

だから、そういう点でほんとうに憲法を使おうとすると、どこの部分でもいいですから、非常に技術的なものでもいいですから、一度改正を経るというのが一つの方法でしょう。そうすると、一度でも国民投票があって、そういう点で憲法を日本国民が制定したという意識も出ますし、そういう点でほんとうの定着というのは出てくるんじゃないか。

憲法というのは国民のコンセンサスで、本来は対立点ではなくて共通の地盤なわけですね。例えば政党型の競争をするときの競争のルールですから、そういう点で言うと、ルールを変えて競争を有利にしようとかいうのはやっぱりよろしくないことなので、そういう点で、憲法というのは国の姿の最低限のルールを定めているもの、その中身については政策論争だから、憲法論議と政策論争は少しやはり次元が違うということを、よくよく政治家の方も、あるいは一般国民も認識したほうがよい。

その点で先ほどの、これまで長らく違った使われ方をされた九条問題というのは、一度下げてしまって、そこでどこまでが憲法の問題か、どこまでが政策の問題かというのは、じっくりそれはそれでまた場をつくって議論をして、憲法のほうは憲法の憲法典を含んださまざまな法規も含めて、最小限にどこがどうだろうとかということで、少し政策と分けた議論の場を――。そしてさらに政策以上に、先ほどお話も出ましたけれども、いわゆる政争ですね。政権とか政争と分けた憲法の議論の場というものが求められる。だからこそ、超党派で議連をつくられたというのは非常に意味があることで、そういう場としてつくっていくということでしょうね。

ただ、もしも参議院が政党対立から独立するというんだったら、ほんとうは参議院のほうがほんとうに熱心にされないといけない問題なんでしょうね。ただ、それは超党派でつくっていくというような、今後にようやくそういう議論の場ができてきたというのは、期待を持てる点じゃないでしょうか。

大石　愛知先生がせっかくいらっしゃるので、最後に一つだけ。私は、いまだに二十歳で選挙権というのは非常に心外なんです。日本を除いて先進国は全部十八歳ですから、しかもその人口は、学生もいますけれども、大部分が納税者として半分以上は働いて頑張っているわけですから、そこに選挙権がないというのは全くおかしいと思うんですね。だからぜひいつか論議を呼び起こしていただければと思うんですけれども。

薄れつつある「平和憲法」へのこだわり

愛知　そうですね。

中野　ちょっと世代というか、年齢の話が出たので、飯尾先生が一番お若いんで、だから聞くわけじゃないんですが、憲法論議をするときに、太平洋戦争、第二次世界大戦というんでしょうか、大東亜戦争と言ってはいけないんでしょうけれども、あの戦争の敗戦によって当時の日本国民が受けた心の傷というものが、憲法論議をするときに、あの平和憲法は、要するにあの当時犠牲になった同胞というのか、死んだ人たちの霊に報いるためにも絶対に守らなきゃいけない、平和憲法を守らなければ私たちの存在がないというような、そういう思い込みを世代の上の人たちほどしますね。今の若い世代の人には、そういうこだわりがなくなって、いいものはいい、悪いものは悪い。変えるものは変えたらいいじゃないかという。だから、世代によってどんどん憲法改正論が増えていくわけですね。

その辺に向けて飯尾先生なんかにははがゆいんじゃないかと、年寄りのご研究のコチコチの議論を聞いていると、何をばかなことを言っているんだという感じがしないのかどうか。（笑）

飯尾　今おっしゃった平和体験に基づくガチガチの護憲というのは、逆靖国主義なんですよね。

靖国主義と逆靖国主義で憲法論争をやっている限りにおいては、共通の基盤はできませんから、憲法というのは生きる素地が少なくて、そういう点で私ぐらいの世代からもっと若くなれば、その心の傷がなくなったというのは、逆に言うと、日本国憲法が安定したおかげでもあって、これが政権がかわるたびに憲法を改正してしまうとかそんなことばかりやっていて、内戦でも起きていれば、それはなかっただろうと思いますが。その点は幸せであったと思って、これからはちゃんと生かしていく方向というか、改正も含めて普通のあり方になる時期がきているんじゃないかというふうに、我々世代としては思っているということです。

愛知和男（あいち・かずお）……一九三七年生まれ。衆議院議員。環境庁長官、防衛庁長官など歴任。九四年新進党結成に参加、九七年自民党復党。

飯尾潤（いいお・じゅん）……一九六二年生まれ。政策研究大学院大学助教授（政治学）。博士（法学）。著書に『民営化の政治過程』。

大石眞（おおいし・まこと）……一九五一年生まれ。京都大学大学院法学研究科教授（憲法学）。法学博士。著書に『日本憲法史』『立憲民主制』『憲法と宗教制度』など。

（この座談会は一九九九年一月に行われた。）

憲法座談会を終えて●調査研究本部　中野邦観

明治憲法と日本国憲法。二つの憲法について政治家、憲法学者、政治学者三人に語ってもらった。三人とも改憲論者であり、基本的な立場は同じはずだが、最大の争点である第九条の扱いをはじめ、さまざまなテーマについて三人三様の意見があり、議論は白熱した。

天皇から与えられた「欽定憲法」と、ＧＨＱから与えられた「押しつけ憲法」。この二つの憲法には意外な共通点がある。それは二つとも五十年以上、一回も改正されたことがない、ということだ。

明治憲法が制定されたのは一八八〇年の十一月二十九日だった。途中でさまざまな議論が行われたものの、結局敗戦によって一九四七年五月三日にアメリカ主導の現行憲法が施行されるまでの五十八年間、改正されなかった。現行憲法もすでに制定以来五十二年間改正されていない。世界の憲法のなかで、五十年以上憲法改正が行われなかったケースは非常に珍しい。日本人がなぜ時代、状況に合わせて憲法を修正しようとしないのか、その意識をさぐれば、面白い研究になるのではないだろうか。

そしていずれの場合も、改正されないために、解釈改憲が行われ、憲法の精神と違うことが許されてしまうという結果を招いている。こうした解釈改憲はすでに限界に達しているというのが、三人の結論だった。

ところで、二つの憲法には大きな違いもある。それは天皇の扱い。明治憲法では天皇は「神聖にして侵すべからず」「天皇は国の元首にして統治権を総攬する」と規定され、強大な権限を持っていた。これに対し、現行憲法では「天皇は日本国の象徴であり、この地位は主権の存する日本国民の総意に基づく」とされた。

天皇主権のもとで、戦争に突入することを阻止できなかった明治憲法と、その反省に基づいて世界でも珍しい平和条項を持った現行憲法。

いずれにせよ、明治憲法以来の二つの憲法体制を比較検討しながら論じる機会は意外に少ない。その意味でも三人の議論はたいへん興味深い。

あとがき

「20世紀　どんな時代だったのか」第四巻「大戦後の日本と世界」の刊行をもって、本紙と連動して続く20世紀検証シリーズは、革命と戦争という最大のドラマを終えて、思想、科学技術、ライフスタイルなど20世紀人の生き方にかかわる情景を振り返り、新しい世紀を生きる航路灯を探ることになった。われわれは資料や生き証人の発掘、秘められた人間ドラマの再現などの作業を通じて、歴史の目撃者となり、書き手となって検証を続けている。時にはうずもれた歴史の発掘に参加しているのだという感慨を新たにすることもあった。

連載の開始にあたって、われわれは日本と世界をつねに対比させながら歴史を振り返るという基本姿勢を定め、しかもつねに「現在」を視野にいれながら、「将来」へのメッセージを探ろうとしてきた。「ジャーナリストの描く歴史」ともいえる手法である。だが百年を限られた時間の中で総括するというのは、しょせん無理な話だ。そこでわれわれは中国の歴史書の叙述形式である紀伝体を念頭に置いて、20世紀を振り返ってみることにした。本紀（帝王一代の年譜）、列伝（民族・個人の伝記）、志（特殊分野の変遷）、表（制度一覧）の歴史分類の理念を想定し、「革命」

「ヨーロッパの戦争」「日本の戦争」「大戦後の日本と世界」といった大きなテーマに沿って、基本的には時系列で歴史の断面を追う「連載」（本紀に該当）と激動の歴史を生きたヒューマンストーリー形式の「特集」（列伝）を同時進行させて、歴史の複雑な構造を探ろうとした。歴史の暗がりにほのかな光を灯そうとした。

もう一つ企画の進行とともに改めて認識させられたことがある。企画にかかわる記者の世代である。戦後世代が大半で、開戦の年に生まれたわたしにも戦争の記憶はほとんどない。戦後も爆弾あられやサッカリンのほろにがい味、親にせがんだ空洞の動物チョコレートなど食に関する思い出と断片的につながっているだけで、骨肉化した飢餓感も絶望感もない。

われわれの20世紀企画は〝戦争を知らない戦後世代が取り組む戦争論〟となった。「若造に戦争の何がわかる」といわんばかりの強い調子で、読者から叱責を受けたこともある。だが歴史検証の初体験にもかかわらず、あるいはだからこそ戦争史のタブーに対する逡巡や過去に対するこだわりはなかった。時にはあっけらかんとした感性で天皇を論じ、戦時体制の不条理を突いた。敗戦という鮮烈な事件に凝縮された前世代の20世紀体験を戦争を知らない世代が、淡々と検証し、それを次世代に語り継いでいく。激動の百年であったからこそ「歴史ジャーナリズム」の使命はきわめて重い。

われわれが日々拠点としている20世紀企画班の小さな部屋には窓がない。換気口からのモーター音が絶えない。ミニ冷蔵庫には常にビールが詰まっている。資料、新聞の山と編集用パソコンだけの殺風景な部屋は、自ら体験することのなかった歴史に想いを馳せるにはむしろ似つかわしい。企画が始まってからすでに何十人もの記者がこの部屋で仕事し、去って行ったか。〃私の20世紀〃にとってかけがえのない歴史空間がここにある。この新聞社の一室で私はきたるべき21世紀の第一日を迎えることになるのであろうか。

春の陽がまぶしい朝、企画班のデスクが出社してすぐ、通勤途中に目撃したことを報告した。「西武線の社内で買い物途中らしい五十歳代の女性がショッピングバッグからおもむろに20世紀連載紙面を取り出して読み始めた。半月ほど前のベルリンの壁崩壊のリポートだった」

20世紀企画班記者たちの歴史検証が、どのように読まれ、どのように評価されているのかは、もっとも気になるところである。だが読者からの反響は、期待以上の力強い支援が多かった。「世論によって政治が大きく変わることを知って驚いた」という高校三年の女生徒からのはがきには、「受験勉強の合間にペンをとった」とあり、とにかくうれしかった。

「父がパリで革命運動に積極的に活動していたことを知って心を打たれた。20世紀人への鎮魂、慰霊ともなろう」

「パリの革命家群像」を読んだ娘からの頼りだった。C級裁判で処刑された父への想いをフラメンコに託して踊り続ける娘は、リポートがきっかけとなって、処刑の地（カリマンタン島）での公演が決まった。もちろん厳しい批判も少なくない。「なぜ三百万人も（国民が）死ぬようなばかな戦争を始めてしまったのかという最大の疑問には何もこたえていない」「歴史を軽視して憲法論を展開している」――。こうした声にも真摯に耳を傾けなくてはならない。だが読者との心の交流を通して、われら20世紀人のネットワークは、狭い企画班の部屋から確実に世界に広がりつつあるように思える。「20世紀とはどんな時代だったのか」これからも読者のみなさんと一緒に考えていきたい。

一九九九年五月

編集委員　高木規矩郎

参考文献（シリーズ第1巻〜第4巻分）

『20世紀　どんな時代だったのか』各編の取材担当者が、資料として使用した書籍の中から、日本で入手しやすいものを中心に列挙しました（著者、訳者・書名・発行所・発行年の順で記載）。

第1巻「革命編」

●ロシア革命

浅見雅男『公爵家の娘』リブロポート　一九九一年

中埜喜雄　ノートルダム女子大学研究紀要『「獄中転向事件」拾遺』19号（一九八九年）21号（一九九一年）25号（一九九五年）

マーク・スタインバーグ、ウラジミール・フルスタリョーフ『ロマノフ王朝滅亡』大月書店　一九九七年

レオン・トロツキー著　藤井一行訳『裏切られた革命』岩波文庫　一九九二年

アイザック・ドイッチャー著　田中西二郎他訳『武装せる予言者トロツキー』新評論　一九九二年

アイザック・ドイッチャー著　田中西二郎他訳『武力なき予言者トロツキー』新評論　一九九二年

アイザック・ドイッチャー著　山西英一訳『追放された予言者トロツキー』新評論　一九九二年

ピエール・ブルーエ著　杉村昌昭、毬藻充監訳『トロツキー』（全三巻）柘植書房　一九九三〜一九九七年

イダ・メット著　蒼野和人、秦洋一訳『クロンシュタット叛乱』鹿砦社　一九七一年

塩川伸明『ソ連とは何だったのか』勁草書房　一九九四年

塩川伸明『社会主義とは何だったのか』勁草書房　一九九四年

ロバート・デイビス著　富田武他訳　『ペレストロイカと歴史像の転換』　岩波書店　一九九〇年
ボリス・カガルリツキー著　佐久間邦夫他訳　『迷走する復古ロシア』　現代企画室　一九九六年
ミハイル・ゴルバチョフ著　工藤精一郎、鈴木康雄訳　『ゴルバチョフ回想録』（上・下）　新潮社　一九九六年
アレクサンドル・ヤコブレフ著　月出皎司訳　『歴史の幻影』　日本経済新聞社　一九九六年
マーティン・メイリア著　白須英子訳　『ソヴィエトの悲劇』　草思社　一九九七年

●中国革命

加々美光行　『逆説としての中国革命』　田畑書店　一九八六年
姫田光義他　『中国20世紀史』　東京大学出版会　一九九三年
毛里和子　『中国とソ連』　岩波書店　一九八九年
竹内実　『毛沢東と中国共産党』　中公新書　一九七二年
池田誠、安井三吉、副島昭一、西村成雄　『図説　中国近現代史〔新版〕』　法律文化社　一九九三年
舒乙著、林芳編訳　『文豪老舎の生涯』　中公新書　一九九五年
宇野重昭、小林弘二、矢吹晋　『現代中国の歴史一九四九～一九八五』　有斐閣選書　一九八六年
矢吹晋　『文化大革命』　講談社現代新書　一九八九年
安藤正士、太田勝洪、辻康吾　『文化大革命と現代中国』　岩波新書　一九八六年
小島晋治、丸山松幸　『中国近現代史』　岩波新書　一九八六年
胡華　『中国新民主主義革命史』　大月書店　一九五六年
岩村三千夫、野原四郎　『中国現代史』（改訂版）　岩波新書　一九六四年

山本市朗　『北京三十五年』（上・下）　岩波新書　一九八〇年
S・リッテンバーグ他著　金連縁訳　『毛沢東に魅せられたアメリカ人』（上・下）　筑摩書房　一九九七年
毛毛著　長堀祐造訳　『わが父鄧小平』（全2巻）　徳間書店　一九九三年

●プラハの春、第三世界の革命など
ドプチェク著　熊田亨訳　『証言—プラハの春』　岩波書店　一九九一年
ティグリット著　内山敏訳　『プラハの春』　読売新聞社　一九六九年
工藤美代子　『チャスラフスカの証言』　ベースボールマガジン社　一九九〇年
矢田俊隆　『ハンガリー・チェコスロヴァキア現代史』　山川出版社　一九七八年
日本オリンピック・アカデミー編　『オリンピック事典』　プレスギムナスチカ　一九八一年
丸山眞男　『現代政治の思想と行動』　未来社　一九六四年
岩切徹　『亡命者』　岩波書店　一九九一年
ジャン・ラクチュール著　吉田康彦、伴野文夫訳　『ベトナムの星　ホー・チ・ミン伝』　サイマル出版会　一九六八年
チャールズ・フェン著　陸井三郎訳　『ホー・チ・ミン伝』（上・下）　岩波新書　一九七四年
古田元夫　『ホー・チ・ミン　民族解放とドイモイ』　岩波書店　一九九六年
小倉貞男　『ベトナム戦争全史』　岩波書店　一九九二年
林俊　『アンドレ・マルローの日本』　中央公論社　一九九三年
青木重雄　『青春と冒険』　中外書房　一九五九年
小松清　『ヴェトナムの血』　河出書房　一九五四年

大杉栄著　飛鳥井雅道校訂『自叙伝、日本脱出記』岩波文庫　一九七一年
鎌田慧『大杉栄　自由への疾走』岩波書店　一九九七年
松本伸夫『日本的風土をはみ出した男／パリの大杉栄』雄山閣出版社　一九九五年

第2巻「ヨーロッパの戦争」

●世界恐慌と昭和恐慌

隅谷三喜男『昭和恐慌』有斐閣　一九七四年
矢次一夫『労働争議秘録』日本工業新聞社　一九七九年
鈴木裕子『女工と労働争議―日本女性労働運動史論1』れんが書房一九八九年
サムエル・モリソン著　西川正身訳『アメリカの歴史』（全5巻）集英社文庫　一九七九年
猪瀬直樹監修『目撃者が語る昭和史　第2巻「昭和恐慌」』新人物往来社　一九八九年
桂芳男『幻の総合商社　鈴木商店』現代教養文庫　一九八九年
中村隆英『昭和史Ⅰ』『昭和史Ⅱ』東洋経済新報社　一九九二、九三年
中村隆英『昭和恐慌と経済政策』講談社学術文庫　一九九四年
中村隆英『昭和経済史』岩波セミナーブックス17　一九八六年
鳥羽欽一郎『生涯現役　エコノミスト高橋亀吉』東洋経済新報社　一九九二年
高橋亀吉、森垣淑『昭和金融恐慌史』講談社学術文庫　一九九三年
遠藤麟太郎『銀行罪悪史』日本評論社出版部　一九二二年
多田井喜生『大陸に渡った円の興亡』（上・下）東洋経済新報社　一九九七年
塩田潮『金融崩壊』日本経済新聞社　一九九八年

矢島裕紀彦（現代語訳）『高橋是清伝』 小学館地球人ライブラリー 一九九七年
R・F・ハロッド著 塩野谷九十九訳 『ケインズ伝』（上・下） 東洋経済新報社 一九六七年

●ナチスドイツ

J・ジョル著 池田清訳 『ヨーロッパ100年史』 みすず書房 一九七六年
村瀬興雄 『アドルフ・ヒトラー』 中公新書 一九七七年
村瀬興雄 『ナチズム』 中公新書 一九六八年
ウイリアム・シャイラー著 井上勇訳 『第三帝国の興亡』（全5巻） 東京創元社 一九六一年
マルセル・リュビー著 菅野賢治訳 『ナチ強制・絶滅収容所』 筑摩書房 一九九八年
村岡健次、木畑洋一編 『世界歴史大系「イギリス史3」』 山川出版社 一九九一年
成瀬治他編著 『ドイツ史』 山川出版社 一九九七年
木谷勤他編著 『ドイツ近代史』 ミネルヴァ書房 一九九二年
ヒトラー著 平野一郎他訳 『わが闘争』（上・下） 角川文庫 一九七三年
林健太郎 『ワイマール共和国』 中央公論社 一九六三年
E・コルプ著 柴田敬二訳 『ワイマル共和国史』 刀水書房 一九八七年
エバーハルト・イエッケル著 滝田毅訳 『ヒトラーの世界観』 南窓社 一九九一年
田嶋信雄 『ナチズム極東戦略 日独防共協定を巡る諜報戦』 講談社選書メチエ96 一九九七年
藤沢道郎 『ファシズムの誕生』 中央公論社 一九八七年
石田憲 『地中海新ローマ帝国への道』 東京大学出版会 一九九四年
ジャン・フランコ・ヴェネ著 柴野均訳 『ファシズム体制下のイタリア人の暮らし』 白水社 一九九六年

パルミーロ・ボスケージ著　下村清訳　『ムッソリーニの戦い』　新評論　一九九三年
ノルベルト・ボッビオ著　片桐薫、片桐圭子訳　『右と左』　御茶の水書房　一九九八年
リチャード・マンデル著　田島直人訳　『ナチ・オリンピック』　ベースボールマガジン社　一九七六年
ダフ・ハート・デイヴィス著　岸本完司訳　『ヒトラーへの聖火』　東京書籍　一九八八年
アベリー・ブランデージ著　宮川毅訳　『近代オリンピックの遺産』　ベースボールマガジン社　一九七四年
橋本一夫　『幻の東京オリンピック』　日本放送出版協会　一九九四年
永井松三編　『第十二回オリンピック東京大会組織委員会報告書』　一九三九年
三宅正樹　『ヒトラーと第二次世界大戦』　清水書店　一九八四年
三輪宗弘　『日独伊三国同盟締結時における、日独伊ソ構想への疑問―松岡構想説への疑問』　日大生産工学部研究報告　一九九二年
杉原幸子　『六千人の命のビザ』（新版）　大正出版　一九九三年
杉原幸子監修　渡辺勝正著　『決断・命のビザ』　大正出版　一九九六年
篠輝久　『約束の国への長い旅』　リブリオ出版　一九八八年
中日新聞社会部編　『自由への逃走』　東京新聞出版局　一九九五年
ゾラフ・バルハフティク著　滝川義人訳　『日本に来たユダヤ難民』　原書房　一九九二年
ソリー・ガノール著　大谷堅志郎訳　『日本人に救われたユダヤ人の手記』　講談社　一九九七年
白石仁章筆　「いわゆる〝命のヴィザ〟発給関係記録について」　外務省外交資料館　一九九六年

●その他（第一次、第二次世界大戦、スペイン戦争）
E・H・カー　『危機の二十年』　岩波文庫　一九九六年

ヒュー・トーマス著　都築忠七訳　『スペイン市民戦争』　みすず書房　一九八八年
川成洋　『青春のスペイン戦争』　中公新書　一九八五年
斎藤孝　『スペイン戦争』　中公新書　一九六六年
アンドレ・マルロー著　小松清訳　『世界文学全集41　「希望」』　河出書房新社　一九六一年
ジョージ・オーウェル著　都築忠七訳　『カタロニア讃歌』　早川文庫　一九九二年
最上敏樹　『国際機構論』　東京大学出版会　一九九六年
『岩波講座　世界歴史25　戦争と平和』　岩波書店　一九九七年
海原峻　『フランス現代史』　平凡社選書　一九七四年
斎藤孝　『戦間期国際政治史』　岩波全書　一九七八年
木村英亮　『二〇世紀の世界史』　山川出版社　一九九五年
柴田三千雄他共著　『世界歴史大系・フランス史3』　山川出版社　一九九七年
成瀬治他共著　『世界歴史大系・ドイツ史3』　山川出版社　一九九七年
木村靖二他共著　『世界の歴史26・世界大戦と現代文化の開幕』　中央公論社　一九九七年
杉森長子　『ジェーン・アダムス　アメリカの女性平和運動史』　ドメス出版　一九九六年
市川房枝　『市川房枝自伝』　新宿書房　一九七四年
エルシュテイン著　小林史子、広川紀子訳　『女性と戦争』　法政大学出版局　一九九四年
加藤シヅエ　『百歳の幸福論』　大和書房　一九九六年

第3巻「日本の戦争」

●日米戦争

野中郁次郎『アメリカの海兵隊』中公新書 一九九五年
野村実『太平洋戦争と日本軍部の研究』山川出版社 一九八三年
野村実『山本五十六再考』中央公論社 一九九六年
杉本健『海軍の昭和史』文芸春秋 一九八二年
半藤一利『山本五十六の無念』恒文社 一九八六年
宮野成二『山本五十六の誤算』読売新聞社 一九九二年
『戦史叢書 海軍開戦経緯(1)(2)』防衛庁防衛研修所戦史部編 朝雲新聞社 一九七五年
池田清『海軍と日本』中央公論社 一九八一年
石川信吾『真珠湾までの経緯』時事通信社 一九六〇年
高木惣吉『高木惣吉日記』毎日新聞社 一九八五年
大井篤『統帥乱れて』毎日新聞社 一九八四年
奥村房夫『太平洋戦争前夜の日米関係』芙蓉書房 一九九五年
保科善四郎、大井篤、末國正雄『太平洋戦争秘史』日本国防協会 一九八七年
鳥巣建之助『日本海軍 失敗の研究』文芸春秋 一九九〇年
角田順編『太平洋戦争への道』(第7巻) 朝日新聞社 一九六四年
近衛文麿『失はれし政治』朝日新聞社 一九四六年
近衛文麿『平和への努力』日本電報通信社 一九四六年

斎藤良衛『欺かれた歴史』読売新聞社　一九五五年
細谷千博『太平洋戦争への道』第五巻「三国同盟と日ソ中立」朝日新聞社　一九六八年
目取真俊『水滴』文芸春秋　一九九七年
池田清編　太平洋戦争研究会著『図説　太平洋戦争』河出書房新社　一九九五年
波多野澄雄『幕僚たちの真珠湾』朝日選書　一九九一年
滝田賢治『太平洋国家アメリカへの道—その歴史的形成過程—』有信堂　一九九六年
加藤陽子『模索する1930年代　日米関係と陸軍中堅層』山川出版社　一九九三年
荒了寛編著『ハワイ日系米兵　私たちは何と戦ったのか』平凡社　一九九五年
伊藤隆『昭和史をさぐる』朝日文庫　一九九二年
大江志乃夫『御前会議　昭和天皇十五回の聖断』中公新書　一九九一年
大江志乃夫『天皇の軍隊　帝国陸海軍の特質と全貌』小学館ライブラリー昭和の歴史③　一九八八年
入江昭『日本の外交　明治維新から現代まで』中公新書　一九六六年
麻田貞雄『両大戦間の日米関係』東京大学出版会　一九九三年
森山優『日米開戦の政治過程』吉川弘文館　一九九八年
三輪公忠編著『日米危機の起源と排日移民法』論創社　一九九七年
ジョン・アントワープ・マクマリー原著　アーサー・ウォルドロン編著　衣川宏訳『平和はいかに失われたか』原書房　一九九七年
実松譲編『現代史資料』〈34巻—36巻〈太平洋戦争1—3〉みすず書房　一九六八—六九年
須藤眞志『日米開戦外交の研究』慶応通信　一九八六年
ジョン・コステロ著　左近允尚敏訳『真珠湾、クラーク基地の悲劇』啓正社　一九九八年

平塚柾緒　『米軍が記録したガダルカナルの戦い』　草思社　一九九五年
勝股治郎　『ガダルカナル島戦の核心を探る』　文京出版一九九六年

●日中戦争（朝鮮、台湾統治、日清、日露を含む）

朴慶植　『日本帝国主義の朝鮮支配』（上・下）　青木書店　一九七三年
池井優　『増補・日本外交史概説』　慶応通信　一九八二年
姜在彦　『日本による朝鮮支配の40年』　朝日新聞社　一九九二年
山辺健太郎　『日本統治下の朝鮮』　岩波書店　一九七一年
宮田節子　『朝鮮民衆と「皇民化」政策』　未来社　一九八五年
河合和男　『朝鮮における産米増殖計画』　未来社　一九八六年
金成寿　『傷痍軍人金成寿の「戦争」』　社会批評社　一九九五年
韓晳曦　『日本の朝鮮支配と宗教政策』　未来社　一九八八年
富坂キリスト教センター編　『日韓キリスト教関係史資料Ⅱ』　新教出版社　一九九五年
大原康男　『帝国陸軍の光と影』　日本教文社　一九八二年
青江舜二郎　『石原莞爾』　中央公論社　一九九二年
武田邦太郎　菅原一彪　『永久平和の使徒石原莞爾』　冬青社　一九九六年
石原莞爾生誕百年祭実行委員会編　『永久平和への道』　原書房　一九八八年
角田順編　『石原莞爾資料』　原書房　一九六八年
小林英夫　『昭和ファシストの群像』　校倉書房　一九八四年
野村乙二朗　『石原莞爾　軍事イデオロギストの功罪』　同成社　一九九二年

今村均『私記・一軍人六十年の哀感（正、続）』芙蓉書房　一九七一年
横山臣平『秘録・石原莞爾』芙蓉書房　一九九五年
石原莞爾平和思想研究会編『最終戦争論・戦争史大観』中央公論社　一九九三年
歴史学研究会編『人類後史への出発』一九九六年
歴史学研究会編『現代史資料（5）現代「第1章　満州侵略とファシズム」』岩波書店　一九九七年
三宅正樹『日独伊三国同盟の研究』南窓社　一九七五年
尾崎秀樹『ゾルゲ事件　尾崎秀実の理想と挫折』中公新書　一九六三年
NHK取材班編『魔都上海　十万の日本人』角川文庫　一九九五年
高橋孝助、古厩忠夫編『上海史　巨大都市の形成と人々の営み』東方書店　一九九五年
稲葉千晴『明石工作』丸善株式会社　一九九五年
生田惇『日本陸軍史』教育社　一九八〇年
桑田悦編『近代日本戦争史第一編　日清・日露戦争』同台経済懇話会　一九九五年
豊田穣『情報将軍明石元二郎』光人社　一九九四年
古屋哲夫『日露戦争』中公新書　一九六六年
外山三郎『日本海軍史』教育社　一九八〇年
福井静夫『日本戦艦物語』（Ⅰ・Ⅱ）光人社　一九九二年
小熊英二『〈日本人〉の境界』新曜社　一九九八年
近藤正己『総力戦と台湾』刀水書房　一九九六年
孤蓬万里『「台湾万葉集」物語』岩波ブックレット　一九九四年
戴國煇『台湾』岩波新書　一九九五年

伊藤潔『台湾』中公新書　一九九三年
司馬遼太郎『台湾紀行―街道をゆく　四十』朝日新聞社　一九九四年
江本嘉伸『西蔵漂泊―チベットに魅せられた十人の日本人』（上・下）山と渓谷社　一九九四年
寺本婉雅編『能海寛遺稿』五月書房　一九九八年復刻
河口慧海『チベット旅行記』（全5巻）講談社学術文庫　一九七八年
寺本婉雅、横地祥原編『蔵蒙旅日記』芙蓉書房　一九七四年
山口瑞鳳『チベット』（全2巻）東京大学出版会　一九八七、八八年
村上護『風の馬―西蔵求法伝―』佼成出版社　一九八九年
ジョン・ラーベ、エルヴィン・ヴィッケルト編　平野卿子訳『南京の真実』講談社　一九九七年
関根謙編『中国の教科書の中の日本と日本人』一光社　一九八八年

●アジアの戦争

『歴史と旅―実録太平洋戦争―』秋田書店　一九九四年
油井大三郎、古田元夫共著『世界の歴史28　第二次大戦から米ソ対立へ』中央公論社　一九九八年
クリストファー・ソーン著　市川洋一訳『米英にとっての太平洋戦争』（上・下）草思社　一九九五年
林博史『裁かれた戦争犯罪』岩波書店　一九九八年
高崎通浩『世界の民族地図』作品社　一九九四年
五百旗頭真、北岡伸一編『開戦と終戦　太平洋戦争の国際関係』情報文化研究所　一九九八年
小林英夫『「大東亜共栄圏」の形成と崩壊』御茶の水書房　一九七五年
小林英夫『日本軍政下のアジア』岩波書店　一九九三年

岩浪由布子　『一切語るなかれ　東条英機一族の戦後』　読売新聞社　一九九二年
明治大正昭和新聞研究会　『新聞集成昭和編年史　昭和18年版　5大東亜会議』　新聞資料出版　一九九五年
伊藤隆、廣橋眞光、片島紀男　『東條内閣総理大臣機密記録』　東京大学出版会　一九九〇年
ピーター・ドウス、小林英夫編　『帝国という幻想　「大東亜共栄圏」の思想と現実』　青木書店　一九九八年
奥村房夫　『大東亜戦争の本質』　紀伊国屋書店　一九九四年
亀井宏　『にっぽんのヒトラー東條英機』　光人社　一九八一年
矢野暢　『「南進」の系譜』　中央公論社　一九七五年
川村湊　『南洋―樺太の日本文学』　筑摩書房　一九九四年
金子光晴　『マレー蘭印紀行』　中央公論社　一九七八年
崎山理　『南島語研究の諸問題』　弘文堂　一九七四年
バー・モウ著　横堀洋一訳　『ビルマの夜明け』　太陽出版　一九七三年
緑川巡　『幻のビルマ独立軍始末記』　文芸書房　一九九八年
ボ・ミンガウン　『アウン・サン将軍と三十人の志士』　中央公論社　一九九〇年
根本敬　『アウン・サン』　岩波書店　一九九六年
泉谷達郎　『ビルマ独立秘史―その名は南機関』　徳間書店　一九六七年
アウン・サン・スー・チー著、マイケル・アリス編　ヤンソン由実子訳　『自由』　集英社　一九九一年
田辺寿夫　『ビルマ』　岩波書店　一九九六年
三上義一　『アウン・サン・スー・チー』　講談社　一九九一年
萩原宜之、後藤乾一　『東南アジア史のなかの近代日本』　みすず書房　一九九五年

防衛庁防衛研修所戦史室　『戦史叢書　シッタン・明号作戦』　朝雲新聞社　一九六九年
防衛庁防衛研修所戦史室　『戦史叢書　ビルマ攻略作戦』　朝雲新聞社　一九六七年
奥源造　『インドネシア独立戦争を生きて』　三信図書　一九八七年
上坂冬子　『南の祖国を生きて』　文芸春秋　一九九八年
T・B・シマトゥパン著　左藤正範　『インドネシア独立への道』　勁草書房　一九八五年
ノロドム・シアヌーク　『私の国際交遊録』　恒文社　一九九〇年
ノロドム・シアヌーク著　牧事務所訳　『シアヌーク最後の賭け』　河出書房新社　一九八八年
ミルトン・オズボーン著　小倉貞男訳　『シハヌーク』　岩波書店　一九九六年
ジャン・デルヴェール著　石澤良昭、中島節子訳　『カンボジア』　白水社　一九九六年
今川幸雄　『現代カンボジア（真蝋）風土記』　KDDクリエイティブ　一九九七年
井上ひさし編　『社史に見る太平洋戦争』　新潮社　一九九五年
ルディ・カウスブルック著　近藤紀子訳　『西欧の植民地喪失と日本』　草思社　一九九八年

●天皇と戦争

斎藤隆夫　『斎藤隆夫政治論集』　斎藤隆夫先生顕彰会　一九六一年
伊藤之雄　『大正デモクラシーと政党政治』　山川出版社　一九八七年
吉見義明、吉田裕、伊香俊哉編　『資料日本現代史11』　大月書店　一九八四年
伊香俊哉　『立教日本史論集「新体制運動前史覚書」』　立教大学日本史研究会　一九八五年
河原宏　「社会科学討究（27巻1号）「斎藤隆夫の反軍演説とその反響」」　早稲田大学社会科学研究所　一九八一年

伊藤隆、渡辺行男編　「斎藤隆夫日記」　中央公論　一九九〇年一二月号、一九九一年一月号
渡辺行男編　「斎藤隆夫粛軍演説起草日記」中央公論（一九九一・九）
草柳大蔵　『斎藤隆夫かく戦えり』　文芸春秋　一九八一年
藤原彰　『昭和の歴史（5）「日中全面戦争」』　小学館　一九八二年
粟屋憲太郎　『昭和の政党』　小学館　一九八三年
升味準之輔　『昭和天皇とその時代』　山川出版社　一九九八年
粟屋憲太郎　『昭和の歴史⑥　昭和の政党』　小学館　一九八三年
吉見義明、横関至　『資料　日本現代史4・5』　大月書店　一九八一年
山田朗　『大元帥　昭和天皇』　新日本出版　一九九四年
安田浩　『天皇の政治史』　青木書店　一九九八年
安田浩　『日本の歴史　天皇の政治史　睦仁・嘉仁・裕仁の時代』　青木書店　一九九八年
吉田裕　『昭和天皇の終戦史』　岩波新書　一九九二年
升味準之輔　『昭和天皇とその時代』　山川出版社　一九九八年
高橋紘　『象徴天皇』　岩波新書　一九八七年
五百旗頭真　『占領期』　読売新聞社　一九九七年
御厨貴　『政策の総合と権力』　東京大学出版会　一九九六年
古川隆久　『昭和戦中期の総合国策機関』　吉川弘文館　一九九二年
長尾竜一　「昭和天皇と戦争責任」　This is 読売　一九九八年一〇月号
東野真　『昭和天皇二つの「独白録」』　日本放送協会出版　一九九八年
国分康孝　『範は陸幼にあり』　講談社　一九九七年

上法快男編　『陸軍大学校』　芙蓉書房　一九七三年
東幼会　『東京陸軍幼年学校史』　一九八二年
加賀乙彦　『帰らざる夏』　講談社　一九九三年

●原子爆弾
竹山昭子　『戦争と放送』　社会思想社　一九九四年
長崎総合科学大学長崎平和文化研究所編　『ナガサキの平和学』　八朔社　一九九六年
片岡千鶴子、片岡瑠美子編著　『被爆地長崎の再建』　長崎純心大学平和文庫　一九九六年
被災カメラマン写真集『被爆の遺言』　原爆被災撮影者の会　一九八五年
亀井俊介　『マリリン・モンロー』　岩波新書　一九八七年
井伏鱒二　『黒い雨』　新潮文庫　一九七〇年
永井隆　『長崎の鐘』　日比谷出版社　一九四九年
堀場清子　『禁じられた原爆体験』　岩波書店　一九九五年
別枝篤彦　『世界の教科書は日本をどう教えているか』　白水社　一九九七年
山崎正勝、日野川静枝編著　『増補　原爆はこうして開発された』　青木書店　一九九七年
スチュワート・L・ユードル著　紅葉誠一訳　『八月の神話　原子力と冷戦がアメリカにもたらした悲劇』
時事通信社　一九九五年
油井大三郎　『日米戦争観の相剋　摩擦の深層心理』　岩波書店　一九九六年
草間朋子編　『ICRP　一九九〇年勧告　その要点と考え方』　日刊工業新聞社　一九九一年
豊崎博光　『アトミック・エイジ』　築地書館　一九九五年

平岡敬『希望のヒロシマ』岩波書店　一九九六年
斉藤道雄『原爆神話の五〇年』中央公論社　一九九五年
山極晃他編『資料マンハッタン計画』大月書店　一九九三年
リチャード・ローズ著　神沼二眞・渋谷泰一訳『原子爆弾の誕生』（上・下）紀伊国屋書店　一九九五年
シャルロッテ・ケルナー著　平野卿子訳『核分裂を発見した人　リーゼ・マイトナーの生涯』晶文社　一九九〇年
E・シャルガフ著　村上陽一郎訳『ヘラクレイトスの火』岩波書店　一九九〇年
J・ウィルソン著　中村誠太郎、奥地幹雄訳『原爆をつくった科学者たち』岩波書店　一九九〇年
山崎正勝他編著『原爆はこうして開発された』青木書店　一九九〇年
NHK取材班『アメリカの中の原爆論争』ダイヤモンド社　一九九六年
フィリップ・ノビーレ他著　三国隆志訳『葬られた原爆展』五月書房　一九九五年
マーティン・ハーウィット著　山岡清二監訳　渡会和子、原純夫訳『拒絶された原爆展』みすず書房　一九九七年
ロバート・リフトン他著　大塚隆訳『アメリカの中のヒロシマ』（上・下）岩波書店　一九九五年
奥住喜重他訳『米軍資料　原爆投下の経緯』東方出版　一九九六年
トマス・パワーズ著　鈴木主税訳『なぜ、ナチスは原爆製造に失敗したか』（上・下）福武書店　一九九四年
ダン・カーズマン著　水野谷とおる訳『ナチ原爆破壊工作』朝日新聞社　一九九八年
パリティ編集委員会編『核時代の科学者たち』丸善　一九九四年
クラウディオ・セグレー著　野島秀勝訳『原子と爆弾とエスキモーキス』法政大学出版局　一九九八年

ピーター・グッドチャイルド著　池澤夏樹訳　『ヒロシマを壊滅させた男オッペンハイマー』　白水社　一九九五年
中沢志保　『オッペンハイマー　原爆の父はなぜ水爆開発に反対したか』　中央公論社　一九九五年
藤永茂　『ロバート・オッペンハイマー　患者としての科学者』　朝日新聞社　一九九六年
ノーマン・マクレイ著　渡辺正、芦田みどり訳　『フォン・ノイマンの生涯』　朝日新聞社　一九九八年
上智大学アメリカ・カナダ研究所編　『アメリカと日本』　彩流社　一九九三年
宮田親平　『科学者たちの自由な楽園　栄光の理化学研究所』　文芸春秋　一九八三年
C・G・ウィーラマントリ著　原善四郎、桜木澄和訳　『核兵器と科学者の責任』　中央大学出版部　一九八七年
山田克哉　『原子爆弾』　講談社　一九九六年
高橋智子、日野川静枝　『科学者の現代史』　青木書店　一九九五年
宮田親平　『毒ガスと科学者』　光人社　一九九一年
古川安　『科学の社会史』　南窓社　一九八九年
アルバカーキ・トリビューン編　『マンハッタン計画　プルトニウム人体実験』　小学館　一九九四年
今井隆吉　『核軍縮』　サイマル出版会　一九八七年
ジョナサン・シェル著　川上洸訳　『核のボタンに手をかけた男たち』　大月書店　一九九八年
梅本哲也　『核兵器と国際政治一九四五—一九九五』　日本国際問題研究所　一九九六年

●その他（戦争と社会）
三国一朗　『戦中用語集』　岩波新書　一九八五年

イシガ・オサム　『神の平和』　日本図書センター　一九九二年
雨宮剛編著　『フィリピンに学ぶ』（第九集）　自費出版　一九九七年
藤田若雄　『内村鑑三を継承した人々』（下）　木鐸社　一九七七年
武祐一郎　『キリスト教非戦平和主義』　キリスト教図書出版社　一九八五年
渡部良三　『歌集　小さな抵抗』　自費出版　一九九二年
信夫清三郎先生追悼文集編集委員会編　『歴史家　信夫清三郎』　草書房　一九九四年
中村政則　『近現代史をどう見るか』　岩波ブックレット№４２７　一九九七年
『年報・日本現代史―戦後50年の史的検証―』　東出版　一九九五年
和田春樹　『北方領土問題を考える』　岩波書店　一九九〇年
桶谷秀昭　『昭和精神史』　文芸春秋　一九九二年
西田幾多郎　『西田幾多郎全集』（第12、17、19巻）　岩波書店　一九六六年
上田閑照　『西田幾多郎　人間の生涯ということ』　岩波書店　一九九五年
上田閑照　『西田哲学への導き　経験と自覚』　岩波書店　一九九八年
赤澤史朗、粟屋憲太郎、立命館百年史編纂室編　『石原廣一郎関係文書』（上・下）　柏書房　一九九四年
川村湊　『海を渡った日本語』　青土社　一九九四年
中島敦　『中島敦全集　2』　筑摩書房　一九九三年
鈴木惣太郎　『不滅の大投手　沢村栄治』　恒文社　一九八二年
池井優　『白球太平洋を渡る』　中央公論社　一九七六年
スタルヒン　『ロシアから来たエース』　ＰＨＰ研究所　一九九一年
坪田五雄編　『昭和日本史　スポーツ50年』　暁教育図書　一九七八年

辻井重男『暗号 ポストモダンの情報セキュリティ』講談社 一九九六年
堀栄三『大本営参謀の情報戦記 情報なき国家の悲劇』文芸春秋 一九九六年
R・W・クラーク著 新庄哲夫訳『暗号の天才』新潮社 一九八一年
ディヴィッド・カーン著 秦郁彦、関野英夫訳『暗号戦争』早川書房 一九七八年
檜山良昭『暗号を盗んだ男たち』光人社 一九九三年
江口圭一『二つの大戦—体系日本の歴史 第14巻』小学館ライブラリー 一九九三年
城山三郎『男子の本懐』新潮文庫 一九八三年
金丸輝男編『ヨーロッパ統合の政治史—人物を通して見た歩み』有斐閣 一九九六年
大西健夫、岸上慎太郎編『EU統合の系譜』早稲田大学出版部 一九九五年
山崎朋子『サンダカン八番娼館』文春文庫 一九七五年

第4巻「大戦後の日本と世界」

●占領体制
読売新聞社編『憲法を考える—読売新聞憲法問題調査会リポート』一九九三年
西修監修 読売新聞社編『憲法21世紀に向けて—読売憲法改正試案・解説・資料』一九九四年
読売新聞社編『安全保障への提言—読売「政策大綱」と解説』一九九五年
西修『日本国憲法を考える』文春新書 一九九九年
芦部信義『憲法』岩波書店 一九九三年
古関彰一『新憲法の誕生』中公叢書 一九八九年
宮本太郎『回想の読売争議』新日本出版社 一九九四年

浅野健一『天皇の記者たち』スリーエーネットワーク　一九九七年
『毎日新聞百年史』毎日新聞社　一九七二年
『朝日新聞社史・昭和戦後編』朝日新聞社　一九九四年
『読売新聞百年史』読売新聞社　一九七六年
有山輝雄『日本の占領と新聞の「南方大進軍」』日本図書センター　一九九一年
粟屋憲太郎、中園裕編『戦時新聞検閲資料』現代史料出版　一九九七年
江口圭一『昭和の歴史（4）「十五年戦争の開幕」』小学館　一九八二年
西鋭夫『国破れてマッカーサー』中央公論社　一九九八年
小林治雄『ヘイユゥ！　さらばGIグラフィティ』まほろば書房　一九九八年
吉川洋子『日比賠償外交交渉の研究』勁草書房　一九九一年
大蔵省財政史室編『昭和財政史』（第1巻）〈総説、賠償、終戦処理〉東洋経済新報社　一九八四年
吉田茂『回想十年』新潮社　一九五七年
豊下楢彦『安保条約の成立』岩波書店　一九九六年
三浦陽一『吉田茂とサンフランシスコ講和』大月書店　一九九六年
渡辺昭夫編『戦後日本の対外政策』有斐閣　一九八五年
渡辺昭夫編『戦後日本の宰相たち』中央公論社　一九九五年
宮沢喜一『東京―ワシントンの密談』実業之日本社　一九五六年
進藤栄一、下河辺元春編『芦田均日記』岩波書店　一九八六年
読売新聞戦後史班編『再軍備の軌跡』読売新聞社　一九八一年
田村祐造『戦後社会党の担い手たち』日本評論社　一九八四年

加藤節『南原繁』岩波書店　一九九七年
吉田茂記念事業財団編『吉田茂書翰』中央公論社　一九九四年
フランク・コワルスキー著　勝山金次郎訳『日本再軍備』サイマル出版会　一九六九年
増田弘『朝鮮戦争以前におけるアメリカの日本再軍備構想』一九九八年
原園光憲『剣道の復活』書房高原　一九七二年
庄司宗光『剣道百年』時事通信社　一九六六年
平野共余子『天皇と接吻』草思社　一九九八年
小川正『マッカーサーとチャンバラ』恒文社　一九九五年
有山輝雄『占領期メディア史研究』柏書房　一九九六年
髙桑幸吉『マッカーサーの新聞検閲』読売新聞社　一九八四年
甲斐弦『GHQ検閲官』葦書房　一九九五年

●冷戦構造

大嶽秀夫『二つの戦後・ドイツと日本』NHK出版　一九九二年
岩間陽子『ドイツ再軍備』中央公論社　一九九三年
雪山伸一『ドイツ統一』朝日新聞社　一九九三年
仲井たけし『現代ドイツの試練』岩波書店　一九九四年
伊東孝之『ポーランド現代史』山川出版社　一九八八年
ヤルゼルスキ著　工藤幸雄監訳『ポーランドを生きる　ヤルゼルスキ回想録』河出書房新社　一九九四年
アンソニー・サンプソン著　小松直幹訳『ヨーロッパの解剖』サイマル出版会　一九七二年

矢田俊隆『ハンガリー・チェコ現代史』 山川出版社 一九九四年
F・フェイト著 熊田亨訳『スターリン以降の東欧』 岩波書店 一九七八年
F・フェイト著 熊田亨訳『スターリン時代の東欧』 岩波書店 一九七九年
H・ボグダン著 高井道夫訳『東欧の歴史』 中央公論社 一九九三年
R・オーキー著 南塚信吾他訳『東欧近代史』 勁草書房 一九八七年
J・ルプニク著 浦田誠親訳『「中央ヨーロッパ」を求めて』 時事通信社 一九九〇年
伊東孝之、直野敦、萩原直、南塚信吾監修『東欧を知る事典』 平凡社 一九九三年
Z・ムリナーシ著 相沢久他訳『夜寒――プラハの春の悲劇』 新地書房 一九八〇年
藤村信『プラハの春モスクワの冬』 岩波書店 一九七五年
V・ハベル著 千野栄一、飯島周訳『ビロード革命のこころ』 岩波書店 一九九〇年
V・ハベル著 佐々木和子訳『ハヴェル自伝――抵抗の半生』 岩波書店 一九九一年
A・ドプチェク著 熊田亨訳『証言プラハの春』 岩波書店 一九九一年
S・コパチ著 小川房二訳『ブダペストの夜――ハンガリー動乱の悲劇』 日本工業新聞社 一九八一年
羽場久浘子『ハンガリー革命史研究』 勁草書房 一九八九年
矢田俊隆『ハンガリー・チェコスロバキア現代史』 山川出版社 一九七八年
紀平栄作『パクス・アメリカーナへの道』 山川出版社 一九九六年
斎藤真『アメリカ政治外交史』 東京大学出版会 一九七五年
ジョージ・ケナン著 清水俊雄他訳『ジョージ・F・ケナン回顧録』 一九七三年
ヘンリー・キッシンジャー著 岡崎久彦監訳『外交』 日本経済新聞社 一九九六年
柴宜弘『ユーゴスラヴィア現代史』 岩波新書 一九九六年

柴宜弘『バルカンの民族主義』(世界史リブレット45) 山川出版社 一九九六年
柴宜弘『ユーゴスラヴィアで何が起きているのか』岩波ブックレット 一九九三年
加藤雅彦『バルカン ユーゴ悲劇の深層』日本経済新聞社 一九九三年
エドガー・ヘッシュ著 佐久間穆訳『バルカン半島』みすず書房 一九九五年
ゲオルギー・アルバトフ著 佐藤信行他訳『ソ連の立場』サイマル出版会 一九八三年
八木勇『キューバ核ミサイル危機』新日本出版社 一九九五年
アンドレイ・サハロフ『サハロフ回想録』(上・下) 読売新聞社 一九九〇年
デービッド・ハルバースタム著 浅野輔訳『ベスト&ブライテスト』サイマル出版会 一九七六年

●東京裁判

アーノルド・C・ブラックマン著 日暮吉延訳『東京裁判 もう一つのニュルンベルク』時事通信社 一九九一年
朝日新聞東京裁判記者団『東京裁判』(上・下) 講談社 一九八三年
アジア民衆法廷準備会編『問い直す東京裁判』緑風出版 一九九五年
粟屋憲太郎『東京裁判論』大月書店 一九八九年
粟屋憲太郎他編『東京裁判資料・木戸幸一尋問調書』大月書店 一九八七年
五十嵐武士、北岡伸一編『争論 東京裁判とは何だったのか』築地書館 一九九七年
大沼保昭『東京裁判から戦後責任の思想へ』東信堂 一九九七年
木戸孝彦『東京裁判と木戸日記』自費出版　独歩書林　一九九三年
児島襄『東京裁判』(上・下) 中公新書 一九七一年

小堀桂一郎『再検証　東京裁判』ＰＨＰ研究所　一九九六年
小堀桂一郎編『東京裁判　日本の弁明』講談社学術文庫　一九九五年
新田満夫編『極東国際軍事裁判速記録』（全10巻）雄松堂書店　一九六八年
半藤一利『日本のいちばん長い日　決定版』文芸春秋　一九九五年
日暮吉延「パル判決再考　東京裁判における別個意見の国際環境」（『日本近代史の再構築』山川出版社　一九九三年
冨士信夫『私の見た東京裁判』（上・下）講談社学術文庫　一九八八年
細谷千博、安藤仁介、大沼保昭編『東京裁判を問う』講談社　一九八四年
吉田裕『現代歴史学と戦争責任』青木書店　一九九七年
粟屋憲太郎、ＮＨＫ取材班『東京裁判への道』ＮＨＫ出版　一九九四年
滝沢宗太『正義を貫いた　東條英機東京裁判供述書』高原大学総本部　一九九八年
藤田久一『戦争犯罪とは何か』岩波新書　一九九五年
池田一朗、林耕二、福林徹　論文「米軍機搭乗員処刑『大阪事件』の概要」（大阪民衆史研究会編）「大阪民衆史研究」第39号　耕文社　一九九六年

●中東・アフリカ・第三世界
神谷不二『朝鮮戦争』中公新書　一九六六年
孫栄健『朝鮮戦争』（上・下）総和社　一九九六年
萩原遼『朝鮮戦争』文芸春秋　一九九三年
ブルース・カミングス著　鄭敬謨、加地永都子訳『朝鮮戦争の起源』（全2巻）影書房　一九九一年

ジョン・メリル著　文京洙訳　『済州島四・三蜂起』　新幹社　一九八八年
スミット・サルカール著　長崎暢子他訳　『新しいインド近代史』（Ⅰ・Ⅱ）　研文出版　一九九三年
賀来弓月　『インド現代史』　中公新書　一九九八年
辛島昇他監修　『南アジアを知る事典』　平凡社　一九九二年
C・A・ナセル著　西野照太郎訳　『革命の哲学』　平凡社　一九五六年
岩永博　『中東現代史』　紀伊国屋書店　一九七一年
ダニエル・ヤーキン著　日高義樹、持田直武訳　『石油の世紀―支配者たちの興亡―』（下）　日本放送出版協会　一九九一年
サミール・アミーン著　北沢正雄、城川桂子訳　『アラブ民族―その苦悶と未来―』　亜紀書房　一九八二年
甲斐静馬　『新版中東戦争』　三省堂　一九七六年
マーティン・ギルバート著　白須英子訳　『エルサレムの20世紀』　草思社　一九九八年
ハイム・ヘルツォーグ著　滝川義人訳　『図解・中東戦争』　原書房　一九八五年
ウォールター・ラカー著　高坂誠訳　『ユダヤ人問題とシオニズムの歴史』　第三書館　一九八七年
エンツォ・トラヴェルソ著　宇京頼三訳　『ユダヤ人とドイツ』　法政大学出版局　一九九六年
富田健次　『アーヤトッラーたちのイラン』　第三書館　一九九三年
モハメド・ヘイカル著　佐藤紀久夫訳　『イラン革命の内幕』　時事通信社　一九八一年
谷川榮彦編著　『ベトナム戦争の起源』　勁草書房　一九八四年
ベトナム戦争の記録編集委員会編　『ベトナム戦争の記録』　大月書店　一九八八年
ロバート・マクナマラ著　仲晃訳　『マクナマラ回顧録』　共同通信社　一九九七年
チュオン・ニュ・タン著　吉本晋一郎訳　『ベトコン・メモワール』　原書房　一九八六年

友田錫　『裏切られたベトナム革命』　中公文庫　一九八六年
小倉貞男　『物語のベトナムの歴史』　中公文庫　一九九七年
小倉貞男　『ベトナムの戦争全史』　岩波書店　一九九二年
油井大三郎、古田元夫　『世界の歴史』　中央公論社　一九九八年
アジア・アフリカ研究所編　『ベトナム』（上・下）　水曜社　一九七七年
デービッド・ハルバスタム著　泉鴻之、林雄一郎訳　『ベトナムの泥沼から』　みすず書房　一九六八年
ヒネケン　『インドシナ現代史』（上・下）　連合出版　一九八三年
古田元夫　『歴史としてのベトナム戦争』　大月書店　一九九一年
古田元夫　『ベトナムの世界史』　東京大学出版会　一九九五年
ジャン・ラクチュール著　吉田康彦、伴野文夫訳　『ベトナムの星　ホーチミン伝』　サイマル出版会　一九七五年
石井米雄他監修　『東南アジアを知る事典』　平凡社　一九八六年
森本良男　『冷戦・人と事件』　サイマル出版会　一九九五年
伊谷純一郎他監修　『アフリカを知る事典』　平凡社　一九九二年
那須国男　『アフリカ全史』　第三文明社　一九九五年

●その他（日本の教育、経済、沖縄　朝鮮、ベトナム）

藤井良広　『EUの知識』　日経文庫　一九九四年
栗原福也　『ベネルクス現代史』　山川出版社　一九九七年
松本清張　『1952年日航機「撃墜」事件』　角川書店一九九四年

久保義三　『天皇制と教育の史的展開　昭和教育史』（上・下）　三一書房　一九九四年
『戦後日本教育史料集成』（第1・2巻）　三一書房　一九八二、八三年
阿部彰　『戦後地方教育制度成立過程の研究』　風間書房　一九八三年
雨宮要七　『風雪二十年』　昭和書院　一九六九年
J・バンスターベレン著　諏訪幸男、三国隆志訳　『アメリカ・イン・ジャパン1945―1948　山梨軍政チームの戦後教育』　五月書房　一九九八年
読売新聞戦後史班編　『昭和戦後史　教育のあゆみ』　読売新聞社　一九八二年
持株会社整理委員会　『日本財閥とその解体』　一九五一年
中井信彦　『三井本社史』（下）　三井本社　一九五六年
福田幸弘監修　『シャウプの税制勧告』　霞出版社　一九八五年
カール・S・シャウプ著　柴田弘文、柴田愛子訳　『シャウプの証言　シャウプ税制使節団の教訓』　税務経理協会　一九八八年
東京大学社会科学研究所編　『戦後改革6　農地改革』　東京大学出版会　一九七五年
『教えられなかった戦争』シリーズ製作・上映実行委員会　『教えられなかった戦争・沖縄編――阿波根昌鴻・伊江島のたたかい――』　映像文化協会　一九九八年
我部政明　『日米関係のなかの沖縄』　三一書房　一九九六年
牧野浩隆　『再考　沖縄経済』　沖縄タイムス社　一九九六年
宮里松正　『復帰秘話　極秘の通貨確認作戦』　復帰秘話刊行会　一九八三年
若泉敬　『他策ナカリシヲ信ゼムト欲ス』　文芸春秋　一九九四年
鹿島研究所編　『日本外交史16　海軍軍縮交渉・不戦条約』　鹿島研究所出版会　一九七三年

クラウゼウィッツ著　淡徳三郎訳　『戦争論』　徳間書店　一九六五年
児玉誉士夫　『芝草はふまれても』　新夕刊新聞社　一九六五年
勝田竜夫　『重臣たちの昭和史』（上・下）　文芸春秋　一九八一年
秦郁彦　『昭和史の謎を追う』（上・下）　文芸春秋　一九九三年
牧野伸顕　『回顧録』（上・下）　中公文庫　一九七八年

索引

・本文中にフルネームの記載がある外国人名については、一部の例外を除き、姓（名）のスタイルで表記。
・頻出語のノンブルについては、文脈上の重要性に応じて適宜抽出した。

か行

さ行

た行

や行

ら行

わ行

英文略語

米ソ核開発競争　大塚隆一、花田吉雄、古本　朗
ポーランド「連帯」運動　三好範英
ベルリンの壁崩壊　三好範英

第Ⅱ部

ＢＣ級戦犯はどう裁かれたか　浜砂雅一
占領政策と「言論の自由」　波津博明
「プランゲ文庫」に殉じた日本人女性　高木規矩郎
戦争と科学技術　怒濤の半生　高木規矩郎
子へ、孫へ……「あの戦争」を語り継ぐ　高木規矩郎
「カリキュラム」って何ですか？　奥矢修身
巧みに利用された民族感情　芝田裕一
東洋人として、一人の人間として　谷口　侑
映画の中の日本軍・カンボジアの場合　高部真一
略奪された文化財・流浪の旅路　松浦一樹、中井康朗、熊田全宏、丹藤佳紀、森　千春、渡辺達治
竹刀を折られた剣士たち　吉田清久
〝アフリカ合衆国〟夢見た男　吉形祐司
爆弾とともに舞い降りたビラ　高部真一
飢えと屈辱　13万人のオランダ人　三井美奈、鈴木嘉一
「援助」という名の麻薬に溺れて　杉下恒夫
真珠湾奇襲……その時、記者は　谷口　侑

【第Ⅰ部、第Ⅱ部執筆者紹介】

第Ⅰ部

(序章)

ヤルタ会談	熊田全宏

(第１章)

吉田茂の選択	吉田清久
日米安保の源流	吉田清久
青年よ銃を取るな	吉田清久
曲学阿世論争	吉田清久
再軍備	吉田清久
東京裁判	石井一夫
財閥解体	山根章義
ドッジ・ライン	山根章義
シャウプ勧告	三浦潤一、山根章義
農地改革	山根章義
日本の賠償	天日隆彦
米統治下の沖縄	飯塚恵子
沖縄本土復帰	飯塚恵子

(第２章)

非ナチ化	三好範英
ドイツ戦後憲法	三好範英
マーシャル・プラン	島崎雅夫
ＮＡＴＯ発足	島崎雅夫
冷戦思想	飯山雅史、熊田全宏
東独成立	三好範英
東西分断	伊熊幹雄
国際連合創設	寺田正臣
朝鮮戦争	宇恵一郎
アフリカ独立	吉形祐司
印パ独立	黒瀬悦成
イスラエル建国	宮明　敬
スエズ動乱	岡本道郎
ハンガリー動乱	伊熊幹雄
プラハの春	伊熊幹雄
キューバ危機	藤原善晴
ベトナム戦争	渡部恵子、林　路郎

本書は、読売新聞九八年十一月二十四日付朝刊～九九年三月二十九日付朝刊連載分に新規書き下ろし原稿等を加え、全体を再構成したものです。

20世紀《せいき》　どんな時代《じだい》だったのか　戦争編《せんそうへん》
大戦後《たいせんご》の日本《にほん》と世界《せかい》

一九九九年（平成十一年）六月十四日　第一刷

編　者　読売新聞社《よみうりしんぶんしゃ》

編集人　田口武雄
発行人　黒埼精三
発行所　読売新聞社
東京都千代田区大手町一―七―一　〒一〇〇―八〇五五
大阪市北区野崎町五―九　〒五三〇―八五五一
北九州市小倉北区明和町一―一一　〒八〇二―八五七一
名古屋市中区栄一―一七―六　〒四六〇―八四七〇
印刷所　明和印刷株式会社
製本所　ナショナル製本協同組合

定価はカバーに表示してあります。
Printed in Japan
落丁本・乱丁本はお取り換えいたします。